이주하는 인류

인구의 대이동과 그들이 써내려간 역동의 세계사
이주하는 인류

초판 1쇄 발행 2023년 7월 20일
초판 8쇄 발행 2024년 10월 30일

지은이 샘 밀러
옮긴이 최정숙
펴낸이 성의현
펴낸곳 미래의창

출판 신고 2019년 10월 28일 제2019-000291호
주소 서울시 마포구 잔다리로 62-1 미래의창빌딩(서교동 376-15, 5층)
전화 070-8693-1719 **팩스** 0507-0301-1585
홈페이지 www.miraebook.co.kr
ISBN 979-11-92519-13-5 03900

※ 책값은 뒤표지에 있습니다.

이주하는 인류

MIGRANTS

인구의 대이동과
그들이 써내려간 역동의 세계사

샘 밀러Sam Miller 지음 | 최정숙 옮김

The Story of Us All

미래의창

서문

짧고 특별한 이야기로 이 책을 시작해보려고 한다. 전쟁과 지중해를 건너는 힘겨운 여정에서 살아남아 유럽에서 새 삶을 시작한 한 이주민의 이야기다.

AT는 30대 남자로 아시아 지역 국가의 좋은 가문 출신이었지만 내전에서 패배한 진영에 속해 있었다. 그는 전쟁에 참여한 전사였으므로, 자신이 곧 밀려들어올 승리한 적군에 의해 살해될 것이라고 생각했다. AT와 언어와 종교가 같은 그들은 이미 AT의 장인을 살해했기 때문이다.

AT의 아버지는 잘 걸을 수도 없고, 여기저기를 떠도는 피난민이 되느니 차라리 고향에서 죽겠다며 도시를 떠나기를 거부했다. 하지만 AT는 아버지를 설득해 함께 떠났다. 그는 후에 아버지를 등에 업고 도시를 떠나던 때에 대해 이야기했다. 곁에는 어린 아들이 그의 손을 잡고 있었다. 세 사람이 비교적 안전한 골짜기에 도착하자 AT는 난리통에 헤어진 아내를 찾기 위해 혼자 도시로 돌아갔지만 아내가 살해당했음을 알게 됐다. 그는 다시 아버지와 아들이 있는 골짜기로 돌아왔다.

다른 난민들과 함께 그들은 튀르키예(터키)의 해안가에서 배를 타고 지중해로 나갔다. 무자비한 폭력에서 벗어나고 자신들을 반겨줄 곳을 찾아야겠다는 것 외에는 뚜렷한 계획도 없었다. 그들이 탄 배는 여러 항구에 기착했지만 그들을 반겨주는 곳은 없었다. 그중에는 AT의 처남이 피신한 그리스의 한 지역도 있었는데 그곳에서 처남이 살해됐다는 사실을 알게 됐을 뿐이었다. 그는 처남의 무덤가에서 기도를 올린 후 다시 길을 떠났다.

난민들은 계속 서쪽으로 향했다. 힘들고 고된 여정이었다. 그들은 이탈리아 본토, 특히 로마 주변 지역이 난민들이 살기에 좋은 곳이라는 이야기를 들었다. 그들은 시칠리아 섬에 잠시 상륙했지만 그곳에서 AT의 아버지는 죽고 그들은 다시 쫓겨나 지중해를 건너 튀니지아로 갔다. 그들은 튀니지아에서 1년간 머물렀으며 AT는 거기서 한 여인을 만났다. 역시 레바논 출신의 이주민이었던 그녀는 AT를 사랑하게 됐다. AT는 마음이 갈팡질팡했다. 튀니지아에서 머물며 그녀와 결혼할 생각도 있었지만 한편으로는 그에게 일종의 약속의 땅이 되어버린 이탈리아로 가고 싶은 마음도 있었기 때문이다. 고민 끝에 그는 결국 아들과 다른 난민들과 함께 이탈리아로 가는 배를 탔고, 마침내 로마 서쪽에 있는 소도시 오스티아Ostia에 도착하게 되었다.

AT 일행은 상륙한 해변 근처에 임시 난민촌을 세웠다. 그곳에 자리

잡는 일은 만만치 않았다. AT의 아들은 밀렵 혐의로 고발당했고, 이주민들은 그 지역의 정쟁에 휘말렸다. 그러나 AT는 현명하게도 동맹관계를 맺어 로마에서 높은 지위를 가진 인물의 심복이 되었다. 그리고는 그의 딸과 결혼하며 로마의 거물이 되었다.

이 이야기에 등장하는 AT는 현대의 이주민이 아니다. 그는 지금의 튀르키예에 살았던 트로이 출신의 아이네이아스Aeneas다. 살해된 그의 장인은 프리암 왕이고 튀니지아에서 만난 연인은 카르타고의 디도Dido였다. 로마에서 만난 고관은 라니누스 왕이었고, 시인 베르길리우스에 따르면 아이네이아스의 후손들은 그후 수 세기 동안 로마를 통치했다고 한다. 이 이야기는 이주하는 이들의 사연은 과거나 현재나 별로 달라진 것이 없고, 인류의 이주는 태초부터 시작되어 현재까지 계속 이어져오며 인류사에서 핵심적인 역할을 했음을 상기시킨다.

• — •

이주는 오늘날 아주 중요한 주제로 우리는 이에 대해 공개적으로 이야기해야 할 필요가 있다. 국가나 국경, 여권, 이민 쿼터, 장벽, 비자 등에 대해서만이 아니라 인간이 누구인가를 말해주는 좀 더 깊고 근원적인 문제에 접근해야 한다는 말이다. 누구든지 이민이나 이주에 대한 견해를 갖고 있을 것이다. 실제로 대부분의 사람들이 여러 가지 의견을 가지고 있으며, 그것들은 때때로 서로 모순되기도 한다. 어떤 사람들은 이 문제를 심각하게 받아들여 공개적으로 언급하고 싶어 하며, 또 어떤 이들은 이민에 대해 언급하고 싶어 하지 않는다. 이는 오늘날 이민이 첨예한 갈등을 불러일으키는 주제가 되었기 때문이다. 이민이라는 주제는 때로 가족 간에 불화를 일으키고, 친구들을 대립시키고, 지역사회와 정당을 분열시킨다. 이 주제를 다른 사람들의 관점, 특히 우리와 다른 상황에 놓인 사람들의 관점에서 바라본다는 것은 어려운 일이다.

나는 이주 혹은 이민이 우리의 생활과 생각을 파고드는 모든 문제들을(정체성, 민족성, 종교, 애국심, 향수, 통합, 다문화주의, 안전, 테러, 인종차별주의 등) 아우르는 대표적인 주제가 되었다고 생각한다. 이민 또는 이주는 역사적·문화적으로 매우 중요한 요소였기 때문이다. 자신이 이주민이든 아니든 결국 우리는 모두 이주민의 후예다.

인류사에서 이주의 역할은 과소평가되었으며, 간과되거나 오해를 받아왔다. 그 까닭에는 몇 가지 그럴 법한 이유들이 있다. 오늘날 대부분의 사람들은 고정된 집 주소와 국적을 갖고 있다. 또한 많은 이들이 토지와 집을 소유하고 있다. 우리는 한 곳에 머물며 어딘가에 소속되어 있는 것이다. 그러나 이 모든 것은 길고 긴 인류 역사의 극히 짧은 일부분에 해당할 뿐이다. 고정된 주거지와 국적을 갖는 것이 마치 인간의 한 조건이라도 되는 듯이 여겨지고 있지만, 나는 어떤 면에서는 오히려 그 반대가 맞는다고 생각한다. 인류는 거의 유례가 없을 정도로 많이 이주해왔고, 어디로 가든 번성할 능력을 가지고 있다. 이를 인정한다면 세계를 바라보는 견해가 달라질 수 있을 것이다. 지금까지 대부분의 인류 역사는 특정 지역이나 국가에 대한 소속을 주장하는 인물들이 써왔다. 이들은 자신을 위해 그리고 때로는 제국주의를 정당화하기 위해 자신들의 삶과 과거의 이야기를 보존해왔다. 내가 보기에는 바로 이 점이 과거에 대한 우리의 이해를 서서히 왜곡시킨 듯하다.

나의 목표는 이주를 인류 역사의 중심으로 복귀시키고 이주민들에 대한 현대적 논의를 재설정할 수 있게 돕는 것이다. 또한 이 책을 통해 인간은 본래 정주성을 추구한다는 현대적 통념에 대해 의문을 제기하고자 한다. 그리고 인류 역사의 중요한 시기들을 정지 상태, 정착 사회, 고정된 민족이나 국적 대신 이주, 민족 이동, 유동적 사회의 프리즘을 통해 관찰하려 한다.

이 새로운 렌즈를 통해 인류 역사를 보기 위해 반드시 이주민일 필요는 없겠지만, 그럴 경우 도움이 될 수는 있다. 나는 성인이 된 후 여러 이유로 대부분의 시간을 내 출생지인 영국을 떠나 살았다. 아내의 모국인 인도에서 살아보기도 했고, BBC 일을 위해, 책을 쓰기 위해, 또 단순히 그냥 내가 원했기 때문에 여러 곳을 돌아다녔다. 지난 10년 동안 인도, 탄자니아, 나이지리아, 튀니지아, 아프가니스탄, 캄보디아, 에티오피아, 인도네시아 등에서 (최소한 3개월, 때로는 더 길게) 머물며 중간에 잠깐씩 영국으로 돌아가 내가 태어난 런던 집에서 지내곤 했다. 그리고 지금은 고향이라 부를 곳이 없는 상태를 편안히 받아들이고 있다. 대부분의 이주민들과 비교해 나는 매우 행운아였다. 여권, 직업, 국적, 피부색, 성별 등이 모두 어우러져 내가 원하는 거의 모든 곳에서 별 문제 없이 살 수 있었다. 대부분의 이주민들은 절대 누릴 수 없는 일이었다. 전형적인 이주민에 대한 정확한 정의를 내릴 수는 없겠지만, 나같은 사람은 아니라는 것만은 분명하다.

현재 이주에 대한 간단하고 명백한 정의는 존재하지 않는다. 정의 중 대다수는 그 범위가 좁고 현대의 이민에만 맞춰져 있어 국가, 국경, 시민권 등에 집중한다. 따라서 나는 이주에 대한 광의적인 정의를 내린 심리학자 그레그 메디슨Greg Madison의 의견을 빌려왔다.

> 이주민은 한 문화에서 다른 문화로 옮겨간 사람으로, 그가 경험하는 두 번째 문화는 첫 번째 문화와 크게 다르며, 일상생활을 영위하고 새로운 곳에 적응하는 도전 과정을 겪을 수 있을 만큼 충분한 기간 동안 머문다.

내가 이 정의를 선호하는 이유는 국적이나 민족, 국경에 대한 언급이 없기 때문이다. 이 정의는 현대와 고대 이주민, 자발적으로 이주하는 이들과 그렇지 않은 이들 모두에게 적용될 수 있다. 또 이주민들이 이동한 거리나 통과한 국경보다는 그들의 경험을 강조하고 있다. 이는 또 자유롭게 선택해 이동하는 이들과 강제로 이주당하는 이들을 양극으로 나누어 그 사이에 있는 모든 다양한 경우들을 다 포함한다.

이것은 '이주민'이라는 단어가 노예와 배우자, 난민과 은퇴생활자, 방랑자와 주재원, 정복자와 구직자 등 다양한 경험을 한 이들을 아우르고 있음을 의미한다. 이는 본인이 의도해 이주한 사람, (나처럼) 단기 체류 목적으로 어딘가 갔다가 주저앉은 사람, 추방되거나 원치 않는 망명 등으로 강제로 밀려 이주한 사람 등을 모두 포괄하는 용어다. 또한 겨우 몇 킬로미터 이동해 국경을 넘은 사람이나 같은 나라 안에서 먼 거리를 이동한 사람도 해당된다.

이주와 관련된 언어들은 폭발력 있고 혼란스러우며 최근에는 국가와 국경 개념, 인종과 인종차별주의와 연관된다. 이민 오는 사람과 가는 사람, 들어오는 사람과 나가는 사람은 보는 시각만 다를 뿐 같은 이주민인데도 그들에 대한 태도나 관점은 완전히 다르다. 이주 방향에 따라 함축된 의미가 매우 다른 것이다. 부유한 나라를 떠나 이주하는 사람들은 보통 대담한 모험가로 여겨지는 반면 그곳으로 들어오는 이주민들은 기생충처럼 묘사되곤 한다. 이민자들을 대하는 태도에도 전혀 일관성이 없다. 거주민들과 동화하기를 바라면서 동시에 그들의 다른 점을 지키라고 주문하고, 새로운 것을 받아들이라고 하면서 그들의 문화유산을 지키라고 한다. 이러한 편견 속에서 이민자들은 인간 이하가 되었다가 초인이 되었다가 하며, 낭만적으로 그려지다가 뭇매를 맞기도 하고, 찬사와 증오의 대상이 되기도 한다.

자신만의 터전에 이미 잘 정착해 있는 국민들은 이주민 문제를 심각하게 받아들이고 걱정한다. 이는 사람들을 분열시키며 전통적인 정당의 정치 노선에 따라 갈리기도 한다. 정치가들은 이민을 반대하며 경쟁을 벌이는데, 어려운 시기에는 특히 더 심하다. 이민자들에 대한 태도는 경제 주기에 영향을 받는다. 경제 성장기에는 외국인 근로자들이 필요하니 고용주와 정부가 이민을 유치하기 위해 발벗고 나선다. 그러나 경제 침체기가 오면 외국인 근로자들이 다시 '고향'으로 돌아가기를 바란다. 스위스 극작가 막스 프리쉬Max Frisch는 이민 정책에 대해 다음과 같이 말했다. "우리가 바란 것은 일손이었는데 대신에 인간들이 왔다." 이처럼 이주민들은 인간성을 무시당하고 자신들을 둘러싼 논쟁과 독설에 짓눌려 목소리를 내지 못한다.

앞으로 반세기 동안 이민은 우리에게 점점 더 많은 영향을 미치게 될 것이다. 부유한 나라들은 인구 노화로 인한 노동력 부족을 메꾸기 위해 더 많은 이민자들을 필요로 하게 되며, 기후 변화로 인해 이민과 이주 욕구는 극적으로 증가하게 될 것이다. 해안선의 변화로 그 주변 지역사회가 사라지고, 들판은 사막으로 변하며, 적도에서 멀리 떨어진 동토들은 농산물 경작이 가능해질 것이다. 어떤 이들은 이제 이주 문제가 인류가 당면한 가장 중요한 시험대가 될 것이라고 주장한다. 그러므로 이주민에 대한 관점을 달리 하고 인류 역사에서 이주가 늘 핵심적인 역할을 해왔으며 앞으로도 계속될 것임을 인정해야 한다.

그러나 이주는 때로 우리의 현실을 뒤흔들 정도로 파괴적이기 때문에 긍정적으로만 받아들여서는 안 된다. 이주가 유익하거나 삶을 풍요롭게 하는 것과는 거리가 먼 경우들도 많이 있는 것이다. 아메리카 대륙을 찾아온 초기 유럽인 이주민들은 그곳에 질병과 죽음을 가져왔다. 스리랑카, 미국, 일본, 쿠바, 뉴질랜드의 최초 거주자인 원주민들은 다른 곳에서 온 이주민의 증가로 얼마 안 되는 소수로 전락했다. 그런데 이 '원주민'들 역시 한때는 그곳에 이주하여 정착한 이주민들이다. 새로 등장한 동물들은 대개 그 전에 거기 살던 동물들을 죽여 없애게 되는데, 그 과정을 계속 거슬러 올라가다 보면 생명의 시작까지 가게 된다.

• — •

이주에 대해 얼마만큼 거슬러 올라가 살펴봐야 할지 정하는 것은 어려운 문제다. 원래 시작 지점이라 할 것이 없기 때문이다. 그러나 할 수 있는 한 오래 전 원시시대로 올라가 이주 문제를 돌아보는 것은 우리가 인류라는 일개 생물 종으로서 겸손해지는 법을 배울 기회가 될 뿐 아니라, 이주가 지구 역사의 근본적 부분으로 인류 이전 조상과 그 사촌격인 동물들에게도 마찬가지로 적용되는 것임을 알게 한다.

21세기가 시작할 무렵 캐나다 킹스턴 시 부근의 폐광을 탐사하던 고생물학자들은 바위에서 알 수 없는 무늬 혹은 자국을 발견했다. 더 조사해보니 그 무늬들은 그때까지 발견된 발자국 화석 중 가장 오래된 것이었다. 과학자들은 그 화석이 오래 전에 멸종된 가재와 지네의 잡종으로 보인다고 밝혔다. 길이는 약 45센티미터로, 발자국이 너무 많아 정확한 다리 수를 알 수는 없었지만 대략 16~22개 사이라고 했다. 학자들은 화석 무늬로 보아 이 동물이 꼬리를 끌며 모래사장을 황급히 기어갔을 것이라고 추정했다. 모든 동물들이 바다에 살고 있을 때 이 동물은 막 대양에서 나와 육지로 올라온 것이었다. 이 가재지네lobsterpede는 약 5억 3천만 년 전에 완전히 다른 두 서식처 사이를 이동했으니 상징적으로는 첫 이주동물이라 할 수 있다.

이 해양동물들이 왜 육지로 이주했는지 그 이유는 알 수 없다. 먹이를 찾아왔을 수도 있고, 포식자를 피해서일 수도 있으며, 기후변화나 개체수 과잉에 쫓겨서일 수도 있다. 아니면 그저 길을 잃었을 수도 있다. 개인적으로는 모험심이나 호기심 때문에 이주했을 것이라고 주장하고 싶지만 딱히 뒷받침할 만한 증거는 없다. 이들의 활동이 특별한 것은 당시에는 육지에 사는 동물이 없었기 때문이다. 공룡도 개미도 쥐도 바퀴벌레도 없었고 식물도 거의 없을 때였다.

그러므로 가재 세계에서 그때의 이주 활동은 마치 인류의 달 착륙에 버금가는 위업이었다. 대부분의 이주와 달리 당시 육지에는 가재지네의 등장에 분노하거나 두려워하는 존재가 없었다(달 착륙 때처럼). 그곳은 진정으로 처녀지였던 것이다. 그런데 이 새로운 이주민들은 별 감흥을 못 느꼈을 듯하다. 당시 육지에는 먹이도 없었고 햇빛을 피할 곳도 없었기 때문에 (비가 오고 있었을 수도 있지만) 분명 금방 말라죽었을 것이다.

첫 이주가 일어난 5억 3천만 년 전은 상상조차 할 수 없을 정도로 오래 전이다. 포유류나 조류가 생기거나 우리 조상들이 다리도 없는 물고기 같은 생물 형태로 바다에서 헤엄치던 때보다도 한참 전이다. 최초의 이주민인 가재지네가 육지로 올라온 다음 어떻게 되었는지는 정확히 알 수 없지만 달에 착륙했던 우주인들처럼 그냥 원래 살던 곳으로 돌아갔을 수도 있다. 왜냐하면 그후 동물들이 육지에 영구적인 군락지를 세우기까지는 적어도 1억 5천만 년이 더 걸렸기 때문이다. 그때의 초기 이주동물 중에 우리의 먼 조상도 있었는데 그 즈음에는 네 개의 지느러미가 짧은 네 개의 다리로 바뀐 물고기-도마뱀fish-lizards으로 진화해 있었다. 이 물고기-도마뱀은 인류뿐만 아니라 모든 파충류, 포유류, 조류의 조상이라고 할 수 있다. 약 2억 5천만 년 전에 이 물고기-도마뱀 중 일부는 도마뱀과 개의 혼합종처럼 보이는 견치cynodont로 진화했고, 이것이 포유류의 시작이었다. 견치 화석은 남극을 포함한 대부분의 대륙에서 발견되어 그들이 이주에 성공했음을 보여준다. 견치의 이주는 현대 인류가 나오기 전까지는 가장 성공적인 이주였다고 할 수 있다.

영장류는 약 8천만 년 전에야 등장했는데 그중 일부는 아주 대단한 이주 능력을 보였지만 우리에게 가장 가까운 유인원 사촌들은 모험심이 훨씬 덜했다. 침팬지는 인간들에 의해 강제로 떠나게 된 경우를 제외하고는 아프리카 사하라 이남을 떠난 적이 없다. 진화에 따른 침팬지와 인류의 혈통은 약 500만 년 전에 갈라졌고, 남아프리카와 에티오피아에서 발견된 초기 인간 해골 중 일부는 침팬지가 산 적이 없는 지역에서 나왔다. 침팬지는 조상의 터인 고향에 계속 머문 우리의 먼 친척 격이다.

초기 인류의 역사는 학자들의 논쟁이 활발하게 이루어지는 주제로 이주에 관한 부분은 특히나 더 심하다. 어떤 인류 집단(대개 본인이 속해 있는 집단)은 늘 같은 곳에서 살아왔다고 여기는 맹목적 민족주의자와 진화를 부정하는 부류들을 제외하면 인류가 아프리카에서 이주해왔다는 사실에 대해서는 의견이 일치하고 있다. 하지만 그 세부적인 내용들은 최근 몇 년간 많이 달라졌다.

현대 과학, 특히 DNA 검사는 초기 인류 이주에 대한 연구를 혁명적으로 변화시켰다. 지난 10년간 이루어진 인류의 이주는 예상했던 것보다 훨씬 더 복잡했다. 수만 년 동안 이루어진 인류의 지구 정착 역사를 보여주기 위해 세계지도에 그려져 있는 화살표들은 사실 지나치게 단순화한 것이다. 우리는 특히 유럽과 아시아에서는 겹치고 뒤얽힌 인구 이동이 층층이 쌓여 있다는 것을 알고 있다. 인류의 이동은 간단한 그래프나 가계도보다는 대도시의 복잡한 교통지도에 더 가깝다.

과거 아프리카에서 두 차례의 대규모 이주가 있었다고 알려져 있다. 첫 번째 이주는 50만 년 전에 이루어졌으며 유럽과 아시아에서 네안데르탈인 해골이 발견된 것을 설명하는 데 도움이 됐다. 이 이주는 네안데르탈인들이 적응하지 못하고 사라졌기 때문에 실패로 여겨지고 있다. 그리고 약 10만 년 전에 시작된 두 번째 이주는 해부학적으로 '현대 인류', 즉 우리와 같은 사람들에 의한 것이었다. 이때의 이주민들은 전 세계에 퍼져 정착했고 두 번째 이주는 성공적이었다. 오늘날 사하라 사막 이남 아프리카 외에 있는 사람들은 모두 그들의 후손이라고 볼 수 있다. 그러나 인류 이동에 대한 이 견해에는 잘못된 부분이 있다. 심지어 네안데르탈인과 관련된 부분에 있어서는 한 가지 중요한 오류가 존재한다.

과거와 현대 인류의 유전자(게놈) 연구를 보면 아프리카에서 시작된 중요한 이주는 사실상 두 차례 이상이었고, 적어도 한번은 아프리카 대륙으로의 역이주도 있었을 것으로 보인다. 유럽과 아시아에서는 서로 겹치고 연결된 다방향 이주가 많이 이루어졌다. 유전학자들이 밝혀낸 사실들에 근거해 역사적 연대표를 그려보면 인류는 다른 동물 종들과는 달리 늘 이동하고 있었음이 드러난다. 물론 인류의 이주는 오랜 기간에 걸쳐 이루어졌으므로 대부분의 사람들이 그 이동을 인지하지 못할 가능성이 높다. 하지만 인류가 지형과 기후라는 엄청난 장애물에도 불구하고 수 세대에 걸쳐 남극을 제외한 세계 모든 곳으로 퍼져나간 것은 확실하다. 정확히 왜 그랬는지는 결코 알 수 없을 테지만 아마 일련의 서로 연관된 이유들이 있었을 것이고, 그중에는 경쟁자를 피해, 기후 변화, 먹이를 찾아서 등 오늘날에도 익숙한 이유도 있을 것이다. 그리고 모험심, 호기심, 한 자리에 머물러 있지 못하는 본능 등도 역시 중요한 이유일 수 있다. 어떤 과학자들은 '호기심 유전자'라는 것이 실제로 존재한다고 말하기도 하는데, 이는 약 20퍼센트의 사람들에게서 발견되는 유전자 변형이라고 한다.

하지만 유전학자들이 밝혀낸 가장 놀라운 발견은 네안데르탈인들에 관한 것이다. 야만스럽고, 멍청하고, 인간과 닮은 우리의 먼 사촌으로 추정되는 이들은 약 4만 년 전에 고고학 기록에서 사라졌다. 그러나 사실 그들은 멸종되지 않았다. 그들은 말 그대로 '지금' 우리와 함께 있다. 유전자 검사 결과 현대 인류의 대다수는 네안데르탈인의 후손으로 밝혀지고 있기 때문이다.

차례

1장

네안데르탈인, 사피엔스, 비글 호

MIGRANTS

The Story of Us All

독일 서부, 네안데르탈 기차역에서 녹음이 우거진 내리막 오솔길을 따라 잠시 걷다보면 우아하고 부드러운 곡선의 유리 건물을 발견할 수 있다. 이 건물은 원주민을 위해 세워진 서유럽 유일의 박물관으로 새롭게 단장된 삼림 지대 근처에 위치해 있다. 이 지역은 19세기 중반까지는 아주 다른 모습이었다. 이곳은 절벽 높이가 50미터나 되는 거대하고 웅장한 석회암 협곡으로 네안더 계곡의 한 구간이며, 낭만주의 화가들의 사랑을 받았고 동굴과 폭포로 유명했다. 그러나 부근 뒤셀도르프 시의 거대한 관공서 건물 시공을 위해 석회암이 원자재로 쓰이면서 석회암 가격이 급등하게 되었다. 그러자 일단의 광부들이 나타나 골짜기를 갈아버리고 그 안에 있던 동굴들을 다 파괴하여 채석장으로 만들더니 석회암이 바닥이 나자 폐허만 남겨두고 떠났다. 최근에는 조경사업을 통해 나무도 다시 심고 안내 표지판도 만들어 인류의 깊은 역사에 관심을 가진 사람들을 위한 관광지로 개발됐다.

1856년 여름, 이탈리아 출신의 이주 근로자 두 명이 계곡에서 석회암 퇴적층을 찾다가 고대 동굴 입구를 발견했다. 그리고 동굴 바닥이 석회암인지를 확인하기 위해 수 세기 동안 굳어 있던 퇴적물을 긁어내던 중 오래된 뼈가 나왔다. 그들은 토지 주인에게 연락했고, 그는 그 화석이 곰의 뼈일 것이라고 생각했다. 그러나 확신을 할 수 없었기에 발견된 뼈들을 화석 수집가였던 그 지역 교사에게 가져갔다. 교사인 풀로트Fuhlrott는 그 뼈들이 인간의 유골과 유사하지만 현대 인간의 그것과는 다른 점이 있다는 것을 알아차렸다. 그후 10년에 걸쳐 멸종된 별도의 인간 아종의 뼈임이 확인되었고, 이들은 그 계곡의 이름에 따라 네안데르탈인Homo Neanderthalensis으로 명명됐다. 네안데르탈인의 재탄생이었다.*

1920년대에 이르러서는 유럽의 여러 언어에서 네안데르탈이란 단어가 자리 잡았다.** 어리석고 멍청하며 모자라는 사람들에 대한 수식어로 사용된 것이다. H. G. 웰스는 1921년 출간한 《끔찍한 사람들The Grisly Folk》에서 (원조 유럽인이라고 인정하긴 했지만) 네안데르탈인들을 멍청하고, 추하고, 털투성이에 이리 뛰고 저리 뛰는 개코원숭이처럼 그렸다. 웰스의 이야기 속에서 그들은 우리처럼 똑똑하고 잘 생겼으며 협동이 무엇인지 아는 '진정한 인간들'에게 패배하고 살해된다.

네안데르탈인은 방망이를 휘두르며 투덜대는 만화 속 혈거인caveman과 동일어가 되었고, (정말 말도 안 되게) 공룡과 공존했던 것처

* 네안데르탈인의 유골은 1856년 이전에도 발견되었지만 별도의 인간 아종으로 인식되지 않았다. 내가 아종이라는 용어를 선택한 이유는 그들이 생물학적으로 이종교배에 가까움을 더 분명히 나타낼 수 있기 때문이다. 이 새 아종에 대한 명칭으로 원래는 현명하다는 의미의 호모 사피엔스Homo Sapiens와 명확히 대비시키기 위해 호모 스투피두스Homo Stupidus(멍청한 인간)가 고려되었다. 네안더 계곡에서의 발견은 《종의 기원》이 발표되기 3년 전에 일어났고 진화를 인정하는 과학 풍토를 조성하는 데 도움이 되었다.

** 네안데르탈은 네안더Neander 골짜기라는 의미의 독일어다. 네안더는 '새로운 인간'이라는 뜻의 그리스어로 마치 미래를 예언한 것처럼 보이지만 사실은 완전히 우연일 뿐이다. 골짜기 이름은 17세기 독일 신학자 요아힘 네안더Joachim Neander의 이름을 따라 지어졌는데 그의 조부가 당시 지식인들 사이의 유행을 따라 자신의 성 노이만Neumann(새로운 인간)을 고대 그리스어로 번역해 사용한 것이었다.

럼 그려지곤 했다. "손등으로 땅을 짚고 기어가는 네안데르탈인"이라는 표현은 야만스럽다는 뜻으로 반동적 정치가와 술에 취한 축구 팬들을 가리키는 말로 사용되었다. 그러나 사실 네안데르탈인들은 땅을 짚고 기어다니지 않았다. 그들은 직립 인간이었고 불을 사용했으며, 언어와 미술을 갖고 있었고 두뇌는 현대 인간들보다 더 컸다. 그들은 병든 이들을 돌볼 줄 알았으며, 빙하기에도 살아남았고 대서양에서 중부 시베리아, 북극에서 중동에 이르기까지 다양한 기후대에서 살았다. 눈썹은 우리보다 더 짙고, 키는 더 작고 현대인보다 강했다. 그들은 아프리카에서 와 자기들을 밀어낸 새로운 이주민들과도 비슷한 부분이 많았다.

네안데르탈 박물관은 우리가 잠시나마 잃어버린, 놀라울 정도로 오랜 기간 이어졌던 세계에 대한 단편적인 이미지들을 떠올릴 수 있게 해준다. 거의 50만 년 동안 네안데르탈인들이 유럽에 존재했던 유일한 인류였고, 그 세월은 현대 인류인 우리가 대륙에서 존재한 기간의 거의 열 배라는 사실을 기억하라. 그리고 유전학과 고생물학 등을 통해 그들이 어디서 왔고, 서로 어떻게 관련돼 있고, 유행했던 질병이나 식량은 무엇이었는지 등 네안데르탈인들의 삶에 대해 알아낼 수 있는 방법이 더 다양해지고 있다.

그러나 아직까지는 우리가 알아낼 수 없는 것들이 훨씬 더 많을 것이다. 박물관 관람을 끝내고 기념품 가게를(네안데르탈 맥주, 석기시대 막대사탕, 혈거인 조각 그림 맞추기, 1유로짜리 진짜 화석 등을 팔고 있다) 지나 네안더 골짜기의 여름 햇살로 나오며 나는 한때 그곳에 살았던 이들의 삶을 상상해봤다. 예를 들어, 그들은 매년 같은 동굴에서 생활했

독일 네안데르탈 박물관과 전시된 네안데르탈인 모형.

을까? 그들은 동굴을 지금 우리가 사용하는 의미의 집이라고 여겼을까? 다른 네안데르탈인 집단이나 아프리카에서 온 이주민 같은 이방인들에 대해서는 어떻게 생각했을까?

초기 인류와 마찬가지로 네안데르탈인들의 목소리는 복원할 길이 없다. 또한 그들이 무슨 생각을 했고, 세상을 어떻게 봤고, 제일 관심 있는 것이 무엇이었는지에 대해서도 전혀 알 수가 없다. 하지만 그렇다고 해서 우리의 상상력과 공감의 절대적 한계점을 정해서는 안 된다. 많은 소설가들이 네안데르탈인에 대해 ("고릴라가 꿈꾸고 느끼는 것"을 상상하면 된다고 선언한 H. G. 웰스를 제외하고) 좀더 사려 깊게 그리기 위한 노력을 했다. 한 예로《파리대왕》의 작가 윌리엄 골딩William Golding은 두 번째 저서《상속자들The Inheritors》에서 네안데르탈 공동체의 쇠퇴와 멸망을 그렸다. 이 소설은 묘한 감동을 주는데, 골딩 자신이 가장 좋아하는 작품이기도 하다. 이는 또한 웰스에 대한 고의적 대응이기도 하다. 그는 네안데르탈인들의 '추함'과 '역겨운 기괴함'에 대해 이야기한 웰스의 글을 책 서두에 인용하고 있다. 골딩의 네안데르탈인들은 웰스가 묘사한 그들과는 아주 다르다. 골딩은 슬픈 마지막 장을 제외하고는 세상을 그들의 눈을 통해 본다. 골딩의 네안데르탈인들은 배려심과 애정이 깊고, 자연에 순응하며, 온화하고, 순진한 사람들로 북유럽 어딘가에서 행복하게 살고 있었다. 그들은 여름에는 숲에서 살고 겨울에는 해안가에 있는 동굴로 이동하는 계절적 이주민으로 생활을 영위한다. 그런데 어느 무서운 여름에 '새로운 사람들'이 나타난다. 바로 호모 사피엔스Homo Sapiens였다. 그들은 굶주리고 절박한데다 교활하고 남들을 죽일 태세를 갖추고 있었다. 그들은 창과 배를 갖고 있었고 더 넓은 세상에 대한 지식도 있었다. 그들은 네안데르탈인들이 악마라고 생각했다. 여름이 끝나갈 무렵이자 소설이 마지막에 이를 즈음, 네안데르탈인들은 새로운 사람들이 데려간 남자 아기 한 명을 빼고는 전멸한다.

별도의 아종으로서 네안데르탈인들은 약 4만 년 전에 멸종했다고 알려져 있다. 그 이유는 모르지만 일련의 설명들은 가능하다. '새로운 사람들'에게 일부 책임이 있는 것이다. 그들은 더 좋은 무기를 갖고 있었으니 부족한 자원을 놓고 경쟁하는 데 더 유리했을 것이다. 또 네안데르탈인들에게 면역력이 없는 질병을 가져왔을 수도 있다.

만일 그랬다면 역사상 이주민들이 원주민들을 말살시킨 첫 사건이었을 수도 있다. 근대에 무기와 질병을 지니고 온 유럽인들이 아메리카 대륙과 오스트레일리아의 원주민 공동체를 전부 파괴하고 사람들을 많이 죽인 것처럼 말이다.

매우 그럴듯한 추측이지만 그래도 이런 비교는 신중할 필요가 있다. 네안데르탈인과 현대 인류(호모 사피엔스)는 수천 년 동안 유럽에서 공존했을 수 있는데, 그럴 경우 후자를 이주민이라 칭하는 것이 과연 합리적일까? 또 우리에게는 굉장히 길지만 선사시대부터 현재까지의 오랜 기간에서 보면 극히 짧은 시간 동안 네안데르탈인과 호모 사피엔스 양쪽 다 계속해서 먼 거리를 이주했을 가능성이 있다. 따라서 네안데르탈인들이 새로운 이주민들로 완전히 교체되었다고 간단히 결론 내릴 수는 없는 것이다.

사실 두 아종 모두 이주하는 사람들이었고, 그들에게는 이동이 정상적이고 필요한 것이었다. 그러므로 초기 인류에게는 언제, 어디로 이동할 것인지가 중요한 문제였을 것으로 추측된다. 간단히 말해 인류는 이 단계에 집을 만들지 않았고 동굴은 임시 혹은 계절적 피난처를 제공했을 뿐이었다. 초기 인류는 수렵채집인이고 먹이를 찾아 헤매는 사람들이었다. 네안데르탈인 멸종 후 약 3만 년이 지나 농사를 짓기 전까지는 한 자리에 머물러서는 얻을 것이 없었기 때문이다. 계속 움직이거나 아니면 넓게 펼쳐져 있는 육지나 바다의 어딘가에서 자라고 있는 먹이를 찾아다녀야 했다.

게다가 네안데르탈인들이 멸종되었다고 하기도 애매하다. 왜냐하면 우리는 네안데르탈인과 사피엔스들이 서로 성관계를 가졌고 그 결과 자식들이 태어났다는 것을 알게 되었기 때문이다. 그리고 대부분의 현대인들은 그 자식들의 후손이다. 대부분 현대인들의 DNA 중 1~4퍼센트는 네안데르탈인에게서 온 것이다. 어디서 언제 네안데르탈인과 사피엔스 사이에 이종교배가 이루어졌는지는 정확하게 알 수 없지만 그에 대해 연구하고 있는 유전학자들이 곧 그에 대해 알려줄 수 있을 것이라고 기대한다. 이 두 인간 아종들의 혼합은 현생 인류 대부분이 혈족관계라는 사실을 상기시켜준다. 남양 제도(남태평양) 주민에서부터 인도 농부, 시베리아 유목민, 온갖 종류의 유럽인, 또 인디언에 이르기까지 서로 완전히 다르다고 여겨지는 민족들이 사실은 사피엔스뿐 아니라 네안데르탈인의 유전자도 공유하고 있는 혈연관계인 것이다. 유일한 예외로 네안데르탈 유전자를 갖지 않은 민족은 사하라 이남 아프리카에서 같은 혈통을 계속 이어 온 종의 후손들로, 이들은 원래 인류가 별도 종으로 등장한 아프리카 대륙을 한번도 떠난 적이 없기 때문이다. 네안데르탈인, 사피엔스 그리고 선사시대의 안개 속으로 사라져간 모든 기타 아종을 포함한 전 인류의 출발점은 아프리카였다.*

선사시대 인류의 이동은 엄청났다. 고대 네안데르탈인과 사피엔스의 유럽행 혹은 유럽 내 이주는 아시아와 아메리카 대륙의 이주와 비교하면 아무것도 아니었다. 아프리카 인류가 유럽에 가기 위해서는 먼저 중동으로 가서 왼쪽으로 돌아 지중해 혹은 북해의 해안선

* 몇 종의 다른 호미니드hominids(초기 인류)들이 확인됐는데 그중에는 네안데르탈인과 사피엔스의 공동 조상으로 묘사되곤 하는 호모 에렉투스Homo erectus(직립인간)도 포함되어 있다.

만 따라가면 됐다. 지구의 다른 곳으로 가는 여정은 훨씬 복잡했다. 일부 초기 이주민들은 해안선을 따라 아시아와 그 너머까지 갔고, 이 섬 저 섬을 들러 오스트레일리아까지 갔다. 또 다른 이주민들은 육로를 따라(아니면 중국 해안을 따라갔을 수도 있다) 시베리아로 갔고, 베링 해협을 건넌 다음 아메리카 대륙을 거쳐 지금의 칠레인 아메리카 남단까지 내려갔다.

최근 몇 년 동안 인간 유전체 염기서열 분석 능력의 향상과 유골에서 DNA를 추출하는 기술의 발전으로 우리는 고대의 이주에 대해 더 많은 것들을 알게 되었다. 그러나 그것이 늘 정확하다고 확신할 수는 없기 때문에 인류가 세계 각지에 거주한 시기와 행로에 대해 아직은 (늘 다투고 있는) 과학자들끼리 논쟁하게 놔두는 것이 아마 가장 현명할 것이다. 그러나 그 불가해한 논쟁을 초월해 호모 사피엔스가 좋든 나쁘든 문명이라고 부를 만한 것이 생기기도 한참 전에 이미 전 지구에 진출하는 놀라운 위업을 달성했다는 점은 확실하다. 그들은 불, 언어 그리고 돌이나 나무, 뼈로 만든 간단한 도구들을 갖고 있었지만, 그게 전부였다.

이 단계에서 더 중요한 질문은 그런 일들이 언제 어떻게 일어났느냐가 아니라 왜 그랬느냐다. 그리고 그 질문에 대해 나올 수 있는 답이 인류에 대해 무엇을 말해줄 수 있느냐 하는 점이다. 여기서 우리는 고대 심리학이라는 불투명한 세계로 들어서게 되는데, 이는 인류가 세계 방방곡곡으로 이주한 동기를 이해하려는 시도의 일환일 것이다. 이 질문에 대한 답을 찾는 데 도움이 될 언어나 문서 같은 것은 당연히 없다. 기원전 3천 년, 메소포타미아에 도시 국가가 생길 때쯤 제대로 된 언어나 문서 같은 것들이 생겨나기 시작했는데, 그때는 이미 현재 사람들이 살고 있는 세계 거의 모든 곳에 이미 인류가 자리잡고 있었던 시점이었다.* 그래서 우리는 다른 곳에서 답을 찾아야 한다. 이주에 대해서는 대부분의 경우 기후 변화, 자원 부족, 영토 분쟁 등 여러 지역적 이유들이 결합되어 있을 것이다. 하지만 그런 이유들은 대부분의 동물들에게 적용되는데도 육지 포유류 중 쥐를 제외하면 다른 어떤 동물도 그렇게 온 지구를 돌아다니지 않는다. 그래서 사람들에게는 (어쩌면 쥐에게도) 뿌리 깊고 오랜, 본능적이고 혹은 유전적일 수도 있는 이동 욕구가 있지 않을까 하는 생각을 해본다.

유구한 역사의 관점에서 보면 한 곳에 머물며 생활하는 것은 비교적 현대적인 현상이며 400년 전만 하더라도 세계 인구의 3분의 1은 유목생활을 했다. 현재도 3천만 명 이상의 사람들이 전통적 유목생활을 하고 있으며, 고용 유목민 혹은 단기 이주근로자라고 부르는 사람들도 수백만 명이 넘는다.** 그래서 나는 자기가 태어난 곳, 혹은 그 부근에 머무르는 것이 당연히 정상이거나 자연스럽다는 생각을 접으면 인류에 대해 색다른 무언가를 깨달을 수 있을 것이라고 여긴다. 또 이주에 엄청난 시간이 걸렸을 것이며, 당시 사람들은 이동하는 지역에 대한 사전 지식이 없었을 것이라는 점을 감안하면 선사

* 당시 인류가 정착하지 않은 몇 안 되는 지역은 뉴질랜드, 아이슬란드, 마다가스카르 등 외딴 섬들이었다.

** 여기서는 역사적 맥락이 중요하다. 현대판 유목민 3천만 명은 전 세계 인구의 0.5퍼센트에도 못 미치지만 그래도 거의 인류 전체가 유목민이었던 만 년 전의 전 세계 인구보다 훨씬 큰 숫자다.

시대의 이주는 아마도 우리가 상상하는 것보다 훨씬 더 복잡했을 것이다. 아마 성공보다는 실패가 더 많았을 것이고 우리가 결코 알아낼 길 없는 역이주와 막다른 지경도 더 많았을 것이다.

• — •

그중 가장 긴 여행은 남아메리카 남단에 위치해 지금은 아르헨티나와 칠레 지역인 티에라 델 푸에고Tierra del Fuego 군도로 가는 여정이었을 것이었다. 인류가 그곳에 처음 도착한 것은 약 만 년 전이었을 것으로 추정하고 있다. 이주민들의 조상은 아프리카에서 시작해 아시아를 지나 알래스카, 아메리카 대륙을 통과해 내려가 남극에 가장 근접한 인간 정착지인 남위 54도 이남에 도달했다. 최근까지 사람들은 북아메리카의 초기 이주민들이 대평원에서 어슬렁대는 큰 사냥감들을 따라 내륙으로 온 수렵민족일 것이라고 생각했다. 그러나 현재 가장 설득력 있는 이론은 켈프 하이웨이 가설Kelp Highway Hypothesis로 초기 아메리카 이주민들은 사냥꾼들이 아니라 해안선으로 이동한 어부들이라는 것이다. 누군가는 '해물 뷔페'라고 부를 정도로 온갖 식용 바다 생물로 가득한 해양계를 지탱해주는 거대한 해초 숲을 따라 이동했다는 것이다.

아마 그렇게 해서 지금은 야간Yaghan족으로 알려진 초기 이주민 중 가장 멀리 이동한 집단이 수천 년 전에 케이프 혼Cape Horn에 가까운, 바람으로 황량한 티에라 델 푸에고 군도에 도달하게 된 듯하다. 야간족은 그곳에 자리 잡았고 번성했다. 추위에 대한 강한 저항력을 키워 극한의 기온에서도 나체로 살았고 세계 어느 곳보다 혹독한 환경에 성공적으로 적응했다. 그들은 조개를 채취하고, 물고기와 바다사자를 사냥하며 유목 생활을 했고 푸에고 군도의 집단들과만 섞였으며 새로운 여행자와 이주민 무리들이 티에라 델 푸에고 해안에 도착할 때까지 군도를 떠나지 않았다. 그리고 아마도 가장 위대했을 이 주 이야기는 "그후 야간들은 영원히 행복하게 살지 못했다"라는 현대판 후기를 얻게 됐다.

새롭게 이주해온 유럽인들과 야간족의 첫 만남은 순조롭지 않았다. 유럽인들은 16세기부터 세계일주와 새로운 대륙의 발견이라는 목적을 위해 남양제도로 이동했다. 물론 그곳은 이미 야간과 다른 집단들이 만 년 전에 발견해 소유하고 있던 땅이었다. 포르투갈 출신 마젤란은 그곳을 지나쳐갔지만 야간들이 (아마도 함대의 도착에 대해 자기들끼리 서로 경고하기 위해) 피워올린 수많은 봉화를 알아볼 정도로 가까이 지나갔고, '불의 땅'이라는 의미의 티에라 델 푸에고라고 명명했다.

1624년에는 네덜란드 함대 소속의 선원 17명이 야간족의 섬에 착륙했다가 살해당했다. 그들의 사체 일부는 절단되었고, 때문에 유럽인들은 야간족이 인육을 날로 먹는(심지어 익히지도 않고) 최악의 식인종이라고 믿게 되었다. 야간족은 벌거벗었고, 잔인하고, 지저분하고, 추하고, 멍청한 야만인의 전형이 됐다. 당시에 널리 알려진 식인종 판화에는 야만적인 야간족들이 네덜란드 선원들의 사지를 찢고, 한 편에서는 선원들의 사체를 먹기 위해 헛간으로 끌고가는 모습이 묘사되어 있었다. 그러나 야간족이 익혀서든 생으로든 인육을 먹었

| 야간족의 이동 |

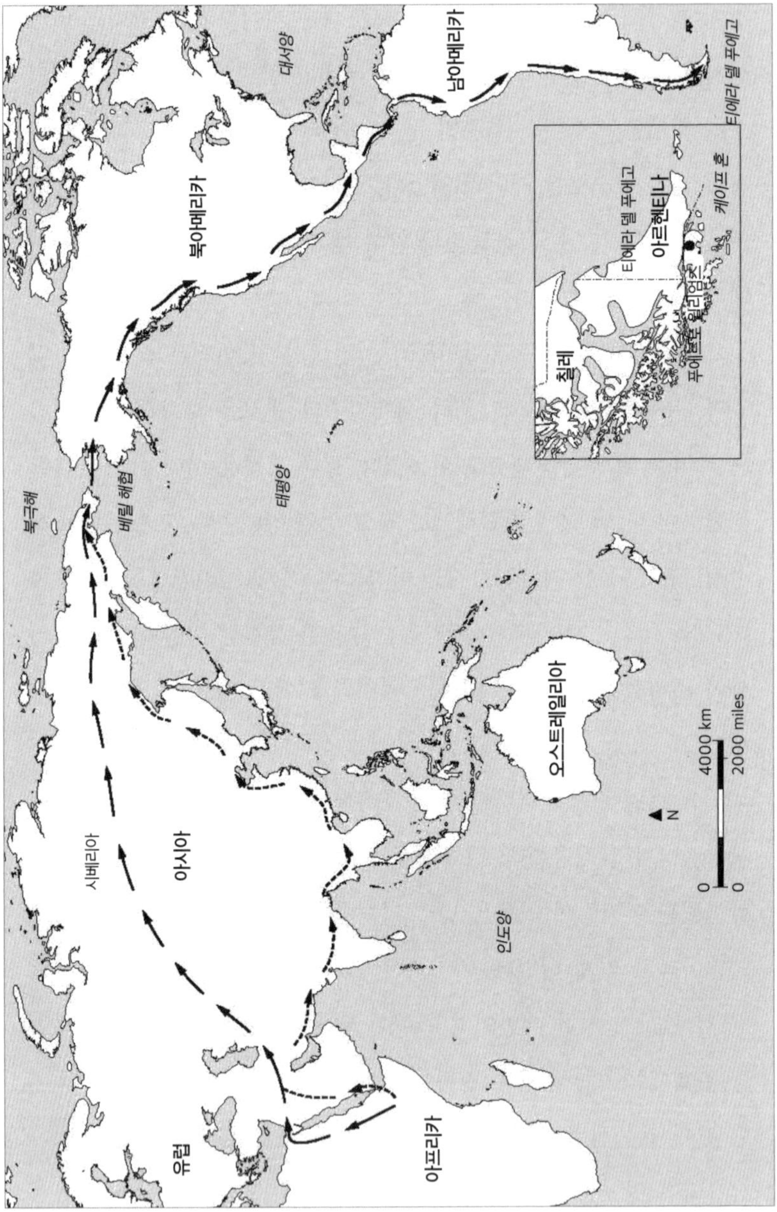
유럽
아프리카
아시아
시베리아
북극해
베링 해협
태평양
북아메리카
대서양
남아메리카
티에라 델 푸에고
인도양
오스트레일리아
N
0 4000 km
0 2000 miles
칠레
아르헨티나
티에라 델 푸에고
푸에르토 윌리엄스
케이프 혼

다는 확실한 증거는 없다.

1829년에는 영국 명문가 출신의 로버트 피츠로이Robert FitzRoy가 남반구 대양 탐사를 위해 영국 군함 HMS 비글HMS Beagle 호를 이끌고 나타났다.* 그런데 푸에고 군도의 어떤 원주민이 영국인들의 작은 배를 한 척 훔쳐가는 사건이 발생했다. 피츠로이는 배를 돌려받기 위해 원주민 몇 명을 인질로 잡고 협상을 시도했지만 성공하지 못했고, 사로잡은 인질 네 명을 영국으로 데리고 갔다. 선원들은 이들의 진짜 이름에는 관심이 없었던 듯하다. 잡혀온 원주민들은 제미 버튼, 푸에기아 배스킷, 요크 민스터, 보트 메모리라는 이름으로 불렸다.** 아메리카 대륙 남단의 위대한 이주민 후손들은 약 만 년 후에 또 다시 타의에 의한 여정에 오르게 된 것이다.

배를 타고 영국으로 간 후, 이 인질들은 포로라기보다는 과학 표본이나 신기한 대상 취급을 받았다. 그들은 옷을 입고 머리도 다듬었으며, 기숙사 학교에 다니며 영어도 배웠다. 또한 기독교로 개종하여 영국의 왕과 여왕까지 만났다. 1년이 지난 후 인질 세 명은(보트 메모리는 영국에 도착한 직후 천연두에 걸려 사망했다) 티에라 델 푸에고에 선교회를 설립하여 야간족들을 기독교로 개종시키라는 임무를 받고 다시

* 피츠로이는 왕족이었는데, 비글 호의 전 선장이 우울증에 빠져 자살하자 23세에 선장으로 임명되었다. 그는 의회 의원, 뉴질랜드 총독을 역임했고 후에 기상청이 된 기관을 창설했다. 그는 다윈의 진화론을 공개적으로 반대했다.

** 버튼은 진주 단추를 주고 데려왔다. 납치될 당시 9세였던 것으로 추정되는 푸에기아 배스킷은 바구니 배를 타고 군함으로 와서 배스킷이라는 이름을 얻었다. 민스터는 요크 민스터처럼 생긴 바위 근처에서 납치됐다. 보트 메모리는 야간족이 가져간 작은 배를 기억하기 위해 지었다.

비글 호에 올랐다. 그들의 유일한 초상화는 당시 선상에서 피츠로이가 그린 것으로 아직까지 남아 있다.

피츠로이는 이 항해에 찰스 다윈Charles Darwin이라는 22세의 자연과학자를 초대했는데 다윈은 비글 호에서 만난 제미 버튼과 친구가 되었다. 10대인 제미는 많이 웃었고 다윈이 배멀미를 할 때마다 무척 염려해줬다. 다윈은 후에 제미에 대해 "아주 뚱뚱하고, 옷에 각별히 신경을 써 신발이 더러워지는 것을 싫어했고, 장갑을 늘 끼고 있었으며 머리를 단정히 깎고 있었다"라고 했다. 티에라 델 푸에고에 도착한 다윈은 제미의 동족들을 만나게 되었지만 그들의 첫인상은 별로였던 듯하다.

> 이 가련한 인간들은 자라다 말았고, 흉측한 얼굴은 흰 페인트로 범벅이 되어 있었으며, 피부는 더럽고 기름기로 번들대고, 목소리는 시끄러운데다 몸짓은 사나웠다. 그들을 보고 있자면 그들이 우리와 같은 세상에 살고 있는 사람들이라는 걸 믿기가 힘들 정도였다. 하등 동물들은 무슨 낙으로 사는 걸까 하는 생각을 해본 적이 있는데 이 원주민들에게도 같은 궁금증이 들었다!
>
> 그들의 나라는 깨진 바위 덩어리, 높은 산 그리고 쓸모 없는 숲뿐으로 주변에는 늘 안개가 끼어 있으며, 끝없이 폭풍이 몰아쳤다. 생활이 가능한 육지라고는 해변가의 돌밭 정도라 그들은 먹을 것을 찾아 쉬지 않고 이리저리 헤매야 한다. 또 해안은 너무 가팔라서 초라한 카누를 타야 돌아다닐 수 있다. 그들은 집을 갖는 기분을 알 길이 없고, 가족 사이의 애정 같은 것은 더 알 수 없을 듯하다.*

후에 자신이 그들을 오판했을 수도 있다고 암시하긴 했지만 야간족을 바라보는 다윈의 시선은 그리 좋아 보이지 않는다. 비글 호와 다윈은 1년 후 세 명의 인질들을 내려준 지점을 다시 찾았는데 푸에기아와 요크는 이미 달아난 후였다. 그들이 만들어야 했던 기독교 선교회나 씨를 뿌려 가꾸어야 했던 채소밭은 흔적도 없었고, 영국에서 가져온 옷과 성경, 도자기들도 사라지고 없었다. 그리고 제미 버튼을 찾아내는 데도 시간이 좀 걸렸다.

다윈은 "우리는 불쌍한 제미를 알아볼 수 없었다"라고 기록했다. "그를 바라보는 일은 매우 고통스러웠다. 그는 홀쭉하고 창백한 데다 옷이라고 부를 만한 것은 허리에 두른 담요 조각이 전부였다. 머리는 어깨까지 자라 있었다." 그러나 다윈은 곧 제미가 아주 만족한 상태라는 것을 깨닫게 되었다. 제미는 먹을 것도 충분하고, 춥지도 않고, 결혼까지 한 상태였다. 다윈은 일기에 이렇게 적었다. "우리는 그가 영국으로 돌아가기를 전혀 바라지 않는다는 걸 알고는 좀 놀랐다." 다윈은 잠시나마 제미가 영국 신사보다는 집 없는 '야만인'이 되는 것이 더 행복할 수 있다고 인정한 듯했다. 또 야간족도 세상 어느 누구보다 가족을 사랑할 줄 안다는 사실도.

비글 호 방문 이후 티에라 델 푸에고는 황폐해졌다. 유럽인들은 군도에 신교사와 함께 질병과 무기를 들여왔다. 대부분의 야간족은 개종했고, 많은 이들이 유럽인들이 가져온 병에 걸려 죽었으며, 나머

* 다윈이 야간족에 대해 나쁜 인상을 갖게 된 이유에는 그들이 겨울에 기근이 들면 무리 중 제일 나이 많은 여자를 잡아 먹는 식인종이라는 그릇된 믿음을 갖고 있었기 때문으로 보인다.

지 사람들은 살해되거나 자신들의 땅에서 쫓겨났다. 유럽인들은 소유권이라는 개념도 들여왔는데, 야간족들은 곧 대대로 물려받아온 토지가 더 이상 자기들 것이 아니라는 것을 알게 되었다. 19세기 말에는 골드러시가 있었고 이는 더 많은 이주민의 유입을 의미했는데, 이 시기에는 오스트리아-헝가리 제국 통치 하에 있던 크로아티아인들이 가난과 차별을 피해 대규모로 밀려들어왔다. 야간족이 고기와 가죽을 위해 사냥했던 바다사자와 물개는 유럽인들의 과잉 사냥으로 생태계가 붕괴되어 사라지고, 야간족들은 조개나 주워 먹고 사는 신세가 됐다. 그들 중 일부는 티에라 델 푸에고를 떠나 남아메리카의 다른 곳으로 갔고, 또 어떤 이들은 유럽인들과 결혼해 자신을 당시 지배층이던 기독교인 정착민들과 동일시했다. 실패하긴 했지만 야간족을 포크랜드 섬에 정착시키려는 시도도 있었다. 결과적으로 만 년 동안 이어져 내려온 야간족의 생활방식과 연속성은 막을 내리게 됐다.

2022년 2월, 야간족의 언어를 사용하는 마지막 인물이었던 크리스티나 칼데론Cristina Calderón이 93세로 사망했다. 야간어를 사용했던 시누이 에멜린다가 2005년에 사망한 후 크리스티나는 모국어를 구사하는 사람과 이야기할 기회가 없어졌다(그런데 야간족을 연구하던 한 언론인이 2003년 지적했듯이 두 여인은 다퉈서 어차피 서로 대화를 하지 않는 사이였다고 한다). 최근 몇 년간 칼데론은 마지막 '순수 혈통' 야간족으로서 잃어버린 세계와 자칭 '문명인'들이 원주민들을 다룬 잔인한 방식에 대한 회한의 상징으로 유명했다. 그녀는 세계 최남단 마을인 푸에르토 윌리엄즈Puerto Williams 외곽에 살고 있었는데, 기자나 인류학자,

유람선 관광객 등의 방문을 받았고 마지막 야간족의 입장을 묻는 질문에 담담히 대응했다. 방문객들은 기사나 논문을 쓰기도 했고 그녀와 찍은 셀카를 페이스북에 올리기도 했다. 그녀는 유네스코 '인간문화재'로 선정되었고 2010년에는 칠레 건국 200주년을 기념하는 '국민 영웅'으로 선정되기도 했다.

역사상 가장 위대한 이주의 후예들이 19세기와 20세기의 또 다른 이주에 의해 자신들의 생활방식이 파괴당하는 일을 겪었다. 그러나 이는 역사를 통해 계속 반복된 패턴이다. 사라진 종족 중 일부는 문학, 건축물, 고대 유물, 혹은 유전적 흔적을 남겼고, 어떤 것도 남기지 못한 이들도 있다.

야간족은 자신들의 유목 생활에 대해 알려줄 풍부한 고고학 기록을 남겼다. 조개껍질, 동물 뼈, 채소 등이 쌓여 만들어진 쓰레기 더미를 의미하는 (고고학자들이 즐겨 부르는 이름인) 패총貝塚이 수천 개에 달하는 것이다. 게다가 그들은 후손들을 위해 고유 언어를 상세히 기록해 남겼다. 그리고 발음이 무척이나 어려운 (혀가 잘 안 돌아가는) 단어 하나는 새로운 생명을 얻었다. 마밀라피나타파이Mamihlapinatapai는 세계에서 '가장 간결한 단어'로 기네스 기록에 등재되었다. 이 단어는 노래, 전시회, 단편영화 제목으로도 쓰였고 2011년에는 〈라이프 인 데이Life in a Day〉라는 컬트영화에 등장해 유명해지기도 했다. 이 단어가 흥미를 불러일으키는 이유는 정확한 번역이 거의 불가능하기 때문이라고 하는데 그래도 대강 이렇게 해석되고 있다. '두 사람이 다 바라는 일이지만 둘 중 누구도 본인이 먼저 나서서 하고 싶지는 않아 서로 상대방이 해줬으면 하며 나누는 눈길.' 마밀라피나타파이는 감동적이고 비장한 감수성을 갖고 있으며 그 안타까운 염원이 밀레니얼 세대의 마음을 끌어당긴 듯하다. 이는 또 야간족을 미개한 야만인으로 묘사한 다윈이 틀렸다는 증거이기도 하다.

마지막으로 야간족은 수천 명의 후손들을 남겼다. 그들은 다른 종족들과의 혼인을 통해 얻은 자손들로 크리스티나 칼데론처럼 '순수 혈통'이거나 야간어를 쓰지는 않았다. 그래도 그중 많은 이들이 서로에게, 또 인구조사원과 방문객들에게 스스로를 야간족이라고 밝히고 있으니 그들을 통해 야간족이 이어지고 있다고 할 수 있다. '순수 혈통'이라는 개념은 사실 애매하기도 할 뿐 아니라 인종차별주의적이기도 하다. 특히 그 말이 유구한 인류의 역사와 비교하면 아주 짧은 기간 동안 동족끼리 섞인 소수의 사람들을 지칭하는 경우에는 더욱 더 그렇다.

실제로 모든 야간족들은 나, 티에라 델 푸에고의 유럽인 정착민, 또 이 글을 읽고 있는 사람들 대부분과 마찬가지로 공통 유산을 물려받았다. 우리는 모두 네안데르탈인과 약 1억 년 전 아프리카를 떠난 현대 인류의 후손들이다. 우리의 혈족관계는 순수 혈통보다 훨씬 더 오래되었음을 기억해야 한다. 우리는 야간족의 혈통을 잃는 것이 아니라 야간족의 문화를 잃는 것에 대해 슬퍼해야 한다.

저자 노트, 첫 번째

2018년 어느 눅눅한 10월 아침, 나는 오래된 아버지의 서재에서 작은 플라스틱 통에 침을 뱉었다. 당시에 나는 캄보디아에서 튀니지아로 근무지를 옮기는 사이에 잠깐 런던에 머물며 내가 반 세기 전에 태어난 집에서 어머니와 함께 지내고 있었다. 내가 가장 잘 알고, 나의 집이라고 느낄 수 있는 곳이었으므로 그곳은 내 안의 동심을 불러일으키곤 했다.

나는 2014년 3월에 임종을 앞두고 있는 아버지와 함께 지내기 위해 6개월 동안 집에 머물렀고 아버지가 돌아가신 후 다시 아시아와 아프리카에서 단기 임무를 수행하기 위해 유목민처럼 떠났다. BBC 국제 미디어 자선단체 일 덕분에 나는 보통 다른 나라에서 새로 온 사람들보다 그 나라에 살고 있던 사람들과 함께 시간을 보낼 기회가 더 많았다. 비자, 항공편, 집 같은 조건은 다 남들이 준비해주고 급여도 받으니 나는 행운아였다. 그런데 런던에 돌아가서 만나는, 나를 거의 평생 알고 지낸 사람들 중 어떤 이들이 하는 질문이나 추측이 이상하고 거슬릴 때가 있다. 그들은 내게 언제 정착해 한 곳에서 지낼 거냐고 묻는다. 내 입장에서는 그에 대해 할 말이 없고 짜증이 날 뿐이다. 그 질문은 마치 내가 자연법칙에 어긋나는 생활방식을 선택한 것처럼 들린다. 집이 없으니 기준에 미치지 못하고, 여행 가방 두 개에 의지해 사는 초라하고, 괴팍하고, 미성숙한 인생으로 그 어느 곳에도 소속되어 있지 않다는 식이다.

그러나 나는 왜 이렇고 그들은 이렇지 않은지 그 이유를 모르니 그들에게 내 입장을 설명할 수도 없다. 계속 이동하고, 새로운 곳을 여행하고, 나와 다른 사람들과 어울리는 것이 내 존재의 일부라도 되듯이, 그것이 내게는 자연스럽게 느껴질 뿐이다. 물론 새로운 도시에서 그곳만의 교통 시스템을 알아내 돌아다니고, 점심으로 그 지역의 어떤 음식을 먹을까를 생각하는 등 새로운 것에 흥미를 느끼는 것도 분명 있지만, 그보다 더 깊은 뭔가가 있는 것 같다. 과잉 호기심이 마치 내 유전자 구성의 일부라도 되는 듯이 말이다.

실제로 호기심 유전자가 존재한다고 생각하는 사람들이 있다. 그들은 유전체에서 'DRD4-7R'로 알려진 일련의 표지 인자들을 확인했다. 이는 오래된 유전자 변이로 꽤 많은 사람들이 가지고 있으며, 특히 아메리카 대륙 첫 거주민들에게 널리 퍼져 있었다. 그리고 그 유전자가 그 사람들로 하여금 그토록 멀리 이동해 세계 끝으로 이주하게 만든 이유 중 일부라고 추정되어왔다. 물론 이를 증명하는 것은 불가능하다. 유전학은 야간족을 티에라 델 푸에고로 이끈 동기에 대해 정확한 답을 줄 수 없기 때문이다.

DRD4-7R는 가상 현실에서 새 생명을 얻었다. 이 유전자를 구글에서 검색해보라. 곧 인기 있지만 대개는 신뢰할 수 없는 유전학 유사 과학의 이상한 세계로 들어가게 될 것이다. 거기에는 호기심, 위험 행동, 모험심, 약물 사용, 방랑벽, 새로운 경험 추구, 청소년 비행, 성적 문란, 자폐증, 주의력 결핍 과잉행동 장애ADHD 등 광범위하고 관련성이 극히 희박한 온갖 행동과 상태들을 DRD4-7R 탓으로 돌리는 글들이 수십 개 있다.

"'방랑벽 유전자'는 실재하는가? 당신은 그것을 갖고 있는가?" 《데일리 텔레그라프》의 기사 제목이다. "당신은 '호기심' 유전자를 갖고 있는가? 그것이 당신을 더 성공하게 만들 수 있을까?" 이는 천체물리학자 마리오 리비오Mario Livio가 '익사이티드 사이언스Excited Science'라는 팟캐스트에서 던진 질문이다. 건강과 웰빙에 관한 웹사이트 얼터너티브 데일리Alternative Daily는 "여행을 좋아하거나 모험을 한다면 당신은 이 유전자를 갖고 있는 것이다"라고 선언했다.

과학계에서도 아직 확신하지는 못하지만, 한 가지 예로 DRD4-7R를 포함하는 몇몇 유전자 표지와 특정 인류 집단들이 선사시대 이주 시 아프리카에서 이동한 거리 사이의 상관관계에 대한 증거가 점점 늘어나고 있다. 물론 이것이 장거리 이주에 대해 모든 것을 설명할 수는 없다. 또한 왜 어떤 사람들은 방랑벽을 갖고 있고 다른 이들은 아닌지에 대해서도 설명하지 못한다.

다소 걸리는 점들이 있었지만 그렇다고 내가 흥미를 느끼고 심지어 호기심을 갖는 것을 막지는 못했다. 그래서 이런 글들을 여러 개 읽은 후에 DNA 검사를 받기로 결정했고, 그리하여 10월 아침에 작은 플라스틱 통에 침을 뱉고 있었던 것이다. 이것은 단순히 호기심 유전자에 대한 것만은 아니었다. 나는 가족에 대해 꽤 많이 알고 있다고 생각하지만 더 많이 알고 싶었다. 내 친부는 남들이 알고 있는 사람이 아니었다. 그는 나를 양육하지도 않았고 성을 물려주지도 않았다. 그는 프랑스인 혼혈이었는데 나는 그것이 내 DNA에도 나타날지 궁금했다. 또 18세기부터 영국에서 거주한 유태인 후손인 외할머니의 유전자도 내 DNA에 나타날지 알고 싶었다. 아니면 또 다른 이주의 흔적이 발견될 수도 있지 않을까? 그리고 무엇보다도 내가 네안데르탈인과 얼마나 가깝게 이어져 있는지를 알아내고 싶었다.

그래서 나는 타액이 든 튜브를 밀봉하고 테스트 회사에서 제공한 상자에 넣었다. 내 DNA는 5주 후에 나의 조상들에 대해 훨씬 더, 어쩌면 너무 많이 알려줄 것을 약속하며 런던 서부 우체국과 네덜란드 물류 센터를 거쳐 미국 노스 캐롤라이나에 있는 실험실로 가는 여정에 올랐다.

2장

바빌론, 성경, 아메리카 인디언

MIGRANTS
The Story of Us All

1970년대 초, 학생이었던 나는 런던에 살고 있었고, 학교에서 잘 안 돌아가는 혀를 꼬아가며 메소포타미아라는 새 지명에 대해 배웠다. 세계사를 순서대로 배우고 있었는데 메소포타미아 이전의 역사는 모조리 케케묵은 것이나 추측으로 간단히 처리해버렸다. 당연하게도 네안데르탈인과 최초의 대이주는 언급되지도 않았다. 우리는 '문명의 요람' 메소포타미아가 농업과 관개, 재산권과 도시, 왕궁과 신전, 글 쓰기와 통치자, 국경과 법, 세금과 군대의 '출생지(발생지)'라고 배웠다. 또 인류의 미래가 잉태된 곳이라고도 배웠다. 그리고 그 모든 것은 거의 기적 같은 기술의 발전 덕분이었고, 사람들이 야생 식물을 기르고 야생 동물을 길들이는 법을 배우게 돼 무엇이든 가능해졌다는 것이었다.

대부분의 역사가들은 이 전통적인 이야기가 불완전하고 지나치게 단순화되어 부정확하다고 주장할 것이다. 나도 그 이야기가 가장 특별하고 중요한 부분을 과소평가하고 있다고 생각한다. 즉, 인류에게는 각자 속한 곳이 있다는 생각을 퍼뜨려 사람들을 길들였다고 볼 수 있다. 실제로 이 역사관은 우리 조상들 중 일부가 지구의 작은 땅에 묶이게 되었음을 의미하며, 결국 후에 우리가 누구인지를 정하는 정체성의 중심부를 이루게 됐다. 그리고 그렇게 함으로써 우리는 이주민이 더 이상 정상적으로 보이지 않는 세상을 만들기 시작했다.

메소포타미아 이전, 약 1만 2천 년 전에는 모두가 이주민이었다. 영구적 거주지를 가진 사람이 없었으니 누구나 이주민이었던 것이다.* 그리고 그 즈음 세계 인구 중 극소수가 처음에는 중동 지역에서, 그 다음에는 세계 여러 다른 지역에서 이동을 멈추기 시작했다. 그들은 한 곳에 머물며 인류 역사상 처음으로 정착민이 된 것이다. 이 소수의 사람들이 왜 이주를 멈췄는지 그 이유는 명확하지 않다. 역사가들은 한때 초기 인류가 정착해 마을에서 살기 시작한 것은 돌아다니며 식량을 구하기 힘들어지자 농업으로 식량 부족을 해결했기 때문이라고 주장했다. 그런데 지금은 그 반대일 가능성이 더 높다고 여겨지고 있다. 이 최초 정착민들의 대부분은 양식이 풍족한 지역, 예를 들어 습지나 두 기후대의 경계 지역에서 주로 생활했던 것으로 나타났는데, 그곳에는 일정 수의 인구를 지탱할 만한 식량을 근처 자연에서 충분히 구할 수 있었다는 것이다. 또 그들 중에는 야생 식물을 재배하며 그야말로 농업 혁명의 씨를 뿌릴 시간이나 기회를 가진 이들도 거의 없었다.

그 시대의 인류 중 극소수가 작은 마을에서 나무, 진흙, 돌 등을 사용해 집을 짓고 연중 내내 살기 시작했다. 사람들은 처음으로 자신

* 당연하게도 이를 증명할 수는 없다. 그러나 그 이전에 장기적으로, 연중 내내 한 장소에서 거주한 확실한 증거도 찾을 수 없다. 바닷물 위에 대나무 기둥을 박고 그 위에 세워진 동아시아 어촌들이 초기 중동 정착촌보다 먼저일 수 있는 것으로 추정되었지만, 그에 대한 고고학적 증거는 없으며 사용된 건축 재료의 특성과 해수면 상승을 고려하면 앞으로도 발견될 가능성이 없다. 튀르키예와 시리아 국경 근처에 있는 괴베클리 테페Göbekli Tepe와 같이 정착주의보다 앞선 기념비적인 건물들도 있으므로, 일부 종족들은 비슷하게 오래된 팔레스타인 마을에서 일년 내내 살았을 가능성도 있다.

들의 소유물을 보관할 수 있는 장소를 갖게 됐다. 이 정착형 인간들은 문자 그대로 영구적 장소인 집, 도무스(거주지), 가정을 만들어 스스로를 정착 생활에 길들였다. 그리고 수천 년에 걸쳐 처음에는 식물, 그 다음에는 동물을 기르며 더 많은 사람들의 정착을 가능하게 하는 방식으로 농업 실험을 계속했다.

메소포타미아 전체로 농업이 퍼져나가고 새로 정착한 농민들이 집을 짓고 농작물을 심기 위해 땅을 개간하면서 그들 중 일부는 자신들이 경작하고 있는 땅에 대한 권리를 주장했다. 집과 마찬가지로 농작물도 자기들 것이니 그 점유권 논리에 따라 농작물이 자라고 집이 세워져 있는 땅 역시 자기들 것이라는 주장이었다. 점유권 시대에서 소유권 시대로 넘어간 것이다. 이후 세상을 재산권 단위로 분할하는 작업이 시작됐는데 이는 본질적으로 이동생활을 하는 이들을 배제한 과정이었다.**

마을에 처음으로 지어진 집들은 원형의 단칸 오두막들이었다. 이 집들은 나중에 직사각형 건물들로 교체되었으며 그중 일부는 각기 용도가 다른 여러 개의 방들을 갖추고 있었다. 그리고 고고학자들

** 물론 이 모든 일이 간단하게 진행되지는 않았다. 때로는 누가 정착한 것이고 누가 아닌지를 구분하기가 어려웠다. 어떤 이들은 마을에 살면서 수렵채집을 했고, 어떤 이들은 그저 떠나고 싶거나 경작지가 메마르면 유목생활로 돌아가기도 했다. 그리고 짐승의 가축화 또한 복잡했고 동물 종류에 따라 생활방식에 영향을 미쳤다. 예를 들어 양, 염소, 소 등의 가축화는 새로운 형태의 이주민을 만들어냈는데, 정착 마을에 속해 있지만 계절에 따라 방목 가축과 이동하는 반유목 목동들이었다. 이후 닭이나 돼지처럼 이동성이 덜한 동물들의 가축화는 정착 생활방식을 강화시켰다. 반면에 말, 낙타, 라마처럼 이동성이 심한 동물들의 가축화는 새로운 형태의 이주 생활방식을 유발하여, 유목민들은 더 빨리 이동하고 더 많은 소유물들을 지니고 다닐 수 있게 됐다.

이 폐허에서 발견한 크고 여러 칸으로 되어 있는 부자들의 집과 더 작고 단순한 가난한 사람들의 집을 통해 인간 불평등에 대한 인류 역사 초기의 중요한 증거들을 제공해주었다. 이런 맥락에서 부동산 창출이 초기 정착민들이 가져온 변화 중 가장 중요한 것이었다고 주장할 수 있다. 왜냐하면 그들이 토지를 가진 자와 못 가진 자, 정착한 자와 정착하지 못한 자로 인간 사회를 양분하는 기준을 도입했기 때문이다. 이 양분화 기준은 서로 영향을 미치며 오늘날까지 이어지고 있다.

메소포타미아의 마을 중 일부는 지방 도시가 되었고, 시골에서 이주민들을 끌어들이기 시작했다. 많은 이들은 계속 농사를 지었지만 도기, 직조, 금속 가공 등 새로운 기술을 개발해 그 기술과 제조품을 식량과 물물교환하는 이들도 생겨났다. 이 도시들은 흔히 관청이나 종교 건축물 같은 것들을 갖고 있었고, 일부 거주자들은 사제나 통치자가 됐고 겸직을 하기도 했다. 재산과 신분은 상속할 수 있었고 소수의 사람들은 법을 만들고 세금을 부과했다. 도시 중 일부는 성장해 부유하고 강력해졌으며 지금으로부터 약 5천 년 전쯤에는 도시 국가들이 등장하기 시작했다. 도시와 축적된 부, 식량과 농지를 방어하기 위해 장벽이 세워지고 경계가 표시되었으며 군사들이 양성되었다. 그들은 다른 도시 국가들의 공격보다는 약탈자들, 즉 자기 소유의 땅이 없고 도시의 주민들이 야만인이라고 부르는 유목민들을 더 겁냈던 것 같다.

메소포타미아는 여러 면에서 중요하다. 수렵채집인으로 시작해, 다음에는 농부 그리고 도시의 주민으로 인류가 처음으로 정착한 장소였고 사유 재산 개념이 생겨났을 뿐만 아니라 여러 형태의 새로운 이주민들이 등장한 것도 바로 이때이기 때문이다. 특히 더 중요한 것은 이주와 이주민들에 대한 사람들의 태도를 보여주는 현존하는 서면 기록 중 가장 오래된 것이 이때 나왔다는 점이다.

1850년 이전까지 우리는 메소포타미아에 대한 것들을 주로 고대 그리스 자료에 나오는 반신화적 이야기나 성경을 통해 알고 있었다. 바빌론, 니느웨, 우르, 느부갓네살과 같은 장소와 이름은 기독교도나 유대교도 조상들에게 잘 알려져 있었지만 그것들은 인류사보다는 의식화된 상상 속 세계에 속한 것이었다. 그 당시에는 그들이 실제로 존재했다는 증거가 별로 없었기 때문이다. 그러나 1850년 이후 수많은 전쟁과 혁명의 혼란 속에서도 고고학자들은 이라크, 시리아, 튀르키예, 이란에서 고대 메소포타미아 도시들을 발굴했고, 뚜렷한 쐐기 모양의 설형 문자가 표시된 점토판 수십만 개를 포함한 여러 보물들을 발견했다. 재고목록, 장부, 기도문, 찬송가, 교과서, 역사, 서신 등 방대한 영역의 원문들은 현재 남아 있는 것들 중 가장 오래된 것으로 그 범위와 상세함이 놀라울 정도였다. 이 자료들을 통해 역사가들은 잃어버린 세계의 많은 부분들을 재창조할 수 있게 되었다.

메소포타미아의 기록들은 도시에서 사는 부유하고 권세 있는 이들과 그들의 서기관들의 눈을 통해 본 부분적인 세상을 보여줄 뿐이다. 하지만 도시 거주자가 아닌 새로운 이주민들의 모습을 살펴보기에는 충분했다. 점토판에 기록된 이주민들은 강제로 이주된 이들도 있었고 자유의사로 이주한 이들도 있었다. 그중에는 산에서 내려온 침략자, 전쟁에서 잡혀온 노예, 아프가니스탄에서 청금석을 가져오는 상인, 인더스 계곡에서 홍옥 구슬을 가져오는 상인, 먼 곳으로 추방되었던 공동체, 동맹의 일환으로 결혼을 통해 이주한 다른 왕국의 공주 등이 포함되어 있다. 그러나 가장 큰 유랑민 집단은 수렵채집인이 아니라 계절에 따라 이동하며 가축을 키우는 목축 유목민들이었다.

메소포타미아의 점토판에는 오늘날 우리가 인종차별주의라고 부르는 형태의 차별은 없었으나 명확한 신분 계급이 있었고 정착민이 아닌 사람들에 대한 강한 편견이 있었다. 또한 도시 생활이 농업 활동보다 우월하고 농부가 되는 것이 유목민이 되는 것보다 낫다는 일반론이 퍼져 있었다. 각 도시를 대표하는 신이 있었는데, 그중 물의 신 엔키Enki와 어머니 신 닌후르사그Ninhursag 이야기는 이렇게 시작된다. "도시들은 순결하며, 당신들은 도시를 부여받은 이들이다." 그러나 신화는 기본적으로 풍부한 은유와 비유로 이루어져 다양한 해석이 가능하다. 예를 들어 '마르투의 혼인' 이야기는 신부를 찾아 도시로 이주하는 남자에 대한 이야기로 유목민 생활방식을 은근히 무시하는 내용을 담고 있다.* 이야기의 마지막 부분에서 한 도시 여자는 친구가 마르투와 결혼하는 것을 말리기 위해 신랑감인 마르투와 그 부족들에 대해 경멸하는 투로 다음과 같이 이야기한다.

* 마르투는 상징적 인물이기도 하다. 같은 이름을 가진 마르투라는 신은 기원전 2천 년경에 메소포타미아의 많은 지역을 통치했던 유목민 아모리족을 대표한다. 정착 생활을 하던 메소포타미아 엘리트 층은 아모리족을 이방인이자 침입자라고 여겼다. '마르투의 혼인' 이야기에는 이와 같은 배경이 깔려 있다.

그들은 원숭이처럼 생겼고, 쉬지 않고 돌아다니지. 그는 가죽 자루를 옷인양 입고 있고, 비바람이 들이치는 천막에 살고, 기도를 제대로 올릴 줄도 몰라. 그는 산에 살면서 신이 있는 곳을 무시하고, 산기슭에서 버섯이나 캐지. 무릎을 굽힐 줄도 모르고, 날고기를 먹어. 평생 집도 없고, 죽으면 무덤에 묻히지도 않을 거야.

이 도시 여자는 자기 주장을 강조하는 질문으로 독설을 마감한다. "친구야, 도대체 누가 왜 마르투와 결혼하겠니?" 이야기가 거기서 끝났거나 설형문자 점토판이 (다수가 그랬듯이) 깨져 있어 그 다음 부분을 알 수 없었다면 우리는 메소포타미아 도시 주민들이 유목민을 인간 이하로 여겼다고 결론지었을 것이다. 하지만 이 이야기에는 반전이 있다. 친구의 말을 들은 신부는 다음과 같이 대답했다. "나는 마르투와 결혼할 거야." 그들이 영원히 행복하게 살았는지는 알 길이 없지만, 이야기는 이렇게 끝이 난다.

따라서 이 이야기는 유목민을 배척하는 것에 대한 것이 아니라 인간의 근본적 화합과 혼혈교배를 권장하는 것으로 완전히 다르게 읽힐 수도 있다. 유목민들이 도시인들과 다른 삶을 살 수는 있지만 야만적이거나 완전히 다른 종족은 아닌 것이다. 이 이야기에는 유목민들이 도시 사람들과 다르지만, 그들도 '문명화'되어 도시 생활에 정착할 수 있으며, 도시 처녀와 혼인까지도 할 수 있다는 의미가 담겨 있다. 마르투를 강하고, 관대하고, 결단력 있는 것으로 묘사하고 있는 이면에는 사실 유목민을 깔보는 시각이 깔려 있다. 하지만 동시에 메소포타미아의 많은 도시 국가에 다문화를 수용하는 태도가 있음을 반영하기도 한다. 또한 고대의 다른 이야기에는 한때 우리 모두가 유목민이었다는 희미한 인식이 깔려 있기도 하다.

산에서 온 야성적인 남자가 도시에서 문명화되는 것은 메소포타미아 시대의 단골 주제였던 것 같다.《길가메시 서사시》에도 비슷한 흐름의 이야기가 있다. 세계 최초의 문학 걸작인 이 작품은 아쉽게도 찬사를 받는 만큼 널리 읽히지는 않는 것 같다.《길가메시 서사시》에는 권력, 폭정, 지혜, 피할 수 없는 죽음, 성 등 현대인들의 흥미를 끌 만한 주제가 많이 담겨 있다.《길가메시 서사시》는 완전히 반대 성향을 가진 것처럼 보이는 길가메시Gilgamesh와 엔키두Enkidu라는 두 남자의 이야기다. 길가메시는 도시 왕국 우루크Uruk의 노련하고 포악한 통치자였고, 엔키두는 야생 고지대에서 태어나 산양과 함께 자라 옷도 입을 줄 모르는 털투성이의 야만인이었다.

이야기 시작 부분에서 엔키두는 한 여자를 만나 변화하고 심지어 길들여진다. 엔키두는 그녀와 일주일 내내 성관계를 갖는다. "여섯 날, 일곱 밤 동안 엔키두는 샴하트Shamhat와 짝짓기를 했다." 그녀는 자기 옷 일부를 엔키두의 몸에 감아주었고 그는 순한 짐승처럼 그녀를 따라 우르크로 갔다. 그곳에서 엔키두와 길가메시가 만나게 되는데 두 사람은 신체적으로 매우 비슷하여 주변을 깜짝 놀라게 한다. 두 남자는 곧 친구이자 연인이 되어 함께 모험을 하게 된다. 두 사람은 동전의 양면처럼 거의 한 사람이 된 것같이 묘사되어 독자들로 하여금 사실 사람들은 모두가 일부는 엔키두고 일부는 길가메시가 될 수 있지 않을까 하는 생각을 하게 만든다. 그리고 엔키두가 죽자 슬픔에 잠긴 길가메시는 영생을 찾아 세상 끝으로 떠난다.

《길가메시 서사시》는 단순한 이주 이야기로 끝나지 않는다. 이주에 대한 이야기들은 대부분 집단이나 공동체의 기원에 대해 말하거나 이주가 좋은지 나쁜지에 대해 말하곤 한다. 그런데 《길가메시 서사시》는 대신 왜 우리가 현재 있는 곳에 머무르고 싶어 하지 않는지, 좀 더 정확히 말해 왜 우리가 집을 떠나고 싶어 하는지를 고찰함으로써 인간 조건에 대해 깊이 파고 들어간다. 엔키두와 길가메시에게 이주는 필요에 의한 것이 아니라 삶의 선택이었다. 엔키두는 다른 사람이 되기 위해, 길가메시는 자신이 진정 누구인지를 알아내기 위해 이주한다. 자연 속에서 평화롭게 살던 엔키두는 이성과 우정에 끌려 새로운 정체성을 얻을 수 있는 다른 세계(우루크)로 갔다. 반면 길가메시는 모험과 영광을 위해 우루크를 떠나고 싶어 했고 엔키두에게 괴물을 죽이러 다시 광야로 나가자고 설득한다. 길가메시는 엔키두가 죽자 봉두난발을 하고 광야를 누비겠다고 선언한다. 과거의 엔키두처럼 되겠다는 뜻이다. 그러나 결국 자신은 영생을 얻을 수 없고, 신이 될 수도 인간이 될 수도 없다는 사실을 깨닫자 자신이 통치하는 도시로 돌아와 더 현명한 왕이 됐다고 한다.

• — •

중국이나 인도, 이집트 등에서 발굴된 고대 기록을 살펴보면 대부분 이주민에 대한 언급을 찾아볼 수 있다. 그러나 고대 기록에 등장하는 그들은 노예나 죄수, 국경 너머에서 온 수상하거나 신뢰할 수 없는 사람들, 야만인으로 묘사된 지나가는 유목민, 혹은 선사시대 전설에 나오는 인물 등 일반적이지 않은 배경을 가지고 있는 것으로만 그려졌다. 또한 그들은 대개 영향력을 발휘하지 못하는 목소리 없는 그림자에 지나지 않았다. 하지만 여리고 성벽에서 환호하고 바빌론 강가에서 울부짖었던 이주민들의 목소리를 생생하게 들을 수 있는 고대 기록이 하나 있다. 바로 성경이다.

성경에서는 이주에 대한 이야기를 찾기 위해 굳이 노력할 필요가 없다. 에덴 동산에서 쫓겨나고, 대홍수 이후 인구 재건에 나서고, 홍해를 건너 도피하는 등 성경 어디에나 이주민들을 찾아볼 수 있기 때문이다. 성경을 이주 지침서로 읽어도 될 정도다. 게다가 대부분의 이주 관련 기록들과는 달리 성경은 이주민들에 의해 이주민들을 위해 쓰여졌다고 해도 과언이 아니다. 비록 많은 이야기들이 실제 역사와 관계가 없기는 하지만, 약 2,500년 전 구약이 처음 쓰여질 당시 사람들이 이주를 보는 태도에 대해 많은 것을 알 수 있다.

성경은 그 시작부터 이주에 대한 이야기가 나오는데 이는 어쩔 수 없는 현실이자 하나님의 처벌이기도 하다. 아담과 이브는 뱀의 꼬임에 넘어가 죄를 짓게 되고 풍요로운 에덴 동산에서 쫓겨나 평생 일하지 않으면 먹고 살지 못하는 운명이 된다. 이후 정착하여 농사를 짓던 그들은 맏아들 카인이 동생을 죽인 후 '도망자와 방랑자' 신세가 되어 세상을 떠도는 벌을 받는다. 이 모든 이야기는 구약 첫 편의 처음 네 장에 나오는 것이다.

그리고는 늘 이주의 주요 원인이 되는 대대적인 기후 변화가 대홍수라는 형태로 발생한다. 대홍수 이후 노아의 가족 여덟 명만이 살아남는데 이들은 방주에 짐승들을 싣고 물이 줄어들어 지금 튀르키예의 동부에 있는 아라라트 산에 도착할 때까지 6개월 동안 물 위에서 정처 없이 떠다녀야 했다. 그곳이 노아가 대홍수 이전에 살았던 곳과 얼마나 떨어져 있는지는 알 수 없지만 옛날 집이 산꼭대기에 있지는 않았을 것이다. 하나님은 노아와 그의 세 아들 셈, 함, 야벳과 며느리들에게 배를 떠나 "생육하고 번성하여 땅에 충만하라"고 명령한다. 그들은 이주하여 세상을 다시 사람으로 채울 임무를 받은 것이다.

창세기의 다음 장은 대홍수 이후 이주에 대해 서술하고 있다. 거기에는 노아의 후손 70명의 대한 이야기가 열거되어 있는데 그들은 대부분 현재의 중동과 그 너머에 있는 특정 공동체 혹은 '국가'의 창시자들이다. 건국자가 된 그들의 이름은 '나라'의 이름이 되었다. 노아의 손자 가나안은 가나안, 두 번째 손자 아슈르는 앗시리아를 건국했고 세 번째 손자 야반은 첫 이오니아인(혹은 그리스인)이 되었다. 노아의 증손자 에벨은 히브리인의 조상이 된다. 우리는 이 이야기에서 우리가 모두 연결되어 있고, 우리는 모두 노아(그리고 노아 부인)의 자손으로 이주민들의 후예라는 점을 깨닫게 된다.

창세기 다음 장 마지막에 이르면 이야기의 중심은 에벨의 5대손 아브라함으로 옮겨간다. 아브라함은 메소포타미아 북부 하란에 살고 있었는데 어느 날 하나님이 그에게 특별한 이유 없이 이주하라고 명령한다. 하나님의 명령은 간결했다. "내가 네게 지시할 땅으로 가라." 왜 그가 메소포타미아를 떠나야 하는지에 대한 설명은 없었으나 하나님은 풍요로운 땅을 약속하며 아브라함에게 이주하라고 명령한다. "내가 너로 큰 민족을 이루고 네게 복을 주어 네 이름을 창대케

하리라." 그렇게 아브라함은 하란을 떠나 약속의 땅 가나안으로 향한다. 그런데 그곳은 이미 노아의 다른 후손들이 점령하고 있던 영토였고, 그 이후로 내내 분쟁이 계속되고 있다.

아브라함은 가나안에 도착하자 제단을 쌓고 하나님께 기도를 올린다, 그리고는 곧바로 그곳을 떠난다. 가나안에 기근이 들었기 때문이다. 그래서 아브라함과 그의 일행은 이집트에 다다를 때까지 여행을 계속한다. 그러나 아브라함과 그의 후손들은 가나안 땅을 포기하지 않았다. 그들은 약속의 땅에 돌아가기 위해 이집트에서 이주 노동자로 일했다. 이집트에서 큰 돈을 번 후 아브라함은 마침내 가나안으로 돌아간다. 그리고 그 지역의 부족장들과 다투기도 하고 동맹을 맺기도 하며 정착을 하게 된다.

창세기의 나머지 부분은 아브라함과 그 가족의 이야기로 채워지는데 이들은 약속의 땅과 점점 더 복잡한 관계를 갖게 된다. 그리고 마지막 장에서 그들은 다시 한번 기근에 몰려 이집트로 떠난다. 이 새로운 이주 과정은 1970년대에 히트한 뮤지컬 〈요셉 어메이징〉의 주된 내용이기도 하다. 아브라함의 증손자 요셉은 시기하는 형들에 의해 노예로 팔려 강제로 이집트로 가게 된다. 세월이 흘러 형들이 기근 때문에 가나안에서 도망나올 때 요셉은 이집트에서 성공하여 파라오의 오른팔이 되어 있었다. 요셉은 형제들을 용서하고 가족은 재결합한다. 그때부터 이스라엘 사람들은 약속의 땅에서 멀어진다. 요셉과 그 일가 및 추종자들은 이집트의 파라오에게 나일 강 부근의 비옥한 토지를 하사받고 번창했다. 그리고 아브라함 후손들이 이집트에서 행복하게 정착하는 것으로 창세기가 마무리된다. 그런데 이러한 사실은 그 다음에 생기는 일 때문에 대개 잊혀지곤 한다.

• — •

구약의 나머지는 이집트 탈출과 바빌론 유폐라는 두 건의 대규모 이주 이야기가 많은 부분을 차지한다. 이는 발원지인 중동을 뛰어넘어 다른 지역으로 진출한 거대한 흐름의 서사시로 수많은 예술 작품의 주제가 되어 그림으로 그려지고, 영화화되고 음악으로 만들어졌다. 두 사건은 각기 이주 공동체로서 이스라엘 사람들의 고난과 슬픔, 불확실성 그리고 향수에 대한 것이며, 또한 이들을 맞이한 원주민 공동체의 탄압에 대한 이야기이기도 하다. 이 두 사건에 다른 점이 있다면 이집트에서는 모세가 이끄는 이스라엘 백성들이 박해를 피해 달아났고, 바빌론에서는 강제로 이주를 당해 낯선 나라로 끌려갔다는 점이다.

모세가 태어난 이집트는 요셉과 그 형제들이 이주했던 이집트와는 매우 달랐다. 새 파라오는 이스라엘 사람들을 좋아하지 않았으며, 이집트 백성들의 터전을 위협하는 존재라고 생각했던 듯하다. 성공적인 소규모 이주에 대한 다수파 구성원들의 신경질적인 반응이라고 요약할 수 있겠다. 그는 이스라엘 사람들이 이집트인보다 더 많고 강하며, 이집트의 적과 한통속이라고 믿었다. 파라오의 의심을 받은 이스라엘 사람들은 자유롭게 일할 권리를 빼앗겼고 도시 건설에 강제로 징용되었다. 여기에 그치지 않고 파라오는 이스라엘의 모든 남자 아이들을 죽이라고 명령했다. 떠날 때가 된 것이었다.

모세는 평생을 이주민으로 살았다. 겨우 생후 3개월이 됐을 때 그는 바구니에 담겨 나일 강을 떠내려 가며 첫 나홀로 여행을 경험했고, 이집트 공주에게 발견되어 궁전에 살며 이집트인으로 자랐다. 청년이 된 후 그는 우발적으로 살인을 저지르고 지금의 사우디아라비아인 미디안으로 도망쳤다. 그는 그곳에서 목동으로 살았고, 혼인도 했다. 모세는 자신이 이방인임을 자랑스러워했으며 스스로를 이주민, 이방인, '낯선 땅의 나그네'라고 선언했다. 그러던 어느 날 양떼를 몰고 사막을 헤매던 중 불타는 덤불 속에서 하나님의 음성이 자신을 부르는 것을 들었다. 불꽃 속에서 들려온 하나님의 음성은 내성적이고 외톨이였던 모세로 하여금 이집트로 돌아가 이스라엘 백성들을 이끌고 약속의 땅으로 가게 하였다.

이집트에 돌아온 모세는 이스라엘 백성들을 보내주도록 파라오를 설득해야 했고, 괴롭힘을 당하면서도 떠나기를 망설이고 있는 이스라엘인들을 약속의 땅인 가나안으로 이주하도록 설득해야 했다. 모세는 가나안에 젖과 꿀이 흐른다는 말을 반복하며 그들을 현혹시켰다. 열 가지 재앙을 겪고서야 파라오는 이스라엘인들을 놓아주었고, 이스라엘인 60만 명과 그들이 키우는 소떼와 양떼가 동쪽으로 길을 나섰다. 가나안은 이집트에서 400킬로미터밖에 떨어져 있지 않았지만 그들이 그곳에 도착하기까지는 40년이 걸렸다. 평균 시속이 1미터를 조금 넘는 역사상 가장 느리고 가장 결연한 이주였다.

이집트에서 가나안까지의 여정은 성경에서 자세히 다루고 있다. 이스라엘 백성들은 배고프고, 불안하고, 분열되어 있었다. 지도자인 모세 또한 홀로 방황을 계속했으며, 모세의 형제들은 그가 이스라엘 여자와 결혼하지 않은 것을 비난하기도 했다. 이스라엘 백성들은 다툼을 멈출 수 없었고, 일부는 다시 이집트로 돌아가고 싶어 했다. 고된 여정 속에서 그들은 당연히 먹는 것에 집착하게 되었다. 그들은 광야에서 풀을 뜯어먹으면서 이집트에서 자기들이 얼마나 잘 먹고 살았는지, 무슨 음식이 제일 먹고 싶은지를 떠올리며 불평을 늘어놓곤 했다. 최근의 이민자들과 마찬가지로 폭정을 피해 떠난 이스라엘 사람들의 이주 초기의 모습은 그야말로 불쌍하기 그지없었다.

약속의 땅으로 가는 여정의 반쯤 이르렀을 때, 이스라엘 백성들은 절망과 독선에 찌들어 사소한 이유로도 여섯 번째 계명 '살인하지 말라'를 어기는 부랑자들로 변질됐다. 모세도 과거 자신을 거두어 보호해주었던 미디안 사람들에게 등을 돌려 '이스라엘 남자들을 위해 살려두라'고 명한 처녀들을 제외한 모든 성인을 학살했다. 여정이 끝났을 때, 40년 전 이집트를 탈출한 성인 남자 이주민 중 생존자는 단 세 명뿐이었고 이스라엘 백성들은 잔인한 침략군이 되어 있었다. 여리고와 나머지 가나안 지역을 정복하기 위해 그들은 살육을 저질렀다. 특히 여리고에서는 이스라엘을 위해 정탐을 해주었던 한 여자와 그녀의 가족을 제외하고는 어린 아이와 가축을 포함해 살아 있는 모든 것을 죽였고, 도시는 잿더미가 되어버렸다. 출애굽기에서 여호수아에 이르는 초기 성경의 내러티브는 승자의 성격이 강하다. 주저하며 이집트를 떠났던 이주자들은 40여 년이 지난 후 약속의 땅에 도착해 당당한 주인이 되었다.

그러나 이런 승자의 내러티브에 가려 눈에 잘 띄지 않는 하위 텍스트는 조금은 부드럽고 온화한 태도를 취하고 있다. 이런 글들은 당시의 식생활이나 의식에 관한 기나긴 율법과 계명 속에 숨어 있으며 아주 작은 글씨로 되어 있어 알아보기 힘들다. 하지만 이 글에서 우리는 모세가 이주민들을 억압해서는 안 되며, 이주민을 포함한 모든 사람에게 동일한 법이 적용되어야 한다고 명한 것을 알 수 있다. 모세는 "너희는 애굽 땅에서 나그네였으므로"라는 말로 이스라엘 백성에게 이주민들을 인도적으로 대해야 하는 이유를 여러 차례 상기시켰다.

성경의 많은 부분이 이주에 대해 다루고 있으며 특히 구약의 대부분은 바빌론 유폐 기간 또는 그 직후에 기록되고 편찬되었다. 이 시기는 집단 추방과 강제 이주 등 유대인(이스라엘 사람)들에게는 크나큰 슬픔과 반성의 시간이었다. 출애굽기에는 바빌론으로 가는 비참한 여정에 대한 상세한 이야기나 행복한 귀환에 대해 깊이 있는 설명도 없다. 대신 바빌론 유폐 생활에 대해서는 다른 이야기의 일부 혹은 시를 통해 단편적으로 알 수 있다. 가장 유명한 것은 팝가수인 보니 M의 노래로도 유명한 시편 137편으로 그 내용은 다음과 같다.

> 우리가 바빌론의 여러 강변 거기에 앉아서 시온을 기억하며 울었도다.
> 그중의 버드나무에 우리가 우리의 수금을 걸었나니
> 이는 우리를 사로잡은 자가 거기서 우리에게 노래를 청하며
> 우리를 황폐하게 한 자가 기쁨을 청하고
> 자기들을 위하여 시온의 노래 중 하나를 노래하라 함이로다.
> 우리가 이방 땅에서 어찌 여호와의 노래를 부를까.

이 시에는 슬픔과 절망뿐 아니라 굴욕감도 표현되어 있다. 강제로 이주민이 된 유대인들은 자기들을 잡아온 사람들 앞에서 노래하고 음악을 연주해야 했으며, 한술 더 떠서 즐거운 척까지 해야 했다. 실제로 바빌론 유폐는 여러 차례 있었는데, 대부분 불복종에 대한 가중 형벌이었다. 그리고 이집트에서의 이주와는 달리 바빌론 유폐와 관련해서는 성경 외에도 다양한 기록과 고고학 발굴물들이 있다. 바빌론에는 이스라엘 말고도 이집트, 페니키아, 페르시아 등에서 온 이주민들도 있었는데 이들 중 일부는 유대인들과 마찬가지로 강제로 이주를 당한 경우였고, 나머지는 기회를 찾아 혹은 다른 위협이나 독재자를 피해 온 듯했다. 바빌론은 아마도 최초의 거대한 인종 용광로였을 것이다. 거대한 다민족 도회지로 거리에서는 온갖 언어들이 들려왔을 것이고, 세계에서 가장 인구가 많은 도시였을 것이다. 유대인들처럼 잡혀온 일부 이주민들은 바빌론 밖으로 나가는 데 이동 제한이 있었지만, 당시 기록을 보면 그들 중 많은 이들이 재산을 소유하고, 계약서에 서명하고, 직원을 고용할 수 있었다고 한다. 심지어 한 이집트인은 재판관이 되기도 했다.

또 타민족 간의 통혼도 많았는데 바빌론 사람들은 이를 막지 않았다. 하지만 일부 유대인들은 이에 대해 불만을 표했는데 유폐 생활로 민족적 순수성에 문제가 생기는 것에 거부감을 느꼈기 때문으로 보인다. 첫 유폐 후 약 50년이 지나 유대인들이 집으로 돌아갈 수 있게 되자 갈등은 더욱 극심해졌다.* 유대인 제사장 에스라는 예루살렘에 도착한 다음 많은 유대인 남자들이 이방인과 결혼한 것을 알게 되자 격노했다. 그의 이름을 딴 구약의 에스라 편에 따르면 그는 자신의 옷을 찢고, 머리털을 잡아 뽑고, 턱수염을 뜯으면서 '거룩한 씨'가 섞이는 것은 혐오스러운 일이라고 선언했다. 결국 유대인들은 이방인 아내와 그들 사이에서 낳은 자녀들을 모두 추방하기로 합의했다. 이들은 집 없는 이주민이 되었고, 성경은 그들에 대해 더 이상 언급하지 않는다.

• — •

1974년에 발표된 패러디 서부극 〈불타는 안장Blazing Saddles〉에는 '레드 인디언' 부족이 말에 올라타 함성을 지르고 도끼를 흔들며 등장하는데 이는 수많은 카우보이-인디언 영화에 나오는 전형적인 장면이다. 하지만 이 영화의 감독인 멜 브룩스Mel Brooks가 연기한 큰 깃털 머리 장식을 쓴 추장은 부하들에게 엉터리 이디시어(중부 및 동부 유럽 출신의 유대인들이 사용하는 언어)로 이야기하기 시작한다. 코미디 패러디 영화지만 어이가 없는 장면이다. 하지만 실제로 수 세기 동안 미국 원주민 언어에서 히브리어의 흔적을 찾아내기 위해 노력했던 사람들이 있었다. 그들은 미국 원주민 중 일부 혹은 전부가 이스라엘의 사라진 후예라고 믿었던 사람들이었고, 심지어 여전히 그렇게 믿고 있는 사

• 구약 에스라에 따르면 유대인 4만 2,360명이(남종과 하녀 7,337명, 노래하는 남녀 200명, 말 736마리, 노새 245마리, 낙타 435마리와 나귀 6,720마리를 거느리고) 귀환할 때 유대인과 결혼한 이방인 여성과 그 자녀들은 제외되었다. 순혈이든 아니든 일부 유대인들은 바빌론에 남거나 다른 곳으로 향했다. 그중 한 사람으로 바빌론 포로의 증손녀인 에스더는 계속 남아 있다가 당시 바빌론 통치자이기도 했던 페르시아 황제와 결혼했다.

아메리카 대륙의 원주민이 사실은 이스라엘의 사라진 후예라는 믿음은 상상 속의 전설에만 머물지 않고, 영화로도 만들어졌다. 영화 〈불타는 안장〉에 나오는 인디언 추장은 유대인이 쓰는 '이디시어'를 사용한다.

람들이 소수 있다.

이는 바빌론 유폐 이전에 일어난 또 다른 중요한 강제 이주 이야기 때문이다. 그 사건은 아직까지도 사람들의 상상력을 사로잡는 전설로 이어졌으며, 영국, 마오리족, 아프리카계 미국인에서부터 일본에 이르기까지 다양한 공동체의 건국 신화로 사용되었다. 실제로 이 사건은 성경에서는 구약에서만 아주 간략하게 다루어졌다. 이스라엘에서 메소포타미아로의 대규모 유폐가 바로 그것이다.**

성경에서 이 사건이 대단치 않게 다루어짐에도 불구하고 (어쩌면

** 이 사건에 대해서는 성경 외에도 상당한 증거들이 존재한다. 특히 앗시리아 통치자 사르곤 2세가 기원전 720년에 2만 7,290명을 지금의 이스라엘 북부인 사마리아에서 어떻게 끌고 갔는지를 설명하는 설형문자 서판이 남아 있다.

바로 그 때문에) 이 앗시리아 유폐는 지난 500년 동안 유대교와 기독교의 발전에 이집트 탈출이나 바빌론 유폐보다 더 큰 역할을 했다. 이유는 '이스라엘의 잃어버린 부족'이라는 신화 때문인데, 바빌론으로 끌려간 사람들과는 달리 앗시리아의 포로가 된 사람들은 이스라엘로 돌아오지 못했기 때문이다. 전체 열두 지파 중 열 개의 지파가 사라졌는데 그들은 각기 요셉의 형제나 아들 이름을 갖고 있었고 각자 약속의 땅 일부에 임시로 거처를 마련했었다.

이 잃어버린 부족들의 후손을 찾고 있거나 찾았다고 주장하는 사람들이 있다. 그들의 운명에 대해 성서나 역사에 상세한 내용이 없기 때문에 사실은 누구든, 또 누구를 위해서든 그 이야기를 쉽게 이용할 수 있기 때문이다. 트로이 이야기와 마찬가지로 잃어버린 부족의 이야기는 고대 이주를 바탕으로 건국 신화를 만들어내고 싶은 사람이라면 누구든 쉽게 주물러 만들 수 있는 재료가 되는 것이다.

중세 이후 이 이스라엘의 잃어버린 부족에 대한 집착을 발동시킨 것은 아메리카 대륙의 '발견'이었다. 성경의 내용은 문자 그대로 하나님의 말씀으로 해석되야 한다고 믿던 사람들에게 성경에 존재하지 않는 아메리카 대륙은 위기를 불러일으켰다. 모든 것을 아시는 하나님께서 인간들이 가득한 또 다른 대륙의 존재에 대해서는 분명 모르고 계셨던 듯하니, 이를 어떻게 설명해야 할까? 또는 좀 더 구체적으로 이 대륙 사람들을 어떻게 성경 계보에 끼워 맞출 수 있을까? 예를 들어 잉카와 아즈텍 사람들이 노아의 후손일 수도 있지 않을까? 두 번째 방주가 있어 서쪽으로 표류했던 이들의 운명이 그때까지 알려지지 않았던 것이라는 가설까지 나타났다. 어떤 이들은 이를 증명하기 위한 설명을 찾기 위해 성경을 샅샅이 뒤졌고 아메리카의 존재에 대한 암시라고 할 수 있는 모호한 구절들을 찾아 그 의미를 왜곡하기도 했다. 그때 잃어버린 부족의 수수께끼가 간단한 해결책을 제공한 것이다.

아메리카 원주민들이 사실은 잃어버린 이스라엘 부족의 후손이라는 의견을 처음 제시한 사람이 누구인지는 확실치 않다. 스페인 식민지 개척자 중 영향력 있는 인물이었던 바르톨로메 데 라스 카사스 Bartolomé de Las Casas 신부는 1502년에 히스파니올라 섬으로 이주했는데, 그는 섬 주민들이 유대인의 후손이고 정확한 히브리어를 구사한다고 주장했다. 어떤 이는 '쿠바'가 히브리어로 '투구'를 의미하며, 그 섬을 정복한 최초의 통치자는 화려한 머리 장식을 쓴 이스라엘 족장이었을 것이라고 주장했다. 같은 맥락에서 17세기 스페인 역사가 후안 데 토르케마다Juan de Torquemada는 아이티의 유나Yunah 강은 요나Jonah의 이름에서, 야키Yaqui 강은 야곱Jacob의 이름에서 따왔을 것이라고 확신했다. 신대륙을 탐험하는 여행자들은 그런 류의 수상한 증거들을 엄청나게 수집했다. 할례를 시행하거나, 돼지고기를 먹지 않거나, 할렐루야와 비슷하게 들리는 말을 외치는 부족들, 전형적인 유대인들처럼 코가 크고 인색한 성향의 부족들 등이었다. 그들은 이런 것들이 바로 잃어버린 이스라엘 부족의 흔적이라고 주장했다.

이 신화는 끈질기게 이어져 북아메리카까지 퍼졌으며, 초기 식민지 개척자 윌리엄 펜William Penn은 아메리카 원주민들을 이렇게 묘사했다.

> 그들의 눈은 작고 검으며, 똑바로 쳐다보는 것이 유대인 같았다. 그들의 언어는 고상하지만 히브리어처럼 의미가 좁다. 속기라도 하는 것처럼 한 단어가 세 단어를 대신한다. 그들의 근본에 대해 나는 그들이 유대인의 후손이라고 기꺼이 믿을 준비가 되어 있다. 그들은 잃어버린 열 개 지파의 후손으로 보였다.

다른 사람들은 체로키Cherokee, 크리크Creek, 모히칸Mohican을 포함하여 다양한 원주민 언어에서 히브리어 단어들을 식별해냈다. 심지어 사기극까지 등장했는데, 히브리어가 새겨진 동전과 문화 유물들이 아메리카에서 발굴되었다는 것이다. 그중에 뉴어크 성석Newark Holy Stones이라는 것이 있는데, 히브리 십계명이 축약되어 새겨진 검은색 석회암 조각이었다. 이는 어쩌면 백인 인종차별주의자들에게 인간은 모두 같은 조상의 후손이고, 그들이 그토록 무시하는 아메리카 원주민들도 똑같은 인간이고 중요한 민족의 후예일 수 있다는 것을 보여주기 위한 선의의 시도였을 수도 있다.

이스라엘의 잃어버린 부족들을 아메리카 대륙에서 찾게 될 것이라고 자신하는 사람들이 어리석다고 생각할 수도 있다. 하지만 이런 류의 믿음은 의외로 사람들의 관심을 많이 끌고, 어떤 면에서는 사람들을 안심시키기도 한다. 변화하는 세상을 이해할 수 있도록 도와주기도 하고, 현재를 상상 속의 과거와 연결시켜 안정감을 주기 때문이다. 그리고 잃어버린 부족에 대한 믿음이 '새롭게 발견된' 민족에게만 적용되는 것도 아니었다. 한때는 영국인 역시 잃어버린 부족의 후손이라는 믿음이 널리 퍼져 있었다. 그 근거로 '브리티시British'

라는 단어 자체가 '언약brit의 백성ish'을 의미하는 히브리어에서 파생되었다는 주장이 제기되기도 했다.

잃어버린 부족에 대해 연구하는 튜더 파르핏Tudor Parfitt에 따르면 영국 이스라엘British Israel 운동은 1900년에 약 200만 명의 회원을 갖고 있었다고 한다. 어떤 면에서 영국 이스라엘주의는 낭만적 민족주의의 산물이자 국가 건설 운동의 하나였다. 이전까지는 유럽 북서부 해안에서 좀 떨어져 있는 하찮은 섬에 불과했지만, 단Dan 지파의 신화 같은 이주를 근거로 정체성과 함께 자만심 및 제국적 정당성을 부여하는 데 도움이 된 것이다. 영국 이스라엘주의자들에 따르면 이 부족의 영국 여정은 '단Dan' 자가 붙거나 흡사한 지명을 가진 장소들을 통해 추적할 수 있다고 한다. 다르다넬스Dardanelles, 마케도니아Macedonia, 다뉴브Danube, 덴마크Denmark, 던커크Dunkirk, 던캐스터Doncaster, 던바Dunbar 및 던디Dundee 등이 그에 속했고, 런던London과 에든버러Edinburgh도 마찬가지였다.

영국 이스라엘주의자인 에드워드 하인Edward Hine이 저술한 《영국을 이스라엘의 잃어버린 열 개 지파로 확인하는 47가지 식별법》은 빅토리아 시대의 베스트셀러로 40쇄 이상 발간되었다. 이 책은 성경의 불투명한 구절을 작위적으로 해석하여 엮어낸 아주 기이한 언어학적 억측으로 가득 차 있다. 하인은 '색슨Saxons'이라는 단어가 '이삭의 아들Isaac's sons'의 축약어라고 주장한다. 그는 히브리어 단어 중 현대 영어로 이어졌다고 믿는 단어들에 대해 작은 차트를 만들었는데, '정원garden'과 '고양이kitten'도 포함되어 있다.

또 대관식 돌(영국 웨스트민스터 사원에 있는 장방형 돌로 수세기 동안

ENGLISH.	HEBREW.	ENGLISH.	HEBREW.
Sever	Shaver	Crocus	CRoCuM
Sabbath	Shabbath	Balsam	Ba Sam
Scale	Shakal	Garner	Ga Kan
Kitten	Qui To N	Garden	Ge DaR
Goat Kid	Gi Di	Hob	Ha B
Doe	Tod	Tar	TaR
Gum	Ga M	Light	LaHT

영국과 고대 이스라엘 부족의 관계를 입증하고자 하는 영국 이스라엘주의자들은 다수의 영어 단어가 그 뿌리를 히브리어에 두고 있다고 주장한다.

스코틀랜드 왕국에서 대관식 의자로 쓴 것으로 알려져 있다 - 역자 주)은 사실 창세기에 묘사된 야곱의 베개이며 단 지파에 의해 영국으로 옮겨졌고, 빅토리아 여왕은 다윗 왕의 직계 후손이라고 주장한다.* 하인의 주장에 따르면 영국인은 특별하기 때문에 잃어버린 부족이고 하나님의 선민이며, 잃어버린 부족이기에 특별하다는 것이다.

영국 이스라엘주의자들을 악의 없는, 엉뚱하고 어리석은 복음주의 기독교도로 넘겨버릴 수도 있다. 그러나 이 모든 것에는 어두운 일면이 있다. 하인의 저서는 대영 제국을 매우 옹호하고 있기 때문이다. 대영 제국의 성장을 잃어버린 부족의 이야기를 통해 설명하고 정당화하며, 고대 이스라엘과 빅토리아 시대 영국이 '작은 군대만 갖고도 결정적인 승리를 거두는' 능력을 갖고 있다고 주장한다. 그의 저서에는 오스트레일리아와 뉴질랜드의 일부 원주민들의 높은 사망률과 그들이 거의 멸종 위기에 있다는 사실을 언급하는 오싹한 구절이

* 다윗이 정말 존재했고 성경에서 말하듯이 열두 명 이상의 자식을 낳았다면 사실 빅토리아 여왕뿐만 아니라 수백만 명의 사람들이 그의 후손일 가능성이 매우 높다. 또한 우리 중 수백만 명은 징기스칸, 샤를마뉴, 클레오파트라 또는 바이킹의 후손일 가능성도 있다.

있다. 그는 이렇게 말한다. "이를 잔인하다고 보는 견해가 있다. 하지만 그것은 사악한 주장이다. 왜냐하면 바로 그것이 하나님 당신의 계획이기 때문이다." 하인은 대영 제국이 하나님의 왕국이라고 믿었던 것 같다.

영국 이스라엘주의 운동은 20세기 전반까지 이어졌다. 빅토리아 여왕의 손녀 중 한 명은 1981년 사망할 때까지 영국-이스라엘 세계 연맹BIWF, British-Israel-World Federation의 후원자였다. BIWF는 아직도 존재하지만 예전보다 많이 축소되었고 더 이상 버킹엄 궁 안이 아닌 잉글랜드 북부 비숍 오크랜드Bishop Auckland에 본부를 두고 있다. 이들은 우익 기독교 압력단체가 됐으며, 영국인이 단 부족의 후예라는 신념을 고수하면서도 중동에서 오는 이민자들은 맹렬히 반대했다. BIWF는 브렉시트의 열렬한 지지 단체였는데 "어려운 협상이 진행 중이니 주님께서 바빌론 같은 EU에서 영국을 완전히 구원해주시기를 기도해야 한다"며 추종자들에게 영국의 EU 탈퇴를 지원하기 위해 하루 동안 금식할 것을 촉구하기도 했다. 브렉시트를 논할 때조차도 고대 메소포타미아 시대의 이주 이야기를 잊지 않은 것이다.

19세기에 나타난 이스라엘에 대한 집착은 영국만의 것이 아니었다. 북유럽 국가에서도 유사한 움직임이 있었는데, 그들은 잃어버린 부족의 이주 전설에 근거해 북유럽 백인 국가의 인종적 우월성을 입증하고자 했다. 20세기 미국에서는 미국과 영국이 이스라엘의 잃어버린 지파의 고향이라는 이념이 세계 하나님의 교회Worldwide Church of God라는 종교 단체를 세우는 데 주요한 역할을 했고, 그 설립자는 독일인이 앗시리아인의 후손이라고 선언했다. 잃어버린 부족을 연결시키는 유행은 이제 시들했지만 아직도 잃어버린 이스라엘 후손에 대한 에드워드 하인의 주장을 믿고 있는 미국 복음주의 분파가 여럿 남아 있다. 그들은 영국인이든 독일인이든, 아니면 아메리카 원주민과 뉴질랜드의 마오리족, 인도의 미조족, 뉴기니의 고고달라 부족에 이르기까지 '이스라엘의 잃어버린 부족'이라고 주장하는 거의 대부분의 민족이 사실은 그런 혈통과 관계가 없음을 보여주는 DNA 데이터를 보여줘도 믿지 않는다.

그런데 다소 어리석고 맹목적으로 보이는 잃어버린 부족에 대한 추종에는 약간 아이러니한 면이 있다. 비록 이러한 주장들이 근거 없다 하더라도 이주가 인류 역사의 중심이라는 점을 상기시키는 데는 도움이 되기 때문이다. 그리고 넓은 의미에서는 그 주장들이 완전히 틀린 것도 아니다. 이미 여러 번 언급했듯이 사하라 사막 이남 아프리카 이외 지역에 뿌리를 둔 사람들은 모두 같은 조상(중동)을 가지고 있기 때문이다. 우리는 이제 유전적 증거를 통해 이스라엘의 잃어버린 부족이 되기 위한 경쟁에서 실패한 아프리카 외 사람들도 엄연히 고대 중동의 혈통을 이었다는 것을 알고 있다. 현대 인류가 아프리카를 떠난 후, 그들의 조상들이 중동을 지나갔기 때문이다. 또 물론 그들 모두가 그보다 훨씬 전에 같은 경로를 지나간 네안데르탈 유전자를 갖고 있다. 아마도 잃어버린 부족들은 성경에 언급된 많은 부족과 공동체가 사라진 것과 똑같은 방식으로 흩어졌을 것이다. 우리 모두가 다양한 선사시대 부족의 후손으로 이동하고 타민족과 통혼하듯이 그들도 역사의 안개 속으로 사라진 것이다.

저자 노트, 두 번째

내 사촌 케이트가 최근에 연락을 해왔다. 그녀는 페이스북 메신저를 통해 "우리는 사촌이야!"라고 선언했다. 나도 "맞아!"라며 단호하게 화답했다. 우리는 DNA 검사를 받았고, 이메일로 우리가 어렸을 때부터 알고 있던 사실을 확인받은 것이다.

족보에 대한 이야기는 좀 지루할 수 있다. 물론 본인에 관한 것이 아니라면 그렇다는 말이다. 또 본인에 관한 것이라 하더라도 항상 흥미로운 것은 아니다. 하지만 점점 더 많은 사람들이 조상에 대해 알아보기 위해 DNA 검사를 받게 됨에 따라 우리가 세상을 보는 방식을 바꿀 수 있도록 데이터를 뽑아내는 일이 가능해졌다. 이는 우리가 자신의 민족과 인종에 대해 갖고 있던 확실성을 뒤흔들 수 있는 변화이며, 역사를 통해 이루어진 이동하는 종으로서의 호모 사피엔스의 모습을 구축하는 데 도움이 될 것이다.

테스트 튜브에 침을 뱉어 제출한 지 5주 후에 결과가 나왔다. 나는 튀니지에서 노트북 앞에 앉아 마치 인생을 바꿀 정도의 무언가를 알게 될 것 같은 기대감을 안고 이메일을 열었다. 별 생각 없이 내 혈통뿐 아니라 다른 검사들도 신청했었는데 생명을 위협하는 질병이 있는지, 또는 보조개 유전자가 있는지, 고수를 좋아할지, 아침에 보통 몇 시에 일어나는지 같은 일련의 '특성'을 예측하는 것들이었다.

다행히 생명을 위협하는 질병은 없었다. DNA 검사 결과는 놀라울 정도로 정확했다. 나는 음치였고, 어지럼증이 없으며, 보조개가 없고, 아스파라거스 냄새를 맡을 수 있고, 약지가 검지보다 더 길고, 귓불 하단이 분리되어 있으며, 오전 7시 12분은 내 기상 시간에 꽤 가까웠다. 하지만 완벽한 것은 아니었다. 나는 고수를 좋아하고, 두 번째 발가락이 엄지 발가락보다 길지 않았다.* 또한 검사 결과에는 내가 호기심 유전자를 가지고 있는지를 밝히지 못해 테스트 회사와 이메일을 주고받게 만들었다. 그리고 나는 네안데르탈 유전자를 가지고 있었다. 테스트 회사는 내 DNA에서 네안데르탈인에서 내려온 248개의 유전적 변이를 발견했다. 케이트 것보다는 약간 적고 비아프리카인의 평균보다 훨씬 낮은 수치였다. 낭만적인 상상을 하며 더 압도적인 네안데르탈 혈통을 기대했던 나는 그래서 조금 실망했다.

게다가 실망스럽게도 내 조상에 대해 특이할 만한 점은 없었고, 적어도 지난 1천 년 동안은 대대적인 대륙간 이주도 없었다. 검사 결과는 내가 우리 가족에 대해 이미 알고 있던, 내가 영국·프랑스·유대인 혈통이 혼합되어 있다는 사실을 확인시켜주었다. 검사 보고서에 따르면 내 친부의 DNA는 프랑스와 북유럽 혈통임이 확실했고, 나는 24.3퍼센트의 아슈케나즈 유대인이라고 했는데, 이는 외할머니의 조상에 대해 알고 있던 것과 정확히 일치했다. 어머니 친척 중 일부가 가족의 역사에 대해 엄청난 관심을 갖고 있어서 오래된 기록을 샅샅이 뒤져 할머니가 '이스라엘 이스라엘'이라는 절대 잊어버

* 물론 이것들은 모두 정보에 입각한 추측으로 유사한 유전자를 가진 사람들을 분석한 통계에 기반하고 있다. 이러한 예측과 혈통 조사 결과의 핵심 과학은 유전학이 아니라 통계학이다.

릴 수 없는 이름을 가진 사람의 4대 증손녀라는 것을 밝혀냈다. 그는 1817년 런던에서 사망했으며, 그의 아버지는 독일에서 이주해왔다고 했다. 이스라엘을 반복한 내 조상의 이름이 내게 이스라엘의 잃어버린 부족, 또는 실제로는 약간만 잃어버린 부족의 후손이라고 주장할 권리를 준 것같이 느껴진다.

그런데 작은 의문점이 하나 생겼다. 검사 결과에는 우리 각자에게 3대, 4대, 5대를 거치며 멀어진 친척들의 긴 명단이 함께 있었는데, 그 친척들은 모두 아슈케나즈 유대인 혈통을 공유하고 있었고 대부분이 미국에서 살고 있었다. 하지만 내가 최근 가족 역사에 대해 세부적으로 많은 것을 알고 있었던 터라, 어떻게 그들이 나와 그 정도로 가까운 인척관계가 될 수 있었는지 이해할 수 없었다. 물론 유전학자들이 조심스럽게 언급하는 '친자관계 지정 오류'라고 부르는 사례가 있었을 수도 있다. 그러나 미국에 있는 내 먼 친척이라는 사람들 중 많은 이들이 정작 자기들끼리도 가까운 친척이 아니라는 점도 놀라웠다. 이러한 결과가 나오기 위해서는 19세기 아슈케나즈 유대인들이 대륙간 차원에서 여러 차례 바람을 피거나 입양을 했어야 했을 텐데 말이다.

이에 대한 더 가능성 있는 설명은 아마도 DNA 검사에 아직도 많은 오류가 있을 수 있다는 것이다. 또한 우리는 역사적으로 유대인 집단들끼리의 혼인 비율이 다른 공동체보다 훨씬 높다는 사실을 알고 있다. 실제로 족보에 집착하는 내 유대인 친척들이 20세기 초에 작성한 가계도를 보면 사촌간 결혼이 매우 흔했다. 다섯 남매를 둔 한 가정에서는 그중 세 명이 사촌과 결혼하기도 했다. 따라서 이것은 내 검사 결과에 팔촌으로 나열된 사람들이 정확히 따지자면 팔촌이 아닐 수도 있음을 의미한다. 그러나 유대인들 간의 인척 결혼이 너무 많았기 때문에 공유 유전자로 따지면 더 큰 인구 집단에서는 팔촌이나 마찬가지다. 이는 우리가 모두 연결돼 있다는 사실을 다시 한 번 상기시켜준다. 예를 들어, 나와 내 사촌 케이트는 같은 외조부모를 통해서뿐만 아니라 훨씬 더 오래 전에 아버지쪽 조상들을 통해 분명 더 먼 친척 관계를 이루었을 수도 있다.

지금까지 존재했던 모든 사람들에 대해 DNA 가계도를 완성할 수는 없을 것이다. 너무나 많은 사람들이 후손도 유골도 안 남겨 DNA 흔적을 찾을 수 없기 때문이다. 그러나 강력한 성능의 컴퓨터와 고대 유골에서 DNA를 추출하는 능력의 향상으로 이제 많은 빈틈을 채울 수 있게 되었다. 그로 인해 우리가 네안데르탈인과 얼마나 많은 유전 물질을 공유하고 있는지 알 수 있었다. 우리는 다른 고대 집단들에 대해서도 동일한 작업을 수행할 수 있으며, 잊혀진 과거의 이주 사례 중 일부를 함께 탐험해나갈 수 있을 것이다.

3장

페니키아인, 그리스인, 아리아인

MIGRANTS
The Story of Us All

내가 튀니지에서 임시로 살고 있는 집에서 도보로 약 20분 거리에 두꺼운 아크릴 판으로 덮인 깊은 구멍이 있다. 보기에는 우물 같지만 사실은 고대 페니키아 시대에 만들어진 지하 동굴로 가는 수직 통로로 1994년에 한 정원사가 우연히 발견했다. 지하 동굴 안에는 2,500년 이상 전에 죽은 청년의 유골이 들어 있는 석관이 있었다.

지하 동굴은 한때 지중해에서 가장 부유하고 강력한 도시였던 카르타고Carthage의 중심지였고 지금은 교외의 부촌 지역인 비르사 힐Byrsa Hill에 있다. 전설에 따르면 카르타고를 세운 디도는 현재의 레바논에 위치한 해안 도시 국가 페니키아의 공주였다. 그러나 그녀의 남편이 페니키아를 같이 통치하던 그녀의 오빠에 의해 살해당하자 그곳에서 도망쳐 비르사 힐과 주변에 새로운 도시를 건설하여 카르타고를 세웠다고 한다. 카르타고는 페니키아어로 새로운 도시를 의미한다. 카르타고를 세우긴 했지만 그녀는 원주민이 아닌 이주민이었다.

비르사 힐 동굴의 유골은 온전하게 발견되었다. 그의 손은 골반 앞에 십자형으로 포개져 있었고, 암포라(고대 그리스나 로마 시대에 쓰던, 양쪽에 손잡이가 달리고 목이 좁은 큰 항아리 - 역자 주), 램프, 연고가 담긴 상아 상자와 음식물 같은 부장품에 둘러싸여 있었다. 이 유골의 발견으로 튀니지와 레바논의 페니키아인 후손들은 흥분했다. 이 작은 지중해 국가들은 고대 페니키아 유산을 자랑스러워했고, 알파벳을 고안하고 한때 지중해를 지배했던 문명의 영광을 기억하고 있었다.

비르사 청년의 법의학적 복원이 이루어졌다. 뼈의 길이를 재고, 두개골 모양에 따라 얼굴을 만들었다. 옷도 고상하게 입히고 머리도 손질하고 '사랑하는 사람'이라는 뜻의 아리체Ariche라는 이름도 붙였다. 유골과 복원된 모형은 2014년 '고향' 레바논으로 잠시 '귀환'해 베이루트아메리칸대학교에서 전시되었다. 베이루트에 있는 동안 갈비뼈에서 뼈 조각 두 개를 떼어내 실험실로 보냈다. 뼈 조각에서 DNA를 추출했는데, 이것은 유골에서 따로 떼어내 검사를 받은 최초의 페니키아 DNA였다. 동시에 현대 레바논 시민 47명의 DNA도 분석했는데, 그들은 비르사 청년의 현대판 친척일 가능성이 있는 후보들이었다. 사람들은 이러한 유전자 샘플 분석이 카르타고의 기원이 레바논이라는 것을 입증하고, 또 현대 레바논의 공동체 중 누가 고대 페니키아인의 가장 가까운 후손들일지 보여줄 것이라고 기대했다.

그런데 DNA 검사 결과는 사람들의 기대를 크게 벗어났다. 비르사의 청년은 레바논 출신이 아니었고 그의 최근 조상들도 마찬가지였던 것이다. 심지어 그에게는 지중해 동부 출신임을 의미하는 DNA 변이도 전혀 없었다. 대신 그는 완전히 다른 곳, 지금은 스페인과 포르투갈인 대서양 연안 부근의 혈통을 강하게 갖고 있었다.*

비르사의 청년은 이제까지 우리가 과거에 대해 알고 있다고 생각했던 것들이 딱 들어맞지 않을 수 있다는 것을 보여주었다. 이번 경우는 카르타고가 페니키아인들의 정착지라는 명제에 깔끔하게 들어맞지 않았다. 물론 페니키아인과 카르타고의 연관성에 대해서는

고대 페니키아 지역의 비르사 힐 동굴에서 발견된 유골을 복원한 모습. '아리체'라는 이름의 이 청년의 DNA 분석 결과는 사람들을 놀라게 했다.

비르사의 청년 외에 다른 확실한 증거들이 많이 있기 때문에 이 결과가 다른 증거들을 다 뒤엎을 수 있을 정도는 아니었다. 대신 비르사 청년의 DNA는 과거라고 해서 반드시 현재보다 단순한 것은 아니며, 고대 이주에 대한 우리의 단순화된 개념(낯익은 지도 위에 굵게 그려진 화살표)은 기껏해야 근사치일 뿐 사실과 다를 수도 있다는 것을 상기시킨다. 단순화된 개념으로는 고대부터 현대까지 이어지고 있는 수많은 여정들을 제대로 포착해내기 힘든 것이다.

페니키아인들은 지중해 주변과 아프리카, 유럽의 대서양 연안

• 가장 가깝게 일치하는 유전자는 스페인 북부 레온 근처에서 발견된 고대 DNA였다. 비르사의 청년이 페니키아 혈통이 아니라는 사실은 그리 놀랄 일도 아니었다. 페니키아인들은 사르디니아, 시칠리아, 몰타의 주요 무역항들을 포함하여 지중해 연안과 그 너머에 정착했다. 그들은 지브롤터 해협을 통해 고대 그리스인들보다 더 서쪽으로 이동하여 지금의 모로코에 정착지를 건설했다. 그리고 그들은 카르타고가 건설되기 전에 카디스라는 도시를 세웠다.

등에 수십 개의 정착지를 세웠지만 그들이 이주에 대해 어떻게 생각했었는지 알 수는 없다. 그들이 알파벳을 발명했을지는 모르지만 훌륭한 기록가들은 아니었기 때문이다. 그리고 그나마 남아 있던 기록들은 기원전 149년 로마에 의해 카르타고 도시 전체가 파괴되었을 때 대부분 사라졌다. 따라서 페니키아인들에 대한 정보는 고고학과 얼마 안 되는 그리스와 로마의 기록에 의존할 수밖에 없는데, 그 기록들은 페니키아에 대한 경쟁의식이 은연중에 드러나 객관적이지 못한 경우가 많았다. 아리스토텔레스의 《정치학》에도 사회 불안을 예방하기 위해 가난한 카르타고인들을 새로운 정착지로 보냈다는 내용이 나온다. 하지만 다른 기록을 보면 페니키아인들이 서부 지중해와 그 너머로 세력을 확장할 수 있었던 것은 주로 무역을 통해서였다고 나와 있다.

• — •

페니키아인들과 달리 고대 그리스인에 대한 자료는 매우 많이 찾아볼 수 있다. 역사적·고고학적·문학적 정보가 넘쳐나고, 그 어떤 주장에 대해서도 이를 증명하거나 반박할 수 있는 증거들이 무수히 발견된다. 그런데 이스라엘, 페니키아 또는 로마와 달리 고대 그리스에서는 이주 문제가 지배적으로 드러나지 않는다는 점에 주목할 필요가 있다. 예를 들어, 오늘날 수많은 나라에서 학생들이 신과 영웅, 신전과 신탁, 폭정과 민주주의, 아테네와 스파르타, 일리아드와 오디세이, 그리스 연극과 철학, 올림픽 경기, 그리스인끼리 싸우거나 아니면 페르시아와 벌인 유명한 전투 같은 그리스에 대한 것들을 많이 배운다. 그러나 그리스인의 이주에 대해서는 거의 배우지 않는데 이는 매우 중요한 부분을 간과하고 있는 것이다.

그리스인들 역시 엄청난 규모로 이주했고, 이주민들에 대한 그들의 태도가 역사적으로 유의미하다는 것은 그리스의 역사를 진지하게 공부하는 사람들이라면 잘 알고 있을 것이다. 알렉산더 대왕이 '알려진' 세계를 정복하러 나서기 전(그리스 고대 및 고전 시대), 그리스인들은 270개 이상의 새로운 독립 정착지를 건설했다. 마르세유와 나폴리를 포함한 지중해와 흑해 주변의 해안 도시들이었다.* 이는 다른 소규모, 대규모 이주들과는 아주 달랐다. 실제로 그리스의 이주와 망명, 고국 등의 문제는 우리가 고대 그리스인에 대해 알고 있는 모든 것들과 복잡하게 얽혀 있다.

고대 그리스에 대한 이야기에서 이주가 별다른 역할을 하지 못하는 또 다른 이유가 있다. 그리스인들이 이주에 대해 쓴 기록의 대부분은 부정적이었고, 개인적인 이주민들은 흔히 비극적이거나, 불온하거나, 그리스인답지 못한 것으로 묘사되었다. 그리스인의 세계관에는 유목민을 받아들일 곳이 없었던 것이다. 그리스인은 정주생활을 하는 존재로 아리스토텔레스는 기원전 330년경에 쓴 글에서 대부분의 자발적 이주를 비정상적인 것으로 설명하려고 했고, 어떤 도시나 농촌에서 영주해 사는 것을 정상적이고 자연스럽고 영원한 인

* 나폴리의 원래 이름은 네아폴리스Neapolis로 카르타고와 마찬가지로 새로운 도시라는 뜻이다.

간 조건의 일부인 것처럼 서술했다.

> 도시 국가는 자연적으로 존재하고, 인간은 천성적으로 도시 국가에 사는 존재임이 자명하다. 환경 때문이 아니라 천성적으로 도시 국가 외부에 사는 사람은 불량배거나 보통 사람보다 위대하거나, 둘 중 하나다.

이는 현대에도 큰 반향을 일으킬 수 있는 대담한 주장이다. 또 아리스토텔레스의 마지막 문장에는 페르세우스와 헤라클레스처럼 인간보다 위대하고 신과 필적할 만한 영웅들이 자연의 법칙을 위반하지 않고도 자유롭게 떠돌아다닐 수 있었던 세상에 대한 희미한 인식이 들어 있다. 하지만 그 영웅들조차 신들에 의해 억지로 혹은 의무에 따라 방랑생활로 내몰린 것이고, 사실은 집이라고 부를 수 있는 곳에 정착하는 편을 더 선호했을 것이다.

아리스토텔레스는 이주민들은 대개 저주를 받았고, 이주는 신이 내린 형벌이라는 그리스의 다양한 옛날 이야기(《호머 이야기》가 대표적이다)들에 철학적 토대를 제공하고 있다. 《일리아드》에서 아킬레스는 다음과 같이 선언한다.

> 천둥의 신 제우스가 인간에게 가차없는 재앙을 내릴 때, 그는 그 인간을 경멸의 대상으로 만들고 세상으로 몰아내어, 인간과 신 그 누구에게도 존경받지 못하고 방황하게 만든다.

그리고 《오디세이》에서 오디세우스는 바다의 신 포세이돈의 저주를 받아 지중해를 방랑하는 비극적 인물이다. 인간에게 방랑하는 것보다 더 나쁜 삶은 없기 때문에 이는 재앙이며, 오디세우스의 목표는 집으로 돌아가는 것 단 한 가지다. 그에게 그보다 더 중요한 것은 없다. 그리고 그렇게 되기까지 10년이 걸린다. 그리스 신화의 다양한 방랑 및 이주 이야기들은 훌륭한 작품을 만들어냈지만 그 주인공들은 대부분 정착 생활을 원하고 자신들이 영원히 추방당할까 봐 두려워하는 희생자들이었다.

아리스토텔레스 시대에 추방은 사람들이 두려워하는 법적 형벌 중 하나였다. 극작가인 에우리피데스가 쓴 작품의 등장인물 중 한 명은 자신이 머물 도시를 빼앗긴다는 것은 "가장 큰 불행으로, 말로 표현할 수 없을 정도다"라고 선언했으며, 어떤 이들은 추방을 죽음보다 더한 형벌로 여기기도 했다. 소크라테스는 추방 대신 자살을 택하기도 했다.

그러나 그렇지 않은 경우도 있었다. 예를 들어, 헤로도토스는 (본인이 주장했던 만큼 멀리는 아니겠지만) 그리스어를 사용하는 지역뿐 아니라 그 너머까지 여행했다. 그가 어떻게 생계를 유지했는지는 알 수 없지만, 그는 호기심 때문에 세상을 떠돌아다니는 것을 매력적인 삶이라고 생각했던 듯하다. 헤로도토스의 《역사》에서 이주 이야기는 중요한 역할을 하며, 그는 야만인을 편애한다는 비난을 받기도 했다. 또한 냉소주의 같은 일부 소수파 철학을 지지하는 사람들은 방랑하는 생활 방식을 가진 사람들이 더 큰 지혜를 갖게 될 것이라고 주장했다. 그러나 아직까지 남아 있는 철학이나 문학 관련 기록을 보면 대부분의 그리스인들은 이주는 좋은 일이 아니며 위험하고 피하는 것이 최선이라고 생각했다. 이 같은 경향은 아테네에서 특히 심하게 나타났다.

개인과 집단의 정체성에 대한 생각은 이주에 대한 그리스인의 태도, 특히 새로운 정착지 건설을 바라보는 관점을 이해하는 데 매우 중요하다. 그런 맥락에서 그들과 그 이후의 사람들이 이주와 이주민을 설명하기 위해 사용한 언어를 살펴보는 것이 좋을 것이다. 어떤 점에서 보면 '그리스인'이라는 개념 자체도 혼란스럽고 시대착오적일 수 있다. 새로운 정착지로 이주한 그리스어 사용 이주민들은 대부분 자신을 그리스인이라고 부르지 않고 특정 도시 국가의 이름, 즉 코린트나 아테네 출신이라고 했을 것이다. 두로Tyre 또는 시돈Sidon 등 특정 도시에서 온 페니키아 이주민들 역시 마찬가지였다. 그들은 그리스 전체보다는 자신이 원래 속했던 도시 국가에 대한 충성심이 강했는데, 이 도시 국가라는 말조차도 그리스어 폴리스polis를 부정확하게 번역한 것이다. 사실 폴리스는 그냥 단순히 장소가 아니라 사람들의 집단을 의미하는데 도시 국가라는 단어로는 그 본래의 의미를 제대로 전달하기 힘들다.

그리스 출신 이주민들은 자신들의 도시 국가를 메트로폴리스라고 불렀는데, 이 단어는 오늘날에도 여전히 사용되고 있지만 어근, 변형어, 약어가 전 세계를 돌아다니면서 여러 가지 새로운 뜻을 갖게 된 단어 중 하나다.* 고대에 메트로폴리스의 메트로는 어머니를 의미했기 때문에 어머니 도시 또는 모국이라고 번역하는 것이 제일 정확할 것이다. 그리스 이주민들이 메트로폴리스에서 이주하여 새롭게 머물게 된 독립 정착지는 '집 밖의 집'이라는 뜻의 아포이키아apoikia

라고 불렸다. 슬프게도 메트로폴리스와 달리 아포이키아는 역사에서 사라졌는데, 그 이유는 고대 이후 라틴어 구조인 콜로니아colonia로 교체되었기 때문이다.

그리스 도시 국가들은 이주에 대해 각기 다른 태도를 보였다. 특히 그중 다수는 헤라클레스나 펠롭스와 같은 준신화적 영웅 이주민의 후손임을 자랑스럽게 주장하는 건국 신화를 가지고 있었다. 그러나 아테네는 달랐다. 그들은 자신들이 이주민이 아니라 토착민이므로 다른 그리스 도시 국가보다 우월하다고 생각했으며, 독특한 정체성을 갖고 있었다. 초기 그리스 시인인 핀다르Pindar의 말을 빌리자면 그들은 "땅에서 태어났다." 이 도시의 전설적인 건국자는 말 그대로 아테네 땅에서 나왔다고 전해진다.** 헤로도토스는 시칠리아에 있는 그리스 정착촌에서 어떤 아테네 사절이 한 자랑을 언급했다. "우리 아테네인들은 그리스에서 가장 오래된 민족으로, 유일하게 한번도

* 메트로Metro는 영어 단어 어머니mother의 원조로 아이슬란드어에서 벵골어에 이르기까지 거의 모든 인도-유럽어에서 어머니를 뜻하는 단어와 유사하다. 메트로폴리스는 대도시 지역(혹은 수퍼맨의 가상의 고향)을 의미하기 오래 전부터, 도시 대중교통 시스템, 뉴욕 시 박물관, 런던 경찰을 뜻하는 약칭으로 쓰이기 훨씬 전부터 '어머니 도시'를 의미했다. 프랑스인들은 프랑스 본토를 의미는 métropolitain이라는 단어를 사용한다. 그리고 폴리스polis 부분 역시 복잡다단한 경로를 거치며 우리에게 정치politics, 정책policy 및 경찰police이라는 단어들을 선사했다.

** 아테네 학자였던 아폴로도로스에 따르면 아테네의 건국자인 에리크토니오스Erichthonius는 헤파이스토스가 여신 아테나를 범하려다가 흘린 정액에서 태어났다고 한다. 아테나가 솜 조각으로 허벅지에 묻은 정액을 닦아낸 후 그것을 아테네 땅에 던져버렸다는 것이다. 사람이 땅에서 나왔다는 이 주장에 대해 이의가 전혀 없었던 것은 아니다. 에우리피데스의 연극 〈이온Ion〉에서 아테네 여인과 결혼한 그리스 북부 남자 이온은 "땅은 아이를 낳지 않는다"고 선언한다. 또한 깐깐한 아테네 역사가 투키디데스는 그리스인들이 고대에는 정착하지 않았다고 말함으로써 땅에서 태어났다는 신화에 간접적으로 이의를 제기했다.

이주한 적이 없는 그리스인입니다."

'땅에서 태어났다'는 비유는 그리스 문학에서 아테네 예외주의의 원인 또는 설명으로 많이 반복된다. 이는 아테네가 고대 세계에 그리고 더 최근에는 두리뭉실한 명칭인 '서구 문명'의 발전에 긴 그림자를 드리우게 된다는 면에서 중요하다. 세상이 두 부류의 사람들로 나뉘어져 있다는 초기 이념을 추적할 수 있는 시기가 바로 이때, 고대 아테네이기 때문이다. 즉, 한쪽은 특정 장소에서 영원히 아니면 정말 오랜 기간 머물러왔다고 주장하는 이들이고 다른 쪽은 자신이 다른 곳에서 왔다는 사실을 인정하거나 자랑스러워하는 이들이다. 이 양분화는 계속 이어져왔다.

고대 아테네에서 원주민들은 이주민이 아니라는 생각이 지배적이었고, 그에 따라 이주민과 그들의 후손은 결코 진정한 아테네인이 될 수 없다는 불편한 결론에 이르게 되었다. 그리고 실제로 아테네 예외주의는 그곳에 사는 외국인들을 대하는 태도에도 적용되어 도시 국가의 사회 구조에 영구적인 균열을 일으켰다. 아테네에는 메틱metics이라고 알려진 대규모 이주민 거주자 공동체가 있었는데 그들은 그곳에 정착했지만 시민이 될 수 없었다. 그리고 더 중요한 것은 아테네에서 태어난 그들의 후손 역시 아테네인으로 인정받지 못했다는 점이었다. 이주민 거주자들은 다양한 사회적 및 경제적 계층 출신으로, 새로 해방된 노예일 수도 있고 아테네 최고의 갑부일 수도 있었다. 그들은 아테네 시민들보다 더 높은 비율의 세금을 냈지만 투표권이 없었고, 수세대에 걸쳐 온 가족이 아테네에 살았더라도 시민 후견인이 있어야 했다. 그리하여 혈통 때문에 완전한 시민이 될 수 없는 아테네인 계급이 생겨나게 되었다.

기원전 435년경 아테네에 거주하는 메틱 인구가 시민 수와 비슷해졌는데 외국인 거주자들은 시민들보다 더 바르게 행동해야만 했다. 에우리피데스의 연극 〈탄원자들The Suppliants〉에는 외국인 거주자들에 대한 생생한 묘사가 나와 있다. "그는 외국인 거주자처럼 행동했다. 마치 이 도시에서 눈에 거슬리거나 골칫거리가 되면 안 되는 사람처럼." 이는 현대의 이민 2세대나 3세대들에게서도 볼 수 있는 모습이다. 그들은 사회가 원주민이나 이미 오래 전에 자리 잡은 이주민들의 후손보다 자신들에게 더 까다로운 잣대를 들이댄다고 느낀다. 자신이 태어난 나라임에도 온전히 속해 있지 못하고, 심지어 언제든 그곳에 거주할 권리를 박탈당할 수도 있을 것 같은 대접을 받고 있는 것이다.

고대 그리스의 위대한 정착지 건설자들은 대부분 유명한 아테네와 스파르타 출신이 아니라 밀레토스Miletos, 에레트리아Eretria, 메가라Megara, 포카이아Phocaea 등 지금은 잊혀진 도시 국가 출신들이었다.* 지금의 튀르키예 해안에 위치한 밀레토스는 다른 어떤 도시 국가보다 더 많은 정착지를 세웠으며, 주로 흑해 주변에 최소한 36개의 도시를 건설했다. 밀레토스 사람들이 2,500년 전에 정착한 해안 일부 지역에서는 아직도 그리스어가 사용되고 있다.

* 아테네인들은 새로운 도시 국가 건설에 뒤늦게 나섰으며 멀리까지 가지도 않았다. 스파르타는 정착지를 건설하지 않았지만 '스파르타 잡종'이라고 불린 한 공동체가 이탈리아 남부에 (지금은 이탈리아의 주요 해군 기지가 된) 타란토를 세웠다. 이 '잡종'들은 스파르타 여성과 스파르타 시민이 아닌 남자들 사이에서 태어난 후손들이었다.

지금은 튀르키예의 작은 해안 마을인 포사Foça가 된 도시 국가 포카이아에서 여정을 떠난 사람들은 이탈리아, 프랑스, 스페인 등 아주 멀리까지 갔다. 그들이 세운 정착지 중에는 지금은 마르세유가 된 마실리아Massilia가 있었는데, 프랑스에서는 아직도 포카이아 시La Cité Phocéene라는 별칭으로 종종 불리고 있다. 마르세유는 그리스 유산에 대해 잘 알고 있으며 서유럽에 '문명'을 가져온 조상들을 자랑스러워한다. 그리고 포카이아인들이 상륙한 곳으로 알려진 올드 포트의 포장 돌길에는 다음과 같은 커다란 금속 명판이 박혀 있다.

기원전 600년경
그리스 도시
소아시아 포카이아에서 온
그리스 선원들이 이곳에 상륙했다.
그들은 마르세유를 세웠고
그로부터 문명이
서양을 비추었다.

마르세유의 이주 이야기는 출처가 분명치 않아 영어권에서는 대개 인정받지 못하지만 두 차례의 그리스인 이주에 대해 호의적으로 서술하고 있다. 전해져 내려오는 이야기에 따르면 그리스인 이주민들은 농업을 하며 살고 있던 원주민들의 따뜻한 환영을 받았다. 첫 번째 이주민 공동체의 지도자는 그 지역 왕의 딸과 결혼했다고 하는데, 이는 로마를 비롯해 여러 다른 건국 신화에서도 반복되는 이야기로 남의 땅을 빼앗으려는 침략자로 여겨질 수 있는 이주민에게 합법성을 부여하는 방법이라고 볼 수 있다.

수십 년 후, 마르세유의 먼 조국인 포카이아는 페르시아 군대에 짓밟혔다. 수많은 사람들이 포카이아를 떠났고, 이전보다 훨씬 더 규모가 큰 두 번째 이주가 일어났다. 마르세유에서 살던 사람들 중에도 새로운 정착지를 찾아 떠나 니스(니카이아)와 앙티브(앙티폴리스) 같은 도시를 세웠는데, 이곳들은 육지와 강을 통해 북유럽으로 가는 새로운 교역로와 탐험 기지로 발전했다. 기원전 320년경 피테아스라는 그리스 선원은 마르세유에서 출발하여 더 멀리 있는 추운 북쪽 바다까지 여행하며 기록을 남겼다. 그는 자신이 브레타니케라고 이름 지은 큰 섬 주변을 항해했는데, 이것은 영국Britain에 대한 최초의 언급으로 알려져 있다.

무역은 새로운 그리스 정착지를 만드는 데 중요한 역할을 했지만 수많은 그리스인들이 새로운 혹은 오래된 도시 국가, 또는 그 너머에 있는 야만인의 영토까지 이주한 데는 다른 이유들도 많이 있었다. 오늘날에도 그렇듯이 인구 과잉, 가뭄, 기후 변화, 전쟁, 망명, 지루함과 호기심, 땅이나 권력이나 일자리를 찾아서가 그 이유였다. 어떤 사람들은 노예, 추방자, 죄수, 전쟁 포로가 되어 강제로 이주당하기도 했다.

그리스 여성 이주민들에 대한 기록은 거의 없는데, 보통 여자보다 남자들이 훨씬 더 많이 이주했으며, 여성 이주민은 흔히 매춘부나 사제였다. 일단 안정적으로 정착이 이루어지면 나중에 여성들이 합류했다는 기록이 드물게 있기는 하다. 원칙적으로 대부분의 그리스

도시 국가는 타민족과의 결혼을 반대하지 않았다. 따라서 남성 이주민들은 이주한 정착지에서 원주민 아내를 맞이하곤 했다.

원주민들이 정착지 건설자들에게서 어떤 대우를 받았는지에 대해서는 명확하게 결론 내리기 힘들다. 나폴리에서는 마르세유처럼 양측의 관계가 좋았고 그리스인이 아닌 현지 원주민도 새로운 도시 국가의 시민과 행정 관리가 되는 것이 '허용'되었다고 한다. 그런데 다른 곳에서는 원주민들이 새로운 이주민들에 의해 쫓겨나거나 시러큐스에서처럼 노예가 되기도 했다. 나폴리 남쪽에 있는 포시도니아 Posidonia에서는 그리스 이주민들이 노예가 된 경우도 있었다.

시간이 지나면서 새로운 정착지를 세우는 것에 대한 비공식적 관행이 생겨나기 시작했다. 예를 들어, 이주하기 전에는 보통 델피에서 신탁을 받아 신들의 조언을 구하는 것이 관례가 되었다. 새 정착지의 지도자는 일반적으로 모국을 떠나기 전에 임명됐고, 대부분 젊은 남성들로 구성된 이주민들은 그 지도자에게 충성을 맹세했다. 이주민들은 모국의 신성한 난로에서 불을 가져갔고, 정착지를 만들 곳에 도착하면 아폴로를 위한 신전을 세운 후 새로운 도시 설계를 시작했다. 이러한 형태의 새로운 정착지 건설을 위한 이주가 자리 잡으면서, 정해진 이주 규칙과 관습을 따르는 사람들은 훌륭한 이주민으로 여겨졌다.

고대 그리스에서 성문화되어 현대까지 영향을 미친 이주 관련 활동이 있었는데, 바로 망명 신청이었다. 망명이라는 단어는 성역이라는 개념과 밀접하게 연관되어 있다. 보통 성역은 신전이었으며 원칙적으로 사람들이 통치자의 합법적 혹은 불법적 요구를 피할 수 있는 안전한 피난처였다. 피난처를 이용할 수 있는 권리는 범죄자, 정치적 망명자, 도주 노예, 원치 않는 결혼에서 벗어나고자 하는 여성, 일반 여행자 등 누구에게나 허용되었지만 차이는 있었다. 예를 들어, 아테네에서는 살인자나 전쟁터에서 도망친 탈영병, 부모를 학대한 사람들을 포함하여 일부 범죄자들에게는 피난처 이용 권리를 주지 않았다. 피난처를 침범한 통치자는 신들의 벌을 받게 되는데, 한 스파르타 왕은 성스러운 숲을 피난처로 삼은 도망자를 잡아들여 처형했다가 신의 벌을 받아 미쳐버렸다는 이야기가 전해져 내려오기도 했다.

망명 신청자와 정착지 건설에 관한 두 가지 불문율은 알렉산더 대왕 때에 이르러 약화되었다. 알렉산더 대왕의 군대는 그리스 도시 테베의 성소 신전에 들이닥쳐 그곳에 은신해 있던 노인과 여성, 어린 아이를 끌어내 '잔혹행위'를 저질렀다. 또한 이집트를 침략한 후 계속 동진을 거듭해 아시아에 수십 개의 도시를 세우거나 재건했으며 그중 많은 도시에 자신의 이름을 붙였다. 그 도시들은 그리스인들이 세운 정착지처럼 독립적인 도시 국가가 아니라 제국의 일부로 편입되었다. 그 도시들은 처음부터 다민족 도시였으며 그리스인과 비그리스인으로 이루어진 알렉산더 대왕의 군대가 주둔했다. 대부분의 경우 지역의 통치자는 옛 페르시아 엘리트층에서 뽑았고 그들은 '태수satrap'라는 옛 페르시아의 칭호를 계속 사용했다.

알렉산더 대왕은 매우 복잡하고 난해한 인물로 세계사의 긴 시간으로 봤을 때는 잠시 스쳐지나갔을 뿐이지만 동시대 사람들에게 그리고 현대에 이르기까지 오래도록 기억되는 위대한 영웅이자 악당이었다. 그는 초창기 이주의 역사에서 매우 중요한 인물이다. 알렉산더 대왕은 그 어느 곳에도 속하지 않은 흥미로운 인물이었다. 그는 그리스 북부 변방에 있던 마케도니아에서 왕의 아들로 태어났으며, 그의 어머니도 변방에 있는 왕국 출신의 공주였다. 왕인 아버지가 살해당한 후 알렉산더는 20세에 왕위에 올랐다. 당시 다른 지역의 그리스인들은 마케도니아를 그리스의 도시 국가라고 인정하지 않았다. 알렉산더 전기 작가 중 한 사람은 마케도니아인들에 대한 그리스인들의 태도를 다음과 같이 서술했다.

> 다정하고 교묘한 멸시였다. 그들은 일반적으로 마케도니아인들을 상스러운 말과 사투리를 사용하고, 정치 제도는 후진적이었으며, 용맹하지도 않고, 약속을 지키지 않으며, 곰 가죽 옷을 입고, 독하고 더러운 술을 마시며, 상습적으로 암살과 근친상간을 해대는 준야만인으로 여겼다.

특히 아테네 주변의 그리스 도시 국가에서 온 사람들에게 알렉산더(그리고 그의 아버지)는 침략자이자 이방인이며 야만인이었다. 그렇지만 알렉산더는 그런 생각을 바로잡으려는 노력을 하지 않았다. 알렉산더는 성인이 된 후 계속해서 이동하며 살았다. 그가 이끌고 간 군대의 규모를 고려하면 특수한 경우라 할 수 있지만, 그도 어떻게 보면 이주민이었다. 그는 한 곳에 머물지 않았고, 궁극적으로 정해놓은 뚜렷한 목적지도 없는 방랑자에 가까운 사람이었다. 아시아에 도착한 알렉산더가 현지인의 복장과 관습을 받아들이자 일부 그리스인들은 이제 그가 자신들의 일원이 아님이 분명해졌다고 여겼다. 게다

쉬지 않고 이동하면서 전쟁을 치르다가 결국 머나먼 타지에서 죽음을 맞이한 알렉산더 대왕은 아시아와 유럽 대륙간 이주와 통혼을 장려함으로써 세계화의 초기 비전을 제시했다.

가 그가 현지인 아내들을 취하고 자기 군사들에게도 그렇게 할 것을 설득하거나 강요하자 더욱 더 그랬다. 그는 페르시아를 정복한 후 주위의 만류에도 불구하고 계속해서 동쪽으로 이동하여 인도 국경까지 진격했다. 그러나 그에게는 호기심이나 영광, 모험에 대한 사랑 외에는 뚜렷한 목적이나 동기가 없었던 듯하다. 마침내 계속된 정복과 이동에 지친 병사들이 이동을 거부하자 방향을 돌릴 수밖에 없었다. 알렉산더와 달리 병사들은 집에 돌아가거나 어딘가에 정착하기를 원했던 것이다.

그는 자신이 태어난 곳에서 2천 킬로미터 이상 떨어진 바빌론에서 32세라는 젊은 나이에 사망했다. 알렉산더는 카르타고와 지중해 서부를 정복하고 북아프리카 해안을 따라 도로를 건설하는 계획을 담은 문서를 남기기도 했는데 그 계획안에서 가장 놀라운 것은 다음과 같은 급진적 제안이었다.

> 도시를 정착시키고 인구를 아시아에서 유럽으로, 또 반대로 유럽에서 아시아로 이주시키라. 그리고 가장 큰 대륙을 통혼과 친족 관계를 통해 화합과 우의로 이끌라.

알렉산더는 아주 거대한 대륙 규모의 사회적 통합을 꿈꾸었던 것 같다. 그는 그리스인과 페르시아인, 또 제국의 다른 민족들을 통합하기 위해 다른 대륙의 사람들 간의 대대적인 양방향 국가 주도 이주와 통혼을 제안했다. 또한 아시아인과 유럽인이 동등하며, 이주와 혼인을 통해 양측의 사람들이 수세기에 걸친 갈등을 끝낼 수 있다고 주장했다. 그리스 군인들이 새로 정복한 페르시아 제국에 정착할 수 있도록 장려했고, 그들이 현지 여성들과 결혼하게 함으로써 그는 그 과정을 시작한 것으로 보인다. 그러나 그것은 시작에 그쳤고, 양방향이 아닌 유럽에서 아시아로 가는 한 방향의 이주일 뿐이었다. 그가 자신의 계획들을 어떻게 진행할 생각이었는지, 여성의 이주도 계획했는지, 그리스 도시 국가에도 페르시아인들을 정착시킬 예정이었는지는 알 수 없다. 그의 후계자들은 세상을 바꾸는 일에는 그다지 관심이 없었고, 자신들이 그리스 혈통이라는 것을 노골적으로 자랑스러워했으며, 그의 이념을 실행할 의도도 능력도 없었기 때문이다. 알렉산더의 거대한 이주 계획은 그와 함께 사라졌다.

• — •

알렉산더 대왕의 전설은 아마도 그가 젊고 패배한 적이 없을 때 죽어서 생긴 것일지도 모르겠다. 그의 이야기는 이후 수천 년 동안 부풀려져 전해 내려왔다. 알렉산더가 페르시아 제국을 이기기는 했지만 실제로는 페르시아 제국(전성기 때)보다 약간 더 작은 지역을 정복했을 뿐인데도 마치 그가 그리스인이나 유럽을 위하여 전 세계를 정복이라도 한 것처럼 말이다. 그리고 그가 세 대륙이 만나는 지점에 위치하고, 농부와 도시 거주자 등 주로 정착민들로 구성된 동서로 뻗은 길고 좁은 땅 덩어리를 잠시 통제했을 뿐 세 대륙 중 어느 부분도 지배하지는 못했다는 사실도 상기해야 한다. 그 땅의 끝에는 정복되지 않은 다른 정착민들이 있었는데, 서쪽은 카르타고인, 동쪽은 인도인과 중국인이었다. 사실 알렉산더 대왕은 세상의 일부분인 정착 도시를 정복하고 지나갔을 뿐, 도시 밖에서 생활하는 대다수의 사람들은 정복당한 도시나 그리스인에 대해 전혀 알지 못했다. 알렉산더 대왕을 알지 못했던 그들은 농부였고 유목민이었으며, 이주민이었다. 그들은 기록을 남기지 않았지만 그렇다고 해서 그들이 존재하지 않았던 것처럼 지워버릴 수는 없다.

다행히도 중국과 인도에는 기록이 남아 있어 그리스의 기록과 어느 정도 비교를 할 수 있었지만, 이주민에 대한 정보는 많지 않다. 다만 그리스와 마찬가지로 정착민과 도시 거주자들의 우월성을 주장하는 이야기를 찾아볼 수 있다. 그 이야기에서는 정주하는 특정 집단이 지리적으로도 또 비유적으로도 세계의 중심에 살고 있다고 선언한다. 때로 이 정주하는 민족의 기록에 유목민에 관련된 내용이 끼어들기도 한다. 그들은 변방에 살고 있으며, 주로 말썽장이, 희귀품 공급자, 노예 공급원, 또는 세 가지 모두로 그려진다. 고대 작가들의 글을 보면, 저 너머 아주 먼 곳에는 전혀 다른 곳에서 온 반인반수 괴물들이 있다고 하는데, 아마도 집에서 너무 멀리 떠나 방황하지 말라는 경고인 듯하다.

고대 중국인들은 이웃한 유목민을 진짜 짐승에 비유하기도 했다. 예를 들어, 융적족은(서쪽의 융戎, 북쪽의 적狄이라는 뜻으로 북서부 오랑캐를 의미 – 역자 주) '관용을 베풀어서는 안 되는 늑대'로 묘사했으며, 외국인들은 "젊은이들이 늙은이들에게 명령하고 늙은이들은 건장한 사람들을 두려워하니 사슴나 들새, 야수와 같다"라고 했다. 그러나 외국인들이 문명 세계에 걸맞는 사람이 될 가망이 전혀 없는 것은 아니라고 생각했던 것 같다. 공동의 고대 유산에 대한 언급, 또 중국인이 아닌 사람들에 대해 그들의 피가 문제가 아니라 단지 행동이 문제라는 언급이 있었기 때문이다. 당시 일부 저술가들은 외국인들이 중국 문화를 받아들임으로써 중국인이 될 수 있고 또 그래야 한다고 주장했다. 당시 중국에서 외부인을 받아들이는 데 혈통이나 외모는 중요한 역할을 하지 않았던 것 같다. 따라서 이민족 간의 혼인 역시 가능했다. 어떤 중국인은 외국인들이 진정으로 중국에 동화되기 원하며 실제로 그러기 위해 줄을 서고 있다고 주장했다. 그러나 이주민들이 그렇게 말했다는 증거는 없다.

인도와 관련된 이주에 대해서는 훨씬 더 많은 것이 알려져 있다. 우리가 곧 보게 될 고대의 이주 이야기는 아직까지도 첨예하게 대립 중인 정치 논쟁의 원인이기도 하다. 중국과 달리 인도에는 원주민과 이주민 양쪽의 이야기가 다 남아 있다. 당시 마우리아 제국Mauryan Empire의 수도이자 세계에서 가장 큰 도시였던 파탈리푸트라Pataliputra를 여행한 한 여행자가 이주민들이 받는 대우에 대해 서술한 기록이 그 대표적인 예다. 그 여행자는 알렉산더의 후계 왕국 중 하나인 시리아 통치자가 파견한 그리스인 역사가 메가스테네스Megasthenes라는 인물이었다. 메가스테네스는 제국의 크기와 질서에 감명을 받았다. 그는 또한 마우리아 사람들이 외국인들에게 얼마나 친절한지에 대해 찬사를 금치 못했다.

> 관리가 임명되면, 그의 임무는 외국인이 부당한 처사를 당하지 않도록 하는 것이다. 외국인 중 누구라도 건강에 문제가 생기면 의사를 보내 돌보게 하고, 사망할 경우 장례를 치뤄주며, 남긴 재산을 정리하여 친척들에게 전달해주기도 한다.

북인도 초기 저술에는 대규모 인구 이동이라는 의미에서의 이주에 대한 언급은 거의 없다. 그러나 특정 연령대의 인도인들의 이주를 예상할 수는 있다. 여러 자료들을 보면 인도에서는 인생의 네 단계에 대해 언급하고 있는데, 학생, 가장, 은퇴자, 단념자로 구분할 수 있다. 은퇴자 단계에 해당하는 산스크리트어는 바나프라스타vanaprastha로 문자 그대로는 '숲으로 가는 것'을 의미한다. 약 2천 년 전에 편찬된 것으로 추정되는 마누의 법에는 노인들은 이주해야 한다고 나와 있다. "가장에게 주름살과 백발이 생기고, 자식의 자식을 보게 되면, 그는 숲으로 물러나야 한다." 그 아내는 남편과 함께 가거나 아니면 아들과 집에 남아 있을 수 있는데, 사실 그녀에게 이에 대한 선택권이 있었는지는 확실치 않다.

이는 60대의 영국인이 햇볕을 찾아 스페인으로 이주하거나 미국인들이 은퇴하여 플로리다로 이주하는 것과는 매우 다르다. 숲으로 이동한 인도의 노인들의 상황은 편안하고 여유로운 생활과는 거리가 멀었기 때문이다. 그들은 기도하는 데 많은 시간을 보내고, 맨땅에서 자고, 야생 식물이나 견과류, 열매 등을 채취하여 먹고, 물질주의적인 삶은 영위해서는 안 된다. 이것은 어떤 면에서 보면 유목 생활과 비슷하다. 숲으로 떠난 노인들은 원래 숲에서 살고 있던 이들의 삶을 따라하게 되기 마련이고, 이것은 사람들이 인생 끝 무렵에 다시 유목 생활로 돌아가는 것을 의미하는 것일 수도 있다. 또한 이것은 유목 생활이 힘들고 어려운 삶이라는 것을 암시하기도 하는데, 우리가 보았고 또 앞으로 보게 되듯이, 꼭 그렇지만은 않다.

• — •

초기 산스크리트어 문서에 반복적으로 나타나는 단어가 있는데, 이 단어는 현재까지 다른 언어로 번역되지 않은 채로 남아 있다. 이는 기이하고 굴곡진 현대사를 가진 단어로 이주 수수께끼에서 중요한 단서가 되었고, 많은 서구 언어로 이입됐으며, 특히 20세기 전반에 들어 논쟁을 야기한 새로운 의미를 얻게 됐다. 그 단어는 아-리아a-rya로 서양에서는 약간 변형된 아리안Aryan으로 더 잘 알려져 있다. '아리안'은 고대 작가들이 단순히 북 인도의 지배적 문화와 사람들을 서술하기 위해 붙인 명칭이지만 산스크리트 형용사로 사용하면 고귀하다는 의미가 될 수도 있다. 하지만 근대에 그 어원이 여러 차례 기이하게 왜곡되면서 아리안(아리아인)은 흰 피부, 금발 머리, 파란 눈의 북유럽인을 가리키는 인종적 의미가 짙은 단어가 되었다. 그리고 그 모든 것은 현대 인도의 많은 민족주의자들이 결코 일어난 적이 없다고 주장하는 고대 이주 문제로 거슬러 올라간다.

18세기 들어 여러 학자들이 산스크리트어와 서양의 고전 언어 사이의 유사점에 주목하기 시작했다. 그리고 곧 그 언어들이 단일 어원에서 유래했으며, 인도 북부, 이란 및 유럽 대부분의 언어들이 서로 연결되어 있음이 밝혀졌다. 그리고 인도-유럽어족이라는 상상의 고대 민족이 탄생했다. 그들은 유럽과 아시아 지역을 통과해 이주했으며, 그들의 유산은 서쪽의 아이슬란드어에서 동쪽의 벵골어에 이르기까지 서로 관련된 매우 광범위한 현대 언어로 이어졌다. 그러나 인도-유럽인이 정확히 어느 지역에서 시작되었는지에 대해서는 아무도 모르고, 그들의 대규모 이주에 대한 명백한 역사적 또는 고고학적 증거도 없었으며, 대규모 인구 이동으로 언어가 확산됐다는 증거도 없었다.

그러나 일부 유럽 학자들은 자신들이 답을 찾았다고 주장했다. 아리아인에 대해 언급한 고대 자료에서 몇 가지 단서를 발견했는데, 그들은 매우 허술한 서면 증거를 바탕으로 초기 산스크리트어 문헌 중 리그베다Rigveda(인도에서 가장 오래된 브라만교 경전 - 역자 주)에 나오는 아리아인들은 서쪽에서 온 이주민이거나 침략자일 것이라고 단정했다. 이에 따라 아리아인의 조국으로 추정되는 다양한 지역들이 제시됐는데, 그곳에는 독일도 포함되어 있었다. 이 주장들은 훨씬 더 허술하고 인종차별로 가득 차 있었지만 여러 나라의 많은 학자들이 아리아인이 원래는 금발에 파란 눈과 하얀 피부를 가진 독일인이고, 그들이 북유럽에 있는 조국을 떠나 멀리 이주하여 통혼함에 따라 신체적 특성들이 희석됐다는 개념을 수용했다.

영국 태생으로 독일에 살고 있던 휴스턴 스튜어트 체임벌린Houston Stewart Chamberlain이라는 작가가 1920년대에 이러한 개념을 아돌프 히틀러와 나치당에 알려준 핵심 인물이었다. 오래지 않아 나치는 독일인이 원조 아리아인이며 지배 인종이라는 이념을 채택했다. 그들은 심지어 고대 인도의 스와스티카swastika(卐) 문양을 당의 상징으로 차용했다. 히틀러가 패배한 이후로 서방에서는 신나치 집단을 제외하고는 아리안이라는 단어를 거의 사용하지 않게 되었다.* 그리고 인도 이외 지역에서는 스와스티카가 거의 사용되지 않고 있다.

그러나 아리아인의 기원에 대한 논쟁은 아직도 계속되고 있다. 인터넷 극단주의 사이트에는 각각 '아리아 침략론Aryan Invasion Theory'과 '인도 기원론Out of India Theory'을 뜻하는 AIT와 OIT 이론이 가장 많은 지지를 받고 있다. 양측 지지자들은 소셜 미디어나 포럼 등에서 서로에게 고함을 지르고 욕설을 퍼붓는 등 심각하게 대립하고 있다. 그런데 AIT 이론을 지지하는 이들 중 온건파들은 침략invasion이라는 단어

* 유전학적으로 말하자면 유럽의 아리아인 대부분은 집시로 알려진 로마인들이었다. 그들은 나치에 의해 대량 학살됐다.

보다는 이주migration를 사용하는 것이 더 나을 것이라고 제안하고 있다. 그들은 아리아인이 유럽에서 기원했다는 증거는 전혀 없다면서, 중앙 아시아 또는 러시아 대초원에서 시작되었을 가능성이 더 높다고 주장한다. 한편 OIT 이론 지지자들은 고대 전통을 고수하며 현대 민족주의에 편입되었다. 이들의 주장에 따르면 인도인들은 항상 인도에 있었다. 메가스테네스는 인도에는 "수없이 다양한 인종들이 거주하고 있는데, 그중 외국 후손인 인종은 단 하나도 없었다"고 주장했으며, 실제로 인도 초기 기록에는 의미 있는 집단 이주에 대한 명확한 언급이 없다. 그러므로 이 논리에 따라 인도가 인도-유럽어족의 조국임에 틀림없다는 것이다.

일부 OIT 지지자들이 내세운 주장들은 터무니없었지만, 그래도 아리안 혈통에 대한 나치의 주장보다는 훨씬 덜 위험했다. OIT 이론의 선구자는 인도의 아마추어 역사가이자 《세계 역사의 실종된 장들Some Missing Chapters of World History》의 저자인 P. N. 오크Oak다. 그는 인도의 역사가 항상 적에 의해 쓰여졌다고 주장한다. 이 책은 읽다 보면

나치 독일의 문양은 고대 인도 아리아인들의 스와스티카 문양에서 따온 것이다. 나치는 독일인이 원조 아리아인이라고 굳게 믿었다.

때때로 백인 우월주의자들과 그들의 유럽 아리안주의에 대한 이념을 비아냥거리며 깔아뭉개는 기발한 패러디 같다는 생각이 든다. 장 제목들부터 매우 신랄한데 예를 들어, '고대 영국은 힌두 국가였다', '웨스트민스터 사원은 시바 사원이었다', '고대 이탈리아는 힌두교 국가였고 교황은 힌두교 사제였다' 등이 있다. 또한 책에는 대성당 도시인 솔즈베리Salisbury가 원래 '산신 마을'Shaileeshpury이라는 뜻이었다는 내용도 담겨 있다. 그의 글은 이런 맥락으로 계속 이어진다(로마는 라마왕의 이름을 따서 지어졌고, 아브라함은 원래 브라흐마였고, 그리스도는 크리슈나였다). 안타깝게도 글의 저자인 오크는 이 책을 패러디가 아니라 진실이라고 생각했으며, 극소수의 추종자들도 그렇게 믿었다.

인도-유럽어족이 인도에서 시작되었다고 주장하는 OIT 지지자들이 모두 오크의 생각을 지지했던 것은 아니었다. 일부 고고학자들은 초기 산스크리트어 텍스트보다 시기적으로 앞선 하라파Harappan 문명 유적지 발굴에 초점을 맞춰 문제를 해결하려고 노력했다. 그들의 주장은 간단했다. 이곳에서 발굴된 것들이 아리안 문화와 연속성을 보인다면 OIT 이론이 맞다는 것을 증명할 수 있고, 연속성을 보이지 않으면 AIT 이론이 맞다는 것이다. 그런데 실제로는 그렇게 간단하지 않았다. 이제 확실한 것은 한 가지뿐이다. 힌두 민족주의자라면 인도가 인도-유럽어족의 조국이라는 개념을 지지할 가능성이 더 크다. 반면 인도에 대해 세속적이고 다문화적인 견해를 갖고 있다면 인도로 대규모 이주가 있었다는 개념을 지지할 가능성이 더 크다.

최근 들어서는 DNA 증거를 분석할 수 있게 됨에 따라, 인도-유럽어족의 근원과 AIT-OIT 분쟁에 새로운 전기를 맞이하게 되었다.

그 결과 우크라이나 동부, 러시아 남부 일부 및 카자흐스탄 서부를 포함해 일반적으로 러시아 대초원이라고 불리는 땅에서 고대 인구 이동이 있었다는 데 과학적 합의가 이루어지고 있다. 이 지역의 고대 유목민들이 최초의 인도-유럽어족이며, 그 후손들을 인도-유럽어를 사용하는 유럽과 아시아의 모든 공동체에서 그리고 (최근의 이민으로 인해) 아메리카와 오스트랄라시아Australasia(오스트레일리아·뉴질랜드·뉴기니를 포함한 남태평양 제도 전체를 가리키는 지명)에서도 다수 찾을 수 있다는 것이다.

토니 조지프Tony Joseph라는 인도 출신의 저널리스트는 인도인들에게 아리안인들이 러시아 대초원에서 왔을 가능성이 아주 높다고 설명하는 쉽지 않은 임무를 자청했다. 그가 2018년 출간한《초기 인도인Early Indians》은 최신 연구를 근거로 주로 남자들로 구성된 이주민들이 약 4천 년 전에 어떻게 현재의 인도에 들어왔는지 설명한다. 또 그들이 초기 형태의 산스크리트어와 함께 새로운 종교적 신념과 관행을 도입했고, 그중 일부는 현대 힌두교에서 중요한 역할을 하고 있다고 주장했다. 그는 이 주장 때문에 수많은 힌두 민족주의자들로부터 강한 비난을 받았다. 그를 비판하는 사람들은 이주민들이 자신들의 유전적 혈통과 그토록 자랑스러워하는 언어, 종교 및 관습에 기여했다는 주장에 심각한 위협을 느낀 것 같다. 늘 그렇듯이 인터넷은 이런 일들을 더 악화시킨다. 좀 더 사려 깊은 비판도 있었지만 일부 온라인 댓글은 극단적이고 독설로 차 있었다. 그를 비난하는 글을 모두 모아 문장으로 만들어보면 다음과 같다. "토니 조지프는 '국가 구조를 파괴'하는 '선전' 글을 쓰고, '유럽 중심의 인종차별주의적 거짓말'을 부추기고, '기만적이고, 부정직하며, 한물간 좌파'며, '쓰레기 더미'에 보내야 할 '자가당착적이고 부정확한 뒤죽박죽 주장'을 끼워 맞추고 있다."

인도에 한 번도 살아본 적이 없는 사람들에게는 알지도 못하는 고대 이주에 대한 논쟁이 그 정도로 분노를 불러일으킨다는 것이 이상해 보일 수 있다. 그러나 이것은 카스트 제도, 성별, 언어, 종교, 피부색 그리고 이주 같은 현대 인도의 정체성을 놓고 벌이는 투쟁의 일부다. 그 정체성에 대해 깊은 의견 충돌이 있으며, 이 문제 하나 하나에 깊은 분열이 담겨 있다. 아리안 논쟁은 그 모든 문제들과 관련되어 있는 것으로, 이렇게 빈약한 한 단락이 아니라 별도의 책으로 다뤄져야 할 정도로 광범위한 주제다. 그러나 인도의 권력이 대체로 아직도 피부가 더 희고, 카스트 계급이 높고, 인도-유럽어를 사용하는 북부 남자들의 손에 놓여 있다는 점은 언급할 가치가 있다. 그리고 유전학자들의 증거와 주장을 믿는다면 그들은 약 4천 년 전에 인도로 이주한 사람들의 후손일 가능성이 매우 높다.

인도-유럽어 사용자의 기원을 찾는 데 있어서 해결해야 할 더 광범위한 문제가 있다. 그것은 바로 러시아 대초원이든 다른 곳이든 조상의 모국이 존재한다는 개념 그 자체다. 우리에게 그런 근원이 있다는 전제하에 모든 논쟁이 이루어졌지만, 사실은 그 반대가 진실에 더 가깝다. DNA, 고고학, 언어 분석 또는 문화적 전통 등을 통해 우리의 근원지일 가능성이 높다고 여겨진 지역들은 기껏해야 고대 조상들이 통과한, 깊은 역사 속의 임시 거주지에 불과한 것으로 나타났다.

실제로 최초의 인도-유럽어족으로 추정되는 러시아 대초원에 있던 사람들에 대해 우리가 알고 있는 몇 안 되는 사실 중 하나는 그들 역시 정착민이 아니라 이동 중인 유목민이었다는 점이다. 우리가 특정 장소에 속해 있는 고대 세계를 지어내려고 아무리 열심히 노력해도 우리는 결국 유목민의 후손이다. 정말로 우리의 근원을 찾고 싶다면, 인류의 역사가 고대부터 지속되었다는 인간의 깊은 심리적 욕구를 충족시키고 싶다면 우리의 조상들이 아프리카에서 이주해왔고, 아프리카 대륙이야말로 우리 모두의 단 하나뿐인 진정한 본향이라는 것을 받아들이면 되지 않을까?

저자 노트, 세 번째

내가 테스트 튜브에 침을 담아 제출하고 6개월이 지난 후, 내 딸 록시도 DNA 검사를 신청했다. 딸 아이는 외모와 행동이 내 젊을 때 모습을 빼닮았으니 친자 관계 확인 문제가 있었던 것은 아니었다. 그리고 당연하게도 나의 유대인, 영국인, 북유럽인 DNA는 모두 그녀의 유전자 중 절반에 포함되어 있었다. 록시와 내가 관심을 가졌던 것은 나머지 절반이었다.

내 아내의 조부모와 증조부모는 모두 인도에서 태어났지만 록시의 유전자에서 인도 DNA를 발견할 수 있을 것이라고 기대하지는 않았다. 록시 어머니 쉬린Shireen은 수세기 전에 페르시아에서 인도로 이주한 작은 공동체에 속해 있었고, 그 구성원들은 아주 최근까지 공동체에 속하지 않은 외부인과는 결혼하지 않았기 때문이다. 그들은 바빌론에서 유대인을 해방시킨 키루스 대왕과 기원전 333년 알렉산더 대왕의 군대에 패배한 다리우스 3세의 종교인 조로아스터 교도들이다. 오늘날 전 세계의 조로아스터 교도는 20만 명 미만이고, 그중 절반이 인도에 살고 있으며 그곳에서는 파시족Parsi으로 알려져 있다.

파시족은 약 1천 년 전에 인도에 도착했는데 이들은 이슬람 교도가 대부분이었던 페르시아에서 온 이주민들이었고, 그후 몇 차례 이주가 더 있었다. 파시족은 특히 인도 내에서 현지 사회에 성공적으로 통합되면서도 자신들의 고유한 정체성을 유지한 이주민 집단의 사례로 자주 언급된다. 그리고 그들이 인도에 처음 도착했을 때의 이야기는 매우 유명하다. 파시족이 배를 타고 구자라트에 처음 도착했을 때 서로 언어가 달라 그곳 사람들과 말이 통하지 않았다. 그 지역의 왕은 자신의 영토에는 이주민을 받을 자리가 없다는 것을 정중하게 표현하기 위해 찰랑찰랑할 정도로 가득 찬 우유 항아리를 내밀었다. 그러자 이주민들의 지도자였던 조로아스터교 사제는 그 항아리에 설탕 한 숟가락을 넣었고 우유는 넘쳐흐르지 않았을 뿐 아니라 오히려 더 달고 맛이 좋아졌다. 그의 지혜 덕분에 파시족은 구자라트에 머물도록 허락을 받았다.

이들의 이주는 매우 성공적인 사례로, 파시 공동체는 영국 식민지 시대뿐만 아니라 인도 독립 이후에도 번성했다. 하지만 그게 전부는 아니다. 파시족은 인도에 온 다른 무슬림이나 기독교인들과는 달리 인도인들을 개종시키려 하지 않았고, 또 낮은 출산율 때문에 위협이 될 수 없을 정도로 인구가 적었다. 늘 소수였던 파시족은 때때로 더 강한 공동체들의 폭력으로 수난을 겪었는데, 지난 200년 동안 최소한 다섯 번의 반反 파시 폭동이 있었다.

내 딸의 DNA에 대해 말하자면, 검사 결과는 그녀의 어머니 쪽이 인도가 아니라 이란에서 왔음을 보여주었다. 록시가 어머니로부터 물려받은 DNA의 85퍼센트 이상이 과거 페르시아로 알려졌던 곳에서 온 것임이 밝혀진 것이다. 이는 파시족과 인도의 공동체 사이에서 상호 통혼이 거의 없었음을 시사한다. 그리고 검사 결과에서 한 가지 놀라운 사실이 밝혀졌다. 그때까지 알지 못했던 엄청난 수의 먼 파시족 친척들이 전 세계에 살고 있었던 것이다. 이는 많은 파시족이 두 번째 고향인 인도를 떠나 다시 이동 중임을 상기시켜준다. 오늘날 잘 알려진 유명한 파시족들은 평생 이주민이었다. 가수 프레디 머큐리는 잔지바르에서 태어나 인도에서 학교를 다녔고, 영국에서 살다 죽었다. 인도 출신의 세계적인 작곡가 주빈 메타Zubin Mehta는 오스트리아에서 교육을 받았고, 영국, 미국, 이탈리아, 이스라엘에서 살았다. 인도의 파시족은 계속 감소하고 있다. 낮은 출산율 때문이기도 하지만 또 지난 50년 동안 많은 파시족이 다시 이동했기 때문이다. 이들은 인도를 떠나 미국, 영국, 캐나다, 오스트레일리아 등으로 이주했다.

4장

추방, 로마인과 반달족

MIGRANTS
The Story of Us All

그는 토가를 두른 채 중앙 광장의 받침돌 위에 동쪽을 향해 서서 바다를 바라보고 있다. 그의 구릿빛 머리카락은 갈매기가 선사하고 간 하얀 오물들로 얼룩져 있다. 이름 없는 책을 들고 있는 왼손은 가슴에 꼭 대고 있고, 다른 손으로는 슬프고 명상하는 듯한 위엄 있는 모습으로 턱을 괴고 있다. 그의 밑에는 관광객들이 모여 있지만 그를 거의 쳐다보지도 않는다. 그는 셀카를 찍기에는 너무 높이 있고 음울해 보인다. 그러나 조각상 받침대 주변은 사람들이 흑해의 넓은 모래해변에서 선탠을 즐긴 후, 저녁에 만나서 괴성을 지르고, 간식을 먹고, 키스하는 곳이다. 이곳은 매년 여름 수십만 명의 관광객이 몰려드는 루마니아 리비에라의 중심지 콘스탄차Constanta로 런던의 네 번째 공항 루턴에서 매일 출발해 도착하는 항공편이 있을 정도다.

오늘날 콘스탄차는 영국 중산층의 인기 휴양지가 되었지만, 로마 시인 오비디우스가 강제로 유배된 고대 도시 토미스Tomis로 기억되기도 한다. 오비디우스만큼 유배를 싫어하고 자신을 불쌍히 여긴 사람도 없을 것이다. 오비디우스 이전에도 유배자들이 여럿 있었지만, 그는 자기 연민과 향수를 예술로 만들었다. 그리고 중요한 것은 오비디우스가 집에 머무는 것, 어떤 대가를 치르더라도 이주하지 않는 것이 존경받는 인간의 속성이고 추방은 최악의 운명이라고 제일 처음 묘사한 인물로 추정된다는 것이다. 오비디우스는 이주에 대해 좀 극단적일 정도로 두려움과 증오를 가진 사람이었다. 그가 말년에 쓴 시《비가Tristia》의 핵심 메시지 중 하나는 유배를 당하는 것보다는 죽는 것이 낫다는 것이었다.

오비디우스는 토미스를 증오했다. 그는 그곳을 날씨나 풍경도 형편없으며, 사귈 만한 친구도 없고 위대한 시인의 진가를 인정할 줄도 모르는 곳으로 묘사했다. "읽어줄 이 없는 시를 쓰는 것은 어둠 속에서 춤추는 것과 같다." 그는 자기보다 더 멀고 더 험악한 곳에 던져진 유배자는 없었다며, 자신보다 더 나은 곳으로 유배된 사람들을 부러움에 차 열거했다. 그러나 그의 넋두리에는 목적이 있었다. 그는 아우구스투스 황제가 시를 읽고 자신을 로마로 다시 불러주기를 바란 것이다.

오비디우스는 때로는 가시 돋힌, 때로는 간청하는 시를 써서 황제가 마음을 돌리기를 바랐다. 어쩌면 그래서 토미스를 실제보다 훨씬 더 불편한 곳으로 묘사했는지도 모르겠다. 예를 들면, 늘 눈에 덮여 있고, 나무도 새도 없는 스산한 풍경, 야만스러운 주민들, 꽁꽁 언 포도주를 깨뜨려 조각내 녹여야 마실 수 있을 정도의 추위 등의 이야기였다. 그러나 사실 토미스는 베니스나 제노아보다 더 남쪽에 있으며, 그리스인 정착지가 된 지 600년이나 되었고, 1년 중 눈 오는 날이 1주일도 되지 않았다. 그는 새가 없다고 했지만, 오늘날 그곳의 새들은 매일 불쌍한 오비디우스의 조각상에 복수를 하고 있다. 안타깝게도 아우구스투스는 오비디우스를 사면해주지 않았고, 그는 기원전 17년 토미스에서 사망했다.

오비디우스의 자기 연민은 다른 식으로도 받아들일 수 있다. 그의 불평은 정말 기후나 지역 주민, 포도주 같은 실질적인 것에 관한 것이 아니라, 자유의 박탈, 익숙한 것에서 강제로 멀어진 데 대한 심리적 충격에 관한 것이다. 그의 감정을 가장 잘 표현한 것은 고향에 대한 향수지만, 이는 또한 과거에 대한 그리움, 자신의 선택에 대한 후회이기도 하다.

오늘날 루마니아의 콘스탄차로 유배를 떠난 로마 시인 오비디우스. 그는 존경받는 인물이라면 자기가 살던 곳에서 떠나지 말아야 한다고 주장했다.

사실 엄밀히 말하자면 오비디우스는 로마 출신도 아니었다. 그는 로마에서 하루 이상 걸리고, 인구가 별로 없던 이탈리아 중부 아브루초Abruzzo 언덕에서 태어났고, 공부를 더 하기 위해 로마로 가게 되었다. 그는 새로 선택한 도시를 사랑하게 되었고 그곳에서 유명한 시인이 되었다. 로마는 확장하고 있는 제국의 중심이자 수많은 이주민들의 본거지였고, 그는 처음으로 로마를 '세계의 수도'라고 부른 사람 중 하나였다. 고대 묘비에 대한 연구, 발굴된 뼈와 치아에 대한 과학적 분석에 따르면 로마의 주민들은 제국의 방방곡곡에서 왔으며, 국경 너머에서 온 사람들도 있었다. 스페인에서 태어난 시인 마샬Martial은 로마 황제에게 "오! 카이사르, 너무 멀리 있거나 너무 야만인이라 당신의 도시에서 볼 수 없는 사람들은 도대체 누구입니까?"라고 물었다.* 대답이 필요 없었다. 대부분의 로마인들은 국경 언저리에 사는 사람들을 항상 경계했지만 자신들의 복잡한 이주 역사를 자랑스럽게 여겼다.

• — •

로마 이야기는 트로이 왕자 아이네이아스의 불행한 방랑 생활로 시작된다. 트로이 패망 이후 아이네이아스는 온갖 여정 끝에 이탈리아에 정착한다. 나중에 그의 후손이며 늑대의 젖을 먹고 자란 로물루스Romulus가 로마를 세우게 되며, 그의 이름 중 첫 세 문자에서 로마의 이름이 나왔다고 전해진다. 아이네이아스 이야기는 고대든 현대든 이주에 대한 보편적인 예로 사용할 수 있다. 그러나 이에 대해서도 많은 버전이 있으며, 각각의 버전마다 그걸 쓴 작가의 좀 더 특정한 관심사를 엿볼 수 있다. 《일리아드》의 아이네이아스는 조연급 등장인물이었고, 호메로스에게 그가 중요했던 이유는 그가 전쟁에서 살아남을 운명을 가진 유일한 트로이인이었다는 사실이다. 여러 세기가 지난 후, 오비디우스가 살았던 무렵에 아이네이아스는 동방에서 온 신화적 이주민으로 변모해 있었다. 그는 로마를 '세계의 수도'로 만드는 과정을 시작했고, 그의 후손들은 이탈리아 중부의 불모지를 문명화했다. 왕족과 신의 혈통을 가진 아이네이아스는 오늘날 일

* 아테네인들과 달리 로마인들 중 땅에서 태어났다고 주장한 사람은 아무도 없는 것 같다. 서기 1세기의 철학자 세네카는 이주를 모든 인류 역사의 부인할 수 없는 부분이라고 받아들였다. "의심의 여지가 없는 것은 원래 자리에 남아 있는 민족은 아무도 없다는 사실이다."

부 국가가 이민 오기를 바라는, 능력있고 부유한 이민자라고 부를 만한 인물이었다. 그가 평민이거나 그리스인, 페니키아인 또는 페르시아인이었다면 로마인들에게 상징적인 가치가 훨씬 덜했을 것이다. 그러나 트로이인들은 절멸했고 아이네이아스는 소수의 로마 이주민만을 데리고 성공적으로 정착지를 세웠다.

아이네이아스는 기원전 27년에 로마 공화국이 종말을 맞고 제국으로 대체되면서 더욱 중요해졌다. 첫 번째 황제 아우구스투스의 후손들(친자와 양자 포함)이 그후 거의 한 세기 동안 로마를 다스리게 되는데, 아우구스투스가 아이네이아스(어머니가 미의 여신인 아프로디테)의 직계 후손이라고 주장하는 가문 출신이었기 때문이다. 아우구스투스 통치 초기에 베르길리우스가 지은《아이네이스Aeneid》에서는 영웅 아이네이아스가 후에 로마가 들어서게 될 터에 도착했을 때 어머니에게서 마법의 방패를 받는 장면을 묘사한다. 그 방패에서 아이네이아스는 도시의 미래를 목격했다. 그가 본 미래에는 후계자 아우구스투스 황제가 아폴로 신전 밖에 앉아 정복당한 민족들과 함께 로마의 영광을 주재하는 모습이 그려져 있었다. '사용하는 언어만큼 다양한 복장과 무기를 갖춘 민족'들이 통치자에게 선물을 바치고 경의를 표하기 위해 줄을 서 있었다. 한편 아우구스투스는 자신이 트로이에서 온 이주민의 후손이라는 점을 아주 만족스럽게 생각했으며, 그 이야기가 널리 퍼지도록 장려했는데, 여신의 후예라는 사실이 더욱 더 기뻤을 것이다.

전해지는 이야기에서 로마를 세운 로물루스는 대부분 문제가 있고 말썽을 일으키는 인물로 나온다. 그는 쌍둥이 동생인 레무스

Remus를 살해했으며, 강간을 부추겼다고 한다. 그는 또한 오늘날 무제한 이민이라고 부르는 정책의 지지자였다. 로물루스와 레무스는 로마가 들어설 터 근처에서 태어났다. 그들은 아이네이아스의 후손인 전쟁의 신 마르스Mars의 아들들로 왕위 승계자였다. 그러나 가문의 끔찍한 권력 투쟁으로 범람하는 강 옆에 버려졌다. 다행히도 늑대가 그들을 발견해 동굴에서 늑대의 젖을 먹고 자랐다.

버림받았지만 늑대의 젖을 먹고 자란 로물루스는 결국 기원전 753년에 로마를 재건했다. 다시 세운 로마에 살 사람들이 필요했던 그는 로마 안에 도망자들이 안전하게 머물 수 있는 피난처를 제공하기로 했다. 훗날 역사가들의 표현에 따르면 로물루스는 '잡종 오합지졸', '이웃 민족의 쓰레기들', '자유민과 노예가 뒤섞인 무리'들을 받아들였으며, 그들은 새로 세운 장벽 안쪽에서 새 출발을 꿈꾸며 정착했다. 그들은 오늘날 많은 정부들이 쓸모없는 이민자라고 부르는 사람들이었다. 새로 이주해온 이들은 모두 남자였고, 아내로 맞이할 여자가 필요하자 로물루스는 동쪽에 이웃한 사비니의 여자들을 데려와 강간하는 방식으로 문제를 해결했다고 한다.

사비니 여인들의 강간은 이후 많은 그림의 주제가 되었고, 내가 아는 한 전부 남자 화가들의 작품이었다. 대부분의 작품은 옷 벗겨진 정도가 제각각인 여자들이 아름다운 건축물로 가득한 대도시를 배경으로 남자들에게 쫓기고 잡히는 모습을 보여준다. 그러나 오비디우스 시대에 전해진 로물루스와 사비니 여인들의 이야기는 이와 달랐다. 우선 오비디우스와 그 당시의 작가들은 초기 로마를 큰 도시가 아니라 나무로 지은 오두막과 짐승들로 가득 찬 장소라고 상상했다. 또한 사비니 여인들에게 실제로 무슨 일이 일어났든 그들이 로마 한복판에서 벌거벗고 있었다는 것을 시사하는 내용은 전혀 없었다. 마지막으로, '강간'이라는 단어에도 문제가 있다. 오비디우스 시대의 작가들은 강간이라는 단어 대신 '납치'라고 번역하는 것이 적당한 '랩티오raptio'라는 라틴어를 사용했다. 물론 그렇다고 해서 새로운 이주민들에게 죄가 아예 없었다는 것은 아니다.

예를 들어, 오비디우스는 토미스 유배 전에 이성을 유혹하는 기술에 대한 세 권짜리 책을 썼는데, 여기에서 사비니 여인들의 이야기를 들려준다. 그는 전후 맥락이나 남자들이 이주민인지 아닌지에는 관심이 없었고, 오직 남자들이 여자들에게 성관계와 결혼에 동의하도록 설득하는 방법에만 관심이 있었던 듯하다. 오비디우스와 동시대의 인물인 리비우스Livy는 이를 정치적 맥락에서 해석하였다. 그는 이웃 나라의 원로들이 자국의 여인들을 로마에 몰려든 '도망자와 부랑자'들과 결혼시키지 않기로 결정하자, 로물루스가 로마의 다음 세대를 잇기 위해, 또한 진정한 사랑이 자연스럽게 진행될 가능성을 열어주기 위해 사비니 여자들의 납치를 준비했다고 주장했다.

리비우스에 따르면 이 사건은 결국 로마와 사비니 사이의 긴 전쟁으로 이어졌고, 로마의 이주민들과 결혼하여 아내가 되고 어머니가 된 사비니 여자들이 아버지와 남편에게 서로 살육을 중단하라고 호소하고서야 끝난다. 이야기 중 여자들의 목소리가 들리는 것은 이때뿐이며, 그 목소리는 평화를 가져왔다. 싸움이 끝날 때쯤 이미 사비니 여자들은 거친 말투를 사용하고 예의범절도 몰랐던 배우자들을 가족을 부양하고 어른을 공경할 줄 아는 이들로 바꿔놓은 상태였다.

도망자들은 아버지가 되었고 이주민들은 가장으로 변신하여 로마의 시민이 되었다.

로마는 수 세기 동안 보잘것없는 작은 나라에 불과했다. 당시는 그리스와 카르타고가 이탈리아 남부와 시칠리아, 지중해를 지배하던 시기로 다른 지역의 사람들은 로마의 존재를 거의 알지도 못했다. 그러나 오비디우스 시대에 널리 알려진, 지금의 프랑스에서 온 갈리아 이주민과 관련된 또 다른 로마 이야기가 있는데, 이는 아이네이아스와 로물루스 이야기에 비해 이주민들에 대해 조금은 부정적이다. 이 이야기는 성문까지 밀려든 야만인의 이미지를 떠올리게 하고, 국경 너머에서 온 사람들에 대한 로마 사람들의 태도를 설명하는 데 도움이 될 것이다. 또 나중에 로마인들이 그토록 군사력을 강조하게 된 이유를 알아내는 데도 도움이 된다.

역사가들에 따르면 기원전 390년에 로마는 좋은 포도주와 과일을 찾아다니는 갈리아 부족민들에게 약탈을 당했다. 리비우스의 표현에 따르면 그들은 '야만인 갈리아'로 야만스러운 노래를 외쳐대는 '이상한 무기로 무장한 기이한 전사들'이었으며, 로마를 '연기 나는 폐허'로 만들었다고 한다. 갈리아의 침략은 로마에게 있어 악몽 또는 엄청난 트라우마로 표현된다. 그 순간이 '결코 다시는' 오지 않게 하기 위하여 로마는 높은 성벽으로 재건되었고, 다음 세기에는 이탈리아 반도에서 지배적인 세력이 되었다. 군사력을 정비한 로마는 카르타고의 한니발 장군과 그의 코끼리 군단의 위협에도 굴하지 않았고, 갈리아족의 약탈 이후 800년 동안 안정적으로 세력을 키워나갔다. 기원전 146년에는 카르타고를 정복하여 도시를 파괴하고 도서관을 불태웠다. 또 같은 해, 로마에 대항하여 버티던 그리스의 마지막 대도시 국가인 코린트도 정복하여 파괴했고, 로마는 강대국이 되었다.

• — •

로마는 로마 공화국을 종식시키고 제국으로 탄생했다. 이때쯤 '로마'라는 단어에 문제가 생겼다. 물론 로마는 그때나 지금이나 도시를 의미한다. 그러나 로마가 오지 너머까지 정복하여 세력이 커지면서 로마는 도시 이상을 의미하게 되었다. 로마는 더 이상 일개 도시가 아니라 제국의 수도, 문명의 본보기, 군사적·종교적 권세의 원천이 되었다. 그리고 로마는 이제 한 도시가 아니라 그들에게 정복당한 모든 도시 국가를 통합하는 이름이 되었다. 비록 그들 대부분이 온전한 시민의 권리를 가지고 있지는 않았지만 그 국경 안에 사는 모든 이들이 어떤 의미에서는 로마인이었다.

로마라는 개념은 점점 더 성장하여 도시로서의 로마 없이도 존재할 수 있게 되었다. 마치 로마가 바퀴라도 달린 것처럼 스스로 로마인이라고 선언한 사람들이 원하는 곳이면 어디든 굴러가 정복할 수 있는 것 같았다. 오비디우스 시대에 이르러 로마는 북해에서 사하라까지, 대서양에서 흑해까지 뻗어 있었다. 로마 시에 한 발짝도 들여놓은 적이 없는 '시민'들이 수두룩했다. 그들은 시민권을 샀을 수도, 일을 통해 얻었을 수도, 또는 새로운 식민지에 정착한 군인일 수도, 아니면 그냥 로마 시민의 자녀일 수도 있었다.

지금의 튀르키예에서 태어나 천막 만드는 일을 하며 돌아다닌

50대 유대인의 이야기를 들어보자. 그는 바울 또는 사울이라고 불렸고, 서기 57년에 예루살렘에서 체포됐다. 지금은 사도 바울로 알려진 그에 대한 정확한 죄명이 기록되지는 않았지만 아마도 예배당을 더럽힌 혐의를 받고 있었던 듯하다. 이는 당시 십자가 처형까지 받을 수 있는 심각한 범죄로, 20년 전 같은 도시에서 예수라는 30대 목수의 아들이 같은 처벌을 받고 사망했다. 그러나 바울은 예수와 달리 로마의 시민이었다. 신약에는 로마 군대의 지역 사령관이 바울에게 그가 로마 시민인지 묻는 짧지만 흥미로운 대화가 담겨 있다. 바울은 그 질문에 "예"라고 답했고, 사령관은 그것이 거슬렸던 듯 자신은 시민이 되는 데 많은 돈이 들었다고 말한다. 바울은 별다른 설명 없이 그저 자신은 로마 시민으로 태어났다고만 대답한다. 이 이야기의 요점은 바울은 로마법에 따라 십자가에 못 박힐 수 없다는 것이다. 로마인들에게 십자가 처형은 노예나 야만인들이나 받는 잔인한 처형 방식이었기 때문이다. 또한 바울은 "가이사에게 상소하노라"라고 말함으로써 로마에서 재판받을 것을 주장할 수 있었다.

바울은 지중해 동부를 여행하면서 사람들에게 예수가 하나님의 아들이라는 사실을 알리고 다녔으나 정작 로마에 가본 적은 없었다. 바울은 가는 곳마다 하나님의 말씀을 전할 수 있도록 허락한 율리우스라는 우호적인 백부장의 호위를 받으며 배를 타고 팔레스타인 해안을 떠났고, 지금의 레바논, 키프로스, 튀르키예, 그리스, 몰타를 거쳐 로마로 가는 길고 파란만장한 여정에 올랐다. 바울은 로마에 도착해 재판을 기다리는 2년 동안 가택 연금 상태로 살면서도 복음을 전파했다. 사도 바울에 대한 신약의 기록은 여기서 끝나지만 다른 기록에서 그의 마지막을 찾아볼 수 있는데, 그는 네로 황제의 명령으로 처형당했다. 로마에서 멀리 떨어진 곳에서 로마 시민으로 태어난 이가 결국 로마에서 사망한 것이다.

사도 바울 시대에는 로마인에 대한 정의가 언어나 민족, 혈통을 초월하게 되었다. 로마의 유서 깊고 부유한 가정에서 태어나면 여전히 사는 데 유리했지만 그 전보다는 훨씬 덜했다. 로마인으로 인정받기 위한 자격은 이제 로마인다운 행동을 하고 로마인답게 살아갈 수 있는 능력과 의지였다.

제국의 속주(이탈리아 반도 이외의 로마 영토) 전역에 수십 개 혹은 수백 개의 '작은 로마'가 세워졌는데, 대부분 이탈리아 반도와 다른 지역 출신의 군인 후손으로 로마화한 현지 엘리트들이 살고 있는 마을들이었다. 각 마을에는 비슷한 건물들이 있었고 도로 설계도 비슷했다. 공중 목욕탕, 광장, 신전, 극장, 원형 극장이 있었고, 황제의 동상이 세워져 있으며, 도로와 수도 시설이 있었다. 지배층 구성 또한 비슷했는데, 대부분 로마 출신이었던 총독 그리고 제국의 원활한 운영에 못지 않게 중요한 역할을 하는 군인과 세금 징수원들이었다. 제국 서부에서는 포도주와 라틴어가 장려되었고, 제국 동부에서는 여전히 그리스어가 주요 언어로 사용되었다. 현지 종교와 관습은 로마의 가치관을 훼손하지 않는 한 보존이 허용됐다. 로마는 곧 속주가 되었고, 속주는 로마가 되었다. 그리고 오래지 않아 속주 출신 이주민들이 로마를 통치하게 됐다.

'작은 로마' 중 하나로 이탈리카Italica 마을이 있는데, 지금의 스페인 세비야 시에서 몇 킬로미터 떨어져 있는 곳이었다. 이 마을은 기원전 206년 카르타고 전쟁에 참전한 로마군을 위한 정착지로 세워졌으며, 마을의 이름은 최초 거주민들의 이탈리아 혈통을 기리기 위해 붙여졌다. 이탈리카는 250년이 흐른 후, 이탈리아 출신이 아니면서 최초로 로마 황제가 된 트라야누스Trajan의 출생지로 유명해졌다. 트라야누스는 군인의 아들로 태어나 그도 역시 군인이 되었으며, 주로 시리아와 다뉴브 강변 같은 제국의 변두리에서 많은 세월을 보냈다. 그가 황제의 후계자로 선택된 이유는 수많은 로마군이 그를 지지했기 때문이었다.

트라야누스가 이탈리아 반도가 아닌 스페인 출신이라는 이유로 그의 임명에 반대하는 세력이 있었다는 기록은 없다. 물론 군부를 장악하고 있는 그의 출신에 대해 감히 부정적인 의견을 내놓지 못했을 수도 있겠지만, 트라야누스는 그저 로마에서 멀리 떨어진 곳에서 태어난 수십 명의 로마 황제 중 첫 번째였을 뿐이었다. 3세기에 이르러서는 로마가 이주민 황제에 의해 통치되는 것이 하나도 이상하지 않은 일이 되었기 때문이다.*

트라야누스는 또 다른 아웃사이더였던 알렉산더 대왕처럼 되고 싶어 했다. 그는 군대를 이끌고 아시아로 원정을 해 전투를 벌였지만 당시 그는 60대로 알렉산더보다 훨씬 늙어 있었다. 그는 아르메니아, 메소포타미아, 페르시아의 일부를 정복했지만 자신이 너무 나이 들어 인도까지 진군하지 못함을 한탄했다. 결국 그는 군대를 돌렸고

* 3세기와 4세기에 들어서면서 이탈리아 출신의 로마 황제는 10퍼센트(전체 약 50명 중)가 채 안 되었다. 그리고 로마 황제를 가장 많이 배출한 지역은 11명의 황제를 배출한 지금의 세르비아였다.

알렉산더와 마찬가지로 돌아가는 길에 튀르키예 남부에서 사망했다. 그의 고향이라 할 수 있는 이탈리카나 로마와는 멀리 떨어진 곳이었다. 로마제국의 영토는 트라야누스 치하에서 가장 컸으며, 알렉산더 대왕 때와 비슷한 규모였다. 같은 이탈리카 출신인 그의 후계자 하드리아누스Hadrian의 치하에서 제국은 약간 축소되었으나, 그는 로마에서 1,700킬로미터 떨어진 브리튼 북부에 성벽을 세웠고, 그 성벽은 하드리아누스 방벽이라고 불린다.

하드리아누스 방벽이 세워진 이유는 불분명한데, 일부 역사가들은 북쪽의 침략자들을 막기 위한 것이었다고 주장한다. 또 어떤 이들은 인구 유입을 통제하는 수단이거나, 다소 위협적인 세관 역할을 했거나, 아니면 단순히 로마제국의 최북단 국경을 표시하기 위해 건설되었다고 주장하기도 한다. 여기서 흥미로운 점은 그 성벽이 생겨나면서 성벽을 따라 생겨난 군사 진지와 국경을 수비하기 위해 제국 각지에서 브리튼 지역으로 상당한 수의 이주민들이 유입되었다는 것이다.

예를 들어, 노섬브리아Northumbria의 로마군 주둔지 빈돌란다Vindolanda에서는 이주민들이 직접 남긴 기록이 다수 발견되었다. 그곳에서는 얇은 나무조각에 잉크로 글이 써 있는 유물들이 많이 발견됐는데, 대부분 군인과 그 가족의 일상생활에 관련된 내용이 담겨 있어 그 당시 국경 생활을 엿볼 수 있는 귀한 자료다.** 빈돌란다의 조

** 빈돌란다에서 발견된 자료의 작성자들은 모두 자신들이 로마인이라고 했고 라틴어를 사용했다. 그들 중 많은 이들은 이탈리아보다는 지금의 벨기에와 독일, 또 어쩌면 스페인에서 온 것으로 추정되는 이름을 가지고 있었다.

각 글 중에는 편지, 목록, 장부, 메모 및 휴가 요청 등이 있었다. 편지를 쓴 사람 하나는 무시하는 투로 작은 영국 사람들(브리튼)이라고 거론한 후 말을 타지 않고 창을 던진다며 그들을 조롱한다. 그리고 병사 앞으로 온 메모가 있는데 아마 멀리 사는 친구나 친척이 함께 보낸 '양말 몇 결레와 속옷 두 벌'이 들어 있는 소포에 대해 이야기하고 있는 듯했다.

그러나 아마도 가장 흥미롭고, 예상치 못했던 이주 이야기를 들려주는 유물은 빈돌란다가 아니라 하드리아누스 방벽의 동쪽 끝 부근에서 발견된 묘비일 것이다. 라틴어와 아람어 두 언어로 된 비문이 새겨져 있는 묘비에는 한쪽에는 보석 상자, 다른 쪽에는 양털 바구니와 우아한 차림새의 여인이 고들버리 의자에 앉아 있는 모습이 조각되어 있다. 그녀의 이름은 레지나Regina(현대 작가들은 그녀에게 퀴니라는 별명을 붙였다)로 짧은 라틴어 비문을 통해 우리는 그녀에 대해 많은 것을 알 수 있다. 그녀는 런던 바로 북쪽 지역을 지배하던 카투벨라우니 부족 출신으로, 노예였다. 그러다가 그녀는 바라테스라는 남자에게 팔렸고, 자유의 몸이 된 후 그와 결혼했다.

이 이야기를 더욱 흥미롭게 만드는 것은 남편의 정체다. 바라테스는 로마제국의 다른 쪽 끝, 시리아 사막 한가운데에 있는 팔미라 시에서 왔는데 하드리아누스 방벽에서 거의 4천 킬로미터 정도 떨어진 먼 곳이었다. 레지나 묘비에 새겨진 라틴어 비문 끝에는 팔미렌 아람어 필기체로 다음과 같이 새겨져 있었다. "레지나, 자유의 몸이 된 바라테스의 여인, 아아!" 비문 문구의 놀라운 점은 거드름이나 허세 같은 것을 찾아볼 수 없는 단순명쾌함에 있다. 이주민 신분이나 언어 문제, 다른 대륙에서 오고 사회적 배경도 다른 사람들끼리 결혼하는 것에 대한 거리낌 또한 찾아볼 수 없다. 이런 것들이 바로 후대를 위해 기록되어야 하는 일들이다.

바라테스뿐만 아니라 서기 3세기 초 영국에 살았던 유명한 시리아인으로는 셉티미우스 세베루스Septimius Severus 황제의 아내 율리아 돔나Julia Domna도 있다. 그녀는 세베루스 황제가 지금의 스코틀랜드를 정복하기 위해 영국에 주둔해 있는 동안 함께 2년을 보냈다. 율리아와 세베루스는 여행을 많이 했으며, 대륙을 넘나드는 감탄할 정도로 다양한 혈통을 가지고 있었다. 그리고 고대 로마 혈통이 조금 섞여 있다고 주장했지만 두 사람 모두 유럽 출신은 아니었다. 율리아는 아랍어를 사용하는 에메사(지금은 시리아의 홈스)의 왕가에서 태어났으며, 세베루스는 리비아에서 태어나 최초의 아프리카 황제로 불린다(아프리카 출신 황제는 최소한 두 명 더 있었다). 그는 또 라틴어가 모

오늘날의 리비아인 북아프리카 출신으로 로마 황제에 오른 세베루스. 그의 아내 율리아 돔나 역시 시리아 출신이었다. 당시 그의 혈통이나 출신, 언어, 피부색은 크게 문제가 되지 않았다.

국어가 아닌 첫 번째 황제이기도 했을 것이다.

세베루스에게는 적이 많았지만 그것이 그의 혈통 때문은 아니었다. 그가 라틴어를 말할 때 로마 억양이 아니었다는 훗날의 언급을 제외하고는 그와 동시대 사람들이 그의 북아프리카 혈통에 큰 의미를 두었다고 암시하는 자료는 아무것도 없다. 이 무렵에는 아주 다양한 민족 배경을 가진 남자들(때로는 여자들)이 자신들의 출생지에서 멀리 떨어진 곳으로 가서 활동하는 것이 정상적이었다. 2세기 브리튼에는 북아프리카 출신 총독이 세 명 이상 있었고, 두 명은 오늘날의 크로아티아 출신이었다. 또 세베루스의 뒤를 이어 로마 황제에 오른 이들은 지금의 프랑스, 알제리, 레바논, 불가리아에서 태어났다.

그렇다고 해서 로마제국이 일종의 다문화 유토피아로 바뀌지는 않았다. 황제가 되기 위해서는 군사와 돈, 행운과 무자비함이 필요했고, 노예를 거느린 지독한 군국주의적 압제 체제를 관장해야 했다. 그리고는 전쟁터에서 죽거나 아니면 자기 침대에서 살해당할 가능성이 컸다. 그러나 피부색이 거의 언급되지 않았다는 점에서 오늘날 기준으로 보면 로마는 인종차별을 하지 않았다는 것이 분명하다. 그리고 생김새가 다르고, 억양이 이상하고, 어릴 때 로마에서 자라지 않은 데서 오는 불리함은 (특히 강한 군단을 자기 편으로 갖고 있으면) 쉽게 극복할 수 있었다.*

* 훨씬 후대인 6세기 때 안티오크의 작가 존 말라라스는 셉티미우스 세베루스가 피부색이 검고, 여동생이 라틴어를 거의 못한다는 사실을 창피해했다고 했다. 세베루스는 서기 210년에 요크에서 병사해, 그곳에서 사망한 첫 로마 황제가 됐다. 요크에서 사망한 또 다른 로마 황제는 콘스탄티우스 1세로 서기 306년에 역시 병사했다.

그리고 속주 출신의 소수 엘리트 로마 시민들이 점차 제국 운영에서 더 큰 역할을 하게 되었다. 서기 212년 세베루스와 율리아의 아들이자 시리아-리비아 혈통으로 리옹에서 태어난 카라칼라 황제가 제국 국경 내에 거주하는 모든 자유민은 로마 시민이라고 명하는 법령을 도입했다. 마찬가지로 제국의 모든 자유민 여성들은 로마의 자유민 여성과 동일한 지위를 갖게 되었다. 한 역사가는 이것이 3천만 명 이상에게 영향을 미친 세계 역사상 최대의 시민권 부여 사례라고 주장한다. 시민권과 특권에 관련된 과거 서열은 (곧 새로운 서열로 대체되었지만) 사라졌다. 카라칼라 황제가 이 조치를 취한 이유는 명확하지 않다. 세금을 더 많이 받아내기 위해서일 수도 있고, 아니면 제국의 국경 등에서 복무하고 있는 로마 군인들을 위로하기 위한 것일 수도 있다. 이는 라틴어나 그리스어를 하지 못하고, 진정한 의미에서 '로마화'되지 않은, 한때 야만인으로 여겨졌던 많은 사람들이 이제는 로마제국의 시민이라는 것을 의미했다.

• — •

약 1,600년 전에 지금의 헝가리에서 태어났지만 조상들은 아마도 더 북쪽에서 왔을 것으로 추정되는 가이세리크Gaiseric라는 남자가 대규모 군대를 이끌고 지브롤터 근처의 지중해를 건넜다. 그는 북아프리카 해안을 따라 이동해 거의 600년 동안 로마 지배 하에 있던 카르타고를 점령하고 그곳에 터를 잡았다. 가이세리크와 그의 후손들은 94년 동안 카르타고를 통치했다. 그들은 기독교인이었고 그들이 세운 교회의 유적은 튀니스 북부 교외에 있는 옛 카르타고 폐허 속에 아직 남아 있다. 가이세리크는 반달족vandals으로 반달족의 왕이었다. 그런데 이 부족의 이름은 광포한 약탈과 파괴 행위를 일으킨 것으로 유명해져 이후 부정적인 의미를 지니게 되었다(반달리즘Vandalism은 공공 시설이나 기물 파괴 행위를 의미한다 - 역자 주).

반달족은 로마 이야기의 마지막 부분에서 중요한 역할을 한다. 가장 위대한 제국이었던 로마는 북쪽과 동쪽에서 온 이주민들에 의해 파괴되었다. 훈, 고트, 롬바르드, 알란 및 반달족 등으로 알려진 이주민들은 약탈과 파괴를 즐기는 무식한 야만인들로 그려진다. 그러나 이 이야기의 대부분은 사실이 아니거나 오해의 소지가 있으며 이주민들을 악마화한 최악의 차별이라고 할 수 있다. '야만인의 침략'으로 알려지게 된 이 사태에 대해 알아보기 위해서는 반달족 이야기로 돌아가기 전에 시간과 장소를 좀 더 확장하여 보다 넓은 시각에서 살펴보는 것이 도움이 될 것이다.

야만인barbarian이란 개념은 옛날이나 지금이나 복잡한 개념이다. 그것은 광범위한 다른 용어 집단을 파생시킨다. 대부분은 '야만스러운', '야만성'과 같이 경멸감을 나타내는 용어로 쓰이지만 때로는 베르베르족Berbers, 바르바리 해안Barbary Coast처럼 그냥 서술어로 쓰이기도 한다. 이는 로마인들의 변화하는 세계관, 좀 더 구체적으로 로마인들이 국경 근처에 사는 외부인들을 어떻게 생각했는지 이해하는 데 중요한 개념이다. 원래 '야만인'은 그리스어로 알아들을 수 없는 말소리를 묘사하는 의성어였으며, 헤로도토스 같은 초기 그리스 작가들은 말을 알아들을 수 없는 사람들을 묘사하기 위해 가치 판단이 개입되지 않은 중립적 의미로 이 단어를 사용했다. 그러나 후기 그리스에서는 이 말이 야만성과 어리석음을 함축하는 부정적인 용어가 되었고, 주로 라틴어에서 그랬다. 하지만 '로마인'이라는 단어의 의미가 제국 성장에 따라 달라진 것처럼 '야만인'의 의미도 달라졌다. 그리고 '야만인'이라는 단어는 대부분의 경우 '로마인'의 반대말이 되었다.

야만인들에 대한 로마의 기록은 고정관념으로 가득 차 있다. 갈리아인들은 전쟁광이고, 아일랜드인들은 문란하며, 에티오피아인들은 교활하고 겁쟁이라는 식이었다. 로마 저술가들은 가끔 자신을 비하하기 위해 야만인이라는 단어를 사용하기도 했다. 항상 자기 연민에 빠져 있던 오비디우스는 유배 중에 "이곳에서 나는 아무도 이해하지 못하는 야만인이다"라고 했다. 제국 시대에는 특히 북부 및 동부 유럽인 그리고 로마의 노예와 병사 공급원이던 부족 집단들이 야만인으로 여겨졌다.

1세기 말에 《게르마니아Germania》를 저술한 역사가 타키투스Tacitus는 모든 독일인들은 야만인이라고 했지만 그가 모든 야만인들에게 부정적인 평가를 내렸던 것은 아니었다. 타키투스는 당시의 기준에 비해서는 야만인들에게 호의적이었고 부패한 로마제국 행정관들과 좋은 쪽으로 대비되는, 타락하지 않고 고귀한 야만인을 책에 소개하기도 했다. 가끔 야만인에 대한 편견이 드러나기도 하는데, 독일인들이 "각자 부인 한 명에 만족한다는 점에서 야만인들 사이에서는 드문 경우라고 할 수 있다"고 언급하기도 했다. 그러나 관습, 신념, 행동, 무기, 차림새 및 로마에 대한 태도에서 그들 사이의 차이점을 지적함으로써 그는 게르만 야만인에 대한 고정 관념에 의문을 제기했다.

그러나 사실상 타키투스는 현대 독일에 해당하는 (사실은 그것보다 훨씬 더 넓은) 라인 강 동쪽과 다뉴브 강 북쪽 지역을 방문한 적이 없으며 다른 여행자와 작가들의 비현실적인 이야기에 의존하여 글을 쓴 것 같다. 그럼에도 불구하고 《게르마니아》는 독일 민족의 정체성을 규정해 민족지학이라는 명칭을 갖게 되었으며, 나치 사상에도 영향을 미쳤다고 한다. 타키투스가 언급한 대부분의 부족들은 곧 역사 기록에서 사라졌고, 일부는 애초에 존재하지 않았을 수도 있다. 그러나 지나가듯이 언급된 앙글리Anglii, 구토네스Gotones 및 반딜리오Vandilios라는 세 부족 집단의 이주는 역사에 한 획을 긋게 되고, 그 세 부족은 지금은 잉글랜드족, 고트족, 반달족으로 더 잘 알려지게 되었다.

타키투스는 매우 로마 중심적인 견해를 갖고 있었다. 따라서 그가 보기에 로마제국에 가까이 살았던 독일인들이 로마인과 가장 비슷했다. 그들은 정착 생활을 했으며 로마의 통치를 받아들이고 로마 관습을 따르는 편이었다. 반면 더 멀리 사는 사람들은 이상하고 종종 인간 이하이며 때로는 괴물 같았다. 예를 들어, 오늘날의 핀란드인일 가능성이 있는 페니족Fenni은 "놀라울 정도로 거칠고 끔찍히 가난하다. 그들은 무기도 말도 집도 없다. 그들은 풀을 먹고 짐승 가죽을 입고 땅바닥에서 잔다"라고 묘사했다. 그리고 타키투스는 페니족 너머에는 "사람의 얼굴과 모습을 갖고 있지만 동물의 몸과 팔다리를 가진" 인간 부족이 있다는 얘기를 들었다고 언급하기도 했다.

멀리 사는 괴물 같은 인간에 대해 언급한 것은 그가 처음이 아니며 초기 그리스와 중국 기록에도 흔히 등장하는 주제였다. 그러나 이는 또한 로마인들이 높은 학식을 갖추었음에도 불구하고 국경 너머의 머나먼 땅에 사는 사람들에 대해서는 무지했다는 사실을 상기시킨다. 그들은 서기 370년경 동유럽에 많은 수의 유목민들이 나타날 때까지 세계 인구의 대다수를 차지했던 유목민들과도 교류가 없었다.

• — •

고트족과 반달족(잉글랜드족은 제외)은 로마제국의 역사에서 중요한 역할을 했다. 그들은 5세기에 45년의 간격을 두고 각기 로마를 약탈했다. 물론 이 두 사건으로 두 민족은 로마제국에서 일어난 모든 범죄의 주요 용의자로 오르내리게 되었다. 약탈당하고 파괴당한 로마는 더 이상 자신들이 이름을 부여한 로마제국에서 가장 중요한 도시가 아니게 되었지만 그래도 교황과 가톨릭 교회의 본거지로 남게 되었다. 그리고 제국은 계속해서 번창했고, 수도를 콘스탄티노플에 두고 여전히 로마라는 이름을 쓰며 1453년까지 존속했다. 반면 서부제국의 재건인 신성로마제국은 1806년까지 명목상 존속했다.

로마제국의 쇠퇴와 몰락의 시작으로 일컬어지고 이주 관련 역사에서 중요한 역할을 하는 서기 376~378년의 충격적인 사건에 대해 이야기해보자. 다음은 같은 사건을 서술한 두 가지 문장으로, 둘 다 사실에 입각한 정확한 문장이지만, 동일한 이주민 공동체를 매우 다른 관점에서 바라보고 있다.

1. 한 로마 황제가 대규모 이주민 공동체가 자신의 영토에 들어오는 것을 허용했다. 그들은 그를 살해했다.

2. 한 로마 황제가 대규모 이주민 공동체를 극도로 잔인하게 다루는 것을 허용했다. 그들은 그를 살해했다.

아래는 내가 쓴 글이다. 로마의 역사가 암미아누스Ammianus의 이야기를 기반으로 했고 중립적인 내용이 되도록 노력했다.

대규모 이주민 공동체가 다뉴브 강 북쪽 기슭에 모여들었다. 그들은 발렌스Valens 황제에게 로마 영토에 재정착할 수 있도록 허가를 받았다. 황제는 이주민들을 받아들여 병사 수를 늘리려고 했다. 이주민들은 작은 배를 타거나 헤엄쳐서 로마제국으로 들어왔는데 그 과정에서 일부는 익사하기도 했다. 약 9만 명에 달하는 이주민들은 임시 수용소에 머물게 되는데 그곳에는 먹을 것이 없었다. 로마 당국은 개 한 마리와 사람 한 명을 노예로 교환하는 식으로 그들에게 개고기를 팔았고, 결국 이주민들은 수용소를 탈출했다. 탈출한 이주민들은 같은 공동체 출신의 이주민들과 합류해 무장 집단을 이루고 남쪽으로 향했다. 얼마 후 그들은 전쟁터에서 발렌스 황제의 군대를 만났고 발렌스는 전투 중 사망했다.

자, 어떠한가? 이야기는 더 복잡해졌고 책임 소재를 가리기가 더 어려워졌다.*

그러나 내가 정리한 버전 역시 더 넓은 맥락, 즉 이 일과 중요한 관련성을 가지고 있는 이주민들의 정체성과 그들이 이주에 나선 이유는 포함하지 못했다. 이 이주민들은 지금의 우크라이나에 살고 있던 고트족이었고 그들은 또 다른 이주민 집단인 훈족으로부터 도망쳐 로마에 도착한 것이었다. 암미아누스는 사건의 모든 당사자들에 대해 비판적이지만 전반적으로 고트족에 동정적인 견해를 보인다. 그들은 야만인이자 피해자였으며, 수용소에 머무르는 동안에는 특히 더 그랬다. 암미아누스는 개를 팔아 노예를 사는 로마 장군들을 혐오스럽고 수치스러우며, 잔인하다고 매도했고, 발렌스 황제에 대해서는 우유부단하고, 부당하고, 무식하고, 성급하다는 등 비난 섞인 형용사들을 쏟아낸다. 암미아누스가 가장 거침없는 비난을 쏟아부은 대상은 또 다른 이주민이었는데, 그들은 바로 동쪽에서 온 침략자 훈족으로 그들은 거의 인간 이하의 취급을 했다.

> 그들은 매우 추악하여 두 다리 달린 야수라고 불릴 만할 지경이다. 그들은 생활 방식 또한 거칠고 억세기 짝이 없어 불이나 맛있는 음식은 필요 없고, 야생식물의 뿌리를 먹는다. 또한 그들은 어떤 짐승 고기든 반쯤은 생고기로 먹는데, 그것들을 자기들 가랑이와 말 등 사이에 넣어 약간 덥힌 후 먹는다. 그들은 절대 집에 들어가 살지 않으며, 갈대로 엮은 초막집조차 짓지 않는다. 대신 그들은 산과 들을 헤매고 돌아다니며 어릴 때부터 추위와 배고픔, 목마름을 견디는 법을 배운다. 꼭 그럴 필요가 있지 않는 한은 절대 집 안으로 들어가지 않는다. 왜냐하면 그들

* 영국의 고전 연구자 메리 비어드Mary Beard는 이 사건에서 교훈을 얻을 수 있다고 주장했다. "난민을 잔혹하게 대하는 행위는 끔찍한 결과를 초래할 수 있다. 아마도 그것이 교훈일 것이다."

은 지붕 아래에 있을 때 안전하지 않다고 생각하기 때문이다. 그들은 아마포나 들쥐 가죽을 꿰매어 엮은 옷을 입으며 집 안에 있으나 나갈 때나 같은 옷을 입는다.

훈족에 대한 암미아누스의 설명은 로마인들이 유목민의 생활 방식을 얼마나 낯설게 여겼는지 그리고 그들을 얼마나 비하했는지를 보여준다. 로마제국은 대부분 정착해 있고 상당한 수준으로 로마화된 '야만인들'에 둘러싸여 있었기 때문에, 새롭게 등장한 훈족은 로마인들에게 악몽 같은 존재였다.

새로운 이주민의 등장은 로마와 그 이후의 기록을 통해 유럽에서 새로운 대격변이 시작되었음을 시사하기 때문에 중요한 사건이다. 수만 명 이상의 대규모 공동체가 이동하는 시대가 된 것이다. 아시아에서 온 훈족의 이동은 일종의 도미노 효과를 일으켜 대륙의 거의 모든 지역과 북아프리카에 영향을 미쳤다. 나는 학교에서 이 사건을 '야만인들의 침략Bavarian Invasions'이라고 배웠고, 다양한 색으로 칠해진 같은 제목의 지도에 매료되었던 기억이 난다.* 그 지도는 길고 두꺼운 화살표들로 차 있었고, 그중 많은 것들이 로마를 향하고 있었으며 화살표마다 특정 '야만인' 집단의 이름이 적혀 있었다.

예를 들어 훈족은 지도 중앙을 가로질러 서쪽으로 가 이탈리아

* 역사가들은 이제 약 386년에서 568년까지의 시대를 설명하기 위해 덜 자극적이고 덜 편향적인 '이주 시대Migration Period'라는 표현을 사용하곤 한다. 과거에 사용하던 '야만인들의 침략'이라는 표현을 옹호하는 사람들도 있는데 그들은 대부분 야만인들이 위대한 문명을 파괴할 수 있다고 주장하는 사람들이다.

북부와 프랑스 중부까지 갔지만 이탈리아 반도의 로마나 대서양까지는 도달하지 못했다. 훈족에 쫓기고 있던 고트족은 로마와 대서양까지 이동했으며 한때 지중해 북부 해안의 대부분을 장악했다. 반달족은 가장 복잡한 경로를 택한 것으로 보인다. 그들은 중부 유럽에서 스페인을 거쳐 서쪽으로 간 다음, 남쪽으로 방향을 돌려 모로코로 갔고, 그곳에서 동쪽으로 이동해 카르타고를 정복한 후, 다시 북쪽에 있는 시칠리아와 로마로 이동했다. 한편 현재 덴마크-독일 국경지대에서 온 앵글족은 바다를 건너 나중에 자신들의 이름을 딴 땅으로 갔으니 가장 짧게 여행한 축에 속했다.**

학생일 때 나는 많은 야만인 공동체가 그후 지명뿐 아니라 특정한 문화를 지칭하는 이름으로도 존속했다는 사실을 알게 됐다. 예를 들어, '훈족'이라는 단어는 20세기 독일인들을 멸시할 때 사용하는 별명이 되었다. 하지만 그들은 게르만족이 아니었기 때문에 지금은 그것이 부적절한 단어 사용이었다는 것을 알고 있다. 고트족에서 파생된 고딕 양식은 보통 로마네스크 양식과 대비되며 처음에는 무시당했지만 나중에는 많은 사랑을 받은 중세 건축양식의 이름이 됐다. 또 서체, 소설 장르, 록 음악 스타일 그리고 가장 최근에는 음침한 검은 옷을 입는 청소년들의 하위문화를 가리키는 명칭이 되기도 했다.

그러면 반달족은 어땠을까? 그들은 제일 나쁜 패를 뽑아 현대 유럽어에서 '공공 기물이나 시설 파괴'를 의미하는 단어 및 그와 유

** 롬바르드족은 남쪽으로 향해 이탈리아로 갔고, 프랑크족은 서쪽으로 갔다. 일부 색슨족은 영국 해협을 건너 브리튼으로 갔고, 에섹스, 서섹스, 미들섹스라는 영국의 주 이름으로 남게 되었다.

사한 용어들을 탄생시켰다. 그리고 반달족을 기억하는 이들도 거의 없다. 역사 전문가는 아니지만 교육 수준이 높은 사람들 중에는 훈족과 고트족에 대해 알고 있는 사람들이 많다. 그러나 그들 중에도 반달족에 대해 들어본 적이 있는 사람은 소수에 불과하다. 그들이 고대 세계에서 가장 많이 이동한 이주민 집단에 속하며, 그들의 왕국이 로마제국의 어느 왕조보다도 더 오랫동안 북아프리카와 지중해의 많은 섬을 통치했음에도 불구하고 말이다. 49년 동안 반달족의 왕이었던 가이세리크Gaiseric에 대해서는 말할 것도 없다.

가이세리크가 이끄는 반달족이 서기 455년에 로마를 약탈한 것은 분명한 사실이다. 그러나 그들은 그 어떤 것도 파괴하지는 않은 것으로 보인다. 실제로 그들은 (로마와 그 외 지역에서 다른 야만인들이 했던 것처럼) 무고한 사람들을 죽이거나 강간하거나 불태우지 않았으며, 일부가 주장하듯이, 황제의 미망인이 도시로 초대했을 수도 있다. 구체적인 기물 파손 행위에 관해서는 주피터 사원의 금박 입힌 청동 천장을 제거하려다 실패했다는 확인되지 않은 이야기가 하나 있을 뿐이다. 고트족과 롬바르드족과는 달리 반달족의 역사는 보존된 것이 별로 없었고, 아마도 그것이 그들을 더 쉽게 악마화한 이유였을 것이다. 반달족에 대해 연구하는 현대 역사가들은 여러 기록과 고고학에서 그들의 이야기를 찾아 짜맞추어야 했다. 그렇게 찾아낸 증거에 따르면 반달족은 전형적인 야만인이 아니었다. 행정 구조, 주요 직책, 복장, 라틴어 사용, 종교(기독교) 등으로 보아 북아프리카에서의 로마시대와 현저한 연속성이 발견된다. 그리고 통혼을 통해 반달족은 오래된 로마 엘리트 층과 통합되었다.* 그들은 파괴자가 아니었고, 반

로마제국의 종말을 가져온 반달족의 로마 약탈은 다수의 회화 작품으로 남겨졌다. 하지만 반달족이 그토록 흉악한 무리였는가에 대해서는 논란의 여지가 있다. (그림 : 410년 로마를 약탈하는 야만인들. 조셉 노엘 실베스터 작, 1890)

달족Vandals이 파괴자vandals라는 편견을 뒷받침할 만한 근거 또한 전혀 찾아볼 수 없었다.

그들은 16세기까지 역사 기록에서 거의 찾아볼 수 없었다. 이후 반달족이 초기 유럽 민족주의자들의 창의성에 의해 다시 역사 속에 나타났을 때, 그들은 전혀 다른 민족이 되어 있었다. 그들은 독일에서는 영웅이었고 프랑스에서는 악당이었다. 하지만 그 둘 중 어느

* 로마의 위대한 장군 스틸리코는 반달족 아버지와 로마인 어머니 사이에서 태어났고, 반달족의 끝에서 두 번째 왕인 힐데릭의 외할아버지는 로마 황제인 발렌티니아누스 3세였다.

쪽도 고대 반달족과는 유사점이 없었다. 독일의 발트 해 연안에 있는 메클렌부르크 공국은 반달족이 자신들의 영광스러운 고대 조상이라고 주장했다. 이 역사적 날조는 곧 다른 발트 해 연안 국가들에도 퍼져나갔다. 반면 프랑스에서는 일부 영국의 지원을 받아 별 증거도 없이 반달족이 로마를 약탈하기 약 50년 전인 서기 406년에 갈리아를 약탈하고 파괴했다고 비난했다.

결국 승리한 것은 악당 버전인데 이는 사실 우연에 의한 것이었다. 1794년 프랑스의 그레고아르 신부는 미술품을 훼손하고 파괴한 혁명가들의 행동을 지적하고 비난하기 위해 기물 파괴라는 의미의 반달리즘vandalisme이라는 단어를 만들어냈다. 그리고 그 단어는 '전사일 뿐 파괴자가 아니었던 조상들에 대한 모욕'이라는 일부 독일 학자들의 비판에도 불구하고 유행하게 되었다. 그레고아르 신부는 자신이 그 단어를 선택해 '기물 파괴'라는 의미를 부여한 이유를 밝히지는 않았다.*

• — •

나는 자신들의 부족 이름으로 오늘날까지 매도당해온 반달족에 대한 일종의 감상적인 집착을 하게 된 것 같다. 네안데르탈인들의 평판도 비슷하게 손상되었지만 그들의 존재가 부정적인 의미의 단어가 되어

* 반달족이 종파가 다른 기독교인(가톨릭)들을 박해하고 그들의 교회를 파괴했기 때문이라는 주장도 있는데, 그에 대한 증거도 거의 없는 것은 마찬가지다.

격하될 정도는 아니었다. '반달vandal'이라는 단어는 부역자quisling, 보이콧 또는 샌드위치처럼 현학자 혹은 낱말풀이 퀴즈꾼들이나 그 기원을 아는 용어가 되었다. 누군가가 '파괴자vandalise'라는 단어를 사용할 때마다 나는 이의를 제기하고 싶은 것을 참아야 했다.

나는 반달족의 흔적을 찾기 위해 잘 알려지지 않은 곳들을 찾아보곤 하지만 대개는 아무것도 발견하지 못했다. 북아프리카로 이주한 이 유럽인들은 큰 건축물을 남겨놓지 않았고, 작은 건물도 남아 있는 것이 거의 없다. 튀니지 남부에 폐허가 된 교회의 회랑이 하나 있을 뿐이다. 몇 가지 다른 발견품들이 있는데 보석, 구리와 은 동전, 고대 토지 기록, 비문 등이다. 카르타고와 다른 곳에서 발견된 일부 모자이크는 반달 시대의 것으로 추정되며, 그중 하나는 지금 대영박물관에 보관되어 있는데 한 남자가 말을 타고 도시를 떠나며 손을 흔드는 모습을 담고 있다. 나는 한때 반달족이 기도했던 교회들의 유적이 폐허가 되어 방치되어 있는 곳을 찾아 튀니스 집에서 가장 가까운 고대 카르타고 지역을 돌아다니곤 했다. 하나는 절벽 꼭대기에서 바람을 맞으며 바다를 바라본 위치에 있고, 다른 하나는 주요 도로에 있어 차를 타고 지나가면서 본당 신도석과 장축단(교회 제단 뒤쪽의 둥근 지붕이 있는 반원형 부분)의 전체 윤곽을 볼 수 있다. 그리고 내가 가장 좋아하는 반달족의 교회는 쓰러져 있는 기둥 몇 개와 토굴 잔해가 밭 한가운데 있어 밀 수확이 끝난 다음에야 볼 수 있다.

나는 여전히 반달족의 유물을 찾아다닌다. 하지만 최근 반달족에 대해 너무 집착하지 말아야겠다고 생각하게 된 계기가 있었다. 바다에서 수영도 하고 카르타고와 로마, 반달족의 유적도 찾아보기 위

오늘날 '반달'은 소중한 것을 파괴하는 지극히 부정적인 의미로 자리 잡았다. 튀니스 뒷골목의 무너진 담벼락의 낙서도 그런 뜻을 전하고 있다.

해 친구와 함께 튀니스 남동쪽에 있는 긴 반도인 캡 본Cap Bon을 방문했을 때였다.* 그곳에서도 반달족의 흔적은 찾을 수 없었고, 박물관 안내판에 언급된 것조차 없었다. 나는 그것이 불쌍한 반달족이 다시 한번 잊혀졌다는 증거라는 생각에 한탄했다. 그런데 로마 유적들을 돌아본 후 클레비아 마을의 뒷골목을 걸어가다가 나는 큰 소리로 웃음을 터뜨리고 말았다. 내 잘난 척하는 감상을 부끄럽게 여기고 그래피티 예술가의 독창성에 환호하게 만드는 무언가를 본 것이었다. 그것은 반쯤 쌓다 만 벽에 흰색 페인트로 쓰여진 포스트 모던 스타일의 '파괴자Vandals'라는 낙서였다.

* 캡 본은 고대의 대전투 지역 중 하나로, 당시 로마 군대는 1천 척 이상의 배를 앞세웠지만 더 작은 규모의 반달족에게 패배했다. 반달족은 불타는 무인선들을 로마 함대 가운데로 보내는 작전으로 승리했다.

저자 노트, 네 번째

곧 나는 튀니스를 떠날 것이다. 이곳에서는 1년 넘게 살았고, 지금까지 이 책의 대부분이 집필된 곳이다. 떠날 날이 임박하니 나는 자기 성찰에 빠져, 다음에는 어디로 가게 될지를 생각하고, 지금까지 쓴 책의 내용과 내가 저자로서 내린 결정에 대해 되돌아보게 되었다. 카르타고 폐허와 가까운 지중해 남쪽 해안에 생활했던 경험이 내가 이주 이야기를 쓰기로 결심하고 먼 과거에 대한 나의 관점에도 영향을 끼친 것은 분명하다. 글을 쓰는 사람들이라면 누구에게나 배경이 되는 이야기, 동기, 딜레마 등이 있다. 어떤 이들은 그런 것들을 감추거나 아니면 현명하게 그런 것들은 옆으로 제쳐 놓았다고 주장한다. 자신의 딜레마와 선택을 공개함으로써 어쩌면 권위를 잃게 되지 않을까 두려워하기 때문이다. 나는 나의 딜레마와 선택에 대해 부끄러워하지 않고 공개하여 독자들이 알아서 판단하게 하는 편을 선호한다. 따라서 반대 급부로 덜 할 수도 있는 카르타고와 지중해 이야기를 더 많이 해야겠다고 결심했다.

나는 이제 새로운 선택을 내려야 하는 상황을 맞이하게 되었다. 앞으로 살 곳에 대한 것만이 아니다. 천 년의 세월을 빠르게 통과해 현재에 점점 가까워지면서 나는 일련의 딜레마에 봉착했다. 이 책은 사람들이 이주를 바라보는 태도에 대한 포괄적인 역사서가 아니다. 그저 내가 중요하다고 생각하는 과거의 이야기를 약간 다른 방식으로 전하고자 할 뿐이다. 이주가 정상적인 활동이며 인간 조건을 더 잘 이해할 수 있는 열쇠가 될 수 있다는 프리즘을 제공하는 것이다. 그런데 로마 이후 시대로 뛰어들 준비를 하면서 '중요하다고 생각하는 이야기'라는 나의 목적과 약간 어긋나고 있다. 그 이유는 아주 간단하다. 문학 및 고고학 자료가 어느 정도 있는 중요한 이야기들이 수십 개나 있기 때문이다. 나는 그중에서 많은 것들을 생략해야 한다.

물론 이는 완전히 새로운 딜레마는 아니다. 나는 이미 일본, 동남아시아, 이집트 및 사하라 사막 이남 아프리카의 이주 이야기들을 이미 제외했다. 그러나 중세 시대의 이주 이야기를 준비하면서 그 딜레마는 더 명백해졌다. 그렇기 때문에 내 목적을 좀 더 상세히 밝히고 내가 달성하고자 하는 목적이 무엇인지를 명확하게 할 필요성을 느꼈다. 다음은 굉장히 단순화시킨 것이지만 핵심적인 딜레마다.

> 첫째, 과소평가되거나 간과된 이주 이야기들, 잘 알려져 있지 않지만 주의를 기울일 가치가 있는 것들, 아니면 웅장하고 지배적인 유럽 중심의 역사적 이야기에 가려져 제외된 이주 이야기들을 선택할 것인가?
>
> 둘째, 많은 사람들이 학교에서 배우는 잘 알려지고 지배적인 이주 이야기에 직접 맞설 것인가?

나는 후자를 선택했다. 내게는 그것이 현재 필요한 것으로 느껴졌기 때문이다. 이주에 대한 논쟁이 민감해진 현 시점에는 본질적으로 그렇게 하는 것이 은밀하고 암시적으로, 또 때로는 더 직접적으로 이주에 대한 현대의 온갖 선입견과 편견에 도전할 수 있기 때문이다.

그리고 이 경로를 선택하면서 내 임무는 더 명확해졌다. (주로 유럽에서) 중세로 알려진 시대로 들어가며 나는 전 세계를 다루고 싶은 유혹을 강하게 느꼈다. 하지만 나는 적어도 이 책에서는 중앙 아메리카에서 마야 제국이 멸망한 후 일어난 대이동, 풀라니족이 사하라 이남의 아프리카 전역으로 흩어진 사건, 몽골의 유목 제국, 13세기에 뉴질랜드에 최초의 인간이 도착한 것, 일본에서 토착 아이누족이 이동한 것 등은 언급하지 않기로 했다. 대신 유럽 주변부에서 온 이주민들(처음에는 무슬림, 그 다음에는 바이킹으로 두 집단이 겹치는 부분은 길지 않다)이 중앙 무대에 등장할 것이다. 그리고 나는 가장 이동성이 컸던 종교인 중세 시대 기독교와 이슬람교의 발자취를 따라 유럽과 중동의 가장자리를 넘나들 것이다. 이 두 종교는 신학 체계가 서로 얽혀 있고, 그들의 제국과 정복, 승리와 실패는 수많은 정치적·역사적 이야기들에 영향력을 발휘하고 있다. 또한 두 종교는 현재나 과거나 이주에 대한 우리의 사고방식까지 지배하고 있다.

다음에는 내가 어디에서 살게 될지 모르겠지만 이곳 튀니스에서의 내 시간은 모두 지나갔다. BBC에서의 업무도 거의 끝났다. 물론 언제나 이 도시와 이곳의 친구들이 그리울 것이다. 때때로 이곳이 나에게 완벽한 장소가 아닐까 하는 생각을 했다. 바다가 바로 옆에 있고, 따뜻하고, 관대하고, 흥미롭고, 제철 음식을 먹고 낮잠을 즐기는 행복한 시간이었다. 이 지중해 남쪽 해변에 닻을 내리고 정착해볼 생각을 했었지만, 내 안의 다른 무언가가 나에게 떠나라고 소리친다.

살아 있다는 감정을 느끼기 위해서는 이동하여 내가 모르는 세계를 탐험해야 할 것 같다. 그래서 일단은 내 어린 시절의 도시인 런던으로 돌아가 내가 태어났고 어머니가 여전히 살고 있는 집에 머물며 옛 친구와 가족들을 만나고 다시 떠나기 전에 잠시 숨을 돌리려 한다.

5장

아랍인, 바이킹, 영국인의 조상

MIGRANTS
The Story of Us All

또 다른 짧고 특별한 이야기로 새 장을 시작하겠다. 전쟁과 무시무시한 아시아에서의 여정에서 살아남아 유럽에서 새로운 삶을 시작한 이주민의 이야기다.

20대 청년 AR이 살던 곳에 내전이 벌어졌다. AR이 속한 진영이 내전에서 패했고, 그와 같은 언어를 쓰고 같은 종교를 믿었던 반대편 진영은 그가 살던 도시로 밀려들어와 도시를 점령했고, AR과 그의 열세 살짜리 동생을 제외한 가족들을 모두 죽였다. AR은 동생과 함께 탈출하기 위해 넓은 강에 뛰어들었다. 추격자들은 강둑에 서서 이들을 부르며 돌아오면 안전을 보장하겠다고 약속했다. AR의 동생은 그 말을 믿고 돌아갔다가 잡혀서 참수당했고, AR은 반대쪽으로 계속 헤엄쳐서 도망갔다.

탈출에 성공한 AR은 북아프리카에 도착했고 튀니지에서 친구들을 만났다. 그러나 그들은 AR을 배신했고, AR은 족장 아내의 치마 속에 숨어 있다가 겨우 도망갈 수 있었다. 이후 그는 다시 서쪽으로 이동하여 모로코에 도착했다. 그는 그곳에서 숨을 돌리고 같은 곳에서 도피해 온 이들을 만나 합류했다. 그리고 가문이 소유하고 있던 스페인의 안달루시아 지방으로 건너갈 계획을 세웠다.

AR은 말라가 근처 유럽에 상륙했고 적은 수였지만 지지자들을 규합

할 수 있었다. 안달루시아의 통치자는 그를 두려워하여 안락하게 살 수 있는 토지를 주고 자기 딸을 아내로 주겠다고 그를 설득하려 했다. 그러나 AR은 가문의 잃어버린 땅을 되찾는 것이 자신의 권리라고 믿었다. 결국 그는 전투에서 승리하여 안달루시아의 통치자를 무찌르고 스페인 남부 지역을 장악했으며 수도인 코르도바를 근거지로 삼았다. AR과 그의 후계자들은 이후 275년 동안 안달루시아를 통치했다.

초기 이슬람 및 스페인 역사에 관심이 많은 사람이라면 AR의 정체를 짐작했을 것이다. 그는 왕자이자 시인인 아브드 알 라흐만Abd al-Rahman으로, 베르베르인 어머니를 둔 이슬람교도 아랍인이었다. 그는 서기 750년에 다마스쿠스 등지에서 일어난 우마이야 왕조 대학살 사건에서 살아남은 유일한 성인 남성 후계자였다고 한다. 그는 동쪽으로 도주해 유프라테스 강을 헤엄쳐 건넜지만, 그의 남동생은 그곳에서 살해됐다. 아브드는 팔레스타인으로 되돌아가 북아프리카를 서쪽으로 가로질러 지중해를 건넜다. 그리고 우마이야 제국의 외곽 지역이었던 안달루시아를 차지했다.

아브드 알 라흐만은 안달루시아를 32년 동안 통치했고, 그와 그의 후손들은 유럽에 다문화 아랍 제국을 건설하는 업적을 달성했다. 그러나 왕국을 건설하고 프랑스 황제 샤를마뉴의 군대를 성공적으로 몰아냈음에도 불구하고 아브드 알 라흐만은 스페인에서 진정으로 행복한 적이 없었고 늘 고국으로 돌아가고 싶어 했다. 그는 자신이 가장 좋아하는 궁의 이름을 루사파Rusafa라고 지었는데, 어린 시절 대부분을 보냈던 시리아의 도시 이름에서 따온 것이었다. 그는 어느 날

서글프게 홀로 서 있는 종려나무를 보고 고향을 떠올렸고, 고향을 그리워하는 시를 한 편 지었다.

> 종려나무의 나라에서 멀리 떨어진 서쪽에서 태어나
> 루사파 한가운데에 종려나무 한 그루가 서 있네.
> 나는 나무에게 말했다.
> 멀리 떠나와 망명생활을 하니 너와 나는 얼마나 닮았더냐.
> 가족과 친구들에게서 오랜 세월 떨어진 채
> 너는 낯선 땅에서 태어났다.
> 그리고 나도 너처럼 집에서 멀리 떨어져 있단다.

• — •

아브드 알 라흐만은 고향을 그리워하는 마음을 공개적으로 드러냈다는 점에서 이례적이라고 할 수 있다. 왜냐하면 당시의 아랍인들에게는 아브드와는 반대로 자신들의 이동성을 과장하고 유목민이었던 과거를 신화화하고 사막 생활을 낭만적으로 묘사하는 전통이 있었기 때문이다. 낙타와 천막이 아랍 정체성의 중요한 상징으로 남아 있는 이유다. 일부 어원학자들은 '아랍Arab'이라는 단어가 원래 '유목민'을 뜻했으며 공동체적 이동 생활방식을 의미한다고 주장한다. 이는 결론을 명확히 내릴 수 없는 언어학 순환 논쟁 중 하나가 되었는데, 정착 생활을 하던 메소포타미아인들이 아랍이라는 단어를 처음 사용한 것으로 기록된 기원전 853년 당시에는 대부분의 아랍인들이 유목민이었기 때문이다. '아랍'이라는 단어는 긴디부Gindibu라는 유목민에게 처음 사용되었는데 그는 낙타를 천 마리나 소유했다고 한다.

이렇게 '아랍'이라는 단어와 관련하여 초기에 언급된 이들 대부분은 낙타를 타고 다니는 유목민 전사 혹은 상인들이었다. 그로부터 500년이 지난 후에도 낙타와 천막은 부족 계보, 염소, 말, 외설적인 유머와 마찬가지로 아랍인들이 남긴 기록에서 중심적인 역할을 한다. 그러나 이슬람 이전의 모든 아랍인들이 유목민은 아니었고, 서기 570년 예언자 무함마드가 태어난 메카는 그 이전부터 무역과 순례의 중심지였다. 그래도 전반적으로 봤을 때 이슬람 이전 아랍인의 정체성은 방랑 혹은 다양한 종류의 이주 문화를 중심으로 설명할 수 있으며, 그 형태는 유목 목축업과 장거리 교역 및 약탈로 나타났다.

예를 들어 아랍어로 술루크suluk라고 하는 소위 '방랑 시인'들이 있었는데, 일부 왕족 출신인 그들은 사막의 젊은이들이었으며, 위험을 무릅쓰는 낭만적인 방랑 생활을 추구했다. 그들은 떠돌아다니며 생활했고, 시를 쓰고, 술에 빠지고, 여자들을 유혹하고, 부족과 마을의 전통적인 유대관계를 거부했다. 방탕한 술고래 이므룰 알 카이스Imru' al-Qais가 대표적 인물인데, 사막에서의 사랑을 묘사하는 그의 시는 중동 지역에서 여전히 널리 읽히고 있다. 그의 시에는 가슴과 천막 자락, 낙타에 관련된 은유가 잔뜩 나오는데, 그는 날씬한 애인의 허리에 대해 "낙타의 가죽 코 고삐를 꼬아놓은 것처럼 가늘다"라고 표현했다. 이므룰 알 카이스는 아브드 알 라흐만와 마찬가지로 왕족이었고 시인이었지만 왕국을 세우지 않고 말과 낙타를 타고 자유롭게 떠돌던 사람이었다. "내가 바람에 휘날리는 온갖 황무지에서 내

말을 지치게 하지 않았더냐?"

이 낭만적인 사막 이야기에서 우리는 유목주의 철학이라 할 만한 진정한 지혜를 발견할 수 있다. 이슬람 이전의 페르시아를 통치했던 쿠스로우 왕의 궁에 있던 한 이름 없는 아랍인은 "우리는 땅을 소유하지만 땅이 우리를 소유하게 하지 않는다. 우리는 성벽으로 우리를 방어할 필요가 없다"라고 했다. 그는 또 도시와 정착 생활의 위험에 대해서도 말했다.

> 우리는 도시와 건물의 문제를 검토한 결과, 그것이 불완전할 뿐만 아니라 해롭다는 것을 알게 되었다. 왜냐하면 장소도 신체와 마찬가지로 병에 시달리기 때문이다. 그래서 우리는 오염되지 않고, 신선한 공기로 가득하며, 전염병으로부터 격리된 광활한 땅에서 거주했다.

그러나 그의 주장은 곧 무시당했고, 이슬람교 창설 후 다음 세기에 이르자 아랍인들은 자기들이 위대한 도시 건설자라는 사실을 자랑스럽게 여기기 시작했다. 그리고 이슬람 세계와 아랍 세계가 혼합되는 중심지는 아라비아 반도의 사막과 작은 마을에서 다마스쿠스, 바그다드, 사마르칸트, 카이로, 카이로안, 코르도바 등 중동과 그 너머에 새로 세워지거나 재건된 도시들로 이동했다. 아브드 알 라흐만이 다마스쿠스를 떠나 조상들의 땅인 사막에서 피난처를 찾지 않고 멀리 서쪽에 있는 다른 도시로 간 것처럼 말이다. 아브드의 종착지였고, 그가 새로 세운 제국의 수도인 코르도바는 10세기에 세계적으로 인구가 많은 도시 중 하나가 되어 바그다드와 겨룰 정도로 성장했으며, 제국의 다른 도시들은 이슬람 칼리프들이 서로 경쟁하며 통치했다. 이 도시들은 기독교를 믿는 유럽의 그 어느 도시보다도 크고 세련된 곳이었으며, 이들은 당연히 자신들의 세력과 부, 화려한 궁전과 도서관을 자랑스러워했다.

이러한 관점에서 볼 때 이슬람의 부상은 정착주의와 도시주의의 승리로 설명될 수 있다. 유목민과 상인들이 결국 집주인과 궁전 거주자가 되는 이야기인 것이다. 그런데 예언자 무함마드와 함께 여행한 그의 동반자 및 후계자들의 이야기와 통합하면, 이 이야기를 이주를 권장하며 때로는 미화시키기까지 하는 다른 이야기로 해석할 수도 있다.

무함마드는 이미 수백 년 간 기독교인, 유대교인 및 다른 신을 숭배하는 대규모 공동체들이 모여 있는 다신교의 성지 메카에 기반을 둔 무역상 가문 출신이었다. 당시 메카는 오늘날의 사우디아라비아보다 훨씬 더 다문화적인 사회였다. 무함마드의 직계 가족은 유목민이 아니었지만 무역을 하기 때문에 장거리 여행은 일상이었다. 그의 삼촌들은 메카를 통과하는 오래된 대상로를 사용하는 상인으로, 정기적으로 예멘에 가 향수를 사서 순례자들에게 팔기도 했다. 유복자로 태어난 무함마드는 어머니까지 사망하여 고아가 되자 보호자가 된 삼촌을 따라 시리아 무역 원정을 다녔다. 청년이 된 그는 부유한 상인이자 미망인이었던 카디자Khadija 밑에서 일했고, 두 사람은 나중에 결혼했다. 그후 무함마드는 메카에 정착해 이전보다는 정적인 가정생활을 했는데, 약 40세가 되었을 때 명상을 하기 위해 근처 언덕을 자주 찾았다. 그곳에 있는 동굴에서 그는 대천사 가브리엘의 계시로 하나님의 말씀을 처음 들었고, 그때 들었던 말씀은 나중에 코란으로 기록됐다.

무함마드가 610년에 계시를 받고 22년 후 사망할 때까지 그 사이에 있었던 두 차례의 이주는 초기 이슬람 역사에서 중요한 족적으로 기록되었다. 두 번 모두 메카의 오랜 지배 가문들이 신생 종교에 극렬한 거부감을 드러냈기 때문에 핍박을 피해 떠나야 했던 것이다. 첫 번째 이주는 615년에 시작되었는데, 무함마드는 추종자 80명가량을 현재의 에티오피아 북부에 있던 기독교 왕국 악숨Aksum으로 보냈다. 그곳에서 그들은 보호를 받을 수 있었다. 초기 이슬람의 승리에 대한 이야기를 할 때 메카 외부에서 형성된 최초의 무슬림 공동체는 기독교 통치자의 보호 아래 일시적으로 아프리카에 정착한 소수의 이주민들이라는 사실은 잘 언급되지 않는다.

헤지라hegira로 알려진 두 번째 이주는 622년 무함마드와 그의 모든 추종자들이 종교 박해에 생명의 위협을 느껴 메카를 떠나며 일어났다. 이주민들은 야스립Yathrib에 정착하였고, 도시의 이름은 곧 메디나Medina(아랍어로 도시를 의미한다)로 바뀌게 되었다. 야스립에는 이미 대규모 다신교 및 유대교 공동체가 있었고 이슬람으로 개종한 사람들은 적었기 때문에 무함마드와 그 추종자들을 반기지 않는 이들도 있었다. 그러나 점차 개종자 수가 증가하면서 무함마드는 야스립에서 이슬람 국가를 세울 기초를 닦을 수 있었다. 무함마드는 7년 후 전투에서 승리를 거두고 메카로 돌아왔다. 그러나 메디나는 여전히 수도로 남았고 무함마드는 그곳에서 이주민이란 뜻의 무하지르muhajir라고 불렸는데 그는 그것을 자랑스러워했다고 한다. 더불어 메카에서 온 모든 무슬림들도 그러했다.*

메디나 이주에는 더 깊고 상징적인 의미가 있다. 헤지라는 오늘날까지 이슬람 세계의 많은 지역에서 이슬람 달력의 원년을 의미한다. 이슬람 국가의 신문을 보면 상단에 이슬람 날짜가 있고 그 뒤에 AH라는 문자가 따라붙는다. AH는 헤지라 이후Anno Hegira를 나타내며 기원 후를 나타내는 AD나 CE와 같은 방식으로 사용된다. 그렇다면 이슬람 시대는 하나님의 계시, 혹은 선지자의 탄생이나 죽음으로 시작된 것이 아니라 이주 행위로 시작되었다는 뜻이므로 이주를 이슬람 이야기의 중심으로 두게 되는 것이다.

이슬람 시대는 계속해서 더 많이 이주하고 더 많이 정복하면서 이어진다. 아랍인들은 불과 100년 만에 전성기의 로마보다 더 큰 제국을 지배하게 되었다. 이슬람 제국은 대서양에서 인더스 강까지 뻗어 있었고, 711년(711 CE) 혹은 헤지라 후 92년(92 AH)에는 현재 스페인 남부와 파키스탄 남부에까지 도달했다. 그리고 이 새로운 이슬람 영토들은 적어도 명목상으로는 다마스쿠스에 사는 칼리프caliph(이슬람 국가의 왕) 한 사람에 의해 통치되었다. 이는 신생 종교를 믿는 이들에게는 놀라울 정도로 성공적인 출발로, 예를 들어 기독교인들이 수 세기에 걸쳐 박해를 받았던 것과는 뚜렷한 대조를 이룬다. 이슬람의 성공은 새로운 제국의 국경과 그 너머까지 이동한 군인, 행정가, 설교자 등 이주민들이 큰 역할을 했다.

* 이 때문에 아랍어에서 여전히 이주민이라는 단어로 사용되는 무하지르는 긍정적인 의미를 내포한다. 한편 헤지라Hegira는 '이주'를 의미하는 아랍어 히즈라hijra의 중세 라틴어 버전이다.

이제 잠시 멈춰 이슬람교와 초기 기독교를 비교해보자. 이 둘 사이에서는 많은 유사점들이 있다. 이주에 있어서는 특히 더 그랬다. 물론 이슬람은 최초의 지상 제국을 건설하는 데 기독교보다 훨씬 짧은 시간이 걸렸다. 그리고 두 종교 모두 신학 체계와 실천에 있어서 이동성이 아주 높아, 거의 이주성 종교라고 할 수 있을 정도였다. 초기에 성지나 창시자들이 중요하긴 했지만 그래도 두 종교 모두 특정 영토나 민족 집단에 얽매이지 않았다. 또한 유대교나 힌두교와 달리 특정 공동체나 장소에도 속해 있지 않았다. 그리고 두 종교의 창시자들이 원거리 이주민은 아니었지만, 소소한 이주 이야기들이 삶의 상당 부분을 차지했다. 예수는 이동 중에 말구유에 태어나 베들레헴에서는 집 없는 이주민이었고 이집트에서는 난민이었다. 무함마드는 박해를 피해 메디나로 이주했다. 그리고 양쪽 모두 추종자들에게 하나님의 말씀을 전파하기 위해 여기저기 옮겨다닐 것을 권장했다.

이 두 종교의 성장은 불신자들을 개종시키려는 열망을 통해 이루어졌고, 이는 그 신도들이 창시자들이 태어나고 죽은 거룩한 성지를 떠나 복음을 전파하기 위해 유랑해야 함을 의미했다. 예수가 살아 있는 동안 그를 따랐던 사람들은 모두 유대인이었지만, 초기 기독교도와 초기 무슬림은 신앙에 합류한 이방인들을 환영했다. 이슬람교에는 아프리카, 페르시아, 로마 출신의 비아랍인 24명이 무슬림이 되어 예언자의 동반자가 되었다는 기록이 있다. 또한 두 종교 모두 노예였던 사람들을 환영하도록 했다. 또 (남자들 사이에서는) 평등을 약속했는데, 실제로는 이론상으로나 가능했고 시간이 지남에 따라 희미해졌다. 그리고 부계 혈통이 모계 혈통보다 중요하긴 했지만 두 종교 모두 원칙적으로는 서로 다른 인종 및 언어 집단 간의 통혼을 인정했다.

이주에 대해 두 종교 사이에 가장 두드러진 차이점을 만든 것은 이슬람의 초기 성장 속도였다. 초기 무슬림들의 이주에는 복음 전파 외에도 여러 이유들이 있었는데, 그들 중 다수는 많은 이주민들이 그랬듯이 부와 권력, 토지 또는 모험을 찾아 이동했다. 아라비아 반도에서 시작된 첫 번째 이주 물결은 무함마드가 속한 부족 출신들이 이끌었다. 그들은 먼 거리를 이동하여 새로운 땅을 정복하고 그곳에 정착했으며 현지 여자들과 결혼했다. 실제로 초기 이슬람 역사에서 가장 중요한 두 황실인 우마이야Umayyads(다마스쿠스와 후에 코르도바에 기반을 둠)와 아바스Abbasids(다마스쿠스와 후에 바그다드에 기반을 둠) 왕조는 메카 출신들로 무함마드 부족의 구성원들이었다. 아바스 제국은 무함마드의 삼촌인 압바스Abbas의 이름에서 따왔으며, 그의 자녀들은 널리 퍼져 정착했고, 압바스가 죽은 후 200년도 채 안 되어 3만 3천 명의 후손이 생겼다고 한다.

따라서 아브드 알 라흐만이 도착하기 전에 이미 이슬람 국가였던 스페인의 무슬림 이주민들 사이에는 확실한 계급이 자리 잡고 있었다. 당연하게도 무함마드 부족 출신이 상위계층을 구성하고 있었으나, 비아랍인을 포함한 다른 사람들도 높은 지위에 오를 수 있었다. 예를 들어, 타리크 이븐 지야드Tariq ibn Ziyad가 이끈 '아랍' 군대는 711년에 지브롤터 근처에 상륙했고, 무슬림은 거의 800년 간 스페인 남부에 주둔했다. 그러나 사실 타리크와 그의 군사 대부분은 아랍인이 아니라 북아프리카 출신의 베르베르인이었다. 이슬람으로 개종한 이 북아프리카인들은 아랍어를 제2언어로 사용했다. 베르베르인들은 보병이나 기병, 세금 징수원으로 활동했으며, 주로 국경 지역에 정착했다. 반면에 아랍인 이주민들은 코르도바와 안달루시아 같은 대도시에 있는 궁정을 찾아갔다. '이주민'으로 스페인 우마이야 왕조의 첫 번째 통치자였던 아브드 알 라흐만도 메카 혈통이었으나 어머니는 베르베르인이었다. 그가 북아프리카를 통해 탈출할 수 있었던 것은 어머니 부족의 도움 덕분이었고, 베르베르인 이주민들 사이에 끼어 스페인으로 순탄히 갈 수 있었다.

사실 베르베르인과 아랍인 같은 초기 이주민들의 수가 많지는 않았다. 그래서 스페인 남부의 새로운 통치자들은 이슬람 귀족들과의 동맹을 위해 혼인 관계를 맺었는데 대부분 고트족 혈통이었다. 우마이야 왕조는 무슬림으로 개종한 현지 주민뿐만 아니라 개종할 의도가 없었던 많은 수의 기독교인과 유대인들의 지지도 얻었다. 우마이야 왕조의 성공과 부는 아랍 이주민들의 증가로 이어졌고, 특히 시리아와 예멘 출신이 많았다. 베르베르인들도 많은 수가 이주해서 주로 농부나 군인, 설교사 등으로 일했는데, 훨씬 나중인 11세기에 우마이야 왕조가 무너지자 정복자로 돌변했다. 이때 이주해온 이들 중에는 소수의 무슬림 바이킹도 있었다.

그러나 비무슬림 이주민들도 많아 코르도바는 당시 국제적이고 민족 다양성을 지닌 도시가 되었다. 비무슬림 이주민에는 프랑크 상인, 아말피 해안에서 온 이탈리아 상인, 유럽 외교관 등 많은 외국인 기독교인들도 포함되어 있었다. 그들 중에는 나중에 기독교 성인이 된 사도 요한이 있었고, 미래의 교황 실베스터 2세도 있었다. 또한 다른 유럽 지역과 중동에서 유대인 학자들이 안달루시아로 모여들어 히브리어 연구를 돕고 코르도바를 유대교 학문의 중심지로 탈바꿈시켰다. 또한 남부 스페인은 노예무역의 중심지가 되었는데, 사칼라비 Saqalabi로 알려진 동유럽 출신 노예들이 있었다. 그들 중 다수는 어린 시절 거세된 내시로 안달루시아 관료사회의 주류가 되었다. 이때는 대통합의 시대로 인종 순수성이나 피부색이 정치 및 사회 생활에 큰 영향을 미치지 않았다.

•—•

안달루시아에서는 믿기 어렵겠지만, 서반구에서 가장 위대한 이주민이자 탐험가였던 전형적인 북유럽인들도 소수 볼 수 있었다. 스페인 남부에는 우리가 바이킹이라고 알고 있는 스칸디나비아인들이 작은 집단을 이루어 살고 있었기 때문이다. 그들은 서기 844년에 세비야를 습격했지만 결국 안달루시아인들에게 패했다. 많은 바이킹들이 죽었고, 일부는 포로로 잡혀 이슬람으로 개종했다. 개종한 바이킹들은 세비야 외곽에 정착할 수 있었고 치즈 제조업자로 일했다고 한다.

바이킹에 대한 여러 고정관념이 있겠지만 그중 어느 것도 남부 스페인의 무슬림 치즈 제조업자를 떠오르게 하지는 않을 것이다. 바이킹에 대해서는 공통적으로 이동하는 북유럽인, 특히 배를 타고 먼 거리를 여행하는 스칸디나비아인을 떠올리지만, 보통 그들에 대한 고정관념은 극도로 부정적인 것부터 요란스럽게 긍정적인 것까지 극과 극을 달린다. 어찌되었든 바이킹에 대한 고정관념은 대개 바이킹 이주의 규모와 범위를 폄하하는 방향으로 이어진다.

바이킹에 대한 긍정적인 견해는 그들을 자유롭고 두려움이 없으며 뛰어난 결단력과 독창성, 모험심을 가진 것으로 그린다. 대개 스칸디나비아 사람들이 그렇게 생각하는데, 그들에게 있어 바이킹은 이주를 해 떠나간 사람들이다. 또한 바이킹 유산에 대해 누가 가장 큰 권리를 가지고 있는지에 대해 노르웨이, 스웨덴, 덴마크 사람들 사이에 선의의 경쟁이 일어나곤 한다. 물론 영국에서 태어나 자란 나는 완전히 반대 입장이었다. 나에게 있어 바이킹 시대는 멍청하고 씻지도 않는 근육질 남자들이 뿔 달린 투구를 쓰고 돌아다니며 마구잡이로 살인과 강간, 약탈을 저지르는 것이었다. 물론 이는 터무니없는 편견이며, 요즘의 영국 학생들은 바이킹에 대해 좀더 객관적인 시각에서 바라볼 수 있도록 교육받고 있다.

최근 수십 년 동안 영어권 역사가들도 바이킹에 대한 기록을 바로잡아왔는데, 특히 바이킹 시대의 복잡한 이야기들에 관련된 것들이었다. 그리고 바이킹에 대한 보다 폭넓은 이야기들이 나오기 시작했는데, 일부 바이킹 이주민들이 유럽 지배 계층 엘리트에 동화되는 탁월한 능력을 보여주었으며, 바이킹의 약탈, 무역 및 이주가 지리적으로 놀라운 규모였다는 내용이었다. 바이킹들은 바다와 강을 통해 고향에서 2천 킬로미터 이상 떨어진 곳까지 세 방향으로 이동했다. 북서쪽으로는 대서양을 건너 아이슬란드, 그린란드, 캐나다 연안까지 갔으며, 남서쪽으로는 영국, 프랑스, 지중해까지 그리고 남동쪽으로는 러시아를 통해 흑해와 콘스탄티노플까지 갔다.

바이킹이 이렇게 이동을 하게 된 동기에 대해서는 아직까지 명확하게 밝혀진 것이 없으나 고국의 인구 과잉이 한 가지 중요한 이유였던 것으로 보인다. 그리고 뛰어난 조선과 항해 기술을 갖추고 있어 동시대 사람들보다 더 먼 거리를 여행할 수 있는 수단을 가지고 있었다. 그 외에도 수많은 다른 요인들이 있었는데, 새로운 지역으로 진출하면 부와 권력 그리고 토지와 지위를 얻을 수 있고, 폭정에서 벗어나고자 하는 욕구와 깊은 호기심 등이 그것이다. 이러한 요소들이 뒤섞여 세 방향으로 전개된 대대적인 바이킹 이주의 동기와 이주민들의 삶의 선택을 설명할 수 있게 된다. 많은 고고학 및 유전학적 증거가 남아 있어 바이킹에 대한 이해에 필요한 세부사항을 제공해주고 있지만, 많은 이주민들이 그랬듯이 정작 바이킹 본인들은 침묵하고 있다.

첫 번째 경로인 대서양 횡단 항해에서 바이킹들은 1000년 초기에 지금의 캐나다 해안에 도달했다. 1960년대에 노르웨이 고고학자들은 뉴펀들랜드에서 150명의 공동체가 생활할 수 있을 만큼 큰 바이킹 정착지를 발굴했다. 그 발견은 북유럽인들이 콜럼버스보다 약 500년 앞서 아메리카 대륙에 도달했으며, 또 그린란드 서쪽으로 항해한 지 며칠 만에 육지에 닿았다고 주장한 아이슬란드 무용담이 허풍이 아니라는 것도 증명했다. 뉴펀들랜드에서 발견된 고고학적 증거를 통해 바이킹이 그곳에서 그다지 오래 머물지 않은 것(약 20년 정도)을 밝혀냈지만, 그곳에 정착지를 세우게 된 동기가 무엇인지 또 그곳을 왜 떠났는지에 대한 결정적인 단서는 발견할 수 없었다. 그에 대해서는 전해지는 무용담이나 다른 기록들이 훨씬 더 많은 증거를 제공한다.

| 바이킹의 이동 |

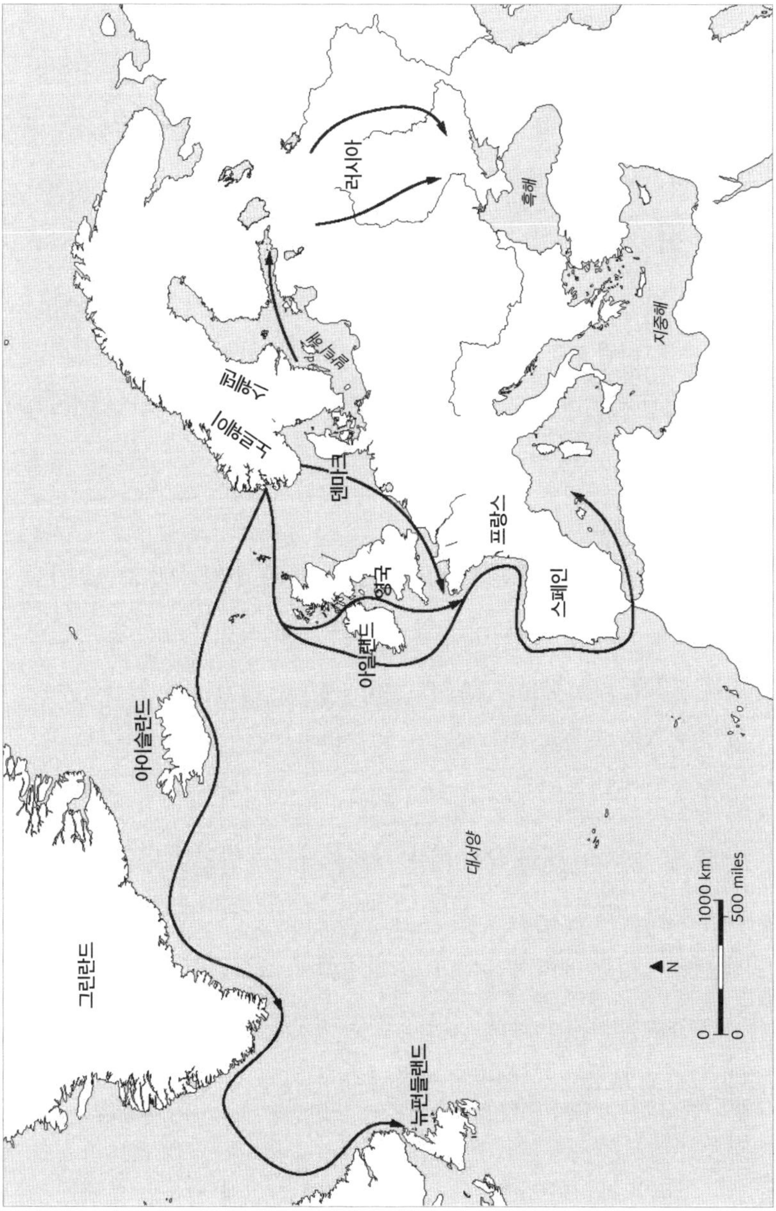

그린란드
아이슬란드
뉴펀들랜드
대서양
아일랜드
영국
덴마크
노르웨이
스웨덴
발트해
러시아
흑해
프랑스
스페인
지중해
N
0
1000 km
0
500 miles

바이킹 시대가 끝난 후 그린란드와 북아메리카 탐험의 핵심 인물인 붉은 에리크Erik the Red(머리와 수염 색깔 때문에 붙여진 별명으로 추정된다)와 후손들의 이야기를 담은 두 종류의 아이슬란드 영웅 전설이 전해진다. 붉은 에리크는 이곳저곳을 떠돌아다니며 살았는데, 세 번을 추방당한다. 첫 번째는 젊은 시절 노르웨이 남부에서, 두 번째와 세 번째는 새로운 고향이 된 아이슬란드에서 쫓겨나는데, 매번 살인 사건에 연루되어 추방당했다. 세 번째 추방당했을 때 에리크와 그의 가족은 그린란드로 건너가 그린란드 최초의 바이킹 정착민이 되었다. 그리고 그린란드라는 오해하기 쉬운 이름을 붙인 사람도 에리크였다. 그렇게 이름 붙이면 '사람들이 그곳에 가고 싶은 유혹을 느낄 것'이라고 생각했기 때문이다.

바이킹의 대서양 횡단 이주는 돈을 벌기 위해서보다는 호기심이나 명성, 새로운 땅에 대한 열망이 더 많이 작용한 듯하다. 그린란드에 도착한 바이킹들은 멈추지 않고 '새로운 나라들'을 발견하기 위해 서쪽으로 탐험을 계속해나갔다. 안타깝게도 그린란드 이주의 주역인 붉은 에리크는 말에서 떨어져 다리를 다쳤기 때문에 여행을 계속 할 수 없었다. 대신 그의 아들 레이프와 토르발이 캐나다 해안 탐험대를 이끌었고, 그곳에서 "숲이 해안 근처까지 뻗어 있고 하얀 모래 해변이 있는 매력적인 나라"를 발견했다. 그들은 그곳에서 자라고 있는 야생 포도의 이름을 빌려 그곳을 빈란드Vinland라고 부르기로 했다. 그리고 토르발은 "이곳은 아름답다. 여기에 내 집을 만들고 싶다"라고 선언한다.

그러나 캐나다 탐험은 곧 끝났고 이주는 실패했다. 그 땅에는 이

북유럽 바이킹의 후손인 붉은 에리크와 그의 후손들은 북대서양을 횡단하여 오늘날의 캐나다 뉴펀들랜드 지역을 발견했다. 콜럼버스보다 약 500년 앞선 아메리카 대륙의 발견이었다.

미 주인이 있었던 것이다. 토르발은 아마도 이누이트Inuit일 것으로 추정되는 원주민이 쏜 화살에 맞아 숨졌다. 한 생존자는 "그곳은 원주민 때문에 안전하게 살 수 없는 곳이다"라고 말했다. 유럽인들은 그 후 1497년까지 캐나다 해안을 찾지 않았다. 그들은 바이킹이 한때 정착했던 섬 빈란드를 뉴펀들랜드Newfoundland(새로 발견한 땅)라고 불렀는데, 모든 상황으로 보아 이 이름은 그린란드보다 훨씬 더 부적절해 보인다.

뉴펀들랜드 이주는 실패했지만 바이킹의 그린란드와 아이슬란드 이주는 오래 지속되었다. 이주민들은 그린란드 해안을 따라 길게 뻗은 공동체 세 개를 세웠는데, 인구는 제일 많을 때도 5천 명이 넘지 않았다. 그곳에는 이들보다 앞서 북아메리카에서 온 정착민들이 있었지만 바이킹이 도착했을 때에는 이미 다 떠나고 없었다. 그래서 새로운 바이킹 이주민들이 맞서 싸울 상대는 기후와 기근밖에 없었다. 몇 세기 동안 이 작은 스칸디나비아인 공동체는 농사와 사냥을 하며 바다에 근접한 땅덩어리에 정착해 살았고, 아이슬란드와 그 너머 지역과도 약간의 교류를 유지했다. 그러나 이들은 늘 힘들게 근근이 살아가는 생활을 했고, 이누이트족이 캐나다 북부의 섬에서 이동해 그린란드로 건너오자 살아가기가 더욱 더 어려워졌다. 1450년경에는 모든 것이 끝장났다. 마지막 스칸디나비아인들은 죽거나 도망쳤는데, 그들이 정확히 어떻게 되었는지는 아직도 불분명하다. 소수의 그린란드인들이 얼음으로 뒤덮인 내륙에서 생존했다는 이야기가 있었지만 나중에 탐험가들이 수색을 했을 때는 농장과 집 그리고 교회였던 폐허를 발견했을 뿐이었다.

아이슬란드는 예전이나 지금이나 이주 이야기에서 예외인 경우였다. 한동안 그곳은 지구상에서 영주하는 원주민이 없는 마지막 주요 대륙 중 하나였으며, 870년대에 시작된 첫 정착 이후에도 대규모 이주민 유입은 없었다. 약 100년 후 바이킹이 이주해 들어왔지만 그들이 경작할 만한 농지를 찾기란 쉽지 않았다. 아이슬란드는 고립된 위치와 낮은 이민율로 인해 유럽에서는 드물게 높은 수준의 유전적·문화적 연속성이 유지되었다.*

아이슬란드에서는 930년에 자유민(남자)들을 위한 의회 민주주의가 처음으로 실시되었으며, 또한 거의 대부분의 북유럽 전설들이 시작된 곳으로 기록되었다. 그 전설들은 관광객들의 흥미를 제대로 저격했고, 스칸디나비아 대륙 국가가 아닌 아이슬란드가 최고의 바이킹 문화 계승자라는 낭만적인 이주 이야기를 만들어내는 데 도움이 되었다. 그런데 사실 870년대에 도착한 최초의 정착민들이 모두 바이킹은 아니었다. 지금의 노르웨이에서 온 바이킹이 이주를 주도한 것은 의심할 여지가 없지만, 그들은 (자신들을 습격하다가 잡혀온, 혹은 습격하여 잡아온 다른 부족 출신의) 아내나 노예, 또는 둘 다가 된 많은 이들을 함께 데려왔다. 아이슬란드인의 모계 혈통에 대한 DNA 연구는 아이슬란드로 이주한 여성 이주민의 대다수가 스칸디나비아인이 아니라 스코틀랜드와 아일랜드 출신의 켈트족임을 보여준다.

한편 노르웨이가 북대서양의 바이킹 정착지에 이주민을 보낸 것처럼 스웨덴 출신의 바이킹들도 발트 해를 통해 동쪽으로 이주했고 러시아를 통해 남쪽으로 향했다. 그런데 이 두 바이킹 집단의 미래는 전혀 다른 방향으로 갈라지게 된다. 지금은 보통 볼가 바이킹으로 불리는 스웨덴계 바이킹들은 동쪽으로 이주한 뒤 새로운 땅을 탐험하지 않았다. 그들은 인구 집단에 의미 있는 유전자 자취를 남기려 하지도 않았고 바이킹 공동체도 남기지 않았다. 그들은 은을 캐러 가기도 했고, 상인이나 비잔틴 황제를 섬기는 용병이 되기도 했다.

스칸디나비아에는 은이 거의 없었으며 바이킹에게는 통화 수단

* 바이킹 이전에 아이슬란드에 일부 아일랜드 기독교 은둔자들이 있었던 것으로 추정되지만 집단을 이루거나 영구적인 정착지를 세우지는 않았던 것으로 보인다. 100년 후 붉은 에리크가 아이슬란드에 나타났을 때는 살기에 좋은 땅이 거의 남아 있지 않았다. 그 이후 최근까지 아이슬란드에 유전적인 변화는 별로 없었다. 제2차 세계대전 때 연합군이 이 섬을 무혈 점령하고 수백 명의 혼혈 아이슬란드인이 탄생할 때까지 덴마크인의 추가 이주가 있었지만 침략은 없었다. 그런데 최근 20년간 많은 이민자들이 유입되었으며, 그들 중 대다수는 폴란드에서 왔다.

으로서의 은이 필요했다. 당시 은의 주요 공급원은 아바스 제국이었으며, 제국의 디르함 은화는 당시 국제 통화와 같은 역할을 했다. 아바스 제국의 수도였던 바그다드에서 수천 킬로미터 떨어진 북유럽에서 계속 디르함이 발견되고 있는 이유도 바로 그 때문이다. 바이킹은 처음에는 상인으로 자리를 잡아 노예와 모피를 팔았다. 그리고 드네프르, 돈, 볼가 등 러시아 남부의 큰 강까지 가는 육로에 정착지들을 건설했다. 그런 다음 그들은 교역소를 건설했는데, 북부 본부는 노브고로드Novgorod에 남부 본부는 키예프Kiev에 두었다. 이곳에 세워진 공국들은 바이킹 루리크Rurik 가문이 통치했다. 이 지역의 바이킹은 '루스Rus'로 알려져 있는데, 그 기원에 대해서는 논란이 있지만 이 단어에서 러시아Russia가 유래했다는 것은 거의 확실하다.

바이킹이 유럽 서쪽 끝에 있는 무슬림이 통치하는 안달루시아에서 침략자(또 치즈 제조업자)였던 것처럼 볼가 바이킹들도 유럽 동쪽의 카스피 해 근처에 있는 무슬림 영토를 침범했다. 당시 아랍에서 기록된 자료에 따르면 볼가 바이킹은 노예 상인이었으며 북쪽에서 온 불가해한 이방인이었다. 예를 들어 바그다드에서 온 10세기 여행자 이븐 파들란Ibn Fadlan은 우연히 볼가 강둑에 있는 바이킹 마을에 가게 되었다. "나는 그들보다 더 완벽한 체격을 본 적이 없다. 마치 종려나무 같았다." 그러나 그것이 바이킹에 대한 유일한 칭찬이었고, 그는 그들이 "신의 피조물 중 가장 더러운 사람들"이라며 다음과 같이 말을 이어갔다.

> 그들은 소변이나 대변을 본 후에 씻지 않으며, 성관계 후에도 씻지 않

는다. 그들은 식사 후에 손을 씻지 않는다. 그들은 방랑하는 나귀와 같다.

파들란은 바이킹들이 어떻게 공개적으로 노예 소녀들과 성관계를 갖는지를 묘사한 후 집단 강간과 여자 노예들을 살해하는 바이킹의 잔인한 죽음 의식에 대해 자세히 설명한다. 그러나 이를 뒷받침해 주는 다른 자료는 발견되지 않았다.

이븐 파들란과 동시대 인물로 페르시아 출신의 아랍인 이븐 루스타흐Ibn Rustah는 좀 다른 이야기를 전한다. 그 역시 바이킹의 키와 체격을 칭찬하지만 "그들은 노예를 잘 대우하고 옷을 적절하게 입힌다. 왜냐하면 그들에게 노예는 거래 상품이기 때문이다"라고 했다. 또한 "바이킹들은 절대 혼자 배변을 하러 가지 않고, 늘 동료 세 명이 칼을 들고 주변을 지키도록 한다. 왜냐하면 그들은 서로를 잘 믿지 못하기 때문이다"라고도 했다. 그는 바이킹의 세탁 습관에 대해서는 언급하지 않았지만 "그들의 옷은 항상 깨끗하다"고 설명했다. 이렇게 상반되는 두 이야기는 바이킹에 대해 알고 싶어 하는 사람들을 혼란스럽게 만들겠지만, 그 묘사하는 어조와 내용이 사막에 거주하는 아랍 유목민에 대한 19세기 유럽인들의 주장과 비슷하다는 점에서 아이러니하다. 낯선 북부인들의 습성을 이해하기보다는 바이킹을 자신들과는 전혀 다른 미개한 존재로 취급하는 것이 더 받아들이기 편했을지도 모르겠다.

바이킹들은 더 남쪽으로 이동해 10세기에는 콘스탄티노플에 작은 용병 공동체를 이루었고, 이때 바이킹이 남긴 흔치 않은 기록을 찾아볼 수 있다. 한때 콘스탄티노플의 대성당이었던 하기아 소피아Hagia Sophia의 이층 회랑에 있는 대리석 난간에 한 바이킹 군인이 낙서처럼 남겨놓은 한 마디가 발견되었던 것이다. 고대 북유럽 룬 문자 낙서는 너무 닳아서 흐릿해졌지만 할프단Halfdan이라는 이름은 알아볼 수 있으며, 전체 글은 "할프단 여기 있었다"라고 적혀 있었던 것으로 추정되고 있다. 할프단은 비잔틴 황제를 모시던 바이킹 군인들인 바랑기안 근위병의 일원으로 낙서할 당시 따분해하고 있었음을 쉽사리 상상할 수 있다. 그들은 조지아, 시리아, 크레타, 이탈리아 등지에서 싸웠지만 제국의 수도에서도 많은 시간을 보냈다. 그들은 키예프를 통해 이주해왔는데, 2세기 넘는 기간 동안 수천 명이 건너왔고, 그중 많은 이들이 돌아가지 않았다.

스웨덴에는 비잔티움을 위해 싸우다 전사한 바이킹들을 기리는 기념비가 20개 이상 남아 있고, 입석에는 멀리 떨어진 곳에서 죽은 사람들의 이름이 새겨져 있다. 콘스탄티노플에서 부자가 되어 돌아온 사람들은 소수에 지나지 않았다. 그리고 스웨덴 고틀란드 섬에서 발견된 입석들 중 하나에는 바이킹의 방랑벽에 대한 단 여섯 개의 단어로 이루어진 간결한 증언이 새겨져 있다. 처음 두 단어는 두 여행자의 이름이었고, 다음 네 단어는 그들의 목적지인 그리스, 예루살렘, 아이슬란드, 아라비아였다. 두 여행자는 전 세계 모든 나라를 다 가보고 싶어 하는 오늘날의 여행가들처럼 자신들의 여정을 뽐내고 있었다.

짧은 여정을 통해 보상을 더 빨리 얻고 싶었던 바이킹들에게 지금의 독일과 네덜란드, 또 물론 영국의 해안선은 특히 매력적이었다.

영국으로 간 최초의 바이킹들은 이주민이 아니라 약탈자, 살인자, 해적, 도둑으로 아마도 바이킹에 대한 영어권의 전통적 고정관념에 가장 가까웠던 듯하다. 나 역시도 학교에서 바이킹 시대는 793년에 영국 북동쪽 해안에 있는 신성한 섬 린디스판Lindisfarne에 있는 수도원이 약탈당하면서 시작되었고, 그때 많은 수도사들이 죽고 많은 보물들을 빼앗겼다고 배웠다.

바이킹에 대한 영국의 부정적인 태도는 바이킹이 영국과 아일랜드의 많은 지역을 어떻게 통제하고 식민지화했는지에 대한 복잡한 이야기보다는 주로 습격에 관련되어 있는 것들이 많다. 그러나 바이킹 이주민들은 더블린을 거의 300년 동안 통치했고 오크니 제도는 그보다 훨씬 더 오래 통치했다. 마지막으로 노르드어를 사용한 오크니 제도 사람은 19세기에 사망했다. 바이킹은 영국에 있는 동안 더 오래 전에 이주해온 북유럽 이주민 집단인 앵글로색슨족을 몰아내려고 했지만 성공하지 못했고, 두 공동체의 지도자들은 나라를 공유하기로 합의했다.

약 886년에 체결된 이 협약은 앵글로색슨의 알프레드 대왕Alfred the Great과 데인Dane족의 왕자 구스룸Guthrum 사이에 이루어졌고 두 사람은 우리가 지금 잉글랜드로 알고 있는 지역을 분할했다. 알프레드 대왕은 왕실 칭호에 '앵글로색슨'을 사용하여 자신이 이주민 출신임을 자랑스럽게 드러냈다. 알프레드 대왕의 조상인 앵글로색슨족은 지금의 독일과 덴마크의 국경지대에서 영국으로 왔을 것으로 추정된다. 그들은 영국에 정착한 지 400년이 지났지만 자신들의 언어를 고수했고, 영국의 원주민들과 통합하기 위한 노력을 거의 하지 않았다. 사실 협약을 체결한 두 지도자는 비슷한 게르만어를 사용했고, 알프레드 대왕의 조상들은 구스룸과 같은 신을 숭배했다. 그들 사이의 가장 큰 차이는 알프레드 대왕은 기독교인인데 구스룸은 아니었다는 점이었다. 그러나 그 차이점도 곧 사라졌다. 평화 협약의 일환으로 구스룸이 기독교로 개종하여 세례를 받았고, 알프레드 대왕이 그의 대부가 되었던 것이다. 그렇게 영국의 절반에 대한 바이킹 통치 시대가 시작되었다. 대략 런던에서 리버풀까지 이어지는 대각선의 북부과 동부에 있는 광대한 땅 덩어리로 수도는 요크였다. 바이킹 이주민들이 통치하는 지역을 의미하는 데인로Danelaw는 90년 동안 이어졌다.

20세기 후반, 요크 도심에서 이루어진 고고학 발굴로 영국의 바이킹 유산이 발견되어 요크는 주요 관광 명소가 되었다. 쇼핑몰 지하에 있는 발굴 현장에는 방문객 센터가 건설되어 지하 케이블카를 타고 다양한 로봇 바이킹들과 그들의 애완 동물, 배고픈 쥐까지 몇 마리 있는 바이킹 시대 요크의 풍경과 냄새를 재현한 세계를 여행할 수 있다. 이 모든 것은 바이킹에 대한 영국인들의 태도가 달라졌음을 보여주는 현상의 일부로, 이 관광 명소에는 뿔 달린 투구도 없고, 강간이나 약탈도 없다. 바쁜 상점 주인과 집주인들이 있을 뿐이다.

요크 발굴을 통해 바이킹 시대의 데인로에 도시 인구와 도시화와 관련된 질병이 극적으로 증가했음이 밝혀졌다. 또한 대외 무역이 증가했고, 보석과 헤어스타일 등에서 바이킹 풍이 퍼져나갔다. 잉글랜드 북부와 동부의 많은 지역에는 아직도 바이킹식 이름을 찾아볼 수 있으며, 고대 노르드어의 간단한 단어들이 영어로 유입되었다

(bag, cake, dirt, egg, fog, gift 등).

영국을 둘러싼 줄다리기는 계속되었다. 바이킹은 954년에 쫓겨났다가 60년 후 데인족 왕자 크누트Canute가 전국을 점령하며 다시 돌아왔다. 크누트는 영국인의 왕이 아닌 영국의 왕이라는 칭호를 사용한 최초의 인물일 것이다. 그의 아들은 1042년에 앵글로색슨족에 의해 타도되었다. 그러나 영국에 대한 바이킹의 관심은 끝나지 않았다. 1066년에 바이킹의 침략이 두 번 있었고, 영국 중심의 역사가들은 이 해를 바이킹 시대의 종말이라고 불렀다. 그러나 이 시기는 바이킹의 힘과 영향력이 단지 새로운 국면을 맞은 것으로, 그들은 이미 영국과 나머지 유럽 국가들의 왕실과 깊이 얽혀져 있었다.

1066년의 이야기는 확실한 바이킹인 노르웨이의 하랄드Harald 왕으로 시작되는데, 그는 그 해에 영국에서 전투 중에 목에 화살을 맞고 사망한다(같은 해에 눈에 화살을 맞고 사망한 해롤드Harold와 혼동하지 말자). 하랄드 하드라다Harald Hardrada로 알려진 이 왕은 아이슬란드 영웅 중 한 명으로 아주 특별한 삶을 살았던 것으로 보인다. 하랄드 왕은 왕자이면서 시인이었고, 도망자, 용병, 사기꾼, 폭군, 이주민이었고 수많은 여행을 한 사람이었다. 하랄드는 콘스탄티노플에서 바랑기안 근위대에서 복무했으며, 러시아에서는 바이킹 공주와 결혼했다. 그리고 왕위에 오르기 위해 노르웨이로 돌아와 거의 20년을 통치하고는 영국을 침공하기로 결정했다.

하랄드가 요크 외곽의 스탬퍼드 다리 전투에서 해롤드와 만났을 때, 그곳에서 죽은 사람은 노르웨이의 하랄드였다. 그리고 그곳에서 바이킹의 마지막 영국 침략은 끝났다. 그러나 바이킹들의 이야기는 아직 끝나지 않았다. 그로부터 채 한 달도 지나지 않아 영국 땅인 남부 해안의 헤이스팅스에서 전투가 벌어졌다. 이때는 바이킹과의 전투로 약해진 해롤드와 프랑스에서 막 도착한 정복왕 윌리엄William the Conqueror이 맞붙었다. 그런데 엄밀히 말하자면 해롤드와 윌리엄 두 사람 모두 바이킹이나 마찬가지다. 먼저 해롤드에 대해 말하자면, 늘 영국의 마지막 앵글로색슨 왕으로 묘사되지만 그의 어머니는 바이킹의 혈통을 이었다. 그녀는 노르만 정복 이후 영국 침공을 두 번 시도한 덴마크 왕 스벤 2세의 숙모이자 덴마크 공주로 스칸디나비아 출신의 기타 토르켈스도티르Gytha Thorkelsdóttir였다. 따라서 모계에 따라 이야기하자면 해롤드를 영국의 마지막 바이킹 왕이라고도 할 수 있다.

정복왕 윌리엄은 부계쪽으로 바이킹이라고 할 만한 아주 강력한 정황이 있다. 윌리엄의 바이킹 혈통에 대한 단서는 노르만과 노르망디라는 단어에 있다. 노르만은 한때 '북쪽에서 온 사람들'이라는 뜻의 'normanni'였으며 고대의 노르웨이인을 뜻하는 영어 단어 노르인Norsemen과 어원이 같다. 윌리엄의 계보 중 4대를 거슬러 올라가면 롤로Rollo라는 바이킹 침략자가 나온다. 그는 프랑크 왕이 다른 바이킹들에게서 파리를 방어하기 위해 고용했고, 911년에 세느 강변의 영토를 받았다. 그 지역은 곧 새 통치자의 모국 이름을 따서 노르망디로 알려지게 되었고, 스칸디나비아에서 유래한 그 지역의 수백 개 다른 지명들과 함께 오늘날까지 남아 있게 되었다. 그러나 롤로와 그의 후손 및 동료들이 기독교로 개종하고, 프랑스어를 사용하고, 왕실과 혼인을 맺는 등 현지에 동화했기 때문에 이들의 바이킹과의 연관성은 사람들의 기억속에서 희미해졌다.

같은 논리에 따라, 다른 곳의 노르만족 통치자들도 마찬가지였다. 노르만족은 남부 유럽과 중동 등 새로운 왕국들을 통치하기 위해 많이 이동했다. 사방에 퍼져 있던 노르만족과 그들의 복잡한 가계도는 정확하게 파악이 어려울 정도다. 정복왕 윌리엄이 영국의 왕이 되었을 때, 프랑스 노르망디에서 온 전직 용병 로베르 기스카르Robert Guiscard는 이탈리아 남부 대부분을 통치했다. 로베르의 아들 보에몽Bohemond은 제1차 십자군 원정에 참전하여 현재 튀르키예 동부에 있는 안티오크의 통치자가 되었으며, 보에몽의 후손들은 13세기 후반까지 현재 레바논에 있는 트리폴리를 통치했다.

바이킹들은 널리 퍼졌고 왕족이 되었다. 노르망디의 바이킹처럼 현지 방식을 받아들여 3대쯤에 이르자 아예 슬라브 이름을 취한 러시아의 바이킹 통치자들도 있었다. 바이킹 루리크의 4대손인 야로슬라프 현공Yaroslav the Wise의 세 딸은 노르웨이, 헝가리, 프랑스의 왕들과 결혼했고, 손녀는 신성 로마제국 황제와 결혼했다. 러시아로 이주해 왕족이 된 바이킹 후손들은 유럽 여기저기에 다시 퍼져나갔고, 현대 유럽 왕실 대부분의 조상은 루리크로 거슬러 올라갈 수 있다.

어떤 면에서 이렇게 복잡하게 얽힌 족보망은 의미가 거의 없으며 바이킹 유전자의 확산도 일시적인 흥미거리일 뿐이다. 우리가 야로슬라프, 보에몽, 정복왕 윌리엄, 영국의 해롤드를 정말 바이킹이었다고 생각하는지, 그들의 DNA 중 몇 퍼센트가 스칸디나비아 혈통인지는 궁극적으로 중요하지 않다.* 하지만 두 가지 중요한 이주 이야기는 짚고 넘어가려고 한다.

첫째, 바이킹과 그 후손은 이른바 중세 귀족의 중심부가 되어,

여왕이 외국인인 경우는 흔한 일이었고, 왕이 외국인인 경우도 드물지 않았다. 그리고 왕이 되고자 하는 사람들에게 최고의 기회는 동유럽의 기독교 국가 국경 지역이나, 스페인과 포르투갈 등지에서 이루어지는 전쟁에 있었다. 따라서 십자군 원정은 특히 둘째 아들이나 사생아들에게 큰 기회였다. 십자군 원정에 참여한 이들 대부분은 기독교 성지에서 무슬림들을 몰아내는 것이 사명이라고 진심으로 믿었던 것 같다. 그러나 목적지에 도착한 이들의 사명은 곧 추악한 토지 수탈로 바뀌곤 했다. 그 당시 서유럽인들이 통치하는 십자군 왕국이 여러 개 수립되었으며, 그들은 서로의 영토를 빼앗기 위해 음모를 꾸미는 데 많은 시간을 보냈다.

둘째, 이 이주 이야기는 바이킹에 관한 것이지만, 그 이상의 내용을 담고 있다고 볼 수도 있다. 그 중심에는 미개하고 잔인한 야만인으로 묘사되는 북쪽의 이교도 집단이 있다. 이들은 기독교 중심의 유럽에서 경멸과 두려움의 대상이었지만 유럽 엘리트 층에 편입되면서 귀족의 일원이 되었다. 바이킹과 그 후손들의 군사적 능력이 성공의 주요한 이유였지만, 현지와 적극적으로 동화한 것도 큰 영향을 미쳤다. 그들은 현지와의 동화를 통해 권력을 장악하면서 스칸디나비아 이름과 언어, 관습 등 거의 모든 것을 포기했으며, 오딘과 토르 등 자신들의 신들도 내려놓았다.

하지만 바이킹들은 그들의 역사를 완전히 잊지는 않았다. 그들

* 바이킹은 20세기 백인 우월주의자들이 백인 중에서도 최상급으로 순수한 유형으로 내세우는 원조 북유럽인으로 불린다. 그런데 실제 바이킹들은 민족적 순수성에 거의 관심을 보이지 않았고 비북유럽 혈통과 거리낌없이 섞였다.

은 이주했던 과거를 자랑스러워했고, 고대 북부 이교도 뿌리에 대한 이야기를 궁정 역사에 남겨놓았다. 12세기 앵글로-노르만계 수도사 오데릭 비탈리스Orderic Vitalis는 시칠리아와 안티오크, 잉글랜드와 노르망디의 지배 엘리트로 자리잡은 노르만인들을 '천성적으로 호전적이고 대담하며, 길들여지지 않은 인종'이라고 묘사한다. 그는 노르만Norman이라는 단어가 '북쪽 사람'을 의미한다고 설명하며 특히 노르망디의 롤로를 덴마크인이라고 했다. 그런 다음 덴마크인, 즉 노르만인의 기원에 트로이 목마 이야기를 접목시켜 훨씬 더 오래된 혈통을 한 겹 더 추가한다. 오데릭은 덴마크인들이 트로이 안테노르Antenor의 알려지지 않았던 아들 다누스Danus의 후손이라고 선언한다. 안테노르는《일리아드》와《아이네이드》에서 작은 역할을 했고, 파도바Padua의 창시자였다. 그리고 이 상상력을 통해 북부인들은 (데인족, 노르만족, 북유럽인, 바이킹, 또 무슨 이름이든 상관없이) 고대 국가 공동체의 존경할 만한 일원, 또 아시아에서 온 이주민으로 변모했다.

이렇게 함으로써 롤로와 노르만족 그리고 상상으로 만들어진 트로이 조상들이 기존 왕실에 편입되는데, 이는 당시에 상투적으로 이루어지던 수법으로 새로운 통치자가 신화적 이주민의 후손임을 선언하는 것이 일반화되었다. 베르길리우스 이후, 트로이 전설에 덧붙여진 이야기들은 국가 건설과 왕족들의 정당성 확보에 활용되었다. 그것들을 통하여 새로운 통치자와 왕조들은 로마제국의 통치자들과 조상을 공유할 수 있게 되었다. 그래서 아이네이아스가 로마를, 안테노르가 파도바를 세운 것처럼, 더 많은 트로이인들이 다른 곳과 다른 민족의 창시자로 지칭되거나 날조되었다. 다누스처럼 나라 이름과

일치하는 이름을 가진 사람들도 자주 등장했다.

프랑스인들은 7세기 이후부터 스스로를 자칭 트로이 출신이라고 주장하기 시작했다. 그들의 트로이 조상은 프랑시옹Francion, 프랑쿠스Francus 또는 프랑코Franco라는 이름으로 불렸다. 그는 아이네이아스의 조카였다가, 프리암 대왕의 손자였다가 했다. 그리고 아이네이아스처럼 흑해를 건넌 다음 육로로 북유럽에 가고, 배를 타고 지중해 서쪽으로 가 프랑스를 세웠다고 한다. 한 연구자는 중세 초기부터 르네상스 후기까지 프랑스에서 변형되어 전해져 내려오는 이야기가 55개라고 했다.

다른 국가들도 가만히 있지는 않았다. 특히 에노, 브라반트, 부르고뉴와 같은 작은 북유럽 공국의 통치자들은 모두 트로이 혈통을 주장했다. 제네바도 마찬가지였는데 트로이인 레만누스Lemannus가 레만 호가 내려다보이는 도시의 창시자로 등장했다. 트로이와 가까워 지리적 근접성을 내세울 수 있었던 오스만 제국도 마찬가지였다. 오스만 제국의 술탄은 1453년 콘스탄티노플을 약탈한 후 트로이 전쟁의 옛터로 가서 자신이 트로이의 원수를 갚았다고 선언했다.

영국인 역시 트로이 혈통을 주장했고, 가장 최근까지 거기에 매달려 브렉시트 논쟁 때 그 이야기가 유령처럼 재등장하기도 했다. 영국 버전은 트로이 조상에 대한 판타지들 중 가장 정교한 것으로, 9세기에 넨니우스라는 웨일스 수도사가 편찬한 영국 역사에 처음 등장했다. 그는 브리튼Britain이 지금까지 알려지지 않았던 아이네이아스의 손자 브루투스Brutus의 이름을 따서 지어진 것이라고 주장했다. 이 이야기는 부풀려지고 점점 커져 12세기에 이르러서는 영국 역사를 개작한 서사시의 시작 부분을 장식했다. 성직자인 몬모스의 제프리가 저술한 이 서사시는 브루투스의 일생으로 시작하여 리어 왕, 심벨린, 아더 왕 그리고 앵글로색슨족의 도래로 넘어가는 환상적인 이야기인데 바이킹들이 등장하기 직전에 끝난다.

로마 출신의 귀족, '트로이의 브루투스'가 거인의 섬으로 건너와 최초의 왕국을 세웠으며 오늘날 '브리튼'이 되었다는 이야기는 아직까지도 꽤 인기가 있다.

제프리의 서사시에 등장하는 '트로이의 브루투스'는 저주받은 운명을 타고난 것처럼 불행한 초창기를 보냈다. 로마에서 태어난 그는 뜻하지 않게 양친을 죽게 만든 죄값으로 추방당했다. 그는 지중해 주변과 대서양을 떠돌아다니다가 원치 않는 그리스 여성과 결혼을 하게 되기도 한다. 그러다가 마법처럼 트로이 동포들을 만나 소중한 친구 코리네우스를 사귀게 된다. 그들은 프랑스에서 북쪽으로 이동해 '거인' 몇 명을 제외하고는 사람이 살지 않는 '최고의 섬'을 찾아 떠난다. 섬에 도착한 그들은 거인들은 모두 죽이고 브루투스의 이름을 따서 섬에 브리튼Britain이란 이름을 짓고, 남서쪽 지역에는 코리네우스의 이름을 따서 콘월Cornwall이라는 이름을 붙인다. 브루투스는 템스 강가에 수도를 건설하고 그곳을 뉴트로이Troia Nova라고 부르는데 바로 지금의 런던이었다. 브루투스는 23년 동안 브리튼을 통치했고, 그의 세 아들은 왕국의 잉글랜드, 스코틀랜드, 웨일즈에 해당하는 지역을 물려받았다.

브루투스의 이야기가 담긴 제프리의 서사시는 그후에 각색을 거쳐 여러 가지 이야기로 발전하게 되는데 대부분은 브루투스가 나타나기 전에는 브리튼에 거인을 제외하고는 사람이 살지 않았으며, 로마인이나 앵글로색슨족, 노르만족 같은 후기 이주민들보다 먼저 영국인British의 정체성이 만들어졌다는 것을 증명하는 데 집중했다.

예수가 영국을 방문했을지도 모른다고 생각했던 윌리엄 블레이크 역시 트로이의 브루투스 이야기에 매혹되어 〈오 트로이 브루투스의 아들들이여〉라는 시에서 브리튼의 기원에 대한 낭만적인 상상력을 발휘했으며, 브루투스와 그 동료들이 브리튼에 상륙하는 모습을 그린 그림까지 집어넣었다.

최근에 들어서는 트로이의 브루투스 신화가 영국인의 조상이 이스라엘 부족이라는 황당한 이야기와 동급으로 취급되어 소수의 괴짜나 공상가들 사이에서나 인기를 유지하고 있다. 그에 따라 브루투스 신화와 트로이 조상 이야기는 대체로 무시되거나 기억 속에서 사라졌다. 역사책에서조차 거의 언급되지 않는데, 이는 거시적인 관점에서는 오히려 손해다. 전해져 오는 이야기가 사실이어서가 아니라 브루투스의 신화 자체가 그 시절 이주에 대한 태도를 말해줄 수 있기 때문이다. 이것은 한때나마 이주 과거를 부정하기보다 칭송하는 것이 얼마나 정상적인 일이었는지를 상기시켜주는 대표적인 사례인 것이다. 아무리 어리석은 상상이라 하더라도 영국 국민이 지금의 튀르키예에서 온 사람들의 후손이라는 것을 자랑스러워했던 때가 있었다는 증거이기도 하다.*

브루투스 신화 중 사실일 가능성이 가장 높다고 인정받고 있는 부분은 브루투스가 상륙했다고 전해지는 장소에 대한 것이다. 제프리는 아주 확고하게 선언했다. "그는 바람을 등지고 약속의 섬을 찾아 토트네스Totnes에 상륙했다." 그리고 브루투스가 말했다고 전해지는 시도 있다.

이제 나 여기 앉아, 여기에 머물 것이니
이 마을은 토트네스라 불리리.

인구 8천 명의 토트네스 마을은 잉글랜드 남서부에 있으며 실제로는 바닷가가 아니라 다트Dart 강 어귀에서 12킬로미터 정도 올라가는 곳에 있다. 다트 강은 넓고 항해가 가능해 선박들이 토트네스 너머까지 올라가는 것이 가능했다. 토트네스는 강 옆 언덕에 자리잡고 있는데, 그 언덕 중간쯤 시내 중심가의 포장 도로에 잘 눈에 띄지 않는 돌이 하나 박혀 있다. 바로 브루투스가 상륙한 곳으로 알려진 지점을 표시한 돌이다. 벽에 브루투스 돌을 가리키는 표지판이 그려져 있는데, 표지판과 돌을 쓰레기통이 가리고 있어 자세히 살피지 않았다면 나는 그것들을 발견하지 못했을 것이다. 평생 토트네스에서 산 친구 하나는 그 돌이 있다는 것도 모르고 있었다. 토트네스는 한

* 아프리카에서 유럽으로 가는 가장 가능성이 높은 이주 경로는 튀르키예를 통과한다. 하지만 그 이주는 트로이 시대보다 수만 년을 앞서고, 네안데르탈인의 경우에는 수십만 년 더 먼저일 것이다. 물론 영국과 튀르키예와의 연관성을 증명하는 다른 사례도 있다. 성 게오르기우스는 튀르키예에서 태어나고 사망했다. 또 영국 총리였던 보리스 존슨의 증조부 알리 케말은 오스만 제국의 내무부 장관이었으며, 영국에 살던 그의 아들 오스만은 어머니의 결혼 전 성을 취해 존슨이 되었다.

때 트로이와의 연결을 자랑스러워한 영국의 자랑스러운 마을이었지만, 이제 브루투스는 기억 속에서 희미해지고 있다.

토트네스가 뉴스에 다시 등장한 것은 브렉시트 반대자인 조나단 쿠퍼라는 변호사 때문이다. 그는 토트네스가 독립된 도시 국가이고, 영국의 다른 지역과 달리 유럽 연합에 남을 것이라고 선언했다. 그는 거리에 서서 유럽 연합에 대한 충성 서약을 하겠다는 행인들에게 토트네스 여권을 만들어 나누어주었다. 토트네스 여권 덕분에 영국 내에서 브루투스 이야기가 다시 화제에 올랐다. 1천 개 이상 발행됐다는 여권의 안쪽에는 화려한 투구를 쓴 수염 난 전사의 그림이 있었고 전사 옆에는 가짜 라틴어 단어 'BRVTVS'가 인쇄되어 있다. 쿠퍼의 독립 주장은 토트네스가 트로이의 브루투스에 의해 설립되었기 때문에 토트네스 사람들은 실제로 트로이의 주민이며, 따라서 UK에서 탈퇴해 EU의 회원으로 남을 수 있다는 주장을 근거로 하고 있었다. 물론 다 말도 안 되는 소리지만 토트네스와 영국의 전설적 창시자인 트로이의 브루투스에 언론의 많은 관심을 불러왔다.

저자 노트, 다섯 번째

지명들은 뭔가를 감추기도 하고 드러내기도 하며, 그 이면에는 이주 이야기가 반쯤 잊혀진 채 숨어 있기도 하다. 마치 매일 반복하다 보면 그 의미가 퇴색하는 것처럼 어떤 것들은 명백함에도 불구하고 묘하게 그냥 지나치게 되는데 뉴잉글랜드, 뉴펀들랜드, 뉴사우스웨일스, 뉴저지, 뉴칼레도니아가 바로 그런 예다. 반면에 노르망디, 러시아, 롬바르디, 카르타헤나와 같은 이름들은 그 배경을 이해하는 데 더 큰 노력이 필요하다. 이 지명들은 이주민들과 연관되어 있는데, 보통 고국에 대한 향수를 품고 있고 일반적으로 자신들의 향수를 원주민들에게 강요할 만큼 힘이 있는 사람들이었다. 일반적으로 지명은 인간이 오래 전부터 원했거나 아니면 남들이 기대에 따라, 자신 혹은 조상의 출신지에 의해 정해지는 방식을 따른다.

현대의 이민자들과 그 후손들은 자주 어디에서 왔느냐는 질문을 받는데, 런던이나 파리, 뉴욕이라고 대답하면 가끔 "그런데 원래는요?"라고 되묻는다. 한때는 나도 그런 질문을 했다. 그저 순수한 호기심과 여러 지역의 사람들이 섞여 살게 되는 것이 신기하고 기뻤기 때문이다. 그러나 안타깝게도 그런 식의 질문은 특히 묻는 쪽이 백인이고 대답하는 쪽은 백인이 아닌 경우 무기가 되기도 한다. 대답한 사람에게 "네 고향으로 꺼져"라고 말하기 위한 인종차별주의자의 질문일 수 있기 때문이다. 그래서 나는 언젠가부터는 그런 질문들을 하고 싶을 때면 혀를 물고 참거나, 내가 알고 싶은 것을 알아낼 다른 방법을 찾는다.

나도 여행 중에 그러한 질문들을 많이 받았다. 그러나 심한 인종적 편견을 겪어본 적이 없는 백인 남자로서의 내 경험은 매우 다르다. 누군가가 인종차별적 주장을 하기 위해 내게 이 질문을 던질 가능성은 거의 없기 때문이다. 그럼에도 불구하고 그런 질문이 나를 불편하게 할 때도 있다. 알다시피 영국 국민이라고 하는 것은 단어 선택부터 쉽지 않다. 나는 어디서 왔냐는 질문을 받으면 바보같이 헤매다가 엉뚱한 대답을 하게 된다. 왜냐하면 내가 태어난 땅을 설명하는 데 사용할 수 있는 단어들이 너무 많기 때문이다. 그중 대표적인 단어 다섯 개만 언급하자면 브리튼, 대영제국, 잉글랜드, UK, 브리티시 제도 등이다. 이 단어들은 사실 부정확하며, 특정 맥락에서는 의미를 왜곡할 수 있는 성격을 가지고 있다.

고대 게르만족에서 시작되었지만 시간적·공간적으로 멀리 떠나온 '잉글랜드'와 '잉글리시'라는 단어를 생각해보자. 타키투스의 게르마니아에서 앙글리 부족이 역사 기록에 처음으로 언급되고 몇 세기가 지난 후, 앙글족은 색슨족, 주트족과 함께 북해를 가로질러 이주하면서 다시 등장한다. 주트는 어휘학적으로는 곧 버려졌고, 색슨은 그후 '영국' 역사에 화석화되어 앵글로-색슨의 뒷부분이나 서식스Sussex와 같은 오래된 지역의 이름에 남아 있다. 앙글족은 언어학적으로 함께 이주한 다른 동포들에 승리해 앙글랜드Angle-land는 잉글랜드England가 되었다.

한편 '잉글리시'는 '잉글랜드'의 형용사가 되었으며, 또한 프랑스어와 노르웨이어를 대대적으로 차용한 새로운 언어의 이름이 되었다. 현대에 이르러 영어는 널리 퍼졌고 이제 영국인은 영어 사용자 중 소수에 해당한다. 그리고 이 모든 것은 혼란과 불만을 가져왔다. 주로 영어를 사용하며 잉글랜드 사람들과 섬을 공유하는 사람들, 즉 스코틀랜드인과 웨일스인에게는 특히나 그렇다. 그들은 누군가로부터는 끊임없이 잉글랜드인이라고 불리고, 그래서 이의를 제기하면 "스코틀랜드인이나 웨일스인은 잉글랜드인의 일부 아닌가요?"라는 소리를 듣는 것이다.

내 아버지는 스코틀랜드 출신이다. 이것은 내가 스스로를 영국인English이라고 표현하지 않는 여러 이유 중 하나다. 다른 이유들은 더 복잡하고 문화적이고 심리적인 문제다. 사실 마치 내가 그곳에 속하지 않는 것처럼 잉글랜드에 있을 때는 진정으로 편안하다는 느낌을 가진 적이 없기 때문이다. 특히 극우 세력이 잉글랜드의 정체성과 상징을 강탈하려 하고, 잉글랜드인의 속성과 관련된 일부 현대 쇼비니즘을 목도할 때면 내가 잘못 태어난 것 아닌가 하는 생각이 들 정도다.

정치적 맥락에서 잉글리시라는 단어는 더 많은 혼란을 야기한다. 예를 들어, 얼핏 보면 분리 부정사 또는 전치사로 시작하는 단락 등 문법적 오류를 완전히 근절시키는 것을 목표로 하는 단체 같은 이름의 '잉글리시 디펜스 리그'는 극우·이슬람 혐오·반 이민 정치 단체다. 그리고 종종 잉글랜드의 상징들에 대해서도 마찬가지다. 영국, 에티오피아, 제노바, 조지아, 카탈로니아 등지에서 유명한 수호성인(이 성자는 튀르키예 출신이고 영국을 방문한 적도 없다)의 이름을 따온 '세인트 조지 연맹'은 이민자들을 지원하는 기독교 자선 단체 같은 국제적 다문화 단체 이름으로 어울릴 듯하다. 그러나 이 단체는 웹사이트에서 《나의 투쟁》(히틀러의 저서)을 '탁월한 책'이라고 소개하며 판매하는 또 다른 광적인 극우 단체일 뿐이다.

그렇다면 브리튼은 어떨까? 이는 더 혼란스러워지는 대목이다. 나는 브리튼에서 왔다고 말할 수 있을까? 대답은 그렇기도 하고 아니기도 하다. 브리튼은 법적으로 존재하지 않고, 지리적 또는 정치적 실체가 없다. 브리튼이라는 단어는 시대에 따라 달라졌는데, 마르세유의 피테아스Pytheas의 저서에 처음 등장했으며 유럽 북서쪽 해안에 있는 두 개의 큰 섬을 포함하는 지역을 일컬었다. 프톨레마이오스와 같은 후기 고전 시대의 저술가들은 가장 큰 섬 그레이트 브리튼(그레이트는 위대함을 의미하는 것이 아니라 크기를 의미한다)과 리틀 브리튼(아일랜드)을 구분했다. 그러나 몬모스의 제프리 시대에 리틀 브리튼은 아일랜드 지역이 아니라 프랑스의 브리타니 지역이었다.

그레이트 브리튼은 가장 큰 섬에 대한 지리적 명칭으로는 남아 있지만, 정치적으로 정의된 단위가 아니며 자체적 형용사도 없다. 영국인 그 누구도 자신을 '그레이트 브리티시'라고 말하지 않는 것이다. 그레이트 브리튼은 의회도, 스포츠 팀도, 공식적인 지위도 없다.* 정치적 단위이자 민족국가인 유나이티드 킹덤United Kingdom의 약칭으로 사용되어 정치적 논란을 불러일으킨 적도 있다(정확한 공식 명칭은

* 그레이트 브리튼은 1707년 스코틀랜드와 잉글랜드(웨일즈 포함) 간의 연합법에 의해 생겨났으며, 1801년 'United Kingdom of Great Britain and Ireland'로 대체되었다.

'United Kingdom of Great Britain and Northern Ireland'다). 공식 국제 경기인 올림픽에서 UK 팀이 'Team GB'로 이름이 바뀌었을 때 북아일랜드에서는 항의의 뜻을 밝히기도 했다.

그렇다면 브리티시는 어떨까? 이 단어는 제국이나 근위병, 항공사, 여권 또는 정부 앞에 서술어로 널리 사용되지만 사실 대부분의 경우 브리튼이나 그레이트 브리튼이 아니라 유나이티드 킹덤의 형용사로 사용된다. 브리티시 제도British Isles처럼 브리티시에 '더 넓고 모든 섬'이라는 의미를 부여하려는 시도가 있었지만 그것은 역사와 논리적 이유로 많은 아일랜드 사람들에게 인정받지 못했다. 내 생각에도 아일랜드인들이 자기들을 함부로 포함시키려는 용어에 대해 거부권을 갖는 것이 옳은 것 같다. 그래서 많은 영국인들이 브리티시 제도라고 부르는 섬들에 대해 일부 학자들은 '대서양 군도'라고 부르기 시작했고 어떤 학자들은 '영국과 아일랜드'라고 부르기도 한다.

마지막 하나 남은 문제는 '나는 누구인가'다. 대부분의 국가에는 러시아인Russian, 인도인Indian처럼 국민을 나타내는 영어 명사가 있다. 영국인에게는 그런 단어가 세 가지 있는데, 모두 각자 다른 식으로 불만족스럽다. 브리튼은 보통 고대 브리티시족을 나타낼 때 사용하는 단어이며 구식이고 허세 부리는 것처럼 들린다. 미국인이 많이 사용하는 브릿Brit이 있지만 사실 영국에서는 격의 없거나 자기를 낮추는 의미 외에는 잘 쓰이지 않는다. 마지막으로 브리티셔Britisher가 있는데 이 단어는 남아시아에서는 여전히 널리 사용되고 있다.

그러면 뭐라고 말할 것인가? 요즘 나는 런던에서 왔다고 말하곤 하는데, 내가 런던에서 태어났기 때문에 맞는 말이다. 그리고 런던은 더 이상의 설명이 필요 없을 정도로 충분히 유명하고 구체적이다. 그런데 이상하게도 인도에서는 그렇지가 않다. 나이든 인도인들에게 내가 런던에서 왔다고 말하면 종종 "런던 시요?"라고 되묻는다. 그러면 나는 간단히 "예"라고 대답한다. 그런데 가끔 그들이 정확하게 뭘 묻는 걸까 하는 생각이 들 때가 있다. 사람들이 유럽 연합을 브뤼셀이라고 하거나 런던 경찰을 '스코틀랜드 야드'라고 하는 것처럼 내가 런던을 잉그랜드나 UK를 대체하는 단어로 사용하는 게 아닌지 확인하고 싶은 걸까? 아니면 내가 런던 변두리 출신인지 아닌지 확인하는 걸까?

6장

제노바, 콜럼버스, 타이노

MIGRANTS

The Story of Us All

이탈리아 서쪽 옴폭 들어간 부분에 있는 항구 도시 제노바는 크리스토퍼 콜럼버스의 출생지다. 그의 대서양 탐험은 결국 사상 최대 규모의 이주로 이어져, 수백만 명의 사람들이 자의반, 타의반 아메리카 대륙으로 건너가게 되었다. 제노바에 가면 콜럼버스의 생가를 방문할 수 있는데, 그곳은 현재 관광 명소다. 콜럼버스의 집은 구 시가지 성벽 근처에 있는 허름한 2층 건물(입장료 3유로)로, 내부에는 옷을 제대로 입지 않은 마네킹 몇 개와 가짜 과일이 올려져 있는 테이블 외에는 아무것도 없다. 그런데 사실 그 집은 콜럼버스가 태어났을 것으로 추정되는 장소로 실제 콜럼버스가 그곳에서 태어났는지는 확실하지 않다. 이 오래된 건물은 1892년 그의 첫 대서양 횡단 항해 400주년을 기념하는 행사의 일환으로 선정되었을 뿐이다.

제노바에서 가짜 유물은 콜럼버스의 집과 내부 내용물뿐만이 아니다. 중세 대성당의 지하 납골당에는 세례 요한의 유골, 그의 머리를 얹어 살로메에게 바쳤다는 쟁반, 예수가 못 박힌 나무 십자가의 조각, 성모 마리아의 머리카락 몇 가닥도 볼 수 있다. 무엇보다도 예수와 사도들이 최후의 만찬에서 포도주를 마셨던 육각형의 녹색 대접인 성배가 있다. 성배와 다른 많은 유물들은 제1차 십자군 원정 동안 성지에서 노획당한 것으로, 어리숙해서 잘 속아넘어가는 제노바 상인들이 구입한 것으로 보인다.

제노바 이야기는 제1차 십자군 원정(1096~1099)으로 시작된다. 도시의 동쪽과 서쪽은 길고 좁은 해안선과 언덕으로 둘러싸여 있어 제노바 사람들이 성공하려면 바다로 나가 무역상이 되거나 해적이 되거나 아니면 새로운 땅으로 이주해 정착민이 되는 것이 최선이었다. 중세 후기에 제노바와 그 해안 내륙지역 사람들은 지중해와 흑해에 무역 제국을 건설해 번영했으며, 노예무역을 시작하고 유럽에 흑사병이 도래하는 데 주도적인 역할을 하게 된다. 제노바인들은 다양한 형태의 식민지 관리법을 시도했으며, 십자군 원정부터 유럽인들의 아메리카 대륙 정복에 이르기까지 대부분의 주요 사건에 제노바 시민으로, 혹은 새로 취득한 국적으로 등장했다.

제노바 시는 제1차 십자군 원정 이전부터 존재했다. 제노바는 야누스라는 또 다른 트로이 이주민에 의해 설립되었다고 전해진다.* 제노바는 로마제국 시대에는 중요한 역할을 하지 않았지만, 11세기에 들어 역사의 어둠 속에서 벗어나 모습을 드러냈다. 이들은 제1차 십자군 원정에서 중요한 재정적 역할과 해군 역할을 했고, 이를 바탕으로 유럽 강국의 일원이 되었다. 제노바는 경쟁자였던 베니스와 피사보다 먼저 십자군에 합류했고 그에 대한 보상으로 영토를 얻을 발판을 마련하고 귀한 종교 유물을 얻을 수 있었다. 예를 들어, 그 매우 의심스러운 성배**는 제노바 상인 출신의 기벨레토 영주 굴리엘모 엠브리아코Guglielmo Embriaco가 제노바 시에 선물로 보낸 것이었다. 엠

* 두 얼굴의 신 야누스는 아니지만, 제노바는 동쪽과 서쪽, 또는 바다와 육지의 두 방향을 향하고 있다.

브리아코는 배들을 해체해 예루살렘 함락을 위한 탑을 건설하게 했고 그에 대한 보상으로 레바논 해안에 있는 기벨레토의 영토를 얻었다. 그와 그의 후손들은 그후 그곳에서 200년 동안 살았다고 한다.

예루살렘과 안티오크를 포함한 여러 중동 도시들의 일부 지역도 제노바의 작은 식민지가 되었고, 각기 소규모 이주민들을 위한 교역소와 거주지 역할을 했다. 예를 들어, 안티오크에서는 새로운 노르만 대군주인 보에몽이 제노바인들에게 교회, 창고, 우물, 30채의 집을 하사했다. 그런데 예루살렘과 아크레에서는 제노바인뿐만 아니라 경쟁자인 베네치아인과 피사인들에게도 도시 안에 구분된 집단 거주지를 허가했다. 그리하여 이탈리아 도시 국가들은 지중해 무역을 지배하기 위한 치열하고 흔히 폭력적인 경쟁에 돌입했고, 이는 수세기 동안 지속됐다.

그 시기에 제노바는 많은 영토를 얻고 또 잃었다. 그중 가장 중요하고 오래 유지된 정착지는 볼가 바이킹의 무역로를 따라 있었는데, 무역로는 현재의 러시아와 우크라이나에서 콘스탄티노플과 그 너머까지 이어졌다. 한때 제노바의 흑해 소유지 중 가장 중요했던 카파는 현재 페오도시야Feodosia의 해변 휴양지가 되었으며, 제노바 성의 무너져가는 흉벽이 아직도 항구를 내려다보고 있다. 여행을 아주

** 성배의 출처에 대해서는 거창한 배경 이야기가 있지만 일반적으로 알려진 이야기는 평범하다. 19세기 초 나폴레옹 군대가 그 진위를 알아보기 위해 성배를 파리로 가져갔고 유리로 만들어진 것으로 밝혀졌다. 그것은 제노바로 돌아가는 길에 여러 조각으로 깨졌고, 가운데 큰 조각 하나가 빠진 채로 재조립되었다. 최근에 복원되었고 빠진 부분은 교체되었지만, 유리에 대한 화학 분석을 통해 그것이 메소포타미아에서 만들어졌음이 밝혀졌다.

많이 했고 웬만해서는 감명을 받지 않는 베르베르인 무슬림 학자 이븐 바투타Ibn Battuta는 1330년대에 카파를 통과하면서 그곳에 대해 다음과 같이 말했다.

> 해안을 따라 있는 그 도시는 대부분이 제노바 사람인 기독교도들이 거주하는 대도시였다. 그곳은 세계적으로 유명한 항구 중 하나로, 우리는 크고 작은 군함과 무역선 등 약 200척의 선박이 있는 멋진 항구를 볼 수 있었다.

그로부터 15년 후 카파는 병든 몽골 군대의 포위 공격을 받았다. 그들은 흑사병이라는 전염병을 가져왔는데, 이 전염병은 벼룩이 들끓는 쥐에 의해 옮겨져 이미 아시아의 많은 지역을 휩쓸고 있었다. 오래지 않아 쥐와 벼룩 그리고 흑사병은 제노바 선박을 타고 지중해를 건너 처음에는 시칠리아로, 그 다음에는 유럽의 나머지 지역으로 가서 인구의 3분의 1 내지 절반을 죽게 만든다. 그러나 다행히도 카파는 몽골의 포위 공격에서 살아남았고 전염병에서도 회복되었다. 1430년대 안달루시아 여행자인 페로 타푸르는 이 도시가 “세비야만 하거나 더 크고 주민은 두 배나 된다”라고 했다. 또한 다양한 국적의 사람들을 볼 수 있었음에도 불구하고 전염병이 재발하지 않은 것에 감탄했다. 그는 카파에서 제노바 사람들이 세계 어느 곳보다 더 많은 남녀 노예들을 팔고 있다고 단언했다.

> 그는 노예상들이 남자뿐 아니라 여자 노예들까지 벌거벗기고 털가죽

가리개를 입힌 다음 가격을 부르는 것에 충격을 받았다. 노예상들은 그 가리개마저 벗게 한 후 몸에 흠이 있는지를 보여주기 위해 위아래로 걸어다니게 했다.

제노바의 식민지와 정착지들(명확히 구별되지는 않았다)은 모국과 서로 다른 관계를 갖고 있었고, 대체로 고대 그리스의 느슨한 식민지 모델에 가장 가까웠다. 그중 다수는 군주나 제노바 명망가의 통치를 받았으나 상당한 독립성을 갖고 있었다. 여기서 중요한 점은 야심찬 제노바 젊은이들이 영구적으로 혹은 돈을 벌어 돌아올 목적으로 이주하는 것이 일반적인 일이 되었다는 점이다. 이는 16세기에 유럽 식민주의가 본격적으로 발전하기 시작했을 때도 마찬가지였다. 그러나 (바이킹과는 달리) 그들은 현지에 쉽게 동화되지 않는 편이었다. 이 젊은 이주민들은 가는 곳마다 그들만의 리틀 제노바를 세웠다. 이에 대한 내용을 담은 13세기의 시도 있을 정도다.

제노바 사람들은 그렇게 많고
또 전 세계에 퍼져 있어서
그들이 가서 머무는 곳마다
그곳에 또 다른 제노바를 만든다네

리틀 제노바는 제노바 사람들이 현지인들을 지배한 식민지 형태뿐만 아니라 때로는 단순히 작은 상인 공동체로 서로 다른 형태를 취했으며, 런던과 브뤼헤에서 카디즈와 튀니스, 알렉산드리아 그리고 더 동쪽에 이르기까지 온갖 곳에 생겨났다. 그 당시 제노바 사람들은 어디든지 있었지만, 이것이 딱히 유별나거나 한 것은 아니었다. 예를 들어, 훨씬 더 광범위한 유대인 무역망이 이미 있었고, 때때로 유대인들이 학살당하거나 특정 영토에서 추방되어 공백이 생기면 제노바 사람들이 들어가 그 자리를 메꾸곤 했다. 그런 일은 중세 서유럽에서 반복해 일어났다.

베네치아 역시 동지중해에 유사한 정착지가 많았고, 13세기에 중국에 도달하여 가장 유명한 유럽의 탐험가가 된 마르코 폴로도 베네치아 상인이었다. 그러나 무역상, 선교사 혹은 외교관으로 동쪽으로 간 여행자들의 기록을 통해, 어디를 가든 제노바 사람들이 이미 와 있었다는 사실을 알 수 있다. 마르코 폴로는 페르시아의 타브리즈Tabriz에서 제노바 상인들을 만났고, 선교사였던 페루자의 안드레아 주교는 현재 취안저우로 알려진 중국 항구에 있던 제노바 상인들에 대해 언급했다.

15세기 후반 무렵, 스페인 도시인 세비야에는 가장 영향력 있는 제노바 이주민 공동체가 있었는데 그들은 시간이 지남에 따라 그곳에 동화되었다. 강을 따라 내륙으로 70킬로미터 정도 들어가 있는 세비야는 지중해와 대서양 사이의 해상 교통을 장악하고 있었다. 따라서 북유럽인들에게 매우 중요한 지역이었으며, 아프리카와 아메리카에서도 마찬가지였다. 제노바 사람들은 세비야 시가 마지막 무슬림 통치하에 있던 13세기부터 그곳에 정착해 있었다. 이후 스페인 대부분 지역을 기독교가 장악하게 되자 제노바 사람들은 시에서 남다른 특권을 받아 프랑스, 영국, 카탈로니아에서 온 이주민 집단과는 구별

되었다.*

열두 개가 넘는 유명한 제노바 무역상 가문들이 세비야에 정착했으며, 그들 중 일부는 현지 가문과 혼약을 맺고 은행가, 제독, 시 관리, 왕실 회계 책임자와 같은 영향력 있는 직업들을 갖게 되었다. 제노바 사람들은 이곳에서 다른 곳보다 더 많이 현지와 통합되어 한 역사가에 따르면 결국 세비야 귀족의 4분의 3 이상이 제노바 성을 갖게 되었다고도 한다. 또 그들의 영향력은 전국의 주요 항구 도시 및 (카스티야의 이사벨라와 아라곤의 페르디난드가 결혼하여 공동 군주로 있던) 왕실에까지 뻗어나갔다. 이렇게 스페인의 정치·경제 엘리트의 중심에 제노바 이주민들이 강력하게 자리잡고 있었기에 제노바 출신 방직공의 아들 크리스토퍼 콜럼버스가 인도를 찾아 대서양을 횡단 항해하겠다는 계획이 왕실의 지원을 받기가 더 용이했던 것 같다. 또한 제노바 사람들이 오랜 세월 동안 그곳에 정착해 있었기에 세비야의 군주가 다른 소수 민족 공동체를 더 쉽게 추방할 수 있었다.

스페인은 15세기 후반에 수세기에 걸친 분열 이후에 새로운 정체성을 찾으며 변화를 겪고 있었다. 한때 유럽에서 가장 다문화적 국가였던 나라의 새로운 통치자는 획일성을 요구하기 시작했고, 사람들(주로 유대인과 무슬림)에게 개종하든지 아니면 이주할 것을 강요했다. 이사벨라 여왕과 페르디난드 왕은 스페인에서 가장 큰 왕국의 후

* 제노바 사람들은 교역소, 부두, 교회, 목욕탕, 공동 화덕을 갖춘 자기들만의 거주 지역, 즉 '바리오'를 제공받았다. 그들은 세금을 면제받았고, 살인과 같은 심각한 범죄를 제외하고는 자치가 허용됐다. 또한 다른 제노바 시민들이 해적 행위를 저질렀을 때 보복당하지 않도록 하는 면책특권이 있었다.

계자들로 자신들의 왕국을 확장하고 로마 가톨릭 기독교를 새로운 땅에 전파하기를 갈망했다. 그들은 이 계획에 우호적인 교황들(두 번 연속 제노바 출신 교황이었고, 스페인 출신 교황이 그 뒤를 이었다)의 지원을 받을 수 있었다.

1492년은 스페인 역사와 이주 역사 모두에서 중요한 해다. 콜럼버스와 니냐, 핀타, 산타 마리아 등 세 척의 배가 그해 8월 세비야 바로 서쪽에 있는 팔로스에서 출항한 것 때문만은 아니다. 그 전에 두 가지 중요한 사건이 발생했으며 그 여파는 수세기 동안 지속되었다. 1492년 1월, 서유럽의 마지막 무슬림 거점인 그라나다 토후국은 무슬림이 처음 스페인에 도착한 지 780년 만에 이사벨라와 페르디난드의 군대에 항복했다. 메디나에서 온 고대 이주민의 후손으로 서방 기독교 세계에서는 최후의 무어인으로 기억되는 에미르 무함마드 12세는 모로코로 망명했고, 수천 명의 무슬림이 그라나다에서 도망치거나 기독교로 개종했다.

한때 스페인에서 제노바 사람들과 비슷한 특권을 가졌던 유대인들의 추방은 훨씬 더 극적이었다. 1492년 5월, 수십 년간의 박해 끝에 그들은 결국 개종하거나 스페인을 떠나라는 명령을 받았다. 그때 약 15만 명의 유대인들이 도피한 것으로 보이며, 더 많은 수의 유대인들이 개종을 하고 남았지만 여전히 박해를 당했다고 한다. 떠난 사람들은 개인 소지품만 가지고 갈 수 있었고, 공포에 질려 사방으로 흩어졌다.

기독교 국가로 간 유대인들은 특히 더 고생이 심했다. 이웃 포르투갈로 간 유대인들은 강제로 개종당하거나 노예가 되는 등 갖은 고

생을 했다. 포르투갈에 있던 유대인 난민의 자녀들은 기독교로 집단 개종했고, 그중 수백 명은 무인도였던 아프리카의 상투메 섬으로 강제 이주되었다. 한편 북아프리카와 오스만 제국으로 간 스페인의 유대인들은 따뜻한 환영을 받았으며, 무슬림이 다수이던 국가에서 번성했던 세파르디 유대인 공동체에 합류할 수 있었다. 20세기 후반, 그들 대부분은 다시 다른 곳으로 떠났고, 그중 많은 이들이 이스라엘로 갔다.

• — •

이제 1492년의 유명했던 다른 사건으로 돌아가보자. 최초로 대서양을 횡단한 세 척의 작은 스페인 선박은 10월 12일 카리브 해에 도착하여 매력적이고 우호적인 현지인들의 환영을 받았다. 역사상 가장 유명한 이주 이야기는 결국 끔찍한 결말로 끝을 맺지만, 그 시작은 온화하고 심지어 목가적이기까지 했다. 큰 틀에서 보면 그것은 수세기에 걸친 대륙간 역사 시리즈의 서막이었다. 시즌 1에서는 이주민 집단이 다른 대륙에 도착해 그 대륙의 원주민 대부분을 제거한다. 시즌 2에서는 제3의 대륙에서 수백만 명이 노예로 끌려와 원주민들을 대체한다. 그후 여러 시즌 동안 사정은 별반 달라지지 않는다. 요약하면 이렇듯 간단하지만 초기 에피소드들을 자세히 들여다보면 훨씬 더 복잡하고 너무 터무니없이 비극적이어서 한편으로는 희극 같기도 하다.

먼저 콜럼버스의 이야기부터 살펴보자. 그는 단순한 이주민 이

지중해에 접해 있는 이탈리아 제노바는 15세기 당시 유럽의 주요 교역국이었으며 매우 강성했다. 또한 많은 제노바 사람들이 유럽 각지로 흩어져 강력한 공동체를 형성했는데, 제노바 출신의 크리스토퍼 콜럼버스가 스페인 이사벨라 여왕의 지원을 얻을 수 있었던 것은 스페인에 살았던 제노바 사람들의 역할이 컸다.

상으로 해상 유목민이라고 불러도 될 정도다. 그는 열네 살에 제노바를 떠난 후 동부 지중해와 아프리카 서해안의 섬들 그리고 북대서양의 아이슬란드까지 여행하며 바다를 떠돌아다녔다. 그는 대담하고 고집스러웠으며 재능 있는 항해사였다. 그는 유명해지고 부자가 되기 위해 노력했고, 그렇게 되었다. 개인적인 생활에 대해서는 마데이라 근처의 섬에 살았던 이탈리아계 포르투갈 여성과 결혼했고, 코르도바에 장기간 정부를 두었다는 점을 제외하고는 알려진 것이 거의 없다. 또한 콜럼버스가 집을 소유했거나 상당 기간 정착했다는 기록은 없다.

콜럼버스는 바다에 있지 않을 때는 스페인 군주(당시 스페인에는 수도가 없었고 군주들은 왕국 내에서 육상 유목민처럼 이동하며 살았다*) 혹은 리스본에 있는 포르투갈 왕을 찾아가 대서양 횡단을 위한 자금을 구하기 위해 육로로 여행을 했다. 처음에 그들이 충분한 관심을 보이지 않자 프랑스와 영국의 지원을 받기 위해 동생을 북쪽으로 보내기도 했다. 결국 스페인 군주들은 콜럼버스의 계획에 그다지 크지 않은 금액을 지원했는데, 그것도 대서양에서 아프리카를 통해 아시아로 향하는 항로를 포르투갈이 선점하게 될까 봐 우려해서였다. 한편 세비야의 은행가들은 콜럼버스에게 아낌없는 지원을 해주었다.

콜럼버스는 고대 그리스와 로마인들의 계산은 틀렸고, 지구 둘레가 그들이 예상한 것보다 훨씬 작기 때문에 유럽에서 서쪽을 향해 아시아로 항해하는 것이 어렵지 않을 것이라고 확신했다. 그가 세운 계획의 주된 목적은 새로운 정착지가 아니라 새로운 무역로를 여는 것이었다. 콜럼버스는 마르코 폴로의 여행기를 읽고 인도 제국으로 가는 계획을 세우긴 했지만 사실 명확한 목적지를 갖고 있지는 않았다. 15세기에 인도 제국이라는 지명은 지금보다 훨씬 더 광범위하고 모호한 의미를 갖고 있었고 우리가 아시아라고 여기는 넓은 지역들을 설명하는 데 사용되곤 했다. 콜럼버스는 중국 여행을 할 계획도

* 이사벨라 여왕과 페르디난드 왕은 두 사람의 영토를 통합한 후, 다른 권력 중심지가 생겨나지 못하도록 수많은 수행원을 대동하고 호화로운 여행을 하며 평생 많은 시간을 길 위에서 보냈다.

갖고 있었는데, 스페인 군주가 대칸Great Khan(마르코 폴로 시대의 몽골 통치자 칭호)에게 보내는 서신 그리고 (받는 사람의 이름을 공란으로 남겨둬 콜럼버스가 적어넣을 수 있게 한) 격식을 갖춘 두 통의 다른 추가 서신도 가지고 갔다. 그는 또 마르코 폴로가 '금이 엄청나게 풍부한' 곳으로 언급한 일본도 가보고 싶어 했다. 왕들은 콜럼버스에게 총독 또는 제독이라는 황송할 정도로 거창한 칭호를 주었다. 아마도 그가 만날 것으로 예상했던 아시아의 유력자들에게 깊은 인상을 주기 위해서였던 듯하다. 그는 또 히브리어와 아람어, 약간의 아랍어를 할 줄 아는 사람을 통역으로 데리고 갔는데, 대칸을 만났더라도 그와 이야기하는 데는 아무 소용이 없었을 것이다.

이상하게도 콜럼버스가 최초로 상륙한 지점은 정확하게 알려지지 않았다. 항해사로서 그의 위대한 업적에도 불구하고 적절한 기록이나 자세한 설명도 보관되어 있지 않았던 것이다. 따라서 그곳이 현재의 산 살바도르로 알려진 바하마의 섬이었을 것이라고 추정할 뿐이다. 콜럼버스의 항해 일지와 동시대의 기록에 따르면, 콜럼버스와 그의 선원들은 '상당히 크고 아주 평평한' 섬에 첫 발을 내디뎠고, 그곳에 살고 있던 '몇 명의 벌거벗은 사람들' 앞에서 왕의 깃발을 세웠다. 그는 원주민들이 이해하지 못할 언어로 그들에게 자신이 페르디난드 왕과 이사벨라 여왕의 이름으로 "섬을 점령했다"고 통보했다. 콜럼버스는 현지 원주민들에게 빨간 모자와 유리구슬을 선물로 주었고 그들은 답례품으로 앵무새와 창, 목화를 주었다.

콜럼버스는 섬 주민들이 영리하고 순종적이어서 '좋은 하인'이 될 것 같고 쉽게 기독교로 개종할 것이라고 기록했다. 그는 원주민

일곱 명을 납치했고, 오십 명만으로 섬 전체를 진압하고 '그들이 우리가 원하는 것을 무엇이든 하게 만드는 것'이 얼마나 쉬운 일인지에 대해서도 기록했다. 세 척의 작은 배는 계속해서 몇 개의 섬을 더 지나갔다. 그는 섬들이 얼마나 푸르고 비옥한지에 주목했고 그때 이미 식민지화에 대해 생각하기 시작했다. 콜럼버스는 "나는 보통 어떤 섬이든 그냥 지나가지 않고 점령하고 싶다. 그리고 이미 하나를 점령하여 합병했으니 전부를 합병한 것이라고 말할 수 있다"라고 했다.

콜럼버스의 항해 일지를 읽다 보면 지리 정보에 다소 부정확함을 발견할 수 있다. 그는 바하마 제도를 통과하면서 "아시아로 진격하여 내가 일본 섬을 칠 수 있는지 알아보고 싶다"고 했으며, "중국으로 건너가 전하의 서신을 대칸에게 전달할 작정이다"라고 스페인 군주들에게 편지를 썼다. 그러나 실제로는 예상한 경로에서 1만 2천 킬로미터 정도 이탈해 있었다. 섬을 몇 개 더 거쳐간 다음, 마침내 콜럼버스는 그 '크기와 풍요로움' 때문에 틀림없이 일본이라고 단정한 곳에 도착했지만, 사실 그곳은 쿠바였다. 그는 이보다 "더 아름다운 나라를 본 적이 없었다"라고 기록했다. 쿠바에 도착한 유럽인들은 처음으로 옥수수를 먹고, 담뱃잎을 따고, 해먹에서 잠을 자는 사람들을 보게 되었고, 곧 옥수수, 토바코, 해먹이라는 현지 단어가 여러 형태로 유럽어에 유입되었다.

배를 정박하고 섬에 내린 콜럼버스와 그의 선원들은 원주민들의 금에 관심을 갖게 되었고, 그 관심은 여행을 지연시키고 원래 목적에서 벗어나게 만들기 시작했다. 콜럼버스는 섬 주민들이 코에 금 장식을 달고 있는 것을 보았다. 그가 금이 어디서 나왔냐고 묻자 섬

주민들은 옆에 있는 큰 섬을 가리켰는데 그것은 유럽으로 가는 방향이었다. 그것이 사실이든 아니든 원주민들 입장에서는 현명한 조치였다. 금에 대한 정보를 얻은 콜럼버스와 그 일행은 배를 이끌고 금이 있다는 섬으로 향했다. 그곳은 현재 아이티와 도미니카 공화국으로 나누어져 있는 히스파니올라Hispaniola 섬으로, 스페인이 아메리카 대륙을 식민지화하던 초기에 중심적 역할을 하게 된다.*

콜럼버스는 히스파니올라의 타이노Taino족과의 초기 관계를 이상적으로 묘사했다. 그의 선원들은 카누를 타고 악천후로 어려움을 겪고 있는 타이노족을 도와 해안으로 데려다주고 선물까지 잔뜩 안겨주었다. 곧 네 사람이 높이 든 가마를 탄 추장이 나타났다. 콜럼버스와 추장은 첫 번째 섬에서 납치되어 이제는 스페인어를 조금 할 수 있게 된 원주민 포로들의 도움을 받아 몇 마디 말과 선물을 주고받았다. 추장은 콜럼버스에게 허리띠와 세공한 금 두 조각을 선물로 주었고 콜럼버스는 쿠션과 호박 구슬, 슬리퍼, 금화 등으로 보답했다. 그리고 그들은 함께 식사를 했다.

콜럼버스는 추장의 온화한 위엄에 깊은 인상을 받았고, 재난이 닥쳤을 때 도움을 받고는 더욱 그랬다. 1492년 크리스마스에 가장 큰 선박이 사고로 수리할 수 없을 정도로 망가졌다. 콜럼버스는 이사벨라 여왕과 페르디난드 왕에게 보낸 편지에서 추장이 어떻게 우리의 재난에 큰 슬픔을 나타냈고, 유럽인들이 난파선에서 짐 내리는 것

* 콜럼버스는 섬의 들과 나무, 물고기가 스페인을 떠올리게 했기 때문에 그곳을 에스파뇰라 섬Isla Española이라고 불렀고, 곧 히스파니올라로 라틴어화되었다.

콜럼버스는 오늘날의 바하마 제도 부근에 상륙했고, 그곳을 '히스파니올라'라고 불렀다. 원주민들은 '타이노'라는 이름을 갖게 됐는데 이는 원주민 언어로 "좋다"라는 뜻이었다.

을 돕기 위해 어떻게 즉각적인 조치를 취했는지 회상했다. 그는 히스파니올라의 '인디언'(콜럼버스는 그곳의 원주민을 인디언이라고 불렀다)에 대한 칭찬을 쏟아냈다.

> 그들은 애정이 넘치고 욕심이 거의 없으며 모든 면에서 유순해서, 제 소견으로는 이 세상에 이보다 더 좋은 사람들도 더 좋은 땅도 없다고 자신 있게 말씀드릴 수 있습니다.

배가 망가져 선원 중 일부는 섬에 남아 있어야 했다. 선원들은 난파선에서 나온 목재들을 해안으로 가져가 작은 요새를 짓는 데 사용했다. 콜럼버스는 그곳을 나비다드Navidad(배가 난파된 날인 크리스마스를 의미하는 스페인어)라고 불렀다. 나비다드는 바이킹이 거의 500년 전에 뉴펀들랜드에 상륙한 이후 아메리카 대륙에 탄생한 최초의 유럽인 정착지가 되었다. 그곳은 섬에 남아 있게 된 39명의 유럽인 선원들의 임시 거처가 되었다. 정착지 건설은 계획에 없었고 불행한 사고의 결과였지만 콜럼버스는 그것을 기회라고 생각했다. 타이노족에게는 금이 있었고, 그들은 그것을 신발 끈이나 깨진 유리, 도기 같은 유럽인에게는 하찮은 물건들과 기꺼이 교환했기 때문이다. 그래서 콜럼버스는 더 많은 배와 사람들을 데리고 돌아올 계획을 세웠다.

콜럼버스는 계획대로 2년 후 훨씬 더 큰 함대를 이끌고 돌아왔다. 배 17척에 1,200명이 넘는 사람들을 태우고 왔는데, 그중에는 노동자와 광부, 떼돈을 벌고 싶은 일부 '자유분방한 귀족들', 말과 갑옷을 갖춘 기사 20명, 8명의 사제도 있었다. 그리고 약간의 돼지, 염소, 양과 함께 밀과 보리의 씨앗, 작은 나무와 과일 나무 등도 가져왔다. 그들은 그곳에 정착하기 위해 왔고, 유럽인의 아메리카 대륙 이주가 시작되었다. 콜럼버스는 유럽으로 돌아가는 첫 번째 항해 중에 쓴 편지에 다음과 같이 기록했다.

| 콜럼버스 첫 항해 지도 |

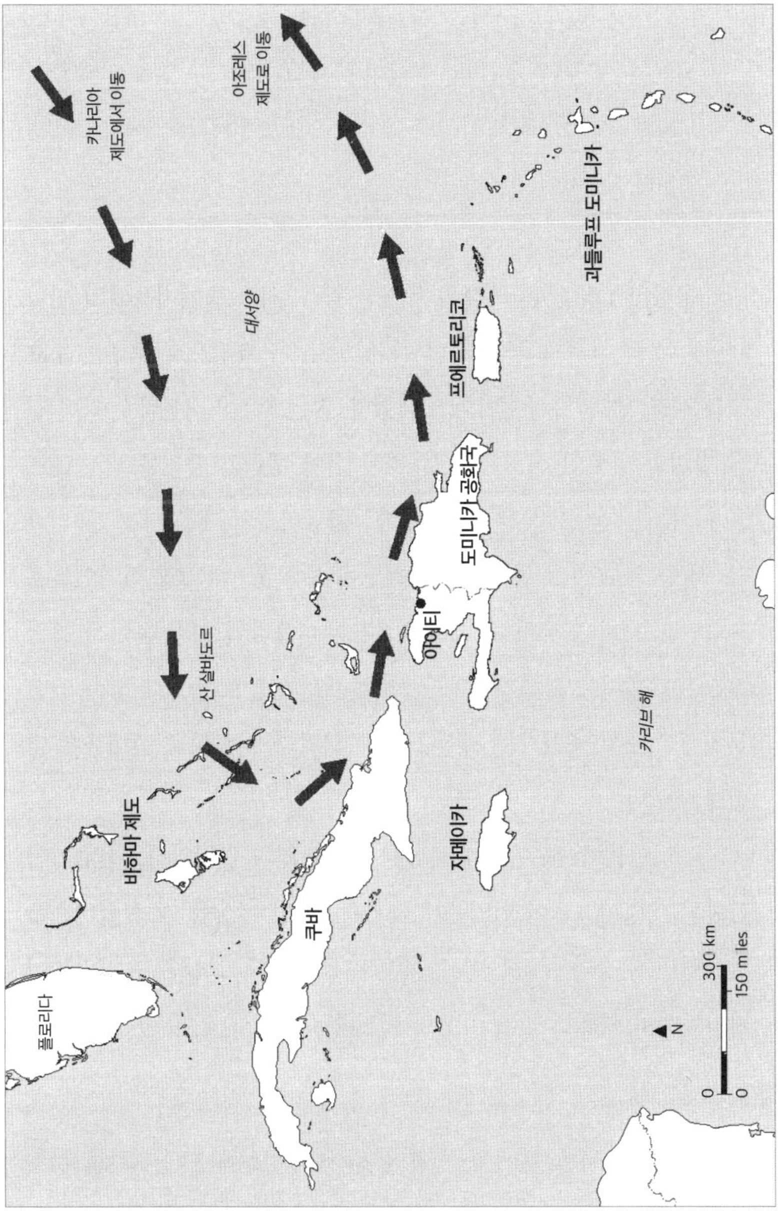
카나리아
제도에서 이동
아조레스
제도로 이동
대서양
과들루프
도미니카
푸에르토리코
도미니카 공화국
아이티
산 살바도르
바하마 제도
쿠바
자메이카
카리브 해
플로리다
N
0
300 km
0
150 miles

히스파니올라는 경이롭다. 산과 언덕, 평야와 초원은 비옥하고 아름답다. 그곳은 농작물을 심고 온갖 종류의 소들을 기르기에 적합하며, 도시와 마을을 세우기에 좋은 터들이 많이 있다. 항구는 믿을 수 없을 정도로 훌륭하고 수로가 넓은 큰 강이 많이 있으며 여기저기에서 금이 발견된다.

콜럼버스의 처음 목적은 무역과 탐사, 외국 통치자들과의 만남이었으나 곧 정착과 착취로 변질되었고, 그가 유럽으로 보내는 주요 상품은 금, 면화, 유향수지와 노예였다. 그는 히스파니올라로 가던 길에 발견한 남쪽의 더 작은 섬들에서 식인 행위의 증거를 발견했고, 그 이야기는 곧 유럽으로 전해졌다.* 콜럼버스의 배를 타고 온 의사가 '섬 중 최고'라고 한 푸에르토리코에 상륙했는데 그곳 현지인들은 유럽인을 보자 도망쳤다. 그리고 히스파니올라에 다시 돌아온 콜럼버스는 나비다드 정착지가 더 이상 존재하지 않으며 섬에 남아 있던 선원들이 모두 죽었다는 사실을 알게 되었다. 아름다운 신대륙은 더 이상 없었다.

유럽인들이 왜, 어떻게 죽었는지는 분명하지 않았다. 여러 가지 상반되는 이야기들이 있었는데 대부분 첫 번째 상륙 때 콜럼버스를 환영했던 추장의 부하들이 들려준 것들이었다. 그들은 유럽인들이 자기들끼리 싸웠다거나, 어떤 타이노족 여성들이 납치된 후 현지인

* 콜럼버스와 함께 여행한 의사는 세비야 시의회에 편지를 보냈는데, 과들루프의 솥에서 발견한 사람 목과, 카리브 사람들의 식인 의식을 충격적일 정도로 생생하고 상세히 설명하고 있었다. 카리브 해와 식인종cannibal이라는 두 단어는 모두 카리브에서 파생됐다.

들이 복수했다거나, 그들이 병에 걸렸다거나, 아니면 타이노족의 경쟁 집단이 그들을 죽였다고 말했다. 조사 끝에 선원들을 살해한 범인으로 카오나보라는 추장이 지목되었다. 그는 사로잡혀 재판을 받기 위해 스페인으로 보내졌다. 그런데 항해 도중 배가 침몰하면서 쇠사슬에 묶여 있던 카오나보 추장은 헤엄을 칠 수 없어 익사했다. 부하들이 유럽인들의 물건을 훔쳤다는 혐의를 받은 또 다른 추장은 한쪽 귀가 잘리는 공개 처벌을 받았다. 히스파니올라의 여러 지역에서 유럽인과 타이노족 사이에 작은 충돌이 있었는데, 대개 이주민들이 원주민 여자를 붙잡으려 하면서 벌어진 갈등이었다. 잦은 분쟁으로 추수가 어려워지면서 많은 타이노족이 기근을 겪었다. 모든 상황이 다 어긋나고 있었다.

기록에 따르면 콜럼버스는 뛰어난 행정가는 아니었던 것 같다. 그는 자메이카를 비롯해 새로운 섬들을 '발견'하겠다면서 자기 기분 내키는 대로 사라지곤 했다. 이런 상황에서 이주민들은 '인디언'을 노예로 삼아도 될 것인지, 금을 어떻게 분배할 것인지를 놓고 싸움이 끊이지 않았다. 히스파니올라에는 콜럼버스가 약속한 것처럼 금이 넘쳐나지도 않았다. 계속해서 스페인을 오고가는 배를 통해 얼마나 많은 일들이 잘못되었는지 스페인 왕들에게도 전해졌고, 새로 채굴한 왕실 금을 횡령한 것 같다는 보고까지 들어갔다. 이를 조사하기 위해 검사관이 파견되었고, 그 결과 콜럼버스는 동생에게 지휘권에 맡기고 스페인으로 돌아갈 수밖에 없었다. 그러나 그는 2년 후 왕과 여왕 그리고 제노바 은행가들의 새로운 지원을 얻어내 다시 돌아왔다.

히스파니올라의 상황은 더욱 악화되었다. 타이노족이 여기저기서 반란을 일으켰고, 일부 불만을 품은 스페인 이주민들은 이를 부추기기도 했다. 콜럼버스가 책임을 맡겼던 유럽인들, 즉 스페인과 제노바 사람들 사이의 관계는 돌이킬 수 없는 지경에 달했다. 프란치스코 롤단Francisco Roldan이라는 안달루시아 행정관은 반란을 일으켜 '여자들이 다른 곳보다 더 예쁘고 고분고분한' 섬의 서부를 장악했으며, 타이노 추장 가족을 인질로 잡고 몸값으로 금을 요구했다. 유럽인들은 이권을 차지하기 위해 원주민뿐만 아니라 유럽인들까지 죽이기 시작했고, 여러 명의 스페인 이주민들이 콜럼버스의 명령으로 처형당했다. 그러나 다른 검사관이 스페인에서 도착했고 콜럼버스는 사슬에 묶여 다시 유럽으로 실려갔다. 이후 무죄를 입증받고 1502년에 아메리카 대륙을 한 번 더 찾았는데, 그때는 이미 정치적으로 밀려나 파나마 해안선을 따라 여행하고 잠시 히스파니올라에 들리는 정도였다. 한편 그곳이 아시아가 아니라는 모든 증거에도 불구하고 콜럼버스는 여전히 자신이 아시아에 있다고 믿었다고 한다.

히스파니올라의 타이노족은 점점 늘어나는 스페인 이주민들의 강탈로 고통을 겪었다. 그들은 새로운 통치자에게 금을 공물로 바쳐야 했고, 강에 있는 돌에서 발견했던 금을 이제는 캐내야 했다. 타이노족 여자들은 스페인 사람들의 첩으로 끌려갔고 남자들은 광부로 강제 노동을 해야 했다. 남녀가 분리되자 출생률도 떨어졌고, 기독교 개종을 거부하는 사람들은 노예가 되기도 했다. 스페인 사제 바르톨로메 데 라스 카사스는 1502년에 식민지 개척자로 히스파니올라에 갔다가 그곳에서 많은 살인을 목격하게 된다. 그는 스페인 통치에 저항한다는 의심을 받은 타이노족이 받은 형벌을 끔찍할 정도로 자세하게 묘사했다. 죄인은 나무로 만든 판에 묶여 약한 불에 서서히 구워 죽이거나, 몸에 짚을 묶은 채 교수대에 매단 다음 불을 붙였다. 라스 카사스는 그곳의 스페인 사람들에 대해 다음과 같이 기록했다.

> 그들은 단칼에 사람을 둘로 가르거나, 아니면 머리를 쳐내거나, 아니면 도끼 한 방으로 내장을 빼낼 수 있는지 내기를 걸었다. 그들은 젖먹이의 발을 낚아채 어미의 젖가슴에서 떼어내고는 아기 머리를 바위에 내리쳤다.

그는 스페인 사람들이 자기들끼리 '유럽인 한 명당 인디언 백 명을 처형한다'는 비공식적 합의를 본 것 같다고 말했다. 라스 카사스의 주장에 따르면 1492년 300만 명이던 히스파니올라의 '인디언' 인구는 반세기 후 300명으로 줄었다. 그러나 라스 카사스의 주장을 곧이곧대로 받아들이기는 힘들 것 같다. 히스파니올라가 그때나 지금이나 카리브 해에서 가장 인구가 많은 섬이기는 하지만 원주민의 인구는 과장되었다고 보는 것이 타당하다. 그럼에도 불구하고 콜럼버스가 그 섬에 상륙한 이후 수십 년 동안에 살인과 기근, 질병 등이 합쳐져 히스파니올라 타이노족이 거의 멸종당하다시피 사라지고, 언어와 문화 또한 대부분 말살된 것은 확실하다. 인구가 너무 극적으로 감소하자 식민지 개척자들은 다른 섬에서 노동 인력을 데려오기 시작했다. 특히 바하마 제도에서 많이 데려왔는데, 라스 카사스에 의하면 "강제 이주로 인해 그곳의 원주민 인구가 전멸했다"고 한다. 그들 대부분은 히스파니올라에 와서 죽었고, 새로운 대규모 강제 이주민 집단이 배에 실려 대서양을 건너왔다. 그들은 아프리카에서 온 흑인 노예들이었고, 이는 아메리카 대륙의 역사에 지속적으로 영향을 미쳤다.

유럽인이 도착하기 전까지 타이노족이 주로 살고 있던 쿠바, 자메이카, 푸에르토리코도 모두 히스파니올라와 비슷한 방식으로 파괴되었다. 1519년부터는 중앙 아메리카 본토의 원주민 인구도 줄어들기 시작했다. 스페인 이주민들이 들여온 천연두가 아마도 가장 큰 사망 원인이었을 것이다. 멕시코의 아즈텍 문명은 소수의 유럽인과 몇몇 현지 협력자들에게 군사적으로 패배했지만 극적인 인구 붕괴의 원인은 질병이었다. 그리고 10년 후 스페인이 우월한 군사 기술과 치명적인 질병을 가지고 도착하면서 페루의 잉카 제국 또한 붕괴되었다. 이로써 스페인은 아메리카 대륙을 손에 넣었고 완전히 통제하게 되었다.*

이것은 꽤 기이한 이야기다. 비교적 소수의 이주민 집단이 약 50년 만에 대량 학살이라고 부를 만한 행위를 자행한 것이다. 이주민들은 대체로 스페인의 빈곤한 지역에서 왔으며, 대부분 경제적인 이유로 금과 부를 찾아왔다. 하지만 그들 중 일부는 권력을 추구하거나 로마 가톨릭을 전파하기 위해 오기도 했다. 물론 콜럼버스가 히스파니올라를 처음으로 방문했을 때 같이 온 초기 정착민들 중에는 어설

* 아메리카 대륙에서는 원주민 지배층들이 새로운 지배 엘리트로 편입되는 경향을 보였다. 따라서 현지 문화와 언어의 파괴가 카리브 해 지역만큼 광범위하지는 않았다.

픈 선의를 가진 사람들도 있었다. 스페인 동포들의 잔인함을 비난한 사람은 라스 카사스만이 아니었다. 사실 이 이주민들 역시 잔인한 사회에서 왔다는 점을 기억하자. 가톨릭 종교재판소는 신앙이 의심스러운 사람들을 잔인하게 고문하고 화형시키는 데 주저하지 않았고, 히스파니올라에서 자행된 가학적인 식민화 방식 중 일부는 이전에 카나리아 제도 정복 때도 이미 사용된 것이었다.

그렇다 해도 조직적인 살인이나 고문, 강간에 대한 이야기들은 500년이 지난 오늘날에도 여전히 오싹하게 느껴진다. 일부 스페인 이주민들에게 아메리카 원주민들은 영혼도 없고 인간도 아니었다. 그들은 원주민들을 원숭이와 비교하기도 했다. 첫 희생자였던 타이노족은 식인이나 인간을 제물로 바치는 행위를 하지 않았는데도 불구하고 스페인 이주민들은 일부 원주민들이 그랬다는 사실을 빌미로 그들을 노예로 삼거나 죽였다. 교황의 지원을 받아 이주해온 정착민들은 스페인이 아메리카 대륙을 다스리는 것은 신이 내린 권리라고 주장했다. 그 와중에 브라질로 알려진 중간 크기의 땅은 이웃인 포르투갈을 위해 남겨졌다.

스페인 제국 옹호자들에게 스페인의 아메리카 대륙 이주에 대한 이야기들은 믿을 수 없는 흑색 선전일 뿐이다. 그들은 이 모든 이야기들을 스페인과 스페인의 업적을 헐뜯기 위한 국제적 음모라고 생각한다. 그들의 주장에 따르면 유럽의 다른 국가들, 특히 개신교 국가들은 스페인의 영광과 제국을 훼손하고, 영토를 빼앗고, 스페인 국민을 악마화하고, 가톨릭을 폄하할 목적으로 작당해 스페인을 공격했다. 예를 들어 라스 카사스의 저술《눈물의 인디언 문명 파괴사》

의 17세기 영어 번역판에는 '피비린내 나는 색깔로 드러난 교황청의 정체'라는 새로운 제목이 달렸고 원문에 없던 설명이 이어진다.

> 교황 스페인 당이 서인도 주민들에게 자행한, 지옥에 사는 악마나 생각해낼 수 있는 끔찍하고 유례가 없는 학살과 도살 그리고 온갖 종류의 잔혹 행위에 대한 충실한 이야기.

특히나 네덜란드와 영국 사람들이 라스 카사스의 글에 큰 관심을 보였고, 그 글은 유럽 전역에서 널리 번역되어 팔렸다. 스페인의 경쟁국들은 아주 기꺼이 스페인 사람들을 무자비한 도살자로 폄하했는데, 이는 스페인의 평판을 손상시킬 뿐만 아니라 아메리카 대륙과 다른 지역에서 자신들이 원주민에 행하던 잔인한 행위를 가릴 수 있는 방법이기도 했다.

스페인 사람들은 원주민에 대해 끔찍할 정도로 잔혹했다. 16세기 초 아메리카에 있던 스페인 이주민들은 '비호감 이주민 명단'에서 꽤 상위권에 들었을 것이 분명하다. 그러나 거시적인 관점에서 보면 스페인은 일종의 정복자의 이주 방식과 행동의 틀을 규격화한 것이라고 볼 수 있다. 각 나라별로 편차는 있지만 영국, 프랑스, 포르투갈, 네덜란드, 벨기에, 또 훨씬 더 작은 규모이기는 하지만 덴마크도 같은 행위를 반복했기 때문이다. 유럽 식민주의 시대가 시작되었고, 이는 여러 면에서 오늘날까지도 영향을 미치고 있다.

이때까지 대부분의 유럽인들은 원시인이나 야만인이라고 부를 만한, 다른 대륙이나 아주 먼 지역의 원주민들과의 접촉이 거의 없었다. 중세 시대에 유럽인들은 경제적·군사적으로 자기들과 동등하거나 우월한 아랍인이나 몽골인을 상대해봤을 뿐이었다. 그런데 카리브 해에서 만난 원주민들은 달랐다. 그곳에서 유럽인들은 바퀴도 없고 철도 없고 가축도 없는, 하나님이나 여성의 사회적 지위 그리고 토지 소유권과 의복에 대한 생각이 매우 다른, 아주 낯선 방식으로 사는 사람들을 만났다.

콜럼버스와 일행들은 미지의 대륙으로 모험을 떠나면서 개의 머리가 달린 인간, 외눈이 이마 중앙에 박혀 있는 괴물, 아니면 온통 여자만 사는 섬 등 허무맹랑한 여행기에서 언급될 만한 괴물을 발견하게 되지 않을까 하고 기대했다. 그러나 그들의 기대와는 달리 그런 괴물은 찾아볼 수 없었다. 그들이 발견한 것은 사람이라고 충분히 알아볼 수 있었지만 자신들과는 좀 다르게 보이는 원주민들이었다. 그래서 그들은 원주민들을 괴물이나 다른 동물종인 것처럼 취급했다.

아메리카 원주민을 같은 인간으로 인정하고 스페인 사람들의 잔혹성을 공개적으로 비판한 라스 카사스와 같은 사람들의 글을 살펴보면 당시 또 다른 개념이 형성되기 시작했던 것을 볼 수 있다. 바로 원주민을 '고귀한 야만인'으로 낭만화하는 것인데 이는 오늘날까지 이어지고 있다. 라스 카사스는 히스파니올라의 타이노족에 대해 이렇게 말했다.

> 그들은 아무것도 소유하지 않고, 물질적 소유물을 획득하려는 충동이 없기 때문에 야심도 탐욕도 없으며 세상의 권력에도 전혀 관심이 없다. 그들은 순진하고 마음이 순수하며 뛰어난 지능을 가지고 있다.

원주민을 가학적으로 대하던 동시대의 다른 사람들과 대비하면 확실히 긍정적인 견해지만, 부정확하고 다소 오만한 태도이기도 하다. 라스 카사스는 어쩌면 '백인 구세주' 콤플렉스의 초기 사례라고도 할 수 있다. 그에게 타이노족은 분별력 없고 단순하고 세상을 모르는 사람들이었다. 라스 카사스는 타이노족의 특성을 길게 늘어놓은 이후에 "그들이 가톨릭 신앙을 받아들인다면 진리를 배우고 이해하는 데 큰 도움이 될 것이다"라고 말을 맺는다.

그러나 여기에는 타이노족은 물론이고 유럽인들이 해안에 도착하면서 허물어져버린 다른 공동체 구성원들의 목소리가 빠져 있다. 그들의 목소리가 영원히 사라졌다고 해서 그것이 그들의 삶을 상상하고 그들 역사의 조각들을 재조립하기 위해 노력해야 하는 책임을 면제해줄 수는 없다. 고고학, 유전학 그리고 비교 언어학과 함께 유럽 자료를 세심히 읽으면 1492년 이전에 그들이 영위했던 삶에 대한 단서를 얻을 수 있다. 그것을 통해 그들의 깊은 역사를 조금이라도 알고자 하는 노력이 필요하다.

• — •

히스파니올라의 타이노족는 우리 모두와 마찬가지로 원래 아프리카에서 온 이주민이었고, 그 이후에 또다시 이주한 사람들이었다. 하지만 타이노족은 고대 아테네인과 마찬가지로 자신들은 이주민이 아니라 항상 그곳에 있었다고 주장했고, 스페인 사람들에게는 자신들이 섬에 있는 두 개의 동굴에서 나왔다고 말했다. 앞에서 살펴보았듯이 이제 우리는 타이노족이 새로운 유럽 지배자들과 두 가지 경로로 유전적 혈통을 공유하고 있다는 사실을 알고 있다. 그들은 모두 네안데르탈인과 약 10만 년 전에 아프리카를 떠나 중동으로 간 인류의 후손이다. 콜럼버스와 선원들의 초기 조상들이 왼쪽으로 돌아 유럽으로 향한 반면 타이노족의 초기 조상들은 오른쪽으로 돌았다. 그들은 러시아 극동을 지나 알래스카로 건너갔고, 콜럼버스도 바이킹도 아닌 그들이 아메리카를 먼저 '발견'했다. 그들은 남쪽으로 향했고, 해류를 타고 카리브 해에 있는 섬들에 정착하게 되었다.

기원전 5천 년에 처음으로 히스파니올라에 인류가 정착했고, 이 최초의 정착민들이 중앙 아메리카에서 왔다는 것을 증명해주는 고고학적 증거들이 발견되었다. 하지만 나중에 온 이주민들은 남아메리카에서 왔으며 트리니다드에서 북쪽으로 이동해 이 섬 저 섬을 돌다가 도착했다. 스페인 정복 이전 1천 년 동안 카리브 해 사람들은 쿠바, 히스파니올라, 자메이카, 푸에르토리코, 바하마 같은 큰 북부의 섬 사이에서 복잡하고 다방향적인 이주 패턴을 통해 대규모로 혼합되었다. 섬의 원주민들은 조금씩 다르지만 상호 이해가 가능한 언어를 사용하고 있었는데, 이는 나중에 타이노어로 알려졌다. 섬들 사이에서는 정기적인 교역이 많이 이루어졌기 때문에 이들에게 해상 이동은 매우 중요했다. 예를 들어, 바하마의 면화와 소금에 절인 생선이 히스파니올라로 수출되었다. 스페인 사람들은 나무 한 그루를 통째로 사용해 만든 타이노족의 카누 한 척에 150명이 타고 이동하는 것을 보고 매우 놀랐다고 한다.

타이노라는 이름은 그들이 스페인 사람들에게 자신들을 가리키며 "타이노Taino"라고 말했기 때문에 붙여졌다. 그 단어는 사실 '좋다'는 의미의 단어로, 이는 남쪽 섬에 있는 카리브족과 자신들을 구분하는 방식이었던 것 같다. 온순하고 평화를 사랑하는 타이노족과는 대조적으로 카리브족은 (유럽인 여행자들이 보기에는) 잔인하고 피에 굶주린 식인종이었다. 이는 아직까지도 남아 있는 이분법적 분류로 역사 교과서와 문학에서도 발견할 수 있다. 제임스 미치너James Michener의 1989년 소설 《캐리비안》은 콜럼버스 이전 시대의 상투적인 선과 악을 상징하는, 천사 같은 섬 주민들("그들은 자신들의 작은 우주와 조화롭게 살았다.")과 악마 같은 카리브족 침략자들("사나운 무서운 사람들") 사이의 대결로 시작된다. 미치너는 단기적으로는 잔인함이 늘 승리한다고 말하며, 그래서인지 그의 소설속에서 카리브족이 승리하고 대량 학살을 자행한다.

이런 류의 이야기는 많은 문제점을 안고 있다. 식인종이라고 매도당한 카리브족뿐만 아니라 선량한 타이노족에 대해서도 마찬가지다. 그들의 역사를 단순화함으로써 그들은 순진한 어린애와 같은 취급을 받고 단일하고 표준화된 집단이 되어버린다. 그리고 그들의 이른바 온화한 특성으로 인해 스페인 사람들이 자신들을 정복하고 민족을 말살할 때 스스로를 지키지 못했다는 주장을 정당화한다. 이것은 스페인 통치에 대한 타이노족의 저항을 과소평가한 것이다. 타이노족은 완전히 사라진 것이 아니며, 그들은 문화 및 유전자를 통해 아직도 살아 있다. 현대의 DNA 검사는 카리브 해 북부에 거주하는 사람들 중 많은 수와 다른 곳에 널리 퍼진 공동체 중 일부가 타이노족의 후손이라는 것을 보여준다. 하지만 대부분이 모계 혈통에 의한 후손으로, 타이노족 남자들은 살해되거나 노예가 되고 타이노족 여자들은 강간당하거나 첩이 된 당시의 추악한 현실을 상기시켜준다.

스페인 통치에 저항한 히스파니올라 사람들이 완전히 잊혀진 것은 아니었다. 그들은 처음에는 유럽의 기록에서 언저리에 존재하는 주변 인물로 등장했지만, 오랜 시간이 흘러 탈식민지화 이후에는 아이티와 도미니카 공화국 등에서 고대 영웅으로 다시 등장해 이름을 딴 거리가 만들어지고 조각상이 세워졌다. 또한 그들을 기념하는 우표가 제작되는 등 후대의 자부심이 되었다. 예를 들어, 최초의 유럽 이주민들을 살해한 혐의를 받은 추장 카오나보의 경우를 살펴보자. 그는 스페인으로 끌려가다가 사슬에 묶인 채로 익사했다. 유럽에 남겨진 기록을 보면 카오나보는 바하마 출신의 이주민으로 히스파니올라의 중부 지역 대부분을 통치했다. 카오나보는 도미니카 공화국의 1센트 동전에 새겨졌고, 히스파니올라 집 근처의 도시 공원에는 근육질에 거의 벌거벗은 채 쇠사슬을 끊는 모습이 조각된 거대한 동상이 서 있다.

카오나보의 아내 아나카오나Anacaona는 섬의 왕족에 속하는 가문 출신으로 시인이었다. 그녀는 남편이 죽은 후에도 계속 스페인 사람들에게 저항하다가 1504년 교수형을 당했다. 그녀의 삶과 죽음은 1970년대 최고의 살사곡으로 재탄생했다. 푸에르토리코 가수 체오 펠리시아노의 노래 '아나카오나'에서 그녀는 비둘기 같은 영혼을 가진 인디언 포로였지만 분노에 차 죽었고, 악을 결코 용서하지 않는 강하면서 선한 유색인종의 전형인 부에나 네그로나buena negrona로 등장한다. 최근에 아나카오나에 관한 책들이 쏟아져 나왔는데, 표지에

타이노족의 독립투쟁을 이끈 카오나보와 그의 아내 아나카오나. 오늘날 동상과 기념우표가 그들을 기리고 있다.

디즈니식 공주처럼 그려지기도 했다. 이 원조 포카혼타스는 얼굴이 희고 옷으로 온몸을 휘감은 외국인들이 왜 그토록 금에 사로잡혀 있는지 이해하지 못했으며, 타이노족의 순교자로 죽었다. 그녀의 조카 손자 엔리키요Enriquillo도 우표에 등장하고, 동상이 세워진 또 다른 카리브 해의 스타다. 그는 1530년대에 히스파니올라 언덕에서 일어난 타이노족의 마지막 반란을 이끌었고 끝까지 살아남아 마지막 타이노족으로 기록된다. 역사가들은 이 반란 이후 타이노족의 역사는 끝나고, 그들이 멸종했다고 주장한다.

그러나 이 타이노족 이야기에는 반전이 있다. 현대 이민자들을 중심으로 타이노족의 부활이 이루어진 것이다. 최근 수십 년 사이에 타이노족에 대한 관심이 재확산되었는데, 주로 본인이 타이노족이라고 주장하는 사람들과 타이노족의 음악이나 요리, 종교 의식 그리고 타이노어를 되살리려고 노력하는 사람들 사이에서였다. 그들은 타이노족의 전통과 문화는 사라지지 않았으며 타이노족은 멸종되지 않았다고 주장한다. 한 타이노 운동가는 멸종에 대한 모든 이야기가 터무니없고 타이노족 공동체에 대한 범죄라며 다음과 같이 말했다. "진짜 대량 학살은 우리가 존재하지 않는다고 말하는 것입니다. 내가 여기 있는 것이 보이지 않습니까? 나는 죽지 않았습니다."

타이노 운동의 시작은 1970년대 후반으로 거슬러 올라간다. 당시 푸에르토리코 섬이나 미국의 다른 지역에 거주하는 푸에르토리코 혈통의 후손들이 타이노족의 멸종을 부정하고 공동체의 정체성 재건을 목표로 하는 문화와 정치 단체를 결성했다. 하지만 카리브 해 북부의 다른 섬들은 큰 반응이 없었고, 타이노 운동은 주로 푸에르토리코 지역에서만 이루어졌다. 그 이유는 복잡하다. 부분적으로는 이전에 타이노족의 섬이었던 다른 지역에서는 식민 시대 이후 국가 건설에 역점을 두고 있으며, 특정 공동체의 문화나 식민지 이전 원주민의 정체성보다는 유럽, 아프리카, 원주민의 혼합 유산에 그 중심을 두고 있기 때문이다. 반면에 푸에르토리코는 큰 섬 중에서 유일하게 독립하지 않았고 식민 시대 이후 표류했다.

푸에르토리코는 공식적으로 미국의 일부(주가 아닌 영토)이며 타이노 운동의 부상은 그러한 배경에서 살펴보아야 한다. 좀 더 구체적으로 타이노 운동은 대부분 미국 본토의 다른 지역, 특히 뉴욕으로 이주한 푸에르토리코 이민자 1세대와 2세대에 의해 추진되었다. 푸에르토리코 원주민 협회Asociación Indígena de Puerto Rico는 1980년대에 맨해튼에서 결성되었지만 곧 여러 집단으로 갈라졌다. 그중 일부는 다른 나라에 있는 타이노족까지 끌어들일 수 있는 더 광범위한 조직을 구축하고자 했다. 또 다른 단체는 음악이나 언어를 더 강조하거나, 푸에르토리코의 신생 타이노족 조직 또는 미국 나머지 지역의 아메리카 원주민들과 더 긴밀한 관계를 구축하는 것을 더 중요시했다. 이들에게는 타이노족의 멸종을 부정하는 것 외에는 구성원들을 통합할 뚜렷한 목표가 없었다.

타이노족 부흥에는 아메리카 원주민과의 관계 문제도 얽혀 있다. 타이노족은 미국 정부 인디언 사무국의 정식 인정을 받지 못하고 있으며, 조상의 땅에 대해 다양한 수준의 자치권과 통제권을 가진 574개 부족에 속하지 않는다. 그리고 앞으로도 공식 인정 기준을 충족할 가능성도 없다. 공식 인정 여부는 각 부족이 유럽인 도착 이전부터 일종의 정치적 단체로 연속적으로 존재했는지를 증명해야 하기 때문이다. 일부 운동가들은 타이노족이 유럽 이주민들 손에서 가장 먼저 그리고 가장 큰 고통을 당했음에도 불구하고, 정식 인정조차 못 받는 것을 이중으로 부당한 처사라고 주장한다. 또 어떤 이들은 정부의 인정이나 지원 없이도 타이노 운동이 성장한 것이 바로 타이노족의 힘이라고 자랑스러워하기도 한다.

이민자 커뮤니티 내에는 타이노 운동을 비판하는 이들도 있다. 특히 뉴욕에 살고 있는 푸에르토리코 출신의 학자는 '네오-타이노' 지도자 중 일부가 극단주의자이며 '민족팔이 야바위꾼'이라고 비난한다. 그들은 토지를 챙기고 식민지 잔학 행위로 보상을 받기 위해 그리고 푸에르토리코와 각지에 흩어져 있는 공동체의 교육 커리큘럼에 '가짜 원주민 역사'를 도입하기 위해 공식 인정을 받으려고 한다는 것이다. 그는 타이노족의 순수 혈통과 언어가 사라졌기 때문에 타이노족의 멸종은 사실이라고 주장한다.

2018년 9월, 뉴욕의 국립 아메리카 인디언 박물관에서 타이노

심포지엄이 열렸다. 이 박물관은 맨해튼에 있는 옛날 세관 건물로 20세기 초에 세워졌고 '인류의 여덟 종족'을 나타내는 돌 흉상을 포함한 보자르beaux arts 장식이 있는 신고전주의 양식의 건물이었다. 주최측은 이 행사를 40년 활동의 절정이자 타이노족이 여전히 존재한다는 것을 세상에 알리려는 자신들의 노력을 축하하는 자리로 마련했다. 행사장에는 타이노 음악과 기도가 울려퍼지고 참석자들은 타이노 단어들이 섞인 스페인어와 영어로 이야기를 나누었다. 참석자들 사이에 파벌 간의 갈등은 드러나지 않았지만 이따금 주의를 당부하는 말은 있었다. 여교사인 한 연설자는 타이노 운동이 많은 이들에게 민감한 문제라는 말로 이야기를 시작했다. 그리고 자신은 푸에르토리코 학생들에게 "나는 타이노다"라고 말하는 것을 권장하지 않는다고 했다. 그 말은 순수 혈통임을 강조하는 발언이기 때문이기도 하고 동시에 자신들의 아프리카 유산을 부인하는 것을 의미할 수도 있기 때문이라는 것이었다. 그녀는 "우리는 혼혈"이며, 학생들에게도 그렇게 가르쳤다고 말했다. 그러나 청중들은 그녀의 의견에 크게 동요하지 않았고, 여전히 일부는 자신을 타이노라고 소개했다.

외부인들에게는 타이노 운동과 타이노 멸종에 대한 논쟁이 의미 없는 것으로 보일 수 있다. 콜럼버스 이야기의 한 에피소드나 미국에 살고 있는 푸에르토리코 이민 단체들끼리의 논쟁쯤으로 볼 수 있는 것이다. 그러나 타이노 논쟁은 오늘날의 이민 문제와도 연관되어 있다. 이민자들은 대부분 새로운 문화에 동화하고 싶어 하는 동시에 자신들의 문화를 재건하고 재창조하려는 욕구를 느낀다. 그리고 타이노족의 부활을 지지하는 이들 역시 고향을 떠나 뉴욕이나 뉴저지에 살고 있는 이주민으로 더 이상 진정한 의미에서 원주민이라고 부를 수 없다. 또한 타이노족의 이야기는 마치 문화적 연속성이 과거에 누가 누구와 성관계를 가졌느냐에 따라 결정된다는 듯이 여전히 혈통을 중요시한다는 점도 일깨워준다.

그러나 현대적 맥락에서 더 중요한 것은 타이노 운동을 현대 정체성 정치의 사례로 볼 수 있다는 것이다. 정체성에 대한 선택권은 더 이상 과학자나 학자, 정부에게 있지 않으며, 당사자인 개인과 집단에게 주어지고 있다. 스스로를 누구라고 설명할지에 대한 권한을 자신이 갖게 된다는 것은 마냥 좋은 것만은 아니다. 그것은 우리를 자유롭게도 하지만, 자기편을 선택해야 하고 자신을 단순한 한 마디로 정의해야 한다는 부담을 주기도 한다. 그러나 만약 어떤 개인이 자신을 타이노족, 아메리칸 인디언, 라티노, 흑인, 야간, 제노바인, 영국인 또는 유럽인이라고 밝히기를 원한다면, 때로 그 정체성이 정확할 가능성이 희박하다 하더라도 그 사람에게 굳이 다른 것을 택하라고 설득하는 것은 의미가 없을 것이다.

대신 복수의 정체성을 가질 수 있는 자유를 허용하고, 누군가의 정체성이 상황이나 대화 상대에 따라 다를 수 있다는 것을 인정하면 어떨까? 단 하나의 정체성을 고집하는 것은 때로 우리와 다른 사람들의 삶을 상상하고 공감하는 능력을 감소시킬 수 있다. 우리의 깊은 역사, 공동 혈통, 이주민으로서의 역사(고대와 현대)에 초점을 맞춤으로써 우리는 그 무엇보다도 같은 인간으로 공유한 유산과 정체성에 더욱 집중하게 될 것이다.

저자 노트, 여섯 번째

전 세계 수십억 명의 사람들과 마찬가지로 나도 2020년대 초반 수 개월을 봉쇄 상태로 보냈다. 내 감금 생활은 완벽하게 편안했지만 이 주에 대해 글을 쓰는 사람에게는 어쩐지 부적절했다. 나는 내가 태어난 집에 돌아와 살고 있었기 때문이다. 그곳에서 나는 87세의 어머니와 먹고, 이야기하고, 슈퍼마켓에 배달을 주문하고, 옛일을 떠올리고, 형편없는 TV 프로그램을 보고, 전염병에 대한 소설을 읽었다. 그리고 내가 제노바에서 콜럼버스의 궤적을 쫓던 중에 옮은 것으로 보이는 초기 코로나 바이러스 감염에서 빠르게 회복되었다.

정부가 지시한 매일 실외 운동을 위해 나는 근처에 있는 두 곳의 공동묘지에서 이야기거리가 있는 묘비를 찾으며 많은 시간을 보냈다. 브롬프턴 공동묘지는 크고 훌륭한 장례 건축물과 19세기 신고전주의 양식의 회랑으로 가득하다. 이곳에는 모든 종교 신자들과 무교도, 러시아인, 이탈리아인, 폴란드인, 이란인 등 다양한 나라 출신의 시신들이 섞여 누워 있다. 그리고 나는 그중에서 롱 울프Long Wolf라는 수Sioux 인디언 주장의 무덤을 발견했다. 그는 1890년대에 버팔로 빌 와일드 웨스트 쇼의 일원으로 런던에 왔다가 폐렴으로 사망했다. 그는 리틀 빅혼 전투에서 커스터 장군과 싸운 전사였지만, 이후 유원지 명물이자 배우가 되었다. 롱 울프는 빅토리아 여왕과 일반 영국 대중들을 위해 카우보이와 인디언을 보드빌 스타일로 재연한 쇼에서 깃털 머리 장식을 쓰고 모카신을 신고 함성을 지르며 머리가죽을 벗기는 연기를 했다. 그의 유골은 1990년대에 고국으로 보내졌지만, 달리는 늑대가 조각되어 있는 묘비는 브롬프턴 공동묘지에 남아 있다.

높은 벽 뒤에 숨겨진 작은 모라비아 교회의 매장지는 배타적인 장소로, 16세기에 지금의 체코 공화국에서 설립된 개신교 선교사 종파의 구성원들을 위해 따로 마련된 곳이다. 영국의 묘석은 모두 잔디에 납작하게 누워 있어, 마치 죽어서는 모두가 평등하다고 말하는 듯한데, 한 가지 예상치 못한 예외가 있다. 모라비아 매장지에 묻혀 있는 유일한 비非모라비아 교도의 것이었다. 구석에 있는 약간 도드라진 묘석에는 다음과 같은 단순한 비문이 새겨져 있다.

누낙

에스키모

소년

1770~1788

모라비아 선교사들은 캐나다 북부에 살던 누낙Nunak을 런던으로 데려왔고, 누낙은 천연두에 걸려 사망했다. 그는 세례를 받지 않았기 때문에 매장지 구석에 따로 묻혔다. 그의 짧은 생애에 대해 자세한 것은 알지 못하지만, 그는 아메리카 대륙에서 영국을 방문한 수백 명의 초기 여행자 중 한 명이었다. 그들은 대부분 연구 대상 또는 공개 전시를 위해 왔거나 왕에게 보일 신기한 물건 취급을 받기도 했고, 아니면 정복을 위한 통역사로 훈련되었다. 그들 중 4분의 1은 고향으로 돌아가지 못하고 영국에서 죽었다. 가장 잘 알려진 인물은 포카혼타스로, 그녀는 1619년 켄트의 그레이브센드 항구에 묻혔다. 영국의 첫 방문자로 기록된 아메리카 원주민들은 이름조차 없었다. 16세기에 뉴펀들랜드에서 온 세 사람은 "짐승의 가죽을 입고, 날고기를 먹고, 아무도 알아들을 수 없는 말을 했다"고 한다. 그들은 헨리 7세를 알현했다. 그들이 집으로 돌아갔는지는 알 수 없지만 영국에서 적어도 2년은 지낸 듯하니 롱 울프나 누낙 또는 포카혼타스와는 달리 이주민이었다고 말하기에 충분한 시간이다.

콜럼버스가 미국을 '발견'했다고 말하는 사람들의 억지 논리에 따른다면, 뉴펀들랜드에서 온 이름 없는 이 세 사람이 영국을 '발견'했다고도 말할 수 있을 것이다. 그리고 같은 논리로 콜럼버스가 아메리카 대륙에서 다시 유럽으로 귀환할 때 동행한 타이노족들이 유럽을 '발견'했다고 주장할 수도 있다. 콜럼버스는 스페인으로 돌아갈 때 타고 간 니나 호에 새로운 땅을 찾았다는 증거로 일곱 명 정도의 타이노족을 태우고 갔다. 그들 중 두 명을 제외하고는 모두 유럽의 질병에 노출되어 카리브 해로 돌아가지 못하고 사망했다. 그들의 원래 이름은 알려지지 않았지만 바르셀로나에서 이사벨라 여왕에게 소개된 이들 중 한 명은 디에고 콜론Diego Colón이었다. 그는 세례를 받았는데, 콜럼버스가 그의 대부가 되어주었다.

디에고 콜론에 대해서는 알려진 바가 거의 없지만 그의 이야기를 되살리려는 시도는 있었다. 미국에 있는 역사가이자 앤틸리스 제도의 타이노족이라고 주장하는 호세 바레이로José Barreiro는 소설《타이노》에서 콜론의 삶을 재구성했다. 바레이로는 그에게 구아이칸이라는 타이노식 이름을 지어주고, 그를 콜럼버스와 선원들이 방문한 첫 번째 섬인 바하마에 살고 있던 당찬 12세의 소년으로 소개한다. 그는 콜럼버스 일행을 '천으로 감은 수염난 남자들'이라고 묘사한다. 소설 속에서 구아이칸은 모험의 매력에 취해 집을 떠나기로 선택한다. 그는 콜럼버스의 배에 몰래 올라타 히스파니올라로 갔다가 유럽까지 가게 되는데, 나중에는 콜럼버스가 아끼는 통역사가 되었다. 그는 스페인 궁정의 화려함에는 별 감명을 받지 못하고 유럽의 위대한 기술 혁신 중에서 손수레가 가장 '경이로운 도구'라고 결론짓는다.

구아이칸은 카리브 해로 돌아와 유럽의 질병이 타이노족 영토에 확산되고 아나카노아가 처형되는 것을 목격한다. 그는 아나카노아의 사촌과 결혼하고 1530년대의 스페인에 대항한 타이노족 최후의 반란에서 살아남는다. 이후 구아이칸은 바르톨로메 데 라스 카사스 신부와 친구가 되었고 도미니크회 수도원에서 회고록을 쓴다. 《타이노》는 훌륭한 문학 작품은 아니지만 전염병 봉쇄 기간에 읽으면서 시간을 보내기에는 괜찮은 책이다. 또 특별한 사건들의 당사자였지만 목소리를 낼 수 없었던 이들의 생각과 삶의 이야기를 기록하고자 하는 진정한 시도이기도 하다. 유럽인과 아메리카 원주민의 만남으로 일어난 전염병의 전파와 관련된 부분은 오늘날 우리의 상황을 떠올리게도 했다(스페인 사람들은 천연두를 아메리카 대륙으로 가져왔고 아메리카 원주민들은 덜 치명적인 답례품으로 매독을 선물했다).

봉쇄와 격리는 인간의 이동을 중단시킴으로써 질병의 확산을 막으려는 의도를 갖고 있다. 인간의 이동과 전염병 사이에는 항상 밀접하고 복잡한 관계가 있기 때문이다. 그런데 이 관계가 증거도 없이 이주민과 그들의 후손을 탓하기 위한 핑계로 자주 사용된다. 기차와 비행기가 등장하기 전인 고대에는 사람이나 동물들(대개 쥐와 벼룩)의 이동을 통한 전염이 좀 더 느리게 퍼져나갔다. 그러나 그 주된 원인이 이주민인 경우는 극히 드물었다. 감염의 정확한 연결고리를 명확하게 밝혀내기는 힘들지만 군인이나 상인 또는 질병을 피해 이동하는 사람들의 책임이 더 클 수 있는 것이다. 오늘날은 출장을 가는 사람이나 휴가를 즐기려는 사람들이 주 매개체일 가능성이 높다.

그런데도 이민자들과 그 후손들은 팬데믹 기간 동안 과도하게 고통받는 경향이 있다. 사회가 시선을 내부로 돌려 비난할 대상을 찾아나서기 때문이다. 그것은 역사적으로도 증명되었다. 투기디데스는 기원전 430년 아테네에서 통치자 페리클레스를 포함하여 도시 국가 주민의 3분의 1이 전염병에 걸려 사망했다고 상세히 기록했다. 그 여파로 외국인 거주자인 메틱스들이 표적이 되어 권리가 제한되었으며, 일부는 노예가 되기도 했다. 유럽에서 흑사병이 발생했을 때는 수천 명의 유대인이 살해되었으며, 우물에 독을 뿌렸다는 비난을 받았다. 스트라스부르에서는 200명이 넘는 유대인이 불에 타 죽었고 살아남은 이들은 재산을 빼앗기고 추방당했다.

간단한 형용사로 외국인들을 악마화하고 오명을 씌우는 것은 옛날이나 지금이나 흔히 일어나는 일이다. 이탈리아와 독일 사람들에게는 매독이 '프랑스병'이었지만 프랑스인에게는 '나폴리병'이었고, 러시아인에게는 '폴란드병'이었다. 독감과 다른 바이러스도 마찬가지였다. 스페인 독감은 스페인에서 시작된 것이 아닌데도 그렇게 불렸고, 20세기에 창궐한 다른 독감에는 홍콩과 러시아가 앞에 붙었다. 소련 언론에서는 에이즈를 미국의 질병이라고 설명했고, 미국 언론에서는 아이티 질병이라고 언급했다.

가장 최근에는 도널드 트럼프가 코로나19에 우한 또는 중국 바이러스라는 이름을 붙이려고 했다. 그리고 이주민들이 또다시 희생양이 되었다. 많은 국가에서 중국인처럼 보이는 이민자들에 대한 언어적·신체적 공격이 일어났다. 인도 북동부 마니푸르 주 출신의 암샬렘 싱슨은 이스라엘의 잃어버린 부족 중 한 지파로 알려진 유대 브네이 마나셰 공동체의 일원으로 2017년에 이스라엘로 이주했다. 그런데 두 명의 이스라엘인이 '중국 사람'과 '코로나'를 외치며 그를 폭행해 흉부와 폐에 심한 부상을 입고 병원에 입원했다. 더블린에서는 중국계 여성이 운하에 던져졌고 관련 동영상은 소셜 미디어에서 급속히 확산됐다. 뉴욕에 있는 한 한국 여학생은 "네 코로나 마스크는 어디 있어, 이 아시안 계집애야"라는 폭언과 함께 얼굴에 주먹을 맞았다. 그러나 늘 그렇듯이 부유한 이민자들은 안전했다.

코로나로 인한 봉쇄로 전 세계에 흩어져 있는 가족들은 긴 이별을 겪어야 했고, 사람들은 그곳이 어디든 자기가 있던 곳에 그대로 머물러야 했다. 나도 인도에 있는 아이들과 여러 달 동안 떨어져 있어야 했다. 많은 사람들이 그 어느 때보다 더 긴 시간을 자신이 태어난 나라에서 벗어나지 못하고 지내야 했다. 하지만 나처럼 자기가 태어난 집으로 돌아와 있는 사람은 많지 않았을 것이다. 봉쇄조치가 마침내 나에게 집에 머물 이유를 주었다.

7장

버지니아, 노예, 메이플라워 호

MIGRANTS
The Story of Us All

이제 조셉 커니Joseph Kearney의 이야기를 한번 해보자. 그는 18세기 후반에 아일랜드 오팔리 주 머니갤이라는 작은 마을에서 태어나서 자란 중년의 제화공이었다. 그리고 수십만 명의 다른 아일랜드 출신과 마찬가지로 커니는 대기근 중에 미국으로 이주하여 중서부 지역인 오하이오 주에 정착했다. 그는 고향에서 가족(아내와 세 자녀)을 데려왔고 모두 미국 시민이 될 수 있었다. 조셉 커니는 미국 시민으로 사망했고, 훗날 그의 후손은 미국의 대통령이 되었다. 과연 그 후손은 누굴까? 답은 버락 오바마다. 그는 머니갤의 제화공인 조셉 커니의 5대손이었다.

2011년 미국 대선 준비 기간 중에 오바마 대통령이 아일랜드계 미국인들의 지지를 강화하기 위해 머니갤을 방문했다. 미국 최초의 흑인 대통령은 진눈깨비와 햇빛 속에서 헬리콥터를 타고 도착했다. 그는 먼 친척들을 만나고 조셉 커니의 옛집을 방문했으며 펍에서 기네스 맥주를 마셨다. 역시 아일랜드 혈통을 갖고 있는 미셸 오바마는 생맥주 기계로 기네스 맥주 따르는 법을 배웠고, 귀중한 음료를 흘렸다며 남편에게 놀림을 받기도 했다. 오바마 대통령의 방문은 머니갤에 깊은 인상을 남겼다. 주요 도로에는 미국 국기가 내걸렸고, 오바마 카페, 버락 오바마 플라자라는 고속도로 휴게소도 생겨나 파티 장소로 인기를 얻고 있다. 또한 아일랜드에 살고 있던 먼 친척 중 두 명은 워싱턴에서 열린 오바마의 두 번째 대통령 취임식에 초대되기도 했다.

오바마는 인종과 자신의 인종적 유산에 대해 복합적이고 설득력 있는 견해를 가지고 있다. 그는 많은 사람들이 아일랜드 제화공의 후손인 자신을 선택하지 않는다 해도 놀라거나 기분 상해하지 않았을 것이다. 오바마는 자신을 흑인이라고 생각하지만 자신의 혼혈 유산도 포기하지 않았다. 이는 그가 첫 번째 선거 유세 중 했던 가장 유명한 연설에서 잘 드러난다.

> 나는 케냐에서 온 흑인 남성 그리고 캔자스에서 온 백인 여성의 아들입니다. 나는 노예, 또 노예 소유자의 피를 이은 미국 흑인과 결혼했습니다. 이는 우리가 소중한 두 딸에게 물려줄 유산입니다. 내게는 세 대륙에 걸쳐 흩어져 있는 온갖 피부색을 가진 온갖 인종의 형제, 자매, 조카, 삼촌, 사촌들이 있습니다.

버락 오바마의 정체성은 미국 인종 정치의 전쟁터 역할을 했다. 그는 외국인이라거나 무슬림이라거나, 그 두 가지 모두라는 우파의 비난에 직면했고, 심지어 적그리스도라고 주장하는 이도 나타났다. 게다가 다양한 계보학자와 아마추어 논리학자들의 주장에 따르면 오바마는 반은 백인이므로 진짜 흑인도 아니었다. 물론 구식 백인 인종차별주의자들에게 그는 '한 방울 규정one drop rule'에 따라 부인할 수 없는 흑인(그들은 종종 더 심한 다른 단어를 사용하겠지만)이었다. 흑인의 피가 한 방울이라도 섞이면 무조건 흑인이라는 이 규정은 1960년대

오바마 대통령은 아일랜드 제화공 조셉 커니의 5대손으로 밝혀졌다. 그는 자신의 친척들이 "세 대륙에 걸쳐 있는 온갖 피부색과 인종을 포함한다"고 말했다.

에 여러 주의 법률 조항에서 사라졌다.

그가 대통령 후보로 처음 지명되었을 때 오바마의 정체성과 자신을 흑인이라고 부를 권리에 대해 다른 쪽에서도 이의가 제기되었다. 미국의 일부 흑인들은 그가 흑인이라고 내세울 수 있는 것은 피부색뿐이라며 그를 지지하지 않았다. 그들은 "그가 정말 흑인인가요?"라고 반박했다. 그들은 오바마가 백인 문화와 사회적 환경 속에서 자랐다고 지적했다. 그리고 대부분 흑인 미국인들과 달리 그는 노예의 후손도 아니었다. 작가 데브라 디커슨은 "오바마는 흑인이 아니다. 우리의 정치적·사회적 현실에서 '흑인'은 서아프리카 노예의 후손을 의미한다"라고 주장했다. 그녀는 특히 백인들이 오바마를 지지하는 것에 동요하지 않았다. "당신들은 노예의 후손인 흑인을 받아들인 것이 아닙니다. 당신들은 그저 흑인을 죄책감이나 두려움 없이 용납할 수 있는 아프리카 혈통의 이민자로 대체하고 있는 것뿐입니다."

• — •

오바마의 정체성에 대한 논쟁은 그의 대통령 재임 기간 내내 계속되었다. 이 논쟁은 아직도 해결되지 않은 인종차별 그리고 노예제도 문제를 되돌아보게 했으며, 과거의 이주가 미국 정치와 사회에서 얼마나 중심적인 역할을 하고 있는지도 알게 해주었다. 과거의 이주들은 여전히 미국과 미국의 기원에 관련된 이야기의 중심에 있다. 또한 유럽과 아시아와 달리 미국에서는 이주 이야기가 늘 거론된다.

하지만 이러한 미국 이야기들은 앞뒤 상황이 빠진 채로 신화처럼 언급되곤 한다. 엄밀히 표현하자면 거짓이라고 할 수는 없지만 실제 역사와는 관계 없이 국가의 이념을 구축하거나 특정 공동체의 권리를 주장하려는 목적을 위해 재구성되는 것이다. 그 이야기들은 과거와 현재에 대한 특정한 관점에 집중하고, 그 관점의 수혜자들을 지지하고 돕는 방식으로 변형된다. 그리하여 다른 대륙에서 혹은 미국 내에서, 자발적으로 혹은 강제로 온 특정 집단 이주민들에 대한 이야기는 서로 다른 운명을 맞게 된다. 한쪽에서는 무시되거나 방치되고 다른 쪽에서는 미화되고 전설이 되는 식이다.

유럽인과 아프리카인이 완전히 다른 상황에서 북아메리카에 정착하게 된 이후로 매우 다르게 압축된 두 가지 이주 개념이 등장했는데, 하나는 자유주의이며 다른 하나는 노예제다. 이 두 가지 개념들은 서로 관계 없는 이야기인 것처럼, 마치 서로 피부 색이 다른 쌍둥이를 태어나자마자 갈라놓듯이 따로 떼어져 이야기된다. 그러나 이 두 이주 이야기는 이중 나선처럼 서로 깊이 엮여 있다. 미국이 자유의 땅이기도 하며 또한 노예제도의 땅이기도 하다는 역설의 증거인 것이다. 이 역설은 불의와 희망, 꿈과 악몽, 독립과 억압이 담긴 수

많은 이야기들을 만들어냈다. 우리는 이 이야기들을 함께 해야 한다. 원치 않는 이주민이 된 아프리카인들과 고향에서 멀리 떨어져 보호구역으로 내몰린 미국 원주민들에 대한 이야기도 해야 한다.

미국 건국에 기여한 이들이 대부분 노예 소유주였다는 사실은 잘 언급되지 않는다. 또한 상당수의 카우보이들이 흑인이었고, 그중 소수는 노예 소유주였으며, 일부 아메리카 원주민은 노예였지만 일부는 노예를 소유하기도 했고, 유럽에서의 첫 이주 이후 북아메리카 지역에서 수많은 혼혈이 출생되었다는 사실 등도 마찬가지다. DNA 검사에 관련된 흥미로운 에피소드 중 하나는 백인 우월주의자들의 유전자에 흑인 DNA가 있다는 것이다. 한 번은 TV 생방송에서 그런 내용이 방영된 적도 있었다. 더욱 더 놀라운 일은 오바마에 관련된 사실이다. 계보학자들이 최근 버락 오바마가 노예의 후손이었다는 사실을 알아냈는데, 케냐인 아버지가 아니라 '백인' 어머니를 통해서였다. 그리고 오바마의 이 또 다른 아프리카 혈통은 (정확한 것은 아니지만) 북아메리카 최초의 노예라고 이야기되는 존 펀치John Punch와 관련이 있다고 한다.

아메리카 대륙의 노예제도는 유럽인들이 상륙하기 전부터 일부 아메리카 원주민 집단에서도 존재했다. 그러나 그들의 노예는 대개 전쟁 포로였고 피부색에 따라 결정되지 않았으며, 때로 몸값을 받기는 했지만 물건처럼 사고파는 일은 거의 없었다. 플로리다와 멕시코 국경 지역의 초기 스페인 정착민들은 카리브 해에서 했던 것처럼 일부 아메리카 원주민을 노예로 삼았고, 문서 등에 단순히 니그로라고 기록된 아프리카 노예도 데려오기 시작했다. 그중 에스데바니코

Estevanico 또는 '리틀 스티븐Little Stephen'으로 알려진 아프리카 노예는 역사의 한자락에 등장하여 현대판 영웅으로 부상해 다양한 작가들에 의해 재창조되고 미화되었다.

에스테바니코가 어디서 태어났고, 언제 노예가 되었는지는 알려져 있지 않다. 혼란스럽게도 스페인 자료에는 그가 모로코의 아제무르Azemmour에서 온 '아랍 출신 흑인'으로 서술되어 있어 그의 정체성에 대한 논란이 생기기도 했다. 최근까지도 그가 모로코인이나 아프리카 흑인, 또 때로는 두 가지 모두에 해당된다는 주장이 있었다. 1528년 에스테바니코와 그의 주인은 대규모 스페인 원정대의 일원으로 플로리다를 정복해 식민화할 계획을 갖고 미국에 상륙했다. 그러나 원정은 완전히 실패했다. 금 때문에 관심이 다른 데 쏠린 탓이었다. 원정이 실패하자 탈영하는 이들이 늘어났고, 배 난파로 물에 빠져 죽고 굶어 죽는 사건들이 잇달아 발생했다. 정착하기 위해 신대륙에 온 수백 명의 사람들이 플로리다에서 죽거나 뗏목을 타고 해안선을 따라 텍사스로 가던 중에 사망했다. 스페인 당국은 원정대 중 생존자가 없을 것이라고 판단했지만, 8년 후 원정대원 네 명이 멕시코 북부에 다시 나타났다.

그 네 명은 에스테바니코와 다른 세 명의 스페인 사람으로 여러 아메리카 원주민 집단의 도움과 방해를 받으며 텍사스에서 멕시코의 태평양 연안까지 거의 벌거벗고 맨발인 채로 이동했다. 네 사람은 카란카와Karankawa 인디언들에게 사로잡혀 노예가 되었지만 탈출하여 기적의 치료사 행세를 하며 살아남았다. 그때 에스테바니코는 통역을 맡았다고 한다. 에스테바니코는 멕시코에 도착하자마자 멕시코시

티에 있는 스페인 총독에게 팔려갔고, 그곳에서 아메리카 대륙에 끌려온 아프리카 노예들의 반란과 진압을 목격했다. 그 반란에서 반군으로 추정되는 다섯 명이 처형되었다. 이듬해에 에스테바니코는 새로운 임무를 맡고 지금의 애리조나와 뉴멕시코 지역으로 이동했다가 실종되었고, 죽었다고 알려졌다. 그러나 에스테바니코는 사실 죽지 않고 살아 있었다는 주장도 있다. 그 주장에 따르면 에스테바니코는 죽은 것처럼 위장해 노예 생활에서 벗어났고 나머지 여생을 주니Zuni 인디언들 사이에서 살았다고 한다. 이 이야기에 따르면 아프리카에서 온 노예가 대서양을 건너 아메리카 대륙으로 와 성공적으로 정착하게 된 것이다.

1565년에 미국에서 최초로 유럽인 영구 정착지가 된 플로리다의 세인트 어거스틴 시는 프랑스 사람들이 인근 잭슨빌에 정착지를 건설하는 것을 막기 위한 스페인 군대 전초기지로 시작되어 스페인령 플로리다의 수도가 되었다. 그러나 플로리다 세인트 어거스틴 시는 영국인 정착지가 아니었고, 1845년이 되어서야 정식 주가 되었기 때문에 이주민들이 성공적으로 자리잡아 계속 살았음에도 불구하고 웅대한 미국 역사에는 거의 등장하지 않는다.

그렇다면 가장 잘 알려진 미국의 건국 신화는 어떤 것일까? 대부분의 사람들에게 미국의 기원에 대해 물으면 그들은 뉴잉글랜드로 알려진 지역에서 발생한 사건에 대해 언급한다. 메이플라워 호, 필그림 파더즈, 플리머스 바위, 종교적 자유를 위해 목숨을 걸고 배를 타고 온 영국인들의 이야기다. 해마다 추수감사절 휴일에는 1621년 메이플라워 순례자들의 첫 번째 추수를 기념하는데, 그 당시 이주민들은 매사추세츠 해안의 척박한 토양에 농사 짓는 법에 대해 귀한 조언을 해준 친절한 원주민들과 함께 식사를 하며 축하했을 것이다. 이는 다소 미화된 것이지만 훌륭한 건국 신화로는 손색이 없는 이야기다. 이 이야기에 유혈 사태나 노예제도, 인종 간의 혼혈 출생은 나오지 않는다. 메이플라워 호 이야기와 약속의 땅으로 가는 이스라엘 백성의 여정 사이에 비슷한 점들이 있다고 주장하는 사람들도 있다. 그러나 그 주장은 역사적으로 부정확하고 지나치게 단순화된 것이다.* 초기 정착민 중 일부는 토지를 강탈하기 위해 인디언을 살해했고, 관용이라고는 찾아볼 수 없는 마녀사냥 집행자였으며 노예 소유주였음에도 불구하고 이들을 미화하고 있는 것이다. 게다가 시기적으로도 오류가 있다. 메이플라워 호를 타고 온 이주민들은 초기에 정착한 유럽인들에 비해 상대적으로 늦게 아메리카 대륙에 온 사람들이다. 메이플라워 호보다 13년 빠른 1607년에 도착한 유럽인들이 세운 아메리카 대륙 최초의 영국인 정착지인 버지니아의 제임스타운 이야기는 메이플라워 호 이야기에 가려져 버렸다(제임스타운은 1776년에 미국으로 선포된 지역의 경계 안에 있는 최초의 유럽인 영구 정착지였다).

17세기 초 버지니아의 이야기는 뉴잉글랜드의 이야기처럼 아

* 메이플라워 호에 관련한 기록 중 많은 것들이 이야기의 핵심을 생략하고 있다. 예를 들어 메이플라워 호를 타고 온 사람들은 영국 출신이지만 네덜란드의 라이덴에서 10년 이상 거주한 사람들이었고, 또 배에 탄 사람들 대다수는 청교도가 아니었다. 그들이 정착한 땅은 이전에 유럽인들이 가져온 질병 때문에 바로 얼마 전에 주민들을 철수시킨 곳이었다. 그들은 원래 뉴잉글랜드가 아니라 버지니아로 갈 계획이었다. 또 필그림 파더즈들은 추수감사절이라는 단어를 사용한 적이 없고, 그날은 1863년이 되어서야 국경일이 되었으며, 일부 아메리카 원주민들은 추수감사절을 애도의 날로 표시한다.

름답게 포장하기가 쉽지 않았다. 전반적으로 어수선하고 복잡한 배경을 가지고 있었고, 이념적이거나 종교적인 중심 맥락 또한 부족했고, 원주민과의 갈등과 아프리카인 노예제도 등 어두운 이야기도 많았다. 또한 내세울 만한 영웅도 없었고, 메이플라워 호와 추수감사절 같은 상징적인 이미지도 없었다.

그러나 복잡한 배경과 (뉴잉글랜드에서는 별로 언급되지 않았던) 노예제도 때문에 버지니아 이야기는 미국 건국 이전 역사의 주요 줄기인 자발적 혹은 강제 이주를 더 잘 대표한다고 볼 수도 있다. 그렇다면 초기 미국 역사의 중심에 있는 뉴잉글랜드 이주를 버지니아 이주로 대체하는 실험을 해보면 어떻게 될까? 아마 미국의 과거와 현재를 약간 다른 관점에서 바라볼 수 있지 않을까?

버지니아 이주는 실패로 시작했고, 여러 번 반복되었다. 1580년대에 영국인들은 스페인의 아메리카 대륙 독점 지배를 막기 위해 로어노크 섬에 정착을 시도했다. 첫 번째 정착민 그룹은 약 1년 정도 버텼는데, 영토를 점령하고 식량을 구하기 위해 의존하고 있던 세코타Secota 부족의 추장인 윈기나Wingina를 죽이는 바람에 정착에 실패했다. 이후 약 100여 명의 남녀로 구성된 두 번째 정착민 그룹은 아메리카에 도착하고 난 후 실종되었고 시신도 발견되지 않았다. 그들이 어떻게 되었는지는 아직도 정확히 알 수 없지만 세코타 인디언들이 추장의 복수를 했을 것으로 예상된다.

한 세대가 지난 후에 영국인들은 다시 정착을 시도했는데, 그 역시 재앙으로 이어졌다. 영국인들은 체서피크 만의 말라리아 지역 옆에 새로운 정착지를 건설하고 왕의 이름을 붙여 제임스타운이라고 명명했다. 1607년 5월에 그곳에 상륙한 104명의 정착민 중 첫 겨울을 살아서 넘긴 사람은 채 40명도 안 되었다. 지원군이 왔지만 사정은 더 나빠졌다. 세 번째 겨울은 혹독했으며, 아메리카 대륙에 사는 유럽인들은 굶주림을 견디다 못해 식인 행위까지 저지르게 되었다. 가까스로 살아남은 생존자들은 제임스타운을 떠났지만 더 많은 정착민과 약간의 보급품을 실은 세 척의 배에 나포되어 버지니아로 다시 돌아갈 수밖에 없었다. 이렇듯 영국의 북아메리카 대서양 연안 정착은 실패의 연속이었다.

처음 배를 타고 이주해온 영국인들은 새로운 삶에 매우 부적합했던 것으로 보인다. 그들은 모험과 부를 찾아 신대륙에 온, 하인까지 동반한 가난한 신사들이거나 영국 남부에서 모집한 실직 노동자와 부랑자들로 이루어져 있었다. 두 부류 모두 힘든 노동에 익숙하지 않았고 농사 경험도 거의 없었다. 1607년에 이주해온 정착민 중에는 벽돌공 두 명, 목수 한 명, 이발사 한 명, 의사 두 명, 어부 한 명 등이 있었다. 그 뒤를 이어 최초의 영국 여성 이주민인 '포레스트 부인'과 그녀의 하녀 '앤 부라스'가 왔고, 네덜란드, 독일, 폴란드에서 온 여덟 명의 장인이 점점 줄어들어가고 있었던 정착민 공동체에 합류했다.

이 초기 백인으로 이루어진 영국인 이민자들에게는 중요한 기술도 응집력도 공동의 목적도 없었다. 여성이 거의 없었기 때문에 가정도 일구지 못해 뉴잉글랜드의 상황과는 대조적이었다. 제임스타운은 식량도 부족했고 여러 문제가 있었지만 지휘 체계 또한 엉망이었다. 당시 기록을 살펴보면 정착민들이 서로 다투느라 얼마나 많은 시간을 보냈는지를 알 수 있다. 일부 젊은 이주민들은 제임스타운에서 달아나 인근 아메리카 원주민 부족을 찾아갔다. 이는 버지니아 이주 초기의 중요한 특징이 되었는데, 뉴잉글랜드 정착민 사이에서는 없었던 일이었다. 이탈자들에게 어떤 일이 있었는지는 잘 알려지지 않았지만, 많은 이들이 원주민 부족의 환영을 받았으며, 특히 무기를 가지고 가는 이들을 반겼다고 한다. 대부분의 아메리카 원주민들은 새 유럽인 식구들이 부족에 통합되기만 하면 인종에 대해서는 거의 상관하지 않았던 듯하다.

반면에 아메리카 원주민이 점점 커지고 있는 영국인 정착지에 자의로 합류하는 일은 드물었다. 벤자민 프랭클린의 글을 통해 그때의 상황을 가늠해볼 수 있다.

> 인디언 아이가 우리들 사이에서 자라며 우리의 언어를 배우고 우리의 관습에 길들여진다 해도, 그가 친척들을 만나러 가서 그들과 함께 인디언식 산책을 한 번이라도 하고 나면 돌아오고 싶어 하지 않는다. (그러나) 백인은 남녀 불문하고 어린 나이에 인디언들에게 포로로 잡혀 한동안 그들과 함께 살고 나면, 친구들이 몸값을 지불하고 다시 영국인들 사이에 머물도록 만들기 위해 상상할 수 있는 모든 애정을 베풀어도, 그들은 어느새 우리의 삶의 방식과 그것을 유지하기 위해 필요한 걱정과 수고에 혐오감을 느끼고, 기회가 생기기만 하면 바로 숲속으로 탈출하며, 다시는 우리에게 돌아오지 않는다.

제임스타운에는 '숲속으로' 탈출하여 다시는 돌아오지 않은 영국 이주민들의 사례가 많이 있다. 그러나 그 반대의 예는 하나뿐이며, 전 세계의 수많은 사람들이 디즈니 영화 덕분에 그녀를 알고 있다. 바로 포카혼타스다. 그녀의 이야기는 서로 다른 목적들을 위해 다양한 방식으로 전래되었다. 1995년 디즈니 영화에서 그녀는 자연을 사랑하고 인종차별주의에 반대하고 평화를 사랑하는 여성운동가였다. 어린 시절 이 영화를 처음 본 젊은 여성들은 깊은 감명을 받곤 한다.* 그러나 19세기 문학에서 그녀는 불행한 운명을 이겨낸 낭만적이고 다소 비극적인 이야기의 여주인공으로 재탄생했다. 아메리카 원주민 이야기 속의 그녀는 필사적인 생존자였으며, 때로는 영국인에게 자신의 영혼을 판 반역자로 그려진다. 반면, 일부 버지니아 백인들은 그녀를 온순하고 친절한 어머니상의 여인이라고 생각했다. 또 다른 작은 건국 신화의 집합소이자 원천이 된 것이다. 그녀의 이야기에는 공백이 너무 많기 때문에 이 모든 관점이 가능하다. 다만 여기에서도 그녀의 목소리는 찾아볼 수 없다. 강한 의지를 가진 것으로 알려졌으나 그녀가 자신의 삶에 대한 결정권을 얼마나 발휘하며 살아갔는지는 알 수 없다.

우리가 포카혼타스에 대해 알고 있는 것은 전직 용병이자 포우하탄 인디언에게 사로잡혔던 존 스미스라는 영국 정착민의 이야기를 통한 것이 대부분이다. 그녀는 포우하탄 추장의 딸로 스미스는 당시 열 살 또는 열한 살 정도였던 포카혼타스의 중재 덕분에 살아남았

* 디즈니 만화영화 <포카혼타스>는 식민지의 역사를 은폐했다는 비난을 받아왔다. 디즈니의 이야기는 오류로 가득 차 있다. 가장 큰 오류는 존 스미스와 포카혼타스의 관계로, 그들 사이에 로맨스는 없었다. 또한 존 롤프와의 결혼, 아들의 탄생 및 때이른 사망을 포함하여 디즈니 영화에서는 많은 것이 누락되었다.

다고 한다. 5년 후 10대 소녀가 된 포카혼타스는 영국인들에게 납치되었다. 그녀는 갇혀 있는 동안 기독교로 개종해 레베카라는 이름으로 세례를 받은 후 담배 농장을 운영하던 존 롤프라는 영국인과 결혼했다. 포카혼타스는 그와의 사이에서 아들 토머스를 낳았고, 세 식구는 영국으로 여행을 떠나 제임스 왕과 앤 여왕을 만나기도 했다. 그 후 얼마 안 되어 포카혼타스는 사망했고 존 롤프는 한 살 된 아들을 영국에 있는 친척에게 맡기고 혼자 버지니아로 돌아왔다. 존 롤프는 5년 후에 버지니아에서 사망했다. 아들 토머스는 성인이 되어서야 태어난 곳으로 돌아왔고, 버지니아에서 백인 여성과 결혼했다. 그들의 후손은 버지니아에서 노예 소유주이자 지배층이 되었다.

포카혼타스에 대한 여러 관점 중 그녀를 신화적인 어머니상으로 묘사하는 것에 대해 좀더 이야기해보자. 이는 주로 성공적으로 신대륙을 정복한 의기양양한 이주민들이 저지르는 불쾌한 인종차별의 한 예로, 요즘에는 덜하지만 19세기와 20세기 초반 버지니아 역사 및 유전학 저술에서 많이 발견할 수 있다. 보통 포카혼타스의 후손 중 한 명이 그녀에 대해 '야만인'으로 태어났지만 겸손하고 고결하며 흠이 없고 사랑이 많다고 설명하고는 "원래의 어두운 야만을 배경으로 별처럼 빛났다"라고 서술하는 식이다.

이러한 인종차별석 이야기에서 포카혼타스는 초기 영국 정착민과 아메리카 원주민 사이의 이상적인 연결의 상징으로 등장한다. 그녀는 대부분의 다른 아메리카 원주민들과는 반대로 기독교 문화의 우월성과 영국인의 매력을 인정하는 '좋은 인디언'의 원형으로 묘사된다. 존 롤프와의 결혼은 북아메리카에서 유럽인의 영구적 입지를 공표하고 정당화하는 상징적 혼혈생식 행위가 되었다.* 그녀의 아들을 통해 포카혼타스는 많은 버지니아 '백인' 가문의 조상이 되었고, 그 후손들은 자신들이 다른 가문들보다 훨씬 더 오래된 혈통이라는 것을 자랑스러워했다.** 이 관점의 포카혼타스는 미국 역사에서 건국의 어머니이자 명예 백인이었다.

• — •

제임스타운이 건립된 지 12년이 지난 후, 포카혼타스가 사망한 지 2년이 지나고 메이플라워 호가 매사추세츠 해안에 닻을 내리기 15개월 전, 영국 선박 화이트라이언 호가 버지니아로 왔다. 화이트라이언 호는 제임스타운 바로 앞 포인트 컴포트에 정박했다. 그곳에서 영국 콘월 출신인 존 조프John Jope 선장은 음식과 음료 및 보급품을 사기 위해 화이트라이언에 싣고 온 '화물'을 내려 버지니아 정착민들에게 팔았는데, 그 '화물'은 20여 명의 아프리카인이었다.

물론 그들이 북아메리카 최초의 아프리카 출신 이주민은 아니었다. 거의 1세기 전에 에스테바니코가 있었고, 스페인령 플로리다에는 이미 다른 아프리카 노예들도 있었다. 그리고 버지니아에도 이미

* 존 롤프는 북아메리카에 담배를 도입한 사람으로 버지니아 부의 상징이 되었다.

** 1924년에 버지니아에서는 타 인종 간 결혼을 금지하는 법이 다시 도입되었다. 그 법에 따르면 백인이 아닌 조상이 있는 사람은 백인이 아니었다. 그런데 이는 버지니아 명문가들을 장악하고 있던 수천 명의 포카혼타스 후손들에게는 용납할 수 없는 일이었다. 따라서 인디언 혈통이 1/16 이하인 사람들은 법적으로 백인으로 간주되는 이른바 포카혼타스 조항이 이 법에 추가되었다.

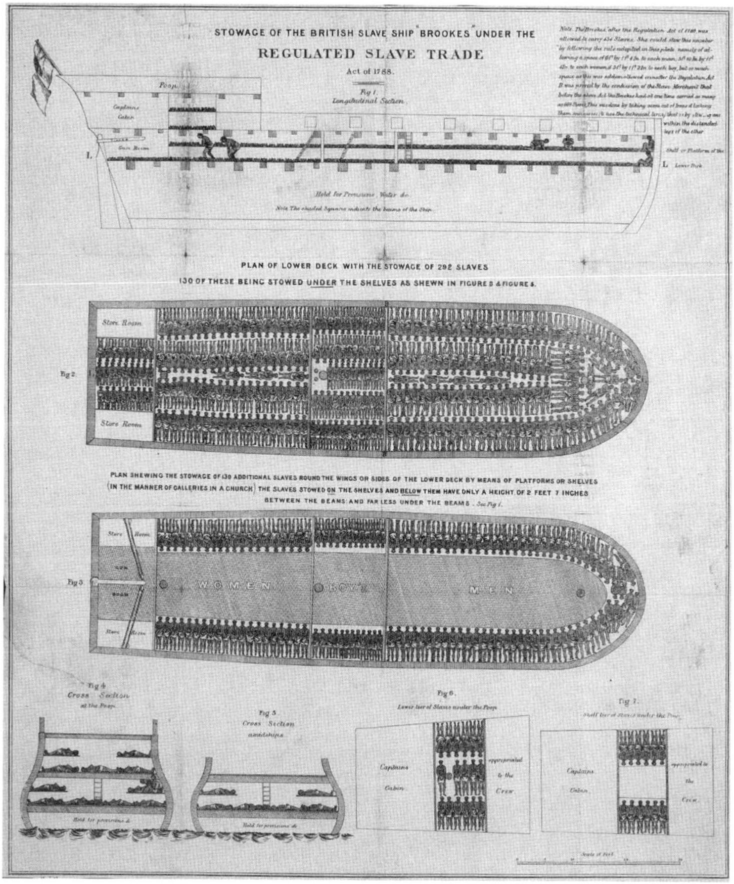

전형적인 노예선의 선내 모습. 잡혀온 아프리카인들은 화물로 취급되었으며 최대한 많이 싣기 위해 움직일 수 있는 공간이 최소화되었다. 바다를 건너면서 살아남은 사람은 85퍼센트가 채 되지 않았다.

아프리카인들이 몇 명 있었는데, 영국인 정착민들의 하인으로 온 듯했다. 그러나 1619년에 화이트라이온 호를 타고 도착한 이들은 예전에 온 아프리카인들과는 상황이 달랐다. 그들의 참혹한 여정은 북아메리카 노예무역의 시작이자 아프리카 사람들이 아메리카 대륙에 대거 등장하기 시작한 사건으로 여겨지고 있다. 이 새로운 이주민 그룹은 지금의 앙골라에 있었던 은동고Ndongo 왕국에서 온 킴분두Kimbundu 말을 사용하던 사람들로 추정된다. 이들은 전쟁에서 포로가 된 후 콴자Kwanza 강까지 걸어갔고, 매매를 위해 배로 포르투갈의 아프리카 노예무역 본부였던 루안다로 이송됐다. 그곳에서 그들은 기독교 세례를 받고, 대서양을 건너기 위해 상 주앙 바우티스타São João Bautista라는 포르투갈 배에 강제로 실렸다. 화이트라이언에 가로막히기 전까지는 멕시코의 베라크루스Veracruz 항구로 가 근처의 사탕수수 농장에서 일하게 되어 있었던 듯하다.

포르투갈 노예선의 상황이 어땠는지는 그 시대의 다른 기록들을 통해 알 수 있다. 한 신부는 아프리카인들이 '병 속의 정어리'처럼 실려 있었다고 묘사했다. 그들은 마니옥 가루로 만든 죽을 먹고 화물칸에 설치된 선반에 누워서 쪽잠을 잤다. 그들은 천 조각을 가지고 있었는데 낮에는 그것을 입고, 밤에는 깔고 잤다. 상 주앙 바우티스타의 상황은 특히 혹독했다. 스페인이 통치하던 자마이카의 첫 번째 기착지에 닿기 전에 배에 탔던 아프리카인 350명 중 100명이 사망했다. 그곳에서 '24명의 노예 소년'들이 식량과 약을 사기 위해 팔렸다. 배가 멕시코 해안에 접근했을 때 정부 허가를 얻어 활동하는 영국 민간 해적선 두 척이 이들을 나포했는데, 그중 한 척이 화이트라이온호였다. 화이트라이언 호의 조프 선장은 포르투갈 노예선에서 아프리카인 20명을 탈취했다.

이 새로 온 아프리카 이주민들을 노예로 서술해야 하는지에 대해서는 많은 논쟁이 있었다(이들을 '노예'라고 하는 것은 비인간적이라는 주장과 '노예가 된 사람'이라고 대체하는 것은 어설픈 완곡어법일 뿐이라는 주장이 대립했다). 그러나 17세기 초 버지니아에는 훨씬 더 구체적인 문제가 있었다. 당시는 조직화된 산업 규모의 플랜테이션 농업에 기반을 둔 평생 세습 노예제도가 북아메리카에 뿌리를 내리기 전이었으므로 새로운 아프리카 이주민들이 들어갈 정식 법적 범주가 없었던 것이다. 법적으로 노예제도가 존재하지 않았기 때문에 그들을 규정할 법적 지위가 마땅히 없었다. 이 공백 상태는 정치적인 이유로 미국이 노예제도 위에 세워진 것이 아니라고 주장하는 사람들에게 좋은 핑계거리가 되곤 했다.

이 시기에 아프리카 이민자들은 보통 미리 정한 기간 동안 유럽인 주인에게 예속되는 계약 하인으로 가난한 백인 이주민들과 함께 일했다. 주인에게는 계약 기간 동안에는 하인들을 다른 사람에게 팔 수 있는 권리가 있었다. 하지만 그럼에도 불구하고 계약 하인들 중 백인들은 아프리카인들보다 더 나은 대우를 받았으며 대부분 미국 이주를 본인이 선택했다. 또한 그들의 성과 이름, 국적은 인구 조사에 등재되었고, 작업 도구와 의복을 받았고 계약을 완료하고 난 후에는 땅을 받기도 했다. 그러나 아프리카인들은 단순히 '흑인'으로 기록되는 경우가 많았고, 그들의 원래 아프리카 이름이 아닌 유럽식 이름이 기록되곤 했다. 그리고 그들 중 누구도 스스로 선택해서 미국에 이주한 이들은 없었다.

역사책에 기록된 첫 번째 노예일 가능성이 가장 높은 존 펀치에 대해서는 알려진 바가 거의 없다. 그가 어디에서 왔는지조차 확실하지 않지만 후손들의 DNA 검사 결과로는 카메룬이 가장 유력하다. 계보학자들은 그가 버지니아에서 이름이 알려지지 않은 백인 여성을 만나 자식을 낳았다고 주장한다(아마도 버락 오바마와 수천 명의 다른 현대 미국인들이 그 자식의 후손일 것이다). 그러나 초기 아메리카 이야기에서 그가 중요한 이유는 1640년 버지니아의 법정 기록에 그의 이름이 등장하기 때문이다. 펀치는 독일 출신의 빅터 그리고 스코틀랜드 출신의 제임스 그레고리라는 유럽인 계약 하인과 함께 휴 그윈Hugh Gwyn이라는 영국인 주인에게서 도망쳤다. 세 명의 도망자들은 잡혀서 버지니아로 다시 끌려왔고, 법원은 세 명의 하인에게 각기 30대씩의 태형과 계약 기간 추가를 선고했다. 그런데 국적이 분명히 표시된 두 명의 유럽인은 기존 계약 기간에 4년을 더 추가했지만, 존 펀치는 달랐다. 법원은 "존 펀치라는 흑인은 그가 살아 있는 동안 그의 주인이나 그가 지정하는 사람을 섬길 것"이라고 판결했다. 이것은 존 펀치가 사실상 평생 노예가 되었다는 것을 의미했다.*

그것이 (나중에 미국이 된) 북아메리카 대륙에서 아프리카 노예제도가 시작된 슬픈 이야기다. 1640년대에는 모든 것이 미미한 규모였

* 존 펀치 판결 이후 수십 년 동안 버지니아와 다른 식민지에서는 노예제도를 성문화하고 아프리카에서 온 강제 이주민과 그 자식들을 사유 재산으로 규정하는 법이 제정되었다. 그들은 농장의 가축보다 별로 나을 것 없는 취급을 당했다. 1705년, 버지니아의 한 교회 목사는 아프리카 혈통이 절반도 안 되는 존 펀치의 증손자 중 한 명과 백인 여성의 결혼 주례를 거부했다. 아프리카 혈통의 자유민들이 있었지만, 타 인종과의 혼인은 금지되었다. 물론 법이 타 인종 간 성관계까지 막을 수는 없어, 실제로 많은 주에서 여자 노예를 강간하는 것은 범죄가 아니었지만 여자 노예와 결혼하는 것은 범죄였다. 다양한 종류의 잡혼 금지법은 1967년 미국 대법원에서 위헌 판결을 받을 때까지 버지니아와 다른 15개 주에서 유지되었고, 앨라배마 주 헌법에는 2000년까지 남아 있었다.

다. 버지니아의 아프리카인은 300명 정도로 1만 5천 명이었던 백인 정착민에 비해 매우 적은 수였다. 그런데 불과 한 세기 정도가 흐른 1750년에는 상황이 많이 달라졌다. 버지니아 식민지 인구 25만 명 중 거의 절반이 아프리카 출신의 노예였다.

이러한 노예 인구 증가의 주된 이유는 단순했다. 많은 유럽인들이 니코틴에 중독되었고 버지니아의 새로운 백인 귀족들은 그 중독을 만족시켜 줄 담배 농장을 운영하기 위해 수만 명의 이주 노동자를 필요로 했다. 그 무렵 계약 노동 제도는 거의 사라지고 있었다. 가난한 유럽인들은 고국에서 농사를 망치거나 정치적 박해로 어쩔 수 없을 때나 아메리카 대륙으로 와서 일했고, 또 상황이 나아지고 돈을 벌어 경제적 여유가 생기면 자유롭게 고향으로 돌아갔다. 그들은 인권을 주장할 수 있었고 때로 반항하기도 했다. 그러나 머나먼 고향에서 강제로 끌려와 감금 생활을 하는 아프리카인들은 돌아갈 수가 없었다. 이는 버지니아뿐만 아니라 북아메리카, 카리브 해, 중남아메리카 전역에 걸친 유럽의 여덟 개 강대국에 속한 모든 식민지에서 마찬가지였다.

아메리카 대륙의 이야기는 노예제도를 빼고는 말할 수 없다. 뉴잉글랜드나 캐나다, 아르헨티나, 칠레에도 노예가 있었다. 그런 곳에는 대규모 농장이 없었기 때문에 그 수가 훨씬 적었을 뿐이다. 일부 유럽 정착민들은 노예무역에 대한 윤리적 의구심을 갖고 있었지만 소수였고, 강제로 끌려온 아프리카인들은 북아메리카뿐만 아니라 브라질과 카리브 해로도 보내졌다. 사상 최대 규모의 강제 이주였다. 통계 수치는 믿기 어려울 정도다. 약 350년에 걸쳐 약 1,200만 명의 아프리카 노예들이 바다를 건너 실려왔다. 노예로 끌려오던 아프리카인 중 최소 100만 명은 아프리카 내륙에서 해안으로 가는 길에 사망했으며, 약 200만 명 정도가 대서양을 건너다 사망했다.

이 사상 최대의 강제 이주 이야기는 선택의 여지가 없는 고통과 죽음으로 가득 차 있어 다시 떠올리기가 힘들 정도다. 시간이 많이 흐른 오늘날에도 완곡 어법으로 참혹한 현실을 감추려는 경향이 나타난다. 예를 들어 노예로 끌려오는 여정을 '중간 수송', 미국 땅에서의 처음 몇 달을 '숙련 과정' 등으로 서술하는 식이다. 16세기와 17세기에는 아프리카인 본인들의 이야기가 남아 있는 것이 없지만 18세기가 되면서 노예제도 폐지 운동의 일환으로 일련의 '노예 이야기'가 출판되기 시작했다. 그러나 소설가들의 노예 이야기는 보통 노예제 폐지와 해방 가능성이 있는 노예제도 후기에 집중했다. 그들은 대개 이주민 본인보다 그 후손이 계속해서 노예가 되는 것에 더 많은 관심을 보였다. 그래서 그 당시 아프리카인 노예들의 실상을 알기 위해서는 노예상의 일기나 편지, 쪽지, 비즈니스 문서 같은 기록에 기댈 수밖에 없으며, 노예가 된 아프리카인의 삶이 어떤 것인지 제한된 상상력을 발휘하는 것이 전부다.

아프리카인 노예들은 아프리카 대륙의 거의 모든 지역에서 납치되었고 엄청난 숫자가 바다를 건너 아메리카 대륙뿐 아니라 중동과 아시아로 이송되었다. 초기에는 주로 서부 아프리카의 해안 지역의 사람들이 노예로 끌려갔다. 대개 전쟁에서 포로가 되거나, 경쟁 부족의 매복 공격을 받고 포획되어 유럽 노예상에게 팔리는 방식이었다. 유럽인들은 노예값을 무기로 지불했고, 이는 더 많은 포로를 팔아 자금을 조달하는 지역 군비 경쟁을 야기했다. 포획된 사람들은 나뭇가지와 덩굴로 만든 멍에에 묶여 해안까지 끌려가거나 카누에 태워져 강을 따라 내려갔다.

대서양의 인신매매 무역 규모가 커짐에 따라 노예를 포획하는 지역도 확대되어, 유럽인들에 대해 전혀 알지 못하던 아프리카 내륙 깊숙한 곳까지 확대되었다. 어린 아이들이 특히 많이 잡혀왔다고 한다. 그 노예들의 당시 상황을 살펴보자. 이는 노예들이 자신의 목소리로 직접 전하는 이야기다. 우콰소우 그로니오소우Ukawsaw Gronniosaw는 1720년경, 열 다섯 살 정도였을 때 나이지리아 북동부에 있는 집을 떠나게 되었다. 마을을 방문한 상인들이 백인과 '물 위를 걸을 수 있는 날개 달린 집'에 대해 이야기하는 것을 듣고 그는 호기심이 생겨 상인들을 따라갔다. 해안에 도착하자 그는 납치되어, 체크무늬 천 두 필에 네덜란드 선장에게 팔렸고 바베이도스로 향하는 배에 실렸다고 한다.

올라우다 에퀴아노Olaudah Equiano의 경험은 그로니오소우와는 달랐다. 18세기에 쓴 그의 자서전을 보면 나이지리아 중부에 살던 에퀴아노와 여동생은 집에 쳐들어온 침입자들에게 사로잡혀 손이 묶이고 재갈을 문 채 며칠 동안 강제로 계속 걷다가 헤어지게 되었다. 당시 에퀴아노는 겨우 열한 살이었다. 자서전에서 그는 해안에 도착하여 몇 달 동안에 현지에서 어떻게 다섯 번 이상 노예로 되팔렸는지를 기술했다. 그는 백인들을 보고 겁에 질렸다. '끔찍한 외모, 붉은 얼굴, 긴 머리'를 가진 선원들은 그가 건강한지 확인하기 위해 이리저리 몸을 돌리며 살폈다. 그는 갑판에 있는 커다란 구리 가마솥을 보고 자신이 곧 잡아먹힐 것이라고 확신했다고 한다.

에퀴아노는 배에서 먹지 않는다는 이유로 채찍질을 당했고, 자살하는 것을 막기 위한 그물이 배 주위에 쳐 있지 않았다면 배 밖으로 뛰어내려 죽었을 것이다. 항해 후반에 함께 묶여 있던 노예 두 명이 그물을 피해 대서양으로 뛰어들어 죽었다. 그러나 그들을 따라 바다에 뛰어든 세 번째 아프리카인은 다시 배로 끌려와 "노예보다 죽음을 택하려 했다는 이유로 무자비하게 채찍질당했다"고 한다. 에퀴아노는 나중에 그로니오소우처럼 영국에서 백인 여성과 결혼하게 된다. 그는 평생 '함께 묶여 있던 여러 흑인들, 그들의 낙담과 슬픔이 담긴 얼굴'을 떠올렸다.

대서양 횡단에 대한 노예상들의 이야기도 마찬가지로 끔찍한 기록들이 가득하다. 잔혹 행위나 고문, 강간은 흔한 일로 대서양을 건너며 아프리카인들이 얼마나 무서웠을지 짐작할 수 있다. 아프리카에서 포획된 노예들은, 특히 대서양 노예무역 초기에는 어떤 운명이 자신들을 기다리고 있을지 전혀 몰랐을 것이다. 아메리카 대륙에 가본 사람을 본 적도 없고, 그런 곳이 존재한다는 것조차 알지 못했다. 당시 아프리카인들 사이에는 유럽인이 식인종이라는 믿음이 널리 퍼져 있었다. 물 위에 떠다니는 지하감옥에 갇힌 아프리카인들은 여러 양상을 보였다. 어떤 이들은 깊은 우울증에 빠졌고, 또 어떤 사람들은 반란을 공모하거나 노예상의 폭력에 반항했다. 또 소수의 어떤 사람들은 포획자들과 우호관계를 맺으려 시도하기도 했다.

노예선에서의 반란은 거의 불가능한 일이었다. 가끔 족쇄를 풀어주고 최소한의 운동을 시키기 위해 강제로 춤을 추게 할 때도 있었지만 남자 노예들은 보통 항상 족쇄를 채워 갑판 아래에 두었다. 여자들에게는 약간 더 이동의 자유가 있었는데 이는 선원들이 그들을 성적으로 이용하기 위해서였다. 가장 잘 기록된 사례 중 하나를 보면, 18세기 초 항해 중 한 여자 노예가 망치를 몰래 숨겨 남자 노예들에게 가져다주었고 그들은 그것을 사용해 족쇄를 부쉈다. 반란을 주도했던 톰바는 덩치가 크고 힘이 센 아프리카인으로 잡히기 전에 선원 세 명을 죽였다. 톰바를 사로잡은 선장은 그를 죽이지 않고 대신 노예로 값어치가 떨어지는 다른 노예 한 명을 죽이기로 결정했다. 톰바와 다른 반란자들은 처형된 노예의 심장과 간을 강제로 먹어야 했다. 한편 망치를 몰래 가져가 남자 노예들에게 준 여자 노예는 "다른 노예들 앞에서 갈고리로 들어올려 채찍질하고 칼로 베었다. 그녀가 죽을 때까지." 자메이카에 끌려간 톰바는 높은 가격에 팔렸다. 그 이후의 이야기는 알지 못한다.

사실 대부분의 노예선 선장들은 가능한 한 많은 노예를 살려두고 고분고분하게 만들려고 노력했다고 한다. 어떤 선장들은 서로 다른 부족어를 쓰는 노예끼리 태웠고, 반란을 계획하는 것으로 의심되는 노예들은 채찍질을 하거나 고문했다. 먹기를 거부하는 사람들의 입을 강제로 열도록 설계된 특수 금속 도구도 있었다. 시신들은 바다로 내던져져 대서양 횡단 노예선을 따라오는 상어의 먹이가 되었다. 노예선의 한 의사는 선장이 단식투쟁 중인 노예들을 채찍질하던 것을 떠올렸다. "그들은 마치 '우리는 곧 더 이상 존재하지 않을 것이다'라고 말하는 것처럼 미소를 지으며 올려다보았다." 노예의 자살은 또 다른 의미의 반란 행위로 볼 수 있다.

잔혹한 대서양 횡단 여행에서 살아남은 85퍼센트의 아프리카인들에게는 훨씬 더 많은 일들이 기다리고 있었다. 에퀴아노는 배가 바베이도스 해안에 정박하자 수많은 작은 배들이 몰려오던 장면을 묘사했다. 상인과 농장주들이 배에 올라 노예들을 살펴보았고, 펄쩍펄쩍 뛰어보게도 했다. 에퀴아노와 동료들은 '두려움과 전율'로 가득 차 있었고, 여전히 그들이 곧 잡아먹힐 것이라고 믿었다. 그들을 진정시키고 앞으로 어떻게 될 것인지 알려주기 위해 육지에서 온 노예 몇 명이 배에 탔다. 그런 다음 다수의 노예들이 농장 소유주들에게 팔려나갔다. 에퀴아노는 그때 팔리지 않아 새로 사귄 친구들과 헤어지게 되었다.

팔려간 노예들 중 일부는 새로운 질병에 걸려 사망하기도 하고 우울증에 빠지기도 했다. 새로운 이주민들을 격려하고, 살찌우고, 피부에 기름을 발라주고, 상처를 치료하고, 머리를 자르는 일 등은 이미 아메리카 대륙에 살고 있던 더 오래된 노예들이 맡았다. 더 좋은 값을 받기 위해서였다. 끌려온 아프리카인들은 새로운 이름을 받았는데, 팔릴 때마다 이름이 바뀌는 일도 흔했다. 에퀴아노도 팔리고 또다시 팔리는 과정에서 제이콥, 마이클, 구스타부스 바사 등으로 불렸다. 그중 구스타부스 바사는 덴마크로부터 독립을 이끈 스웨덴 왕의 이름으로 일부 노예 소유주들은 카이사르에서 헤라클레스에 이르기까지 과거에 유명했던 인물의 이름을 따서 노예의 이름을 짓는 것을 즐겼다. 에퀴아노는 처음에는 새 이름에 대답하기를 거부했지만 여러 번 머리를 얻어맞았고, "그래서 결국 복종했다"라고 설명했다.

아메리카 대륙으로 이주한 수많은 가난한 유럽 이민자들도 대서양을 건너는 여행과 새로운 대륙에 정착하기 위해 노력하는 과정에서 분명 신체적으로 정신적으로 큰 어려움을 겪었다. 그러나 그들 대부분에게는 선택권이 있었고, 지속적인 가족 관계를 구축할 수 있었고, 자신들의 언어를 사용할 수 있었고, 자신들의 이야기를 여러 세대에 걸쳐 전달할 수 있었다. 그들은 노예가 된 아프리카인들이 겪은 것 같은, 그 어떤 일도 겪지 않았다. 1,200만 명의 아프리카인들은 강제로 노예가 되어 대양을 건너 이송되었을 뿐만 아니라 그들의 생각과 행동의 원천인 문화마저 뿌리 뽑혔다. 이름을 잃는 것은 그중 한 부분에 불과했지만, 그 상징성은 그때나 지금이나 작다고 할 수 없다. 에퀴아노는 수십 년 동안 구스타부스 바사로 불리고 조롱을 받다가 말년이 되어서야 원래 이름을 되찾을 수 있었다. 노예가 된 대다수의 아프리카인들은 이름뿐만 아니라 언어, 역사, 신, 음식, 음악 등 모든 것을 빼앗겼다.

때로는 문화적·정치적 저항이 일어나기도 했다. 본격적인 반란이 일어나 해방된 노예들의 공동체가 형성된 적도 있었다. 히스파니올라 섬의 서쪽 아이티에서는 아프리카 노예들이 혁명을 일으켜 권력을 잡았고 프랑스에서 완전히 독립했다. 그러나 일반적으로는 아프리카의 여러 다른 지역에서 온 사람들끼리 섞여서 지냈고, 가족을 이루어도 다시 팔려나가 흩어졌기 때문에 노예들에게 자신들의 오래된 유산을 되찾을 능력은 거의 없었다. 어떤 곳에서는 요리법이나 음악, 기도 등과 함께 아프리카 단어나 구문 구조 몇 개가 잃어버린 과거의 그림자처럼 살아남기도 했지만 손실은 엄청났고 회복할 길은 보이지 않는다. 노예제도는 공식적으로 폐지되고 오랜 세월이 흐른 후에도 미국과 좀더 넓게는 아메리카 대륙에 주요한 역사의 일부로 남아 있다.

• — •

1860년, 미국 남북전쟁이 발발하기 직전에 건조된 지 겨우 5년밖에 되지 않은 클로틸다Clotilda라는 배 한 척이 불타올랐다. 불을 낸 범인은 바로 선주였는데, 그는 증거를 감추기 위해 배를 불태웠고 결과적으로 처벌받지 않았다. 클로틸다의 불탄 선체는 앨라배마 주 모빌 강의 악어가 들끓는 진흙 속으로 사라졌다. 아프리카타운Africatown에서 멀지 않은 곳이었다.

클로틸다의 주인은 티모시 미어Timothy Meaher로 영국 점령군의 징집을 피하기 위해 고국을 떠나 메인 주에 정착한 아일랜드 이민자의 아들이었다. 메인 주에서 태어난 미어는 젊은 시절 2천 킬로미터가 넘는 거리를 이동하여 태어난 곳과는 완전히 다른 환경의 딥 사우스(미국의 최남동부 지역으로 조지아, 앨라배마, 미시시피, 루이지애나, 사우스 캐롤라이나 주를 포함한다)로 이주했다. 그는 대부분의 아메리카 원주민을 미시시피 강 너머 서쪽으로 쫓아내고 새롭게 건설된 앨라배마 주에 정착했다. 미어는 멕시코 만에서 가까운 모빌 시로 갔고, 그곳에서 형제들끼리 목화, 목재, 증기선 등으로 사업을 벌였고, 약간의 부를 얻었다. 그리고 그곳에서 그들은 (북부 친척들의 말을 빌자면) '열렬한 남부인'이 되었다. 나중에 국제 노예무역이 폐지되어 아프리카 노예를 미국으로 데려오는 것이 불법이 되자 미어 집안 사람들은 이를 매우 부당하다고 생각했다.

국제 노예무역이 폐지되었음에도 불구하고, 노예제 자체는 미국의 경제·사회 제도에 계속해서 영향을 미쳤다. 특히 미국 남부의 희생자들에게는 살아 있는 현실로 확고히 자리 잡고 있었으며 남북전쟁이 날 때까지 유지되었다. 그리고 미국에는 여전히 노예 시장이 남아 있었다. 버지니아와 캐롤라이나 같은 옛 남부 지역의 대규모 노예 소유주들은 이런 상황을 좋아했다. 왜냐하면 외부에서 노예를 데려오는 것이 힘들어지자 국내에 있는 노예들의 값어치가 높아졌고, 결과적으로 자신들의 재산이 증가했기 때문이다. 한편 딥 사우스 지역의 농장주들은 그들이 필요한 노동력(노예)을 예전보다 비싼 가격에 사야 한다는 사실에 분개했다. 티모시 미어는 증기선을 타고 모빌강을 내려가던 중 친구들에게 당국에 들키지 않고 아프리카 노예를 데려올 수 있는 방법을 알고 있다고 자랑했다. 그는 "내가 관리들 코앞에서 모빌 만으로 니그로들을 한 배 가득 실어올 수 있다"라며 천 달러가 걸린 내기를 걸었다고 한다.

모빌 시는 남북전쟁이 발발하기 1년 전인 1860년 일어난 두 가지 매우 다른 이주 이야기가 교차하는 곳이다. 하나는 '열렬한 남부인' 미어의 이야기고 다른 하나는 대서양을 건너 미국으로 이송되는 마지막 아프리카 노예의 고통스러운 서사시다. 이때의 기록은 다행히도 노예상인이 아니라 노예 본인들의 이야기들이 많이 남아 있다. 노예제도에 관심이 많았던 언론인과 작가들은 남북전쟁 이후 해방된 노예들을 찾아나섰고, 그들 중 마지막 노예가 1940년에 사망했다는 것을 알아냈다. 그들 중 많은 이들이 아프리카타운이라고 불리는 모빌 시 외곽 지역에 정착했고, 후손 중 일부는 아직도 그곳에서 살고 있다고 한다.

클로틸다 호에 강제로 실려왔던 아프리카 노예들은 대부분 당시 다호메이로 알려진 베냉과 나이지리아 남서부에서 왔으며 다양한 언어들을 썼고 서로 다른 종교를 믿었다. 그들은 다호메이 왕의 군대에 잡혀 해안과 우이다 항구로 이송됐고 구매자가 나타날 때까지 '바라쿤barracoon'이라는 감옥에 수용되었다. 바라쿤에는 고향에서 추방되거나 잡혀온 사람들이 사슬에 묶여 갇혀 있었다. 때로는 잡혀 있는 이들의 가족들이 바라쿤에 찾아와 몸값을 지불하거나 포로 대신 자기가 가겠다고 사정을 했다고 한다.

클로틸다 호의 선장 윌리엄 포스터William Foster는 우이다 바라쿤으로 갔고, 그곳에서 남녀 수를 맞춰 110명을 9천 달러에 샀다. 팔린 노예들은 아프리카 땅에서의 마지막 식사를 한 다음 새벽에 배로 옮겨졌다. 반세기가 더 지난 후, 올루알레 코쌀라에서 태어나 노예가 된 후 커조 루이스Cudjo Lewis가 된 한 아프리카인은 "우리는 바라쿤에 같이 있던 사람들과 헤어지고 싶지 않았기 때문에 모두 울었습니다. 우리는 고향이 그리워 외로웠고, 우리가 어떻게 될지 몰라 무서웠습니다"라고 회고했다.

노예들은 일반적으로 뜨거운 인두로 낙인이 찍혔지만 클로틸다 호에 탄 노예들은 그렇지 않았다. 그 이유는 명확하지 않지만 불법 유통이 발각되지 않고 더 쉽게 팔기 위해서일 것으로 추정된다. 이들은 여행 내내 벌거벗은 채로 있었다. 커조 루이스는 이렇게 회상했다. "나는 너무 부끄러웠습니다. 우리는 벌거벗은 채 미국 땅에 왔고,

그래서 사람들은 우리가 벌거벗은 야만인이라고 말했습니다. 그들은 우리가 옷을 빼앗겼다는 사실을 몰랐습니다." 이들이 태어난 아프리카 지역의 의복 문화는 세련되고 독특했으며 개인과 공동체의 정체성을 나타내는 방식이기도 했다. 아프리카인들은 벌거벗고 산다고 상상하는 땅에 알몸으로 보내진 것은 분노와 굴욕감을 가중시켰다.

이는 그들이 앨라배마에 도착하고 그들에게 익숙한 헐렁하고 흘러내리는 옷이 아닌 유럽 스타일의 옷 더미 앞에 세워진 순간 더욱 악화되었다. 남자 노예들은 대서양을 건너는 동안 노예 상인들의 옷차림을 보았지만, 여자 노예들은 아직 유럽인 여자를 보지 못했기 때문에 그들에게 주어진 옷으로 뭘 어떻게 해야 할지 짐작조차 할 수 없었다. 몇 년 후, 새로 온 노예들을 돌보는 임무를 맡은 미국 태생의 노예 노아 하트는 그 장면을 이렇게 묘사했다.

> 여성들은 드레스를 소매로 묶어 몸에 두르고 치마는 앞뒤가 모래에 질질 끌렸다. 일부는 페티코트를 목에 묶어 여미고 한쪽 팔을 옆의 튼 구멍 밖으로 내밀었다. 어떤 사람들은 속옷을 드레스 위에 입었고, 또 어떤 사람들은 아예 입지 않았다.

앨라배마에 있는 백인들에게 새로 온 사람들은 또 다른 노예에 불과했다. 그러나 기존 흑인 노예들의 경우에는 아주 달랐다. 1808년에 합법적인 노예무역이 폐지되었기 때문에 1860년이 되었을 때 미국에는 1세대 아프리카인이 거의 남아 있지 않았으며, 있더라도 대부분 아주 나이가 많았다. 클로틸다 호를 타고 온 아프리카인들은 과거 미국으로 이송된 노예들과는 출신 지역이 달랐다. 그들 중 다수는 앨라배마의 기존 흑인들도 모르는 종교의식과 관련된 흉터와 갈아서 가느다란 줄 모양이 된 이빨을 가지고 있었고, 그들의 문화 또한 익숙하지 않았다. 노아 하트는 "그들은 우리보다 더 검고, 더 꼿꼿하고, 더 컸으며 우리를 놀리거나 자기들끼리 다투지 않았지만 왠지 더 사납게 보였다"라고 떠올렸다. 반면 커조 루이스는 이렇게 말했다. "우리는 다른 유색 인종들과 이야기하고 싶었지만 그들은 우리의 말을 이해하지 못했고, 어떤 이들은 우리를 놀리기도 했습니다."

1865년 4월 남북전쟁이 끝나자 연방 군인들이 남부 앨라배마에 도착했다. 그들 중 한 무리가 오디를 먹기 위해 강으로 내려와 그와 다른 노예들에게 "당신들은 자유입니다. 당신들은 더 이상 누구의 소유도 아닙니다"라고 말했다. 노예들은 물었다. "우리는 어디로 가야 해요?" 군인들이 말했다. "원하는 곳이면 어디든지요." 아프리카인들은 이제 자유였지만 무력하고 궁핍했다. 그들은 티모시 미어 같은 노예 소유주들이 아프리카로 돌아가는 배삯을 지불하거나 그들이 살 수 있는 땅을 줄 것이라고 기대했지만 그들은 어느 쪽도 하지 않았다.* 그래서 아프리카인들은 노동으로 얻은 임금을 저축해 작은 땅덩어리를 샀다. 그들은 이전 클로틸다 포로 중 한 명인 굼파를 지도자로 세우고 자치 공동체를 만들었다. 그가 지도자가 된 이유는 그가 다호메이에서 높은 가문에 속해 있었기 때문이었다.

* 그들이 미국 식민지 협회에서 운영하는 '송환' 계획에 대해 알았다면 서아프리카의 독립 국가인 라이베리아까지 무료로 갈 수 있었을 것이다. 이 단체는 1820년대부터 해방된 노예인 미국 흑인들을 라이베리아로 보냈고, 소규모였지만 남북전쟁 이후에도 그 일을 계속했다.

아프리카인 중 일부는 이제 가정을 이루었다. 바라쿤이나 노예선에서 처음 만난 짝들과 장기적인 관계를 형성함으로써 아프리카 언어와 전통이 일부 보존되었다. 여러 가정에서 요루바어가 모국어로 사용되었으며, 일부 아프리카 이름이 여러 세대에 걸쳐 대물림되었다. 오래 전에 미국으로 끌려온 기존 아프리카계 미국인 공동체와의 통합은 노예해방 이전부터 급속히 진행되었다. 대부분의 클로틸다 호 포로들은 기독교로 개종했고 아프리카타운에 교회 그리고 학교와 묘지를 세웠다.

반쯤 잊혀진 모빌의 흑인 교외 지역 아프리카타운에는 마지막 노예선 이야기와 미국 땅에 있는 아프리카 공동체에 대한 낭만적 기대에 이끌려 1890년대부터 작가들이 방문하기 시작했다. 1920년대에 조라 닐 허스턴Zora Neale Hurston(지금은 미국 최초의 주요 흑인 여성 소설가로 기억되고 있다)은 아프리카타운을 두 번 방문하여 클로틸다 노예 중 마지막 생존자였던 커조 루이스와 많은 시간을 보냈다. 그녀는 그에 대한 잡지 기사를 썼고 자신의 자서전에서도 언급했다. 그녀는 루이스의 집 밖에서 그의 사진을 찍고 동영상 촬영도 했다. 짧은 무성 영상이 현재 유튜브에 올라와 있으며, 이는 노예로 아프리카에서 미국까지 끌려온 인물이 담긴 유일한 동영상이다. 그녀는 그가 지역 사투리로 구술한 내용을 글로 옮겨 적었고 이 이야기를 책으로 냈다. 그러나 책을 낼 출판사를 찾을 수 없었고 원고는 한 대학 기록 보관소로 사라졌다. 커조 루이스는 1935년에 세상을 떠났다.

아프리카타운은 많은 주민들이 이주해서 떠나고 온갖 역경이 있었음에도 불구하고 살아남았고, 클로틸다 노예의 후손들이 아직도 그곳에 살고 있다. 작은 목조 주택들로 가득한 그곳의 주민들은 낯선 방문객들에게도 친절하다. 아프리카타운의 인구는 줄어들고 있다. 인근 공장에서 발생하는 산업 공해로 암에 걸린 사람들이 많았기 때문에 아프리카타운에 있는 교회에서는 많은 장례식이 치러졌다. 그곳에는 일자리도 거의 없고 가게도 없으며, 거리마다 판자를 못질해 막아 놓은 텅 빈 집들이 즐비하다. 아프리카타운은 모빌 강의 수많은 지류 중 하나가 갈라져 있는 틈바구니에 위치해 도시의 다른 지역과 단절되어 있으며, 거의 사용되지 않는 철도와 버려진 공장들로 가득해 과거 산업 시대를 처량하게 상기시킨다. 아프리카타운 자체도 고속도로가 가로지르며 반으로 쪼개져 있는데, 커조 루이스의 멋진 청동 흉상이 있는 오래된 침례 교회는 고속도로의 북쪽에 있고 그가 묻힌 묘지는 남쪽에 있다.

그곳은 관광지로 유명한 곳은 아니다. 그렇기 때문에 아프리카타운 사람들은 외부인이 이곳에 오는 이유를 알고 있다. 나는 그들에게서 이 지역의 특이한 역사에 대한 진정한 자부심을 느꼈다. 1980년대에는 클로틸다 노예들의 후손을 대표하는 조직이 설립되었고, 지역 사회의 역사와 문화를 기념하는 아프리카타운 민속 축제가 시작되었다. 여러 학술 연구와 공동체 묘지 안팎에서의 고고학 활동, 박물관 설립 계획 등이 활발히 이루어졌고 마침내 2018에는 커조 루이스가 자신의 일생을 육성으로 전했던 조라 닐 허스턴의 특별한 책 《바라쿤》이 출판되었다. 같은 해, 불타 사라졌던 클로틸다 호의 흔적이 아프리카타운에서 멀지 않은 강 진흙에 묻혀 있는 것으로 확인되었다. 2020년 미국 상원은 이 배의 발견이 지역적·국가적·국제적 중요성과 교육적 가치를 지닌 기념비적 발견이며 후세를 위해 보존되어야 한다고 선언하는 결의안을 통과시켰다. 클로틸다 호는 인양될 예정이며, 문화유산센터가 건설 중이며 모빌 강을 따라 내려가는 크루즈와 함께 아프리카타운을 통과하는 관광 코스가 계획되어 있다. 딥 사우스의 이 지역에는 강제로 배에 실려 대서양을 건넌 북아메리카 마지막 노예선의 이주민들과 함께 노예제도의 트라우마도 잊혀지지 않고 남아 있다.

저자 노트, 일곱 번째

일전에 한 친구에게 미국의 노예제도와 이주에 대해 글을 쓰고 있다고 말했다. 그러자 그녀는 노예는 이주민이 아니라며 이의를 제기했다. 나는 잠시 침묵했다. 그리고 자신 없는 투로 "왜 아닌데?"라고 반문했다. 그들은 그 문제에 대해 결정권이 없었기 때문이라는 대답이 돌아왔다. 이주에는 선택이 개입되어 있어야 한다는 것이었다. 그녀는 5년 전에 아시아의 한 대도시에서 워싱턴 DC로 이주하기로 선택한 사람이었다.

전화로 나눈 짧은 대화였지만, 그녀와의 대화는 이 책의 첫부분에 언급한 이주민에 대한 정의를 다시 떠올리게 만들었다. 더 많이 생각할 필요가 있었다.

> 이주민은 한 문화에서 다른 문화로 옮겨간 사람으로, 그가 경험하는 두 번째 문화는 첫 번째 문화와 크게 다르며, 일상생활을 영위하고 새로운 곳에 적응하는 도전 과정을 겪기에 충분한 기간 동안 머문다.

이는 의심할 여지없이 광범위한 정의로 문화나 적응처럼 추가 설명이 필요한 다른 개념들에 의존한다. 이는 포괄적인 해석으로 고대 및 현대 이주민들에게도 적용될 수 있으며, 국적·민족·인종·국경을 불문한다. 또한 현대 이주 이야기의 진흙탕과 독설에 끌려들어가지 않는다. 이민자, 난민, 망명 신청자, 유목민, 국외 거주자, 불법체류자, 외국인 노동자뿐 아니라 그 외에도 더 세분화하고 분류하여 이주민들에게 붙이는 온갖 종류의 명칭이 없기 때문이다. 이 정의는 적어도 보편성을 추구한다. 그리고 무엇보다 이주민의 경험에 역점을 둔다.

그러나 이 정의는 선택이나 자유 의지를 다루지 않는다. 그리고 내 친구는 대서양을 건너 이송된 노예의 경험은 오늘날 우리의 경험과는 너무 많이 다르기 때문에 실려간 노예와 '우리 같은 사람'을 이주민이라는 포괄적 용어에 함께 포함시키는 것은 별 의미가 없다고 말하고 있다.* 노예는 자유 의지가 없지만 우리는 있기 때문이다. 그러나 우리와 노예들은 이주라는 스펙트럼의 양쪽 극에 있는 것뿐이다. 많은 이민자들은 그녀나 나보다 선택의 폭이 훨씬 적다. 예를 들어, 영국에서 호주로 이송된 죄수들을 생각해보라. 또한 계약 노동자들은 임시 노예상태를 '선택'한 것이나 마찬가지일 때가 있다. 마치 그것이 대단한 선택권이라도 되는 것처럼 말이다. 가족이 이주할 때 자녀는 일반적으로 그 문제에 대해 발언권이 없다. 그리고 역사적으로 여자들은 가족 이주 결정에 덜 관여하는 편이었다. 공동체와 개인들은 때로 재난이나 전쟁 또는 박해 때문에 어쩔 수 없이 이주해야

* 물론 노예들 중 많은 이들은 이주민이 아니었다. 그들은 미국 농장에서 태어나고 죽은 미국의 노예들이다. 그러나 그들은 이주민의 후손이었다. 그러나 1920년대에 이전의 이주 기록에 따라 미국의 이민 역사를 정리한 백인 우월주의자들은 미국 흑인들을 이주민의 후손으로 분류하지 않았다. 이는 미국을 유럽 이민자들의 국가로 서술하는 이주 이야기에서 아프리카계 미국인과 아메리카 원주민을 배제하는 역할을 했다.

하며 그들의 선택의 폭 또한 제한되어 있다. 인신매매범에게 속거나 이용당하는 사람들에게도 선택권은 없다.

그러나 일부 현대 역사가들이 주장하는 것처럼, 노예가 된 사람들도 약간의 자유 의지를 가지고 있었고 형편없이 제한되어 있기는 했지만 선택권도 있었다는 철학적 주장을 할 수도 있다. 그것을 부정하는 것은 바라쿤과 노예선에서 일어났던 많은 저항 행위를 무시하는 것으로 보일 수 있다. 궁극적으로 자살도 저항 행위일 수 있다. 그리고 무엇보다 자살을 재산 손실이라고 생각한 노예 소유주들이 그것을 저항 행위로 여겼다. 이 모든 이유 때문에 노예는 선택을 할 수 없었다는 것에 근거해 이주 역사에서 노예제도 이야기를 제외하는 것은 진실을 호도하는 것이다.

이주를 정의하려고 할 때 발생하는 또 다른 중요한 쟁점은 거리다. 나는 꼭 장거리이거나 대규모 이주의 일원이어야만 이주민이라고 부를 수 있다고 생각하지 않는다. 이주민을 긍정적으로 보는 사람들은 이주를 낭만적이고 모험심이 있는 젊은이들과 연관짓는다. 새로운 인생을 창조하기 위해 집을 떠나 큰 위험을 무릅쓰고 엄청난 거리를 여행하는 것이다. 그런데 이동 거리가 더 짧고 덜 요란스럽기는 하지만 더 많이 이주하는 쪽은 대개 여성들이다. 아들이 부모의 땅이나 재산을 물려받는 경우가 많기 때문에 남자들이 이주할 가능성이 더 낮은 것이다.

이주 이론으로 유명한 19세기의 지리학자 E. G. 라벤슈타인E. G. Ravenstein은 이주민 중 여자의 비율이 남자보다 더 높다고 주장한다. 그리고는 “이 주장이 여성을 가정생활과 연관시키는 사람들을 놀라게 할지 모르지만 인구조사 수치가 이를 증명하고 있다"라고 덧붙였다. 그는 여자들이 결혼을 위해서나 아니면 가정교사나 하녀, 가게 점원 등으로 일하기 위해 같은 나라 안에서 이주할 가능성이 남자보다 더 높았던 빅토리아 시대 영국에 대해 언급했다. 19세기에 영국의 큰 주를 오가자면 오늘날 지구 반 바퀴를 비행하는 데 걸리는 시간만큼 오래 걸렸을 것이다.

이주는 매우 복잡한 개념으로 명확한 경계가 있는 깔끔하고 단순한 정의에 맞춰지지 않는다. 라벤슈타인은 농촌 지역의 사람들이 먼저 소도시로 갔다가 그 다음에 대도시로 이동하고, 그 이후에야 해외로 갈 수 있다는 이른바 '단계 이주'에 대해 이야기했다. 한편 계절 노동자들은 유목민처럼 매년 일정 기간을 다른 장소에서 지낸다. 어떤 사람들은 고향을 떠나 얼마나 오래 있게 될지를 알지 못하기도 한다. 그들은 공부하기 위해 혹은 방문하기 위해 어딘가에 갔다가 임시직을 구하고, 그런 다음 누군가를 만나 더 머물고 가정을 갖게 될 수도 있다. 그리고 원칙적으로는 자신이 한때 살던 곳으로 돌아간다는 계획을 갖고 있더라도 새로 발붙인 곳을 떠나지 않을 수도 있다. 따라서 특정 개인이 이민자가 된 정확한 시점을 찾는 것은 매우 어려운 일이다.

이민자의 행동을 예측하거나 설명하기 위한 모델이나 알고리즘을 개발하고자 하는 경우에는 보편적인 정의가 중요할 수 있다. 하지만 나의 프로젝트와 목적은 그와 다르다. 나는 이주가 강제와 비강제 또는 그 사이에 있는 모든 경우를 포함한 인간 경험의 핵심이라고 주장하고 있는 것이다. 그리고 그것을 기억한다면 종으로서 자신을 더 잘 이해할 수 있을 것이라고 주장한다. 예를 들어, 우리가 17세기까지 거슬러 올라가는 강제적이고 비강제적인 이주 사례들을 고찰하면 현대 미국을 더 잘 이해할 수 있듯이, 인류가 아프리카에서 나온 첫 여정까지도 거슬러 올라갈 수 있다.

내가 철학자였다면 이 시점에서 더 나아가 철학적으로 이야기를 대신할 수도 있었을 것이다. 2,500년 전 그리스 철학자 헤라클레이토스는 "만물은 유동적이다"라고 말했다. 모든 동물과 식물은 크고 작은 방식으로 끊임없이 움직이며 늘 변화하고 있다. 우리는 물리학을 통해 조약돌의 원자나 무생물조차 정지되어 있지 않으며 우주도 마찬가지라는 사실을 알고 있다. 따라서 멈추는 것이 아니라 움직이는 것이 보편적인 규범이며 인간의 행동 양식에서도 정주보다는 이주가 정상이라고 말할 수 있다.

철학적으로 말하자면 인간이 시간의 개념을 어떻게 생각하는가 하는 문제도 이 논쟁에 끼어든다. 우리가 과거와 현재의 경계를 조사하려고 하는 순간, 현재는 어느 틈에 지나가버리고 우리가 온전히 체험하기도 전에 과거가 되어버리기 때문이다. 특히 노예제도나 제국주의 같은 역사적 불의에 대해 거론할 때 과거에 선을 긋는다거나, 모든 것을 백지로 돌리고 새로 시작한다는 말들을 많이 한다. 마치 현재가 과거와 깨끗이 분리될 수 있는 것처럼 말이다.

나는 그것이 현실적이라거나 또는 바람직하다고 생각하지 않는다. 역사는 우리의 살아 있는 일부이며, 학교나 박물관에서 배울 수 있는 것을 훨씬 넘어선다. 역사는 우리가 누구인지에 대한 근원이기 때문에 묻어버려서는 안 된다. 이주, 노예제도, 인종차별, 불의 또는 민족주의에 관한 모든 토론에도 우리의 역사는 등장한다. 나는 과거의 역사에 의문을 표하고 이의를 제기하고, 알려지지 않은 역사를 찾고, 그것들에 대해 말하기 위해 우리가 무엇을 할 수 있는지 살펴봐야 한다고 생각한다. 그리고 그런 노력의 시작으로 그 역사들이 일부 누락되어 있을 수 있다는 사실에 관심을 기울여야 한다.

역사책은 대체로 정주한 사람들이 정주한 사람들을 위해 저술했으며 과거에 대한 특정한 관점을 제공했다. 소수의 탐험가나 시인, 개척자들 그리고 주로 유럽과 중동 출신 남자들이 이주에 대한 기록을 남겼지만 대다수의 이주민들은 그러지 못했다. 그러므로 그 공백에 관심을 가져야 한다. 나의 프로젝트는 흔적을 남기지 않았고 이름조차 남아 있지 않은 수백만 명의 이주민들이 존재했다는 것을 알리는 데서 시작한다. 대개 이름 없는 이주민들이지만, 이름이 남아 있는 경우에도 그 이상은 알려진 것이 없다. 나는 중국인들의 동남아시아 이주와 한때 집시로 알려졌던 로마족이 유럽 전역에 퍼지게 된 역사를 연구해왔다. 법정 사건 기록, 정부 문서, 묘비 등에 수많은 이름들이 있지만 19세기 이전 이런 공동체의 일원이었던 사람들이 직접 한 이야기는 단 하나도 찾을 수 없었다.

북아메리카 노예제도에 대한 대응이 유용한 모델이 될 수 있다. 노예 당사자들의 증언이 부족함에도 불구하고 그들의 이야기를 부분적으로는 되찾는 것이 가능하다는 것이 입증되었기 때문이다. 드물게 언급된 몇 가지 사실을 세심하게 다각적으로 연구함으로써 에스테바니코를 픽션과 논픽션으로 부활시킬 수 있었던 것처럼 말이다. 잊혀진 역사 자료에 대한 전통적 분석에 구전 역사와 아프리카 방문을 결합시킴으로써 세네갈 출신의 미국인 역사가 실비안 디우프Sylviane Diouf는 클로틸다 호와 노예들의 이야기를 다시 전할 수 있었다. 또한 최근에는 가나 출신의 미국인 소설가 야 쟈시Yaa Gyasi가 2016년 베스트셀러 소설《밤불의 딸들Homegoing》을 통해 잊혀진 사람들의 삶을 상상함으로써 과거를 재현하는 것이 가능하다는 것을 보여줬다. 그녀는 에피아와 에시라는 아프리카인 자매를 창조했는데, 둘은 18세기의 인물로 한 명은 노예가 되어 미국으로 끌려갔고 다른 한 명은 가나에서 노예상과 결혼했다. 쟈시는 대서양을 사이에 두고 주요 정치적·사회적 사건들을 배경으로 펼쳐지는 그 후손들의 삶을 묘사했다. 이는 소설이 우리의 과거를 이해하는 데 어떻게 도움이 되는지를 보여주는 훌륭한 예다.

8장

황인종, 차이나타운, 푸 만추

MIGRANTS
The Story of Us All

1660년대 초, 두 명의 프랑스인이 아시아의 한 도시에 나란히 서서 커다란 흰색 건물을 바라보고 있었다. 프랑스를 떠난 지 5년 이상이 되었고 여행을 많이 한 의사 프랑수아 베르니에François Bernier는 이 건물에 크게 감탄했다. 그는 그 건물이 자신이 본 것 중 가장 훌륭한 건축물이라고 생각했다. 그리고 옆에 있는 상인에게 이 건물이 대단한 것 같지 않냐고 말하려다 문득 자신이 없어져 입을 다물었다. 프랑스에서 바로 도착한 상인이 자신의 안목을 별로라고 평가하거나 '오래 외국에 있다보니 취향이 망가졌군'이라고 생각할까 봐 걱정이 되었던 것이다.

이 느낌이 무엇인지 이민자들은 알 것이다. 베르니에는 그 순간 두 문화 사이에 끼어 있다고 느꼈을 것이다. 그는 같은 프랑스 사람에게 비웃음을 당하거나 '현지인이 다 되었다'고 비춰지고 싶지 않았기에 아무 말도 하지 않았다. 베르니에는 프랑스 상인이 그를 돌아다보며 유럽에서도 이 건물만큼 대담하고 장엄한 것을 본 적이 없다고 감탄하자 그제서야 안도했다. 그 건물은 전 세계적으로 유명해진 건축물인 타지마할이었다.

무굴제국 대제들의 통치 기간 중에 백인 남자 이주민들이 인도에 대해 쓴 이야기들은 여러 개 있다. 그러나 베르니에의 경우는 특이했다. 그는 인도 북부에서 거의 유목민처럼 이동하며 생활하던 무굴 황제 궁정에 소속된 고위 장관의 개인 주치의였다. 그는 자신이 다른 외국인들처럼 상인이나 선교사, 용병, 외교관이 아니라 철학자이자 의사라는 사실에 자부심을 느꼈다. 베르니에는 돈을 벌거나 사람들을 개종시키기 위해서가 아니라 관찰하고 참여하기 위해 그곳에 갔다. 그는 그 어느 때보다 빠르게 변화하는 세상을 이해하고자 했다. 그는 인도를 이국적으로 그리려고 하거나, 유럽 사람들의 호기심을 자극하기 위해 경이로운 것과 혐오스러운 것을 찾으려 하지도 않았다. 그는 인도의 곳곳을 유럽과 비교하는 작업을 했다. 그의 이야기에서 타지마할의 돔은 파리의 발 드 그레이스 교회의 돔 같고, 야무나 강은 루아르 계곡과 같고, 바나라시는 '인도의 아테네'라고 주장했다. 비록 인도를 유럽 식으로 단순화하고 분류한다는 단점이 있기는 했지만 이는 유럽인들이 무굴제국을 보다 쉽게 상상할 수 있도록 돕는 방법이었다.

그럼에도 베르니에의 이야기가 문제가 되는 이유는 그가 어떤 의미에서는 '최초의 인종차별주의자'라고 할 수 있기 때문이다. 이는 그가 후세의 가차없는 비난을 받고 악명을 얻게 된 이유이기도 하다. 베르니에는 인도에서의 생활을 끝내고 프랑스로 돌아왔는데, 그 이유를 밝히지는 않았다. 고향으로 돌아온 그는 무굴제국에 대한 이야기를 출판하고, 또 학술지 《쥬르날 드 사방Journal de Savants》에 짧은 글을 기고하기도 했다. 글의 제목은 '지구에 거주하는 인간들의 종 혹은 인종에 따른 지구의 새로운 분류-유명한 여행자로부터'였으며 모든 인간들을 지리적 위치와 외모에 따라 네 가지 인종으로 구분하려는 시도였다. 그는 아메리카뿐만 아니라 유럽, 중동을 거쳐 아시아

깊숙한 곳까지 있는 사람들을 첫 번째 인종으로 몰아넣었다. 두 번째 인종은 아프리카 흑인이었다. 그가 '진짜 백인'이라고 표현한 극동 아시아인은 세 번째 인종 그리고 엉뚱하게 북부 스칸디나비아의 라프족Lapps이 네 번째 인종이었다. 베르니에의 분류는 다소 불쾌한 넌센스로 가득 차 있다. 그는 아프리카인은 머리에 머리카락이 아니라 털이 있으며 라프족은 '아주 추하고 곰처럼 보인다'고 표현한다. 그러나 이런 말들은 자신의 생각을 표현한 것일 뿐 이후에 나온 인종 분류처럼 체계적인 인종차별주의를 담고 있지는 않았다.

돌이켜보면 베르니에는 점점 커지는 공백을 메우려 한 것으로 보인다. 고대 유럽과 중동의 세계에 대한 패러다임은 돌이킬 수 없을 정도로 무너졌다. 논리적 모순이 너무 심해서 실용적인 가치가 없게 된 것이다. 예를 들어, 아메리카 대륙과 아시아에 발달한 사회가 존재한다는 사실은 세상이 노아의 세 아들의 후손으로 채워졌다는 성서의 계보를 뒤흔들었다. 또 세계 문명의 중심은 지중해 주변에 있고, 근접한 외부 지역에는 야만인이, 가장 먼 곳은 괴물이 둘러싸고 있다는 고전적 개념도 훼손되었다.

더 복잡하고 서로 연결된 세상을 설명하고 이해하기 쉽게 만들기 위해 새로운 프레임이 필요해진 것이다. 그리고 베르니에가 처음 제시한 프레임은 궁극적으로 인간을 계급에 따라 분류했다. 유럽 출신의 사람들이 최상위에 있고, 그중에서도 더 세분화한 유럽인들은 본인들에게 더욱 우월한 지위를 부여했다. 이러한 인종차별적인 세계관은 오늘날에도 계속 남아 우리가 이주민으로서 공유하는 역사를 경시한다. 왜냐하면 이 세계관은 시간이 정지된 세계, 동적이기보다는 정적인 세계, 정주하는 것이 정상인 세계, 모든 사람이 일정한 인종 집단에 속하는 세계에 기반을 두고 있기 때문이다. 그것은 유목민이나 '혼혈'과 같이 단일 범주에 명확하게 들어맞지 않는 사람들을 악마화하며, 타 인종 간 결합에 낙인을 찍고 우리의 공동 유산을 부정한다.

물론 이 모든 것이 베르니에 탓은 아니다. 그는 이런 분류를 처음으로 서투르게 시도했을 뿐이다. 그가 만든 특정 범주들은 나중에는 인종차별 과학자들에게 선택받지 못했으며, 그가 세운 인종별 고정관념들은 인정받지 못했다. 그러나 그로부터 약 70년이 지난 후 스웨덴 생물학자 칼 린네Carl Von Linne는 (비록 인종race이라는 단어를 사용하지 않고 '품종rarieties'이라는 단어를 선호하긴 했지만) 전체 자연 세계를 동물·식물·무생물로 분류하는 작업의 일부로 인종 목록을 발표했다. 여러 번 수정된 그의 역작은 계속해서 현대 과학에 그리고 현대의 인종차별에 영향을 미치고 있다.

린네의 분류법은 인간과 그 외 모든 사물들을 계(동물), 강(포유류), 목(영장류), 속(호모) 및 종(사피엔스)으로 분류하는 것이었고, 현명한 사람이라는 의미의 라틴어 '호모 사피엔스'를 만들어냈다. 그리고 자기 만족에 빠진 우리 인간종은 훨씬 더 타당해 보이는 명칭, 예를 들어 이주하는 사람(호모 마이그런스Homo Migrans) 대신 호모 사피엔스를 즐겨 쓰고 있다. 그리고 린네는 (현명하지 못하게) 호모 사피엔스 속을 아메리카(원주민), 유럽인, 아시아인, 아프리카인 등 네 가지 주요 하위 그룹으로 세분했다. 그는 또 각 하위 그룹을 출신 대륙에 따라 설명하고, 그 구성원들을 머리카락 색, 피부 색, 콧구멍 모양 등 신체적 특징과 도덕적 기질에 따라 분류했다. 모국에서 영웅 대접을 받는 '분류의 대가' 린네는 동물과 식물을 물리적 특성에 따라 분류한 가장 잘 알려진 저서에서 아시아인은 천성적으로 오만하고 탐욕스럽고, 아프리카인은 교활하고 나태하며, 유럽인은 온화하고 창의적이라고 기술했다.

린네는 여행을 하는 사람이 아니었다. 그는 북유럽을 떠난 적이 없었고 유럽인이 아닌 사람들을 만나본 적도 거의 없는 듯하다. 그는 또 각 인종 집단을 표준 색깔로 표시했는데 유럽인은 백인, 아프리카인은 흑인, 아메리카 원주민은 빨간색이고 동아시아인은 황인이었다. 그는 어떤 아메리카 원주민들이 얼굴에 빨간 줄을 그린다는 말을 듣고 빨간색을 선택한 것 같다. 그들은 나중에 '붉은 인디언Red Indians'으로 알려지게 되었는데, 그들의 피부가 빨간색도 아니고 인디언도 아니었기 때문에 이는 어처구니없는 이중 오류였다. 눈으로 보이는 증거가 있음에도 불구하고 어떤 사람들은 아메리카 원주민들은 붉은 피부를 가졌다고 정말로 믿기 시작했다. 19세기와 20세기에 레드 인디언과 레드스킨은 아메리카 원주민에 대해 이야기할 때 가장 흔히 쓰는 영어 단어가 되었다. 린네식 용어는 요즘도 잡음을 내고 있는데, 2020년에는 미식 축구 팀 워싱턴 레드스킨즈Washington Redskins의 팀 이름에서 레드스킨 부분을 빼라는 항의를 받기도 했다.

린네가 분류한 동아시아인의 황인종론도 마찬가지다. 그의 첫 번째 인종 분류 시도에서 아시아인은 일반적으로 갈색이거나 검은색이었지만 《자연의 체계Systema Naturae》 최종판(1758)에서는 라틴어 단어 루리두스luridus를 사용했다. 그런데 '루리두스'는 엷은 노란색, 창백, 사색 등 여러 가지로 번역될 수 있고 병약하다는 의미 또한 내포하고 있다. 그러나 린네와 그 후계자들은 '황색'을 고수했다. 그리고 린네의 최대 라이벌이었고 종 사이의 구분선을 긋는 데 덜 엄격했던 프랑스의 생물학자 뷔퐁Buffon조차도 인간을 색깔 기준에 따라 나누어 '유럽의 백인, 아프리카의 흑인, 아시아의 황인, 미국의 적색인'이라고 선언했다. 이제 동아시아인들은 그렇게 보이지 않는다 해도 공식적으로는 황인종이었다.

인종 과학자들 사이에서 인종의 수나 명칭을 정하는 것에 대해 수십 년 동안 논쟁이 있어왔지만 그럼에도 불구하고 인종 분류에 관련된 규범은 19세기 초반까지 변화가 없었다. 린네의 후계자들은 논리적 이유 없이 대륙 이름에 따라 명명된 범주를 무시하고 그냥 백인, 몽골족, 흑인 같은 다양한 변위종들로 교체했다. 19세기 후반이 되면서 미국, 유럽, 호주로 중국인 이민 물결이 밀려들었고, 동아시아인들은 일반인들의 상상 속에서 황인종이 되었다. 황인종이라는 말은 대부분 부정적 의미를 함축한 일반 용어로 쓰였는데, '황색 위협yellow peril'이라는 단어는 피해망상과 극심한 불안감까지 불러일으키는 동아시아인 이주에 대한 우려를 상징하는 말이 되었다.

• — •

중국인 이주나 중국인 혐오, 황색 위협에 대해서는 할 말이 많다. 하지만 우선 더 깊은 역사적 맥락과 관련된, 특히 수천 년에 걸친 동아시아 사람들의 이주에 대해 이야기해보자. 이는 약 400년 전으로 거슬러 올라가며 동남아시아에서 일어난 유럽인과 중국인 사이의 묘한 상호 작용이 포함된다. 양 집단 모두 그곳의 이주민들이었으며 때로는 서로에게 살벌했지만 또 경쟁하고 협력하기도 했다. 그러나 동아시아 이주 이야기를 다시 하기 위해서는 유럽인 도착 이전 시대에 집중하여 남중국해 주변 지역의 중요성을 인식하는 것도 중요하다. 그 지역은 면적과 인구 면에서 지중해보다 크고 더 다양한 문화와 언어들이 있었다. 두 대양을 연결하는 남중국해는 과거로 거슬러 올라가는 인류의 이주와 해상 여행에서 중요한 역할을 했는데, 이는 전근대 세계를 연구하는 유럽 중심의 역사가들이 무시하거나 그 의미를 축소하는 주제들이다.

남중국해 주변의 이주 초기 단계는 복잡하고 중요하며 오늘날이 되어서야 이해되기 시작했다. 인도네시아와 필리핀의 동굴에서 최근 발견된 호모 사피엔스보다 훨씬 작고 이전에 알려지지 않았던 두 고대 인류종에 속하는 것으로 확인된 인간 유해를 살펴보자. 놀랍게도 서로 연결된 다양한 언어를 구사하는 '오스트로네시아인Austronesians'들은 고대에 항해 여행을 많이 했다. 이들은 대만에서 왔고 남중국해와 그 너머로 퍼져나갔으며, 오스트로네시아어는 말레이시아, 인도네시아, 필리핀의 주요 언어가 되었다. 오스트로네시아인들은 칠레 연안의 이스터 섬과 아프리카 연안의 마다가스카르, 뉴질랜드의 마오리족과 미국 하와이 주의 원주민에 이르기까지 바다를 건너 엄청나게 먼 곳에까지 퍼져 있다. 대표적인 해상 이주민이었던 그들과 비교하면 바이킹은 오히려 위험을 회피하고 정주하는 민족처럼 보일 정도다. 예를 들어 하와이와 이스터 섬의 오스트로네시아인 정착은 바이킹이 북대서양을 탐험하고 아메리카 대륙에 임시 정착지를 세운 때와 비슷한 시기에 이루어졌을 것으로 보인다.

유럽인 정착민이 동아시아에 도착하기 전, 약 1천 년 동안 남중국해는 문화적 영향의 중심지였고, 인도와 중국에서 온 사람들과 그들의 사상이 중요한 역할을 했다. 남중국해는 최근 '해상 실크로드'로 알려진 항로의 중심에 있었기 때문이다. 해상 실크로드는 중국 해안에서 동남아시아와 인도양을 거쳐 페르시아 만과 아프리카까지 뻗어 있었고, 당시에는 중앙 아시아를 관통하는 육상 실크로드보다 더 중요한 역할을 했다. 역사가와 고고학자들은 그동안 잊혀져 있던 해상 실크로드를 끄집어내 재구성하기 위해 중국 문헌을 샅샅이 뒤지고 고대 자바어 비문을 해독하고 고대 난파선을 인양하는 등 여러 면에서 중세 유럽보다 정교하고 다양했던 이 지역의 모습을 그려가고 있다.

남중국해의 통치자들은 원래 인도와 중동에서 쓰던 라자Rajah 혹은 술탄Sultan 같은 산스크리트어와 아랍어 칭호를 사용했다. 그리고 이 지역에서 힌두교와 불교, 이슬람교가 중요한 역할을 했음을 상기시키는 온갖 문화적·예술적·종교적 상징물들이 남아 있다. 이러한 문화는 주로 상인이나 침략자, 선교사들이 들여왔으며, 때로는 규모가 큰 이주민들에 의해 들어오기도 했다. 예를 들어, 잘 알려지지는 않았지만 14세기 중반까지 오늘날의 인도네시아와 말레이시아 지역의 대부분은 힌두교가 주류였던 마자파힛Majapahit 제국이 다스렸으며 같은 지역에 중국인 정착민 공동체들도 다수 존재했다.

15세기 초 명나라의 대항해는 많은 역사가들이 관심을 보이는 주제로, 바스코 다 가마보다 반세기 이상 앞서 거대한 중국의 함대가 아프리카 동부 해안에 도달했다는 기록이 있다. 대항해는 28년에 걸쳐 총 일곱 차례 있었으며, 200척에 달하는 선박에 2만 7천 명이 타고 갔고, 중국의 힘과 부, 조선 기술을 분명히 보여주었다. 이 항해에 대한 기록은 아시아에서 각종 문화가 혼합되었음을 보여주는 흥미로운 세부 내용과 함께 남중국해와 인도양을 통한 장거리 항해가 통상적이었음을 보여주는 증거다. 그러나 명나라의 항해는 길게 이어지지 않았고, 중국은 해외에 제국을 세우겠다는 야망을 버린 듯했다. 15세기 후반, 중국의 한 관리는 공개적으로 다음과 같이 선언했다.

> 하늘과 땅에는 절대적인 경계가 존재하니, 이쪽은 중국인 저쪽은 외국인이다. 세상의 질서를 바로잡는 유일한 방법은 이 경계를 존중하는 것이다.

중국은 시선을 안으로 돌렸고 자국의 지리적·문화적 경계를 보호하는 데 훨씬 더 큰 관심을 갖게 되었다. 명나라 대항해로 중국인의 이주도 이루어졌는데, 이는 정부 정책에 의해서가 아니라 오히려 그에 반해서 일어난 것이었다. 정부는 이주를 허용하지 않았고, 때로는 적극적으로 막았으며 한때는 이주를 시도한 이들에게 사형을 내리기도 했다. 그러나 여러 조치에도 불구하고 많은 수의 중국 이민자들이 동남아시아에 정착하고, 19세기에는 세계의 거의 모든 곳으로 이동하는 것을 막지 못했다. 그들은 독특한 이주 모델 방식과 스타일을 갖고 있었고 수많은 곳에 '차이나타운'을 세웠다.

차이나타운이라는 개념은 복합적인데, 많은 곳들이 그저 중국 음식과 구정 축하 행사로 알려진 관광 명소 정도를 상징하게 되었다. 그러나 그 뿌리는 초기 유럽 식민주의의 가장 어두웠던 시기에 시작되었다. 중국 이민자들을 통제하기 위해 차이나타운을 분리된 도시 거주지로 조성한 것이다. 그들은 유럽인들의 세력 유지에는 잠재적인 위협이 되었지만 동시에 번창하는 제국 경제를 위해서는 필수적으로 여겨졌기 때문이었다. 스페인이 필리핀을 정복하고 난 후 처음에는 중국인들이 수도 마닐라에서 유럽인들과 함께 사는 것이 허용되었다. 그러나 1594년 즈음에는 유럽인들과 강을 사이에 두고 있는 건너편 지역인 비논도Binondo라는 곳으로 이사하도록 권고해 많은 중국인들이 그곳으로 이주했다. 그곳의 주민들은 비논도가 현재 세계에서 가장 오래된 현존하는 차이나타운이라고 주장하고 있다. 그로부터 채 10년이 지나기도 전에 마닐라는 두 이주민 공동체 사이에서 역사상 가장 피비린내 나는 분쟁의 현장이 되었다.

중국 이민자들은 빠르게 변화하는 세계 경제에서 중요한 역할을 하고 있었고, 마닐라는 그 변화의 중심에 있었다. 유럽인들은 비단과 도자기 같은 중국의 고급 제품을 원했지만 중국인들은 유럽의 물건에는 별로 관심이 없고 스페인 사람들이 아메리카 대륙에서 캐내는 금과 은을 원했다. 따라서 마닐라의 중국인 상인들은 중국과 인근 지역에서 제조된 상품을 필리핀으로 가져와 스페인 상인들에게 금과 은을 받고 팔았고, 스페인 상인들은 다시 그것을 유럽으로 가져갔다. 그러나 마닐라의 중국인들이 단순히 상인 노릇만 한 것은 아니었다. 그들은 도시 경제의 거의 모든 분야에 깊숙이 뿌리내리고 있었고 한 스페인 관찰자가 언급했듯이 미숙련 노동자뿐 아니라 재단사, 제화공, 석공, 상업 농부, 생선 장수, 정육점 주인, 제빵업자, 의사 및 식당 경영주로도 일했다.

스페인 사람들은 마닐라에 거주하는 중국 이민자들의 숫자와 영향력이 커질수록 위협을 느껴 불안했다. 게다가 강제로 갤리선의 노예가 된 중국 노동자 집단이 선상 반란을 일으켜 스페인 총독을 살해했다는 이야기가 들려오기도 했고, 증거는 없지만 중국 정부가 침략을 계획하고 있다는 헛소문이 퍼지기도 했다. 스페인 사람들의 두려움이 편집증으로 바뀐 것은 1603년에 중국 본토의 관리들이 방문한 이후였다. 일련의 작은 사건들이 이어지던 끝에 스페인 사람들은 현지 필리핀 군대와 일본 용병들의 도움을 받아 마닐라 안팎에서 2만 명 이상의 중국 이민자들을 살해했다.

마닐라 대학살에 대해 장기적으로 분명한 응분의 조처가 없었다는 것은 놀라운 일이다. 학살 이후 스페인 사람들은 상황을 잘못 판단해 경제적 손실이 크다는 사실을 한탄했을 뿐이었다. 한 스페인 사람은 이 살인 행위 이후에 식량이 부족해지고 비싼 값을 내고도 신을 만한 신발이 없다는 것에 불평했다. 스페인 사람들은 무역을 회복시키기 위해 살해당한 사람들의 가족에게 보상을 하기 시작했다. 그리고 곧 다시 마닐라와 동남아시아 지역으로 오는 새로운 중국인 이주 물결이 일어났다. 중국 정부는 잠시 스페인에 대한 보복 가능성과 필리핀 침공까지 암시했지만, 공식 기록에 따르면 학살 희생자들은 궁극적으로 중요하지 않았고 싸울 가치가 없는 사람들이었기 때문에 별다른 조치는 없었다. 그들은 중국 남부에 있는 가족을 버리고 떠난 사람들이었기 때문이다.

중국의 반응은 이주민들에 대한 중국인들의 전반적인 태도를 보여주는 것이다. 그때나 지금이나 중국은 세계에서 가장 인구가 많은 나라였다. 그리고 서구에서 생각하듯이 획일적이고 단일한 문화를 가진 사회가 아니며 그랬던 적도 없다. 동남아시아와 다른 지역으로 이주한 중국인 이민자들은 대부분 중국 남부 출신이었다. 자칭 최초의 차이나타운인 비논도에 살다가 마닐라 대학살의 희생자가 된 중국인 이민자들은 베이징보다 마닐라에 더 가까운 중국 남부의 해안 지역인 푸젠성에서 왔으며, 나중에는 광둥성에서도 많은 사람들이 이주하게 된다. 당시 중국 북부에서는 남부인들이 진정한 중국인이 아니며, 남부의 해양 상인들은 모두 밀수업자에 해적이라는 선입견을 갖고 있었다. 20세기 초《아큐정전》의 작가 루쉰은 남부인들에 대해 다음과 같이 묘사했다.

> 북부인들은 성실하고 정직하다. 남부인들은 노련하고 기민하다. 이것이 그들 각각의 미덕이다. 그러나 성실과 정직은 어리석음을 낳고, 노련함과 기민함은 이중성을 낳는다.

남부인들은 자주 이주했을 뿐만 아니라 외국인에 대한 불신이 덜했던 것으로 보인다. 그 이유는 복합적인데 거리적으로 동남아시아와 가깝고 중국 권력의 중심과는 멀리 떨어져 있었던 것이 가장 큰 이유였을 것이다. 또한 불교가 이주를 문화적으로 받아들일 수 있게 만드는 데 어떤 역할을 했을 수 있다. 불교는 원래 외국에서 온 것으로 여행과 순례에 중점을 두는 종교다. 북부의 대도시에서는 유교가 큰 영향력을 발휘했으며, 노골적으로 정주 문화를 지지했다. 이주를 반대하는 사람들은 공자를 인용했다. "부모님이 살아 있는 동안 아들은 먼 여행을 떠나서는 안 된다." 북부인들도 이주를 하기는 했지만 대개 중국 국경 내에서 이루어졌고, 대부분의 경우 남부로 이주해 기존에 그곳에 살고 있던 주민들의 이주를 조장했다.

남부인들 사이에서도 고향을 영원히 떠나는 영구적인 이주는 반기지 않았다는 증거가 있다. 한자 '교僑'는 영구적이 아닌 임시적인 이주민을 의미하며 해외로 이주한 사람들을 부르는 용어로 널리 사용되었다. 그것은 중국인 이민의 독특한 특성을 보여주는데, 중국인들은 다른 이민자들보다 기질적으로 조상의 땅과 연결을 끊는 경향이 덜하다. 그러나 이것은 (완전히 틀린 것은 아니지만) 개괄적 일반론 중 하나다. 사실 여권이나 비자, 국적 증명서와 거주 요건이라는 규정이 고안되기 전까지 전 세계의 많은 이주민들은 딱히 명확한 장기 계획 없이 이주하고 정착했다. 대부분의 경우 이주민들은 (많은 경우 결국 평생 그곳에 살게 되긴 했지만) 새로운 나라에서의 체류를 임시 혹은 확정되지 않은 것으로 여겼다. 이에는 중국인도 예외가 아니었다.

그러나 중국인들이 다른 점은 고국과 특별하고도 지속적인 관계를 유지했다는 것이다. 19세기 말까지 중국 이민자의 대다수는 남성이었고 그들은 대개 아내와 자녀 그리고 부모를 두고 떠났다. 이 이민자들 중 많은 이들은 현지 여성들과 두 번째 가정을 꾸렸지만(필리핀에서는 특히 그랬다), 그럼에도 여전히 주기적으로 중국에 돌아갔다. 다시 중국을 찾지 않은 사람들도 귀환에 대한 기대를 품고 있었으며, 그것은 멀리 떨어져 있는 조상의 사당을 공경하는 것과 마찬가지로 문화적으로 중요했다. 중국에 있는 가족들은 이주한 사람들과 그 후손을 잊지 않고자 노력했고 사당의 명부에 그들을 올렸다. 족보는 다른 나라들보다 중국에서 특히나 더 중요한 역할을 했다.

차별과 학살에도 불구하고 다수의 이민자들이 중국 남부 해안에서 동남아시아로 이주를 이어갔다. 물론 소수의 유럽인들도 그곳으로 이주했다. 유럽인들은 통치하기 위해 그곳에 이주했지만, 중국인들의 역할은 복잡하고 다양했으며 결과적으로 더 오래 지속되었다. 그들은 동남아시아에서 유럽 식민주의가 발전하는 데 중요한 역할을 했고 심지어 협력자가 되었다. 중국인들은 이 지역의 정치 지형도와 인구 구조에 더 깊은 영향을 미쳤으며, 이는 식민지 이후에도 지속되었다. 이를 가장 잘 보여주는 사례로는 싱가포르를 들 수 있다.

1819년까지 무인도나 마찬가지였던 싱가포르는 중국 본토에서 2천 킬로미터 이상 떨어져 있다. 건국 이후 200년이 지났음에도 500만 명의 싱가포르 국민 중 거의 4분의 3이 스스로를 중국인이라고 여기며, 인구의 절반 이상이 집에서 중국어를 사용한다. 동남아시아 지역의 주요 도시에는 상당수의 중국인들이 소수 민족으로 존재한다. 대조적으로 식민지 시대 유럽 이주민들의 후손들 중 자신을 유럽인이라고 여기는 사람은 거의 없으며 대부분 일반 인구에 섞여 들어갔다.

16세기 이후 동남아시아로 이주한 중국인들은 실제로 스페인, 포르투갈, 네덜란드, 영국, 프랑스, 미국 등 6개국의 제국주의 프로젝트와 국제 교역을 보조하는 역할을 하는 경우가 많았다.* 처음에 그들은 상인과 장인으로서 남쪽으로 이주했지만 18세기에 이르러서는 후추 농장과 주석 광산 같은 새로운 사업장을 위한 노동자로서 대규모로 고용되었다. 노동자 모집은 주로 중국 이주민 공동체에서 부유하고 유력한 중국 기업가들이 담당했으며, 이들은 고국과 강력한 비즈니스 관계를 유지했다.

중국 이주민 공동체를 관리하는 이들이 등장하기 시작했는데, 대개 식민 정부에 의해 임명되었으며 조장이라고 불렸다. 이들은 의무와 책임이 서면으로 기록되어 있는 공식 직책으로, 식민 정부가 간접적으로 권력을 행사할 수 있었으며, 일부 대규모 이주민 공동체에는 얼마간의 자율성을 부여했다. 1800년 영국이 통치하는 페낭 정착지의 관련 기록 중 하나를 살펴보면, 조장은 '주민들 사이에서 질서를 유지하고, 일주일에 두 번씩 본인 집에서 재판을 열고, 사람들 사이의 사소한 사건을 관리할 책임'이 있었다. 그들은 또한 출생, 사망 및 결혼에 대한 기록부를 관리해야 했으며 방문자에 대한 세부 정보도 기록해야 했다.

페낭은 1786년에 영국 정착지로 세워졌으며, 그후 술탄이 동인도회사에 양도했다. 이미 말레이족이 살고 있기는 했지만 100명도 안 되는 수였고, 그들은 수렵채집 생활을 하고 있었다. 영국은 페낭을 관세가 부과되지 않는 자유 항구로 선언했으며, 그 때문에 첫 해

* 영국, 프랑스, 미국은 비교적 후발주자로 각각 1786년(페낭), 1862년(사이공), 1898년(필리핀)에 본격적으로 동남아시아에 진출했다.

에만 중국인 60가구가 이주해오는 등 많은 이민자들을 끌어들였다. 10년 만에 페낭(공식 명칭은 프린스 웨일스 아일랜드)의 인구는 2만 명이 넘었고, 1804년 영국 총독 조지 리스는 새로운 정착지를 안내하는 소책자에서 자랑스럽게 선언했다.

> 이토록 좁은 땅에 이 정도로 다양한 사람들이 모여 다양한 언어를 사용하는 곳은 세계 어디에도 없을 것입니다. 이곳에는 영국인, 네덜란드인, 포르투갈인, 아르메니아인, 아랍인, 파르시인, 중국인, 출리아인, 말레이인, 부기족, 버마인, 샴인, 자바인 등이 살고 있습니다.

그런 다음 리스는 각기 다른 이민자 집단들에 대한 편견을 늘어놓는데, 린네 스타일의 과장된 평가로 가득 차 있다. 그는 "말레이인들은 나태하고 복수심이 강하고 표리부동한 반면 술라웨시 섬 출신 부기족은 대담하고 독립적이며 진취적이고 파르시인들은 매우 조용하고 얌전한 사람들이다"라고 의견을 밝힌다. 리스는 중국인 공동체에 대해 가장 상세히 언급하고 있는데, 중국인들은 말레이인, 인도 남부 출신인 출리아인들과 함께 가장 큰 집단에 속해 자체 조장이 있었고 식민 통치하에서도 약간의 자치권을 갖고 있었다.

리스는 중국인에 대해 "일반적으로 조용하고 근면한 사람들이며 정착지에서 가장 귀중한 인력이다"라고 기술했다. 그는 "페낭의 중국인들은 다른 이주 노동자들보다 더 높은 임금을 받고 있으며, 누구나 매년 소득의 일정 부분을 중국에 있는 친구나 친척들에게 보내는 것을 불변의 원칙으로 삼는다"라고 말했다. 그리고는 서구인들이 중국 이민자에 대해 갖고 있는 대표적인 고정관념에 대해 언급하는데, 그들이 도박과 아편에 중독되어 있다는 것이다.

중국 이민자들이 영국인에 대해 어떻게 생각했는지에 대한 기록은 없으며 다른 일들에 대한 기록도 별로 없다. 그러나 족보나 구전 역사, 사원 비문 및 묘비를 포함한 자료 등에서 그들의 초기 이주 생활을 상상해볼 수는 있다. 많은 이들은 중국 남부에서 이주했지만 어떤 사람들은 동남아시아 지역에 있던 더 오래된 중국인 공동체, 특히 네덜란드가 통치하던 말라카에서 이주해왔다. 중국인들은 페낭에 깊이 뿌리를 내렸고 다른 이주민 집단보다 훨씬 숫자가 많아, 오늘날 페낭 인구의 절반 이상이 자신을 말레이시아 화교라고 생각하고 있다.

중국인 이주는 19세기 후반에 절정에 달했다. 수천만 명에 이르는 엄청난 숫자의 이주민들이 중국 남부에 있는 고향을 떠나 수없이 많은 각기 다른 목적지를 향해 이주했는데 그들 중 다수는 계약 노동자였다. 예를 들어, 10만 명 이상이 페루에 가서 사탕수수 농장에서 일하거나 구아노 산업에 종사하며 근해 섬에서 비료로 사용할 새 배설물을 모으는 작업을 했다. 비슷한 수의 중국 노동자들이 쿠바로 갔고, 파나마와 멕시코로도 상당한 이주가 있었다. 그리하여 아메리카 대륙의 거의 모든 국가에 중국인 공동체가 생겨나게 되었다. 인도인들도 상당한 수가 이주를 했지만 그들은 대영제국의 식민지 국민으로서 피지, 가이아나, 트리니다드 토바고, 모리셔스 같은 영국 식민지로 이주하는 경향이 있었다. 이 나라들에는 지금도 인도인들이 살고 있는데, 인구의 약 40퍼센트를 차지하며 현지혼을 통한 인도 혈통을 가진 사람들까지 포함하면 그 이상이 된다.

경제적 측면에서 보면, 중국과 인도 출신으로 '쿨리'라고 불렸던 계약 노동자들은 노예제 폐지로 인해 생긴 공백을 채워줬다. 식민지 행정부와 열대 지방의 지주들은 주로 새로운 사탕수수 농장에서 일할 노동자를 원했지만 그 외에 철도, 도로 및 운하 건설 업계에서도 일꾼을 필요로 했다. 더 이상 아프리카인들을 납치해 일을 시킬 수 없었고, 유럽인들은 대부분 더운 나라에서 육체 노동하기를 거부했다. 그리하여 새롭게 재편된 고용 시스템이 도입되었고, 세계에서 가장 인구가 많은 나라들에서 많은 노동자들이 이주해왔다. 일부는 원해서, 또 어떤 사람들은 돈을 벌 수 있다는 꼬임에 넘어가서, 어떤 이들은 노예처럼 그냥 납치된 경우도 있었다.

한 영국 관리는 1853년 중국 샤먼성에 있는 아모이 시 방문에 대해 언급했다. 그곳의 바라쿤은 대서양 노예무역 전성기 때 서아프리카의 바라쿤과 별로 다르지 않았다.

> 나는 아모이에서 쿨리 승선을 준비하는 장면을 직접 보았다. 수백 명이 벌거벗은 채 바라쿤에 모여 있었고, 가슴에는 그들이 갈 예정인 목적지에 따라 C(캘리포니아), P(페루), 혹은 S(샌드위치 섬)라는 도장이 찍히거나 페인트로 쓰여 있었다.

배를 타고 중국에서 페루까지 가는 데는 4개월이 걸렸고, 배 안의 상황은 참혹했다. 경미한 과오에 대해서는 채찍질이 일반적이었으며 거짓말은 여섯 대, 도박은 열두 대였다. 중국인 노동자 열 명 중

한 명은 가는 도중에 사망했다. 주로 질병 때문이었지만 반란 용의자들은 살해당했고 몇 명은 스스로 목숨을 끊었다.

쿠바에 도착하면 더 많은 바라쿤을 만나게 된다. 한 계약 노동자는 '쿨리' 처우에 관한 조사위원회에서 그들이 어떻게 격리되었고, 변발이 잘리고, 벌거벗겨졌는지에 대해 발언했다. 그는 "우리는 검사를 받고 가격이 매겨지기 위해 벌거벗어야 했으며, 이는 우리를 수치심에 휩싸이게 했다"라고 설명했다. 계약 기간이 끝나면 대부분의 중국 노동자들은 집으로 돌아갈 수 있을 것이라고 생각했지만 현실은 녹록치 않았다. 극소수만이 그만큼의 돈을 모을 수 있었기 때문이다. 따라서 그들은 주저앉았고 그곳에 살고 있는 혼혈 여성과 결혼했다. 페루 주재 미국 대사였던 리차드 깁스는 1870년대에 쓴 글에서 "중국인 남편은 근면하고 가정적이며 자녀를 잘 보살피는 좋은 남편 노릇을 했기 때문에 상당히 좋은 신랑감으로 여겨졌다"고 언급했다. 중남미에는 중국 여성 이민자가 거의 없었기 때문에 혼혈 여성과의 결혼이 흔히 이루어졌다.

다수의 중국 남자들이 강제로 끌려오거나 아니면 속아서 이주를 당한 경우가 좀더 일반적이기는 했지만 스스로 고국을 떠나기로 선택한 사람들도 많이 있었다. 그들 대부분이 처음에는 굉장히 힘들고 어려운 일들을 많이 겪었지만 이주민들의 경험이 다양했다는 점을 인식하는 것이 중요하다. 이주의 이유도 다양했는데 빈곤과 정치적 불안정이 중요한 역할을 했다. 그러나 다른 한편으로는 새로운 삶이나 모험을 찾아, 또 금을 찾아 떠난 사람들도 많았다. 1840년대 후반부터 많은 사람들이 동쪽으로 태평양을 건너 캘리포니아의 중국식

초기 중국 이민자들은 광부 혹은 철도 노동자로 일했다. 최초의 미국 대륙횡단 열차는 중국인 노동자들의 피땀으로 건설되었다고 해도 과언이 아니다.

이름인 진산金山, Gold Mountain으로 향했다. 그들은 그후 70년 동안 이어진 미국 이민의 황금기라고 말할 수 있는 기간의 소수 참여자 혹은 희생자가 되었다.

• — •

미국의 이민 이야기는 매우 다양하다. 아마도 이 주제에 대한 가장 유명한 책은 1952년에 처음 출판된 오스카 핸들린Oscar Handlin의 《뿌리 뽑힌 자들Uprooted: 오늘의 미국인을 있게 한 위대한 이주민들의 서사시》일 것이다. 동유럽 유대인 이민자의 아들인 핸들린은 다음과 같은 말로 책을 시작한다. "언젠가 나는 미국 이민자들의 역사를 쓸 생각을 했다. 그리고 나는 이민자들이 미국의 역사라는 것을 알게 되었다." 이는 그가 다루고 있는 주제의 범위와 중요성 그리고 미국 이야기에서 이민이 갖는 중심적 위치를 제대로 담아낸 설명이다. 핸들린의 저서는 미국을 이민자들의 나라로 재정립하는 데 큰 도움이 되었다.《뿌리뽑힌 자들》은 미국 독립 150년 전에 본인의 선택으로 그곳에 정착했고 주로 북유럽인들이었던 초기 정착민들에게 주안점을 두지 않았다. 핸들린은 다른 유럽인들, 특히 19세기와 20세기 초에 기근이나 박해를 피해 대서양을 건넌 수천만 명의 사람들에게 스포트라이트를 비췄다. 그러나 핸들린의 이주 이야기에도 포함되지 않은 이들이 있었다.

핸들린의 유명한 책에는 19세기에 많은 아메리카 원주민들이 조상의 고향에서 수천 킬로미터 떨어져 있는 '인디언 구역'으로 지정된 곳으로 강제 이주당한 '눈물의 길Trail of Tears'에 대한 언급은 없다. 아프리카에서 끌려와 노예가 된 사람들과 그 후손들의 이야기도 거의 없다. 백인 여성들은 대부분 유럽인의 아내와 딸로 등장할 뿐 자신들의 이주에 관심을 가질 만한 독립적인 개인으로 나오지 않는다. 그리고 길고 굴곡진 중국인 이주에 대한 이야기도 마찬가지다.

1850년에서 1910년 사이에 40만 명가량의 중국인들이 미국으로 이주했다. 같은 기간의 유럽인 이민자 약 2,500만 명에 비하면 극히 적은 수다. 하지만 중요한 것은 숫자가 아니라, 이민에 대한 태도 변화다. 왜냐하면 이후 중국 이민자들에 대한 엄청난 거부반응이 생겨나고, 1880년대에 중국은 영구적으로 미국 입국에서 제외된 최초의 나라가 되기 때문이다. 이는 매우 부유하거나 영향력이 있지 않은 한 출신 국가가 여행과 이민 기회에 결정적인 영향을 미치게 되는 세상을 예고하는 것이었다.

중국인들의 캘리포니아 이주가 시작된 것은 1849년, 골드러시가 막 시작되고 멕시코의 일부 영토가 미국에 합병된 지 겨우 2년이 지난 후였다. 인구가 수백 명에 불과했던 샌프란시스코의 작은 항구에 전 세계에서 금 탐사자와 기타 이민자들 수천 명을 태우고 오는 선박들이 몰려들었다. 그 당시 초기 이민자들 중 다수는 중국 남부 광둥성에서 왔는데, 1849년에는 약 500명이던 이민자가 1852년에는 거의 2만 명에 육박했다. 파나마 운하도, 대륙 횡단 철도도 없을 때였으므로 유럽이나 미국 동부에서 오는 사람들과 비교해 중국인들의 태평양을 건너는 여정은 훨씬 더 쉬웠다. 그들은 처음에는 환영받았다. 하지만 1850년대 중반에 이르자 분위기가 바뀌기 시작했고, 특히 유럽 혈통 골드러시 후발주자들의 중국인 이민에 대한 반대가 커져갔다. 1854년《뉴욕 트리뷴》의 사설은 중국인들을 미국에서 몰아내기 위한 길고 공공연한 캠페인의 시작이었다. 아직 '황색 위협'을 거론하지는 않았지만 몇 가지 극단적 예들을 포함하고 있고, 그것들은 전 세계의 이민 반대 포퓰리스트들에 의해 계속해서 사용되고 있다.

그들은 문명화되지 않았고 상상을 초월할 정도로 지저분하고 더러우며, 수준 높은 가정 혹은 사회적 관계도 갖고 있지 않다. 성품이 음탕하고 관능적이다. 여자들은 다 매춘부이며 도덕성이 최저 등급이다. 그들이 배우는 첫 영어 단어는 음란 용어나 욕설이며 그 이상은 더 배우려고 하지도 않는다. 그들은 천성이 배타적이라 같은 동족 외에는 상종하지 않는다. 이들의 이민 물결이 계속된다면 태평양 지역에서는 백인보다 더 많아질 수도 있다. 그들은 종교든 습관이든 언어든 간에 '아메리칸(미국인)'들과 공감할 수 있는 것이 없다.*

이 즈음에 인종 우월주의자들 사이에서 '아메리칸'이라는 단어는 백인 이민자와 그 후손들을 의미했다. 불과 100년 전에는 그 영어 단어가 아메리카 원주민을 서술하는 데 사용되었는데 말이다. 사설 이후 중국 이민자들의 권리가 점진적으로 축소되었다. 자녀의 교육 기회가 사라지고, 법정에서 백인에게 불리한 증언을 하는 것을 금지하고, 새로운 이민자들을 태우고 오는 선박에 세금을 부과하고, 중국 여자들을 매춘부라며 돌려보냈다. 그러나 이러한 조치들로는 이민자들의 물결을 막을 수 없었다. 캐나다, 호주 및 뉴질랜드에서 금이 발견되자 중국에서 온 광부 중 일부가 그곳으로 이동했지만 더 많은 중

* 이 사설은 19세기에 미국에서 가장 유명한 저널리스트였던 호러스 그릴리Horace Greeley가 썼다. 그는 노예제 폐지, 노동자 권리 확대를 비롯해 여러 진보적 개념들을 지지했고 칼 마르크스를 뉴욕 트리뷴 유럽 특파원으로 고용하기도 했다. 중국인 이민을 반대했지만 그는 역사상 가장 유명한 이주 권장 슬로건인 '젊은이여, 서부로 가라Go West, young man!'을 창안한 사람으로 널리 알려져 있다. 그릴리는 1872년 대통령 후보로 나섰다가 공화당 소속 현직 대통령이던 율리시즈 그랜트에 참패했다.

국인들이 중국 본토에서 건너와 샌프란시스코에 정착하며 최초의 차이나타운을 건설하고, 세탁소를 차리고, 시가에서 신발에 이르기까지 온갖 제품 공장에서 일했다. 그들 중 1만 명 정도는 대륙 횡단 철도를 건설하는 데 종사했다.

경제가 호황일 때는 중국인들이 문제가 되지 않았다. 중국인을 반대하는 쇼비니즘의 물결이 거세지고 있었지만 그래도 그들의 노동력이 필요했던 것이다. 대부분 이민자들로 구성된 백인 노동자 노동조합은 중국 노동자들이 더 싼 노동력으로 자기들의 임금을 깎아내리고 있다고 불평했으며, 중국인 노동자들을 핑계로 파업을 단행했다. 아일랜드 이민자로 노동조합 대표였던 데니스 키어니Denis Kearney는 모든 연설을 "중국인은 떠나야 합니다!"라는 말로 끝맺었다. 첫 미국 횡단 철도가 완성되자 수천 명의 중국인들은 실직했고, 그 철도를 이용해 다수의 백인 이민자들이 대서양 연안에서 서부로 이주했다. 그리고 1870년대에 대공황이 닥쳤다.

더 이상 중국인들이 필요하지 않게 되자 중국 이민자들의 미국 입국이 금지되었다. 그들은 개방된 국경을 자랑스러워하는 나라에서 배제된 첫 번째 '인종'이었다. 중국인 배제법에 대한 의회의 논쟁을 살펴보면 당시의 분위기를 알 수 있다. 미국 서부의 백인 정치가들은 '존 차이나맨', '몽골인' 그리고 '황인종' 같은 용어를 사용하여 과장된 인종차별주의를 주도했다. 18세기 '인종 과학자'들에 의해 정의된 중국인이 '황인종'이라는 개념은 영어와 다른 여러 언어에서 일상적인 증오 발언으로 스며들어 있었다. 예를 들어, 캘리포니아 하원의원 캠벨 베리는 중국인을 '동양 침략자 떼거리', '꽈리를 튼 누렁 뱀', '끝없이 흘러들어오는 황색 전염병'으로 묘사했다. 어떤 이들은 중국 이민자들은 원래 노예였고 '타락과 미신에 푹 빠져 있는, 중국인 중에서도 가장 천하고 비열한 사람들'이라고 주장했다.

1882년에 중국인 배제법이 통과되면서 이미 미국에 거주하고 있던 중국인들이 마녀사냥당하기 시작했다. 그들은 문둥병과 매독, 흑사병의 원인으로 지목되었고, 때로는 살던 집에서 쫓겨나기도 했다. 1885년, 워싱턴 지역 타코마에 있던 약 300명의 중국인 공동체는 통째로 검거되어 도시를 떠나는 기차에 강제로 실렸고, 타코마의 차이나타운은 잿더미가 되었다. 심지어 그냥 살해당한 중국 이민자들도 있었다. 1885년에 와이오밍에서 28명의 탄광 광부가 살해되었고 그중 일부는 고문을 당하거나 불에 타 죽었다. 그리고 2년 후 오레곤에서는 35명의 금광 광부들이 살해당했다. 그 일로 처벌을 받은 사람은 아무도 없었다.

미국 경제가 회복되자 캘리포니아 고용주들은 다시 이주민 노동력이 필요해졌고, 그래서 또다시 이민자들이 왔다. 이번에는 일본 그리고 1898년에 미국의 식민지가 된 필리핀과 멕시코에서 많은 수의 이민자들이 들어왔다. 중국인 이주도 계속되었는데, 대개 캐나다나 멕시코를 경유하여 불법으로 들어오거나 아니면 중국인의 미국 입국이 허용되는 몇 개 안 되는 범주(상인, 학생 등)로 위장하여 들어왔다. 1910년의 주요 입국 지점은 샌프란시스코 만에 있는 엔젤 섬이었는데, 뉴욕 엘리스 섬과 같은 역할을 했다. 이민 희망자들은 일단 그곳에서 격리되어 심문을 받았으며 어떻게든 미국으로 들어가기 위해 이민 관리들의 허점을 노렸다.

중국계 미국인들은 중국인들은 모두 똑같이 생겼다는 백인들의 선입견 덕을 많이 봤다고 회상했다. 그들 중 일부는 위조 서류와 함께 어려운 질문에 대한 대답을 연습해서 통과할 수 있었다. 불법 이민은 하나의 산업처럼 자리잡았다. 맥신 홍 킹스턴Maxine Hong Kingston은 소설《차이나맨China Men》에 미국에 들어가기 위해 상상할 수 있는 모든 수단을 시도하는 친척들의 경험을 담았다. 당시 중국인들에게 1906년의 샌프란시스코 대지진은 하늘이 준 선물이었다. 기록 보관소가 화재로 소실되었기 때문이다.

> 정식 시민과 외국인을 구분할 수 있는 서류가 모두 사라져버렸다. 중국인이 내놓을 수 없는 서류는 뭐든 '1906년 화재로 소실'된 것이 되었다. 중국인들은 그 화재를 통해 시민으로 재탄생했다.

19세기 말이 되자 다른 나라들도 미국을 따라 중국 이민자들에 대한 제한을 강화하기 시작했다. 주로 캐나다, 오스트레일리아, 뉴질랜드, 남아프리카 공화국 같은 영국이 통치하는 영토들이었는데 그들은 동시에 대규모 백인 이민을 장려했다. 유럽인과 유럽 출신 사람들 사이에 중국인 혐오증이 깊게 뿌리를 내리면서 이제 중국인을 배제시키기 위한 이유로 내세웠던 경제적 핑계도 필요가 없어졌다. 논쟁은 점점 더 인종적·문명적 측면으로 진행됐는데, 어떤 면에서는 오늘날의 이슬람 혐오증과 유사하다. 그리고 그 논쟁들은 백인 유럽인들이 스스로에게 이제 곧 자신들이 '황인종'(중국인은 늘 포함되고, 때로는 일본인까지 포함한다)에게 압도당할 것이라고 불안해하는 더 광범위한 담론의 일부가 되었다.

'황색 위협'은 1890년대에 처음 언급되었고 금세 유행했다. 독일 황제 빌헬름 2세는 자신이 유럽 국가 원수들에게 보낸 석판화의 제목으로 그 문구를 만들어냈다고 주장하기도 했다. 그는 유럽의 식민 열강들에게 '황인종의 침입'에 저항하기 위해 연합해야 한다고 주장했고, 중국을 분할해 자신들의 제국으로 통합시켜야 한다고 부추기기도 했다. 중국과 중국인들은 유럽인들의 상상과 현실 속에서 거대한 적이 되어 있었다.

1900년 여름, 독일 주도의 8개국 동맹(영국, 러시아, 미국, 일본 포함) 군대가 베이징을 점령하고 도시 전역에서 약탈과 학살을 자행했다. 이는 의화단 사건에 대한 고의적이고 잔인한 대응이었다. 의화단 사건은 일부 이주민의 살해로 발생했는데, 희생자가 중국에서 기독교 선교사로 일하던 유럽인이었다. 중국 북부의 일부는 러시아에 의해 점령되었고, 베이징은 배상금을 지불하고 반란에 연루된 것으로 여겨지는 일부 관리들의 자결 혹은 처형을 감독해야 했다.

실제 적으로서의 중국은 반중 동맹의 8개국이 제1차 세계대전으로 뛰어들기 전까지 오랜 기간 서로 다투면서 그 의미가 희미해졌다. 그러나 황색 위협은 백인종에 대한 실존적 위협으로 서구인의 상상력을 끊임 없이 사로잡았으며 다양한 형태로 드러났다. 특히 19세기 후반에 전성기를 누린 소설 장르인 이른바 '침략 문학'에 자주 등장했다.

초기 침략 문학 중 무대가 오스트레일리아로 설정된 것들이 있는데, 제목이 줄거리를 다 말해주고 있다. 《백인이냐 아니면 황인종이냐? 1908년 인종 전쟁 이야기》(1888년), 《황인종 물결: 아시아인의 오스트레일리아 침략 공상소설》(1895) 등이다. 그리고 1901년에 호주 정부가 아시아와 태평양 섬에서의 이주를 막기 위해 '백호주의' 정책을 도입하게 된 것도 바로 이러한 중국 혐오 맥락에서였다. 그들은 원하지 않는 이주민들을 걸러내기 위해 이주민들에게 유럽의 언어를 받아쓰도록 요구했다.* 새로운 정책에 대한 토론에서 에드먼드 바튼 총리는 "인간 평등의 원칙이 영국인과 중국인 사이의 평등에도 적용되는 것은 아니다"라고 주장했다. 또 다른 의원은 "백인의 오스트레일리아white Australia라는 고귀한 이념을 간직합시다. 여러분이 원하면 백설 오스트레일리아snow white Australia라고 할 수도 있고요. 호주를 순수하고 티끌 하나 없는 곳으로 만듭시다"라고 선언하여 오스트레일리아의 역사에 대한 지식이 전혀 없음을 증명했다. 유럽 출신의 백인 정치인들은 오스트레일리아의 원주민에 대해서는 언급하지 않았고, 불과 40년 전만 해도 영국 죄수들이 오스트레일리아로 이송되고 있었다는 사실 역시 거론하지 않았다.

유럽의 침략 문학에서도 황색 위협에 대한 다른 예들을 찾아볼 수 있다. 유럽이 경험한 중국인 이주는 호주나 북미에 비해 훨씬 경

* 이 방식은 일부 유럽인들을 배제하는 데도 사용되었다. 새로 도착한 사람들은 이민 당국이 '규정하는 언어 시험'을 통과해야 했는데, 이는 이민 당국이 바람직하지 않다고 여기는 이민자와 방문자를 배제시키는 일종의 수단으로 활용되었다. 1934년 시드니 항에 도착한 프라하 출신의 공산주의 작가 에곤 키쉬는 수개 국어에 능통했지만 그 와중에 그가 모르는 스코틀랜드 게일어로 된 주기도문을 읽어주며 받아쓰라는 요구를 받았다. 예상대로 그는 시험에 떨어졌다. 호주 당국이 '교활하고 완전히 부도덕한 여자'라고 여긴 영국인 메이블 프리어에게는 이탈리아어 일기 예보를 받아쓰라는 요구를 했다. 그녀는 일기예보를 읽어주는 내내 그냥 손가락으로 귓구멍을 막고 있었고 역시 떨어졌다.

미했기 때문에 유럽의 작가들은 중국인 이민자를 백인 노동자 계급의 생계에 대한 심각한 위협으로 그리지 않았다. 대신에 그들의 글 속에서 중국인들은 상상 속의 반대편 아니면 다른 족속처럼 상징적 역할을 맡았고, 터무니없을 정도로 잔인하고 교활한 상대로 그려졌다.

영국에서는 푸 만추Fu Manchu라는 가공의 중국인 악당을 만들어내 황색 위협에 기여했다. 길고 축 늘어진 콧수염과 가짜 중국 이름을 가진 그는 색스 로머Sax Rohmer의 소설 속에 등장한 후 영어권 국가에서 큰 인기를 얻어 영화뿐만 아니라 TV 시리즈, 연재 만화, 라디오 프로그램 등에 나온 안티 히어로였다. 1913년에 출판된 첫 번째 소설인《푸 만추 박사의 미스테리》시작 부분에서 작가는 푸 만추를 다음과 같이 요약했다.

> 키가 크고 가늘고 고양이 같고 어깨가 높으며 셰익스피어와 같은 이마와 사탄과 같은 얼굴, 삭발한 머리에 길고 끌어당기는 듯한 눈을 가진 사람을 상상해보라. 그리고 동양 인종의 온갖 잔인한 간교함이 축적되어 한덩어리가 된 거대한 지능, 과거와 현재의 모든 과학적 자원을 부여하라. 얼마나 무시무시한 존재가 태어날지 상상해보라. 그러면 황색 위협의 화신인 푸 만추 박사의 모습이 보일 것이다.

아편굴, 동양의 신비, 비밀 결사, 범죄 천재, 은밀한 독약, 악마적 잔인성, 최면술 등 중국인들에 대한 거의 모든 고정관념을 푸 만추 이야기에서 볼 수 있다. 그러나 무엇보다 가장 두드러진 것은 책

서구인의 상상 속에 그려진 사악한 중국인의 이미지를 구현해낸 '푸 만추.' 책과 드라마, 영화로 만들어져 인기를 끌었다.

전반에 걸쳐 중국인들의 황색스러움에 대한 표현을 볼 수 있다는 것이다. 특히나 '황색 쓰레기', '황색 악마', '사악한 황색 얼굴', '흉측한 황인종'과 같이 결코 호의적이지 않은 용어들이 첫 번째 소설에서만도 53개나 나온다. 이는 그야말로 노골적인 인종차별로 색스 로머는 "푸 만추의 존재 자체가 백인에 대한 위협이다"라고 말한다.

소설과 영화의 주요 활동 무대는 이스트엔드에 있는 런던의 오래된 차이나타운인데, 푸 만추는 템즈 강 옆에 있는 아편굴에 비밀 본부를 두고 있다. 부두와 가깝고 런던 시의 옛 성곽 너머에 있는 이스트엔드는 수세기 동안 영국의 여러 지역에서 온 이주민들의 거주지였고, 프랑스 신교도, 스칸디나비아 선원, 아일랜드 방직공, 전 아프리카 노예, 인도 선원, 동유럽 유대인 등 전 세계에서 온 사람들이 사는 곳으로 더 유명했다. 중국인들은 처음에 선원으로 와서 19세기 후반부터 정착하기 시작했지만 항상 소수였다가 라임하우스Limehouse로 알려진 지역으로 모여들었다. 색스 로머는 기자로서 그곳에 있는지 없는지도 모를 중국 갱스터를 취재하러 갔다가 '키 크고 위엄 있는' 중국 남자를 보게 되었다. 그리고 그에게서 '악마 의사'이자 '황색 사탄'인 푸 만추에 대한 영감을 얻었다.

• — •

푸 만추는 악의 화신이자 인종 대전쟁을 일으킨 악당이다. 또한 좀더 좁은 의미에서는 원한을 품은 이주민으로 볼 수도 있다. 소설에는 그가 의화단 사건 진압에 대해 복수심을 갖고 있음이 암시되어 있다. 그리고 첫 번째 유성 영화에서는 반란 중에 그의 아내와 자식이 영국인에 의해 살해되었다는 것이 밝혀진다. 그럼에도 그는 범죄자에 불과한 이주민으로 그려졌고 색스 로머는 이스트엔드 거주 중국인들은 단순히 악당일 뿐이라고 확신했다.

> 물론 라임하우스의 중국인 전부가 범죄자는 아니었다. 그러나 그곳에는 다급한 이유로 고국을 떠난 사람들이 다수 포함되어 있었다. 이 사람들은 범죄 행위 외에는 먹고 살 방법을 몰랐다. 중국이 살기 힘들어지자 그들은 이제 이곳으로 와서 범죄를 저지르고 있다.

색스 로머를 포함한 당시의 작가들이 그린 이스트엔드는 대부분 상상을 기반으로 했다. 런던의 아주 작은 차이나타운에 대한 그들의 묘사는 터무니없는 경우가 많았지만 그 이야기들은 널리 퍼졌고 당시를 지배하던 문화에 깊숙이 스며들었다. 예를 들어, 《소녀들의 연감Girls' Own Annual》 1909~1910년판에서는 청소년 독자들에게 중국인 이민자들의 위협에 대해 엄숙하게 경고하고 있다.

> 이 거대한 집단은 사방으로 퍼져나가 전 세계로 흘러들어가는 경향을 보여준다. 호시탐탐 남의 나라에 들어가 정착하려는 중국인들과 그 뒤에 따라올 수 있는 해악이 황색 위협을 만드는 것이다.

1911년 여름, 《런던 매거진》은 이스트엔드의 중국인 공동체에 대한 폭로 기사를 2부에 걸쳐 실었다. 그 기사는 백인 여자들에게 중국인 남자들이 '불가사의하고 거부할 수 없는 매력'을 갖고 있으며 중국인들의 '이국적 매력'이 피와 피부색이 다른 타 인종에 대한 본능적인 혐오감을 압도한다고 설명했다.

늘 그렇듯이 이주민 당사자들의 목소리를 듣는 것은 어려운 일이다. 그러나 중국인 단기 체류자로 1920년대에 런던에 살면서 첫 저서를 쓴 교사이자 소설가인 라오서老舍, Lao She는 "동양으로 여행할 돈이 없는 사람들이 소설, 여행기 또는 뉴스 기사 소재를 찾기 위해 차이나타운을 캐고 다닌다"고 비난했다. 그리고 그런 사람들은 과장하지 않고는 못배긴다고 말을 이어갔다.

> 차이나타운에 거주하는 중국인이 20명 이하라면 센세이션을 노리는 사람들은 틀림없이 그 숫자를 5천 명으로 늘릴 것이다. 그리고 그 5천 명의 황색 얼굴 악마들은 전부 아편을 피우고, 무기를 밀수하고, 살인을 저지른 후 시체를 침대 밑에 숨기고, 나이 상관 없이 여자들을 강간하고, 끝없이 범죄를 저지를 것이다. 그래서 그들은 모두 적어도 만 번은 난도질당해 서서히 몸이 절단나 죽어 마땅하다.

이스트엔드의 오래된 차이나타운은 제2차 세계대전 시기에 심한 폭격 피해를 입었다. 1990년대에 만들어져 온갖 풍상을 겪은, 라임하우스 경찰서 맞은편의 동양식 용 동상을 제외하고는 그곳에 한때 차이나타운이 있었다는 흔적이 거의 없다. 하지만 색스 로머의 팬들은 푸 만추의 은신처로 가는 입구라고 했던 피라미드 형 비석이 인근 교회 묘지에 아직도 서 있다는 사실에 만족할 수 있을 것이다. 이 지역에는 다른 이주민 집단이 들어왔는데, 라임하우스의 가난한 구역에는 방글라데시 이민자들이, 또 강가에 새로 건설된 주택 개발지에는 은행가 및 도시 전문직 종사자들이 입주했다.

레스터 스퀘어Leicester Square에서 7킬로미터 떨어진 런던의 차이나타운은 전후에 만들어진 것으로 중국 이민자들은 차이나타운의 건설을 경제 및 요식업으로 성공할 기회라고 생각했다. 라임하우스의 옛 차이나타운이 부두 때문에 존재했던 것처럼 웨스트 엔드의 차이나타운은 영국에서 점점 인기를 얻고 있는 중국 음식점들이 주를 이룬다. 레스토랑 사업은 당시 영국 영토였던 홍콩에서의 이민을 주도했고 그들은 대도시에만 정착하지 않았다. 그리하여 1970년대 즈음에는 소도시에서도 영국식 광둥 음식을 파는 중국인 이민자들이 운영하는 레스토랑을 찾을 수 있게 되었다.

1990년대에는 홍콩의 중국 반환 준비가 진행되며 다른 형태의 이주가 극적으로 증가했다. 새천년이 되자 영국에는 그 어느 때보다 훨씬 더 많은 중국인 이민자들을 볼 수 있게 되었다. 그들은 중국의 다양한 지역에서 왔으며 부자, 가난한 사람, 절박한 사람 등 다양한 처지의 중국인들이 있었다. 부유한 부모의 재정 지원을 받는 중국 유학생과 경력을 위해 해외에서 일하러 온 전문직 종사자들의 수가 증가했다. 하지만 밀입국자들도 있었고, 사창가와 마사지 업소에서 일하는 여성들도 있었다. 이런 이민자들은 끔찍한 사고가 발생한 경우를 제외하고는 눈에 띄지 않게 조용히 들어왔다. 2000년 도버에서 58명의 중국 이민자들이 밀폐된 트럭에서 죽은 채 발견되었다. 4년 후, 모어캠브Morecambe 만에서는 23명의 불법체류 중국인 노동자들이 새조개를 캐다가 갯벌 모래에 빠져 익사했다.

그리고 백만장자들도 있다. 2019년, 수백만 파운드를 투자하면 영국 거주권을 확보할 수 있는 '골든 비자'(1급 비자) 신청 외국인 중 가장 많은 수를 차지한 것은 중국인이었다. 중국 출신으로 런던에 거주하며 세이셸 제도 여권을 소지하고 있는 억만장자 부동산 개발업자 쉬 웨이핑Xu Weiping은 유명 인사가 되었다. 한 언론인은 그가 디자이너 옷을 좋아한다는 이유로 그를 '전형적인 내성적 중국 사업가의 정반대'라고 서술하기도 했지만, 그는 라임하우스에서 멀지 않은 런던의 옛 부두의 일부를 구입해 주목을 받았다. 주로 금융업에서 일하는 중국인 전문직 종사자들이 대개 라임하우스로 이사해 지역 주민 8명 중 1명 이상을 차지하고 있다. 나는 강변에 있던 창고 대신 들어선 고급 주택 단지 옆을 거닐던 몇 명과 이야기를 나누었지만 라임하우스에 차이나타운이 있었다는 사실을 알고 있는 사람은 한 명도 찾을 수 없었다.

중국 이민자에 대한 영국인들의 태도는 색스 로머와 푸 만추 시대와는 많이 달라졌다. 중국이 국제적으로 훨씬 더 큰 역할을 하게 되고 코로나 19 위기가 발생하면서 한때 '황색 위협'이라는 단어를 떠오르게 했던 중국 혐오증이 일부 재등장한 것은 사실이다. 하지만 개별적인 코로나 관련 인종차별 공격을 제외하면 사람들이 적으로 인식하는 대상은 중국 이민자보다는 중국 정부 쪽이다. 그리고 이는 때때로 또 다른 극단으로 치닫는다. 예를 들어, 이민을 반대하는 것을 자랑스러워했던 영국 정부가 한 가지 중대한 예외를 발표했다. 2021년 초부터 홍콩 주민 약 500만 명에게 영국에 정착할 권리를 준 것이다. 이는 부분적으로는 영국이 홍콩 반환 협정을 지키지 않는다고 비난하고 있는 중국에 외교적 압력을 가하기 위한 것으로 보인다. 이것이 영국 내에서 정치적으로 받아들여진 것은 중국인들이 현대에 들어 검소하고 예의 바르고 근면하고 법을 준수한다는 평가를 받으면서 '좋은 이민자'가 되었기 때문이기도 하다.

저자 노트, 여덟 번째

나는 비자 없이도 대부분의 지역을 쉽게 여행할 수 있는 여권 발급 국가에서 태어난 것이 행운이라고 생각한다. 내가 가진 여권은 관문과 국경을 열어주는 출입증이고, 나에게 있어 다른 나라에 가서 일하고 살 수 있는 허가를 받는 것은 상대적으로 간단한 일이다. 나는 또 두 개의 합법적인 여권을 가지고 있다. 그래서 내가 다음에 일할 계획인 나라의 런던 영사관이 그중 하나를 가져가 신원을 확인하고, 스티커를 붙이고, 인지대 납부 스탬프를 찍는 동안에도 다른 것을 가지고 여행을 계속할 수 있다. 영국에는 기후, 음식, 저질 정치 토론, 분노에 찬 독선 등 세계적으로 널리 알려진 단점들이 있지만 나는 여권 덕분에 그 모든 것에서 벗어날 수 있다. 그리고 마음만 먹으면 세계 대부분의 지역으로 이주할 수 있다.

영국은 매년 자국 여권 소지 국민이 쉽게 여행할 수 있는 것을 기준으로 순위를 매기는 여권 지수에서 최근 몇 년 동안 순위가 떨어졌다. 2022년에 일본은 5년 연속 1위를 차지했고, 2015년까지만 해도 1위였던 영국은 10위권 밖으로 밀려났는데, 부분적으로는 브렉시트 때문이기도 하다. 나는 이에 대해 불평을 늘어놓다가 문득 영국이 그 긴 명단의 맨 아래에 있었다면 내 삶이 얼마나 달라졌을지를 생각하고는 조용해졌다. 여권 지수가 제일 낮은 나라는 시리아, 이라크, 아프가니스탄이다. 내가 각각 어학연수, 관광객, 언론인으로 방문했고 내 인생에서 중요한 역할을 한 나라들이다. 시리아, 이라크, 아프가니스탄 국적의 사람들은 무슨 이유로든 다른 나라에 가는 것이 쉽지 않다. 여기에는 깊은 불균형과 차별이 존재한다. 그들의 국적과 여권은 인생에 있어 중요한 선택을 제한하지만 나는 그렇지 않다. 그 누구도 그런 대접을 받아야 할 이유는 없다. 내게는 그것이 이의를 제기하기 힘든 근본적인 불의처럼 느껴진다. 그러나 변할 가능성은 거의 없는 듯하다.

이러한 맥락에서 여권은 각 민족과 국가들 사이의 깊고 근절할 수 없는 불평등을 상징하게 되었다. 특히 여권 지수에서 최하위에 가까운 나라의 경우에는 더욱 그렇다. 모든 여권이 동등하거나 더 이상 여권이 필요하지 않은 세상은 거의 상상조차 불가능해졌기 때문이다. 영국 여왕이나 사우디아라비아의 왕이 아니라면 해외 여행을 하기 위해서는 누구나 여권 혹은 그에 상응하는 신분증이 필요하다. 이제는 누군가가 나서서 여권 제도가 폐지되어야 한다고 진지하게 제안하는 것을 생각조차 할 수 없는 시대가 되었다. 그러나 100년 전에는 그렇지 않았다.

당시 가장 여행을 많이 한 작가에 속했던 비엔나 출신의 소설가 쉬테판 츠바이크Stefan Zweig는 자서전에서 무려 4쪽 반에 달하는 귀중한 지면을 여권을 비난하는 데 할애했다. 그는 여권을 증오했다. 그는 여권에 대해 "제1차 세계대전 이후 세계가 겪은 끔찍한 고통을 이보다 더 생생하게 보여주는 것은 없다"라고 주장했다. 그는 젊은이들에게 1914년 이전에 여권 없이 인도와 미국을 여행했다고 하면 그들 얼굴에 '놀라는 표정'이 나타났다고 기술했다. 츠바이크는 그 시절을 엄청난 향수를 느끼며 회고했고, 한 남성 러시아 망명자가 자신에게 "전에는 사람이 육신과 영혼만 있으면 되었는데 이제는 여권도 필요하다. 아니면 사람 대접도 못 받는다"라는 말을 했다고 인용했다.

츠바이크는 여권이 거의 필요 없었던, 용어 자체의 의미가 지금과는 아주 달랐던 세상에서 태어났다. '여권passport'이라는 용어는 원래 프랑스어로 도시 성문의 출입을 허가하는 문서였다. 18세기 프랑스를 포함해 여러 곳에서 여권을 도입하려는 시도가 반복적으로 있었지만, 널리 통용된 적은 없었고 전제정치의 상징으로 여겨지기도 했다. 또 우리가 지금 여권이라고 생각하는 것과는 모양과 기능이 아주 달랐다.

그 당시의 여권은 일반적으로 소지자를 위해 한 나라 정부가 다른 나라 정부에게 쓴 한 장짜리 소개 편지 형태였다. 어떤 것에는 코 모양 등 신체적 특징이 상세히 기록되어 있기도 했지만, 대부분의 여권에는 사진이 들어 있지 않았기 때문에 그 소지자의 신원에 대해 신뢰할 만한 지침이 될 수 없었다. 국가 간에 일관성을 유지하려는 시도도 거의 없어 표준 형식도 없었고 누가 발급할 수 있는지에 대한 합의도 없었다. 그래서 해협을 건너는 영국인 여행자가 프랑스나 벨기에 여권을 소지하는 경우도 흔했다. 그리고 나라의 국경이 표시되지 않거나 순찰이 이루어지지 않던 시대였으므로 국경을 넘겠다는 의지가 조금이라도 있는 여행자들의 이동을 막는 데 실질적인 영향을 미치지 못했다.

츠바이크의 말처럼 이 모든 것이 1914년 이후에 바뀌었지만, 어차피 일어날 일을 전쟁이 단지 앞당긴 것일 수도 있다. 제1차 세계대전 중 유럽은 강박에 사로잡히게 되었고 각국 정부는 효과가 없었지만 인구 이동을 통제하고 싶어 했다. 이에 따라 여권이 발급되었고 국경에서 검사를 했으며 때로는 국내에서도 검사를 했다. 이제 여권은 신원 증명서로 사용되었으며 식별 가능한 특성에 대한 상세한 내용이 들어가 있었고 때로는 사진도 붙어 있었다. 여권은 전시에 스파이를 방지하고 탈영병과 반역자 색출을 위한 새로운 감시 인프라의 일부가 되었다. 하지만 국경이 다시 그려지고 수백만 명의 사람들이 이동한 평화 시기에도 계속 남아있게 되었다.

전쟁이 끝난 후 많은 사람들이 여권 없는 옛 시절로 돌아가는 것에 대해 낙관적으로 이야기했다. 그 이유는 아주 다양했다. 쉬테판 츠바이크가 열렬히 주장했던 자유주의와 과거에 대한 향수뿐만 아니라 인도주의와 경제적 이유도 있었다. 예를 들어, 일부 경제학자들은 근로자들의 국경 자유 통행이 전후 경제를 재건하는 데 중요할 뿐만 아니라 자본주의의 이념적 초석을 이룰 수 있다고 주장했다. 인도주의 단체들은 사람들이 내전과 박해를 피해 다른 곳에서 새로운 삶을 다시 살아갈 수 있도록 자유롭게 이동할 수 있게 해야 한다고 강조했다.

새로 결성된 국제 연맹의 후원으로 1920년 파리에서 열린 제1회 국제 여권 회의는 여권 없는 이동을 지향하는 '완전한 제한 철폐' 시대를 예고했다. 그러나 각국 정부는 이주민들이 혁명과 스페인 독감을 확산시키지 않을까 우려했다. 민족주의의 성장 역시 여권 폐지를 막는 데 중요한 역할을 했다. 신생국들을 포함하여 많은 나라들은 자국을 동일한 언어·역사·문화 그리고 동일한 여권을 가진 사람들의 공동체로 규정하고 싶어 했다.

그래서 파리 회의 대표단은 여권 폐지 대신 여권의 기능과 형식에 대한 국제적 합의와 일관성을 규정하는 임시 해결책을 내놓았다. 회의를 통해 새롭고 표준화된 여권 도안이 발표되었는데 오늘날과 비슷한 형태였다. 이제 모든 국가에서 발행하는 여권은 사진, 발급일, 기간 만료일, 비자 스탬프를 찍기 위한 빈 페이지, 개인 정보와 식별 가능한 특징이 포함되어야 하고 최소한 2개 국어로 구성되어 있는 수첩 형태로 제작되었다. 이제 여권 시대가 시작되었고 다시는 그 이전으로 돌아갈 길이 없어졌다. 더 정확하게 말하자면 여권은 개별적인 인간으로서의 우리가 누구인지 첫눈에 알릴 수 있는 도구가 된 것이다.

츠바이크는 유대인이었고 오스트리아가 히틀러 치하 독일에 편입된 후 고향으로 돌아갈 수 없게 되었다. 영국 망명 기간 동안 그는 자신이 '외국인'임을 나타내는 문서인 무국적 난민을 위한 백색 여권을 신청하여 받았다. 그는 이 영국 문서가 '언제든지 회수할 수 있는 혜택'처럼 느껴졌다고 했다. 그리고 제2차 세계대전이 발발하자 그는 이제 '적대국 국민'의 지위를 갖게 되었고 수용소에 억류될 수도 있다는 말을 들었다. 츠바이크는 새로운 거주지를 찾기 위해 영국을 떠나 대서양 건너편에 있는 브라질로 이주했다. 브라질의 리우 위쪽 언덕에 있는 페트로폴리스 시에서 그는 마치 오비디우스라도 된 것처럼 슬픈 시를 썼다. 마지막에 쓴 편지들 중 하나에서 그는 "나의 내면의 위기는 내가 나 자신과 여권에 나와 있는 망명자인 자신을 동일시할 수 없다는 데 있다"라고 선언했다. 1942년 2월 22일 쉬테판 츠바이크와 그의 두 번째 부인 로테는 수면제를 과다복용한 후 잠자리에 들었고, 다시는 깨어나지 않았다.

제2차 세계대전 후, 1960년대까지만 해도 츠바이크처럼 여권 없는 삶을 갈망하는 사람들이 있었다. 그러나 그것은 '현재는 실현 불가능'이라는 단서가 붙는 장기적 염원이 되었다. 그리고 여권 없는 삶을 기억하는 사람들이 역사 속으로 사라지면서 그것은 생각조차 할 수 없는 것으로 서서히 희미해졌다. 지금은 여권 폐지를 위한 국제적 움직임이 없으며 정치가 중 그런 정책을 제안할 사람도 없다.

그러나 여권과 여권이 상징하는 불평등은 여전히 이민 이야기의 중심으로 남아 있다. 오늘날 여권 지수 하위권 국가에는 더 나은 여권, 다른 곳에 가서 살고 더 자유롭게 여행할 수 있는 권리를 주는 여권을 원하는 사람들이 수백만 명 있다. 당신이 부자라면, 꽤 쉬운 일이 될 것이다. 수십억 달러 규모의 '투자 이민'의 혜택을 받을 수 있기 때문이다. 비싼 수수료를 내면 미로처럼 복잡하고 어려운 골든 비자와 '투자 시민권'의 세계로 기꺼이 안내해줄 업체들이 널려 있다. 50만 달러만 있으면 카리브 해 국가 중 하나의 여권을 '구입'할 수 있다. 약간 돈을 더 내고 좀 더 복잡한 절차를 밟으면 EU 국가의 여권도 가능하다. 영국 정부 웹사이트에 차등 기준이 나와 있는데, 그에 따르면 천만 파운드 이상을 투자할 수 있는 사람들은 시민권을 신속하게 취득할 수 있다.

부자가 아니라면 상황은 훨씬 더 복잡해진다. 여러 가지 옵션이 있는데, 위장이든 아니든 결혼을 통하면 새 여권을 취득할 수 있다. 아니면 가족관계를 통해 받을 수도 있다. 그리고 취업을 통해 시민권을 얻는 느린 경로가 있는데 특히 수요가 많은 자격증이나 기술을 보유하면 가능하다. 혹은 19세기 말과 20세기 초에 일부 중국 이민자들이 그랬듯이 기존 여권 소지자나 그 친척을 사칭할 수도 있다. 지금까지 이야기한 것은 그나마 안전한 옵션 중 일부다. 이 외에 다른 것들은 더 위험하고 여권을 얻을 가능성은 훨씬 적다.

위험한 옵션의 대부분은 허가 없이 국경을 넘은 다음 몰래 숨어 있거나 탄압을 받았다고 주장하여 난민으로서 망명을 신청하는 것이다. 그러나 그런 식으로 국경을 넘는 것은 매우 위험한 일이다. 바다에서 익사하거나, 비행기 랜딩 기어에서 떨어지거나, 냉장 트럭에서 저체온증으로 사망할 수 있고, 벽을 기어오르다가 총에 맞거나, 인신매매범에게 잡혀 살해당할 수도 있다. 또 노예가 되거나, 성범죄의 대상이 될 수도 있다. 아니면 모은 돈을 경비로 다 날린 채 자신이 떠났던 나라로 쫓겨날 수도 있다. 그러나 이런 모든 위험에도 불구하고 매년 수백만 명의 사람들이 국경을 넘는다. 이는 다른 곳에서 살고자 하는 뿌리깊은 필요나 욕구, 또 이주를 막으려고 하지만 실패하고 마는 시스템에 대한 또 다른 증거이기도 하다.

9장

시오니스트, 난민, 숙모할머니 폴리

외할머니네는 유대인 대가족으로 시끌시끌한 분위기의 집안이다. 그들은 매년 누군가의 런던 집 정원에 파티를 위해 모이곤 했다. 대부분 영국인이 다된 그들은 정확한 영국식 억양으로 말했고 상류층의 매너를 닮았으며, 20세기에 유대인을 황폐화시킨 유럽 대륙의 전쟁과 살육의 피해를 입지 않았다. 하지만 할머니의 남자 형제 중 러시아에서 이민 온 한 쌍의 자매와 결혼한 두 명은 독특한 억양을 사용해 항상 자신들이 유대인임을 드러냈다. 그리고 그 두 자매는 완전히 딴판이었다. 동생인 미리암은 다정하고 친절하고 따뜻했으며 환한 미소를 지으며 부드럽고 호탕하게 웃곤 했다. 그녀보다 열네 살이 더 많은 언니 폴리는 당당하고 위압적이었으며 천재적인 재능을 갖고 있었다. 우리는 자라면서 그녀가 한때 알버트 아인슈타인과 함께 일한 적 있는 물리학자라는 말을 반복해서 들었다.

내 부모님은 폴리 숙모할머니에 대한 일화를 많이 알고 있었다. 그런데 대부분이 좋은 이야기는 아니었다. 그녀가 좀 거만하고 잘난 체하며, 사람들은 무시하고 보청기는 자신이 말할 때만 켰다는 것 등이었다. 부모님은 또 그녀가 가족 파티에서 다른 여자들과 시간을 보낸 적이 없었고 똑똑해 보이는 남자를 찾아 이야기를 나누고 싶어 했다고 말했다. 그런데 사실 나는 폴리 숙모할머니를 만나면 늘 신이 났다. 그녀는 내게 체스 두는 법을 가르쳐주었고 내 이름을 기억해주었기 때문이다. 작고 어설픈 어린아이에게는 그 정도도 대단했던 것이다. 내가 그녀의 놀라운 젊은 시절에 대해 알게 된 것은 그녀가 끝내 완성하지 못한 자서전 덕분이었는데, 그녀가 세상을 떠난 지 25년이 지난 후였고 그녀가 치매에 걸린 지 40년이 지난 후였다.

폴리는 20세기가 새롭게 시작되고 여섯 번째 날에 당시는 러시아 제국의 일부였으며 지금은 우크라이나 서부에 있는 지토미르Zhitomir 시에서 태어났다. 그녀의 어린 시절의 기억은 반유대인 폭력과 1905년에 발생한 대학살로 채워졌으며, 당시 그녀의 가족은 피난을 떠나야 했다. 다섯 살이었던 폴리는 거리에서 군중들이 싸우던 모습과 길에 쓰러져 있던 한 남자의 '뇌가 흘러내려 있던' 것을 기억했다. 1905년 대학살 이후 지토미르의 유대인들 사이에는 이주에 대한 이야기가 오갔다. 그녀의 삼촌은 친구에게서 출발일을 공란으로 남겨둬 언제든지 쓸 수 있는 미국행 티켓을 받았지만 사용하지 않고 상황이 악화될 경우를 대비해 부적처럼 간직하고 있었다. 성공한 목재 상인이었던 폴리의 아버지는 그 문제에 대해 단호했으며 "지위가 조금이라도 있는 유대인이라면 부모의 무덤을 떠나려 들지 않을 것이다"라고 말했다. 그는 군대에서 복무했고 러시아어를 할 줄 알았으며 자녀 중 일부는 러시아 학교에 보냈다. 그래서인지 폴리는 모국어인 이디시어는 무시했지만 러시아어와 러시아 문학에 대한 예찬은 끝이 없을 정도였다. 그녀는 시온주의에 약간의 관심을 보이기는 했지만 이주를 고려할 정도는 아니었다.

1919년 1월, 러시아 혁명으로 인한 내전 중에 지토미르의 유대인에 대한 공격이 있었다. 폴리는 말을 탄 남자들이 그녀가 살던 거리로 달려와 유대인 부자를 쫓아가며 채찍질하던 장면을 기억했다. 그들은 결국 말발굽에 짓밟혔다. 또 다른 무리의 남자들은 그녀의 이웃집에 침입해 강도짓을 하고 그녀의 부모님 집에도 쳐들어왔다. 놀랍게도 무장한 침입자들에 맞서 그들과 논쟁을 하고 차를 대접하고 기싸움을 하고 결국 떠나도록 설득한 것은 아직 10대였던 폴리였다. 폴리의 가족은 살아남았지만 1919년 지토미르에서 벌어진 두 차례의 대학살에서 약 400명의 유대인이 살해되었다.

얼마 지나지 않아 폴리는 유대인을 증오하는 민병대의 위협을 받고 도망나왔다. 그녀는 여권도 없었고, 신분증도 없었다. 그녀는 일단 키이우로 갔다가 흑해 연안의 오데사 항구로 이동했다. 그녀와 친구들은 팔레스타인으로 이주하기로 결정했다. 그 과정에서 그들 중 두 명은 오데사 부근에서 살해되었고 폴리와 그녀의 남자친구는 그들을 볼셰비키로 착각한 농부들에게 잡혀 산 채로 불태워질 뻔했다. 그녀는 자신이 어떻게 장티푸스에 걸렸고 득실대는 이에 시달렸으며 평생 처음으로 진짜 배고픔을 견뎠는지를 설명했다. 결국 폴리와 그녀의 남자친구는 유대인들로 가득 찬 팔레스타인행 배를 찾아냈다. 그것으로 그녀의 모험 중 1부가 끝났다.

팔레스타인에 도착한 그녀는 히브리어를 배우고 유칼립투스 나무를 심는 농장에서 일했다. 그녀는 러시아를 떠난 이후 가족의 소식을 듣지 못했다. 이제 비교적 안전한 곳을 찾았으니 어머니와 네 명의 동생을 지토미르에서 데리고 나와야 했다. 이를 위해 그녀는 팔레스타인 여권을 들고 유럽을 가로질러 폴란드까지 혼자 여행했는데, 달리는 기차의 창문 밖으로 유대인들이 내던져지는 끔찍한 학살을 목격하기도 했다. 그녀는 러시아 국경에 도착해 그 지역 농부들에게 돈을 주고 자기 가족을 몰래 국경 너머로 이동시켜달라고 부탁했다. 그리고 다행히도 가족 모두를 팔레스타인에 있는 새 집으로 데려올 수 있었다. 그때 폴리는 겨우 스물한 살이었다.

그녀는 팔레스타인에서 농부로 사는 것은 자신의 길이 아니며 러시아 혁명으로 중단된 교육을 다시 시작해야겠다고 결심했다. 그래서 아인슈타인을 소개받고 베를린으로 건너가 그곳에서 수학과 물리학을 공부했다. 아인슈타인은 그녀에게 케임브리지에서 연구를 계속하라고 권유했고, 그곳에서 그녀는 레드클리프 살라맨Redcliffe Salaman이라는 과학자를 만났다. 그는 가난한 유대인들에게 장학금을 주는 위원회의 일원으로 폴리에게 청혼했으나 그녀는 거절했다. 대신 그녀는 그의 장남 마이어를 마음에 들어 했고, 곧 그와 결혼했다. 결혼 후 그녀는 영국에 남아 케임브리지와 런던에 살면서 네 자녀를 키우고 기억에 대한 소설을 썼다. 그 책은 모두 영어로 썼는데 영어는 (이디시어, 우크라이나어, 러시아어, 히브리어, 독일어에 이어) 그녀의 여섯 번째 언어였다. 그녀의 어머니와 남자 형제들은 팔레스타인에 남아 1948년에 이스라엘 시민이 되었고 폴리의 자매 두 명은 그녀를 따라 영국으로 왔다.

이것이 바로 기본 줄거리만 전한 폴리의 이야기다. 그녀의 자서전은 젊은 시절에 대한 솔직하고 감동적이며 의외로 겸손한 이야기였다. 이제 그녀를 가족 파티에서 자기 의견이나 늘어놓는 할머니로만 기억할 수는 없게 되었다. 그녀의 이야기는 많은 이주민들이 각자의 역사를 갖고 있으며, 또 그런 역사들은 새로운 고향에서 무시당하거나 오해를 받기도 한다는 사실을 상기시켜준다. 여성 이민자의 이야기가 전해지는 것은 매우 드문 경우로 폴리의 이야기는 특별하다고 할 수 있다. 그녀의 이야기는 거대한 논쟁의 대상인 시온주의와 난민이라는 이주 관련 주제를 연구하는 데도 작은 역할을 했다. 그 두 이주 이야기의 기원은 수세기 전으로 거슬러 올라가지만 여전히 계속해서 우리의 세계를 결정하고 이주에 관련된 언어에도 영향을 미치고 있다.

우선 시온주의에 대해 살펴보자. 이 단어는 대규모 이주를 통해 팔레스타인에 유대인들의 나라를 만드는 것을 목표로 하는 운동과 이념을 설명하기 위해 1890년대에 만들어졌다. 그러나 시온주의의 뿌리는 복잡하고 훨씬 더 오래되었다. 이주와 귀향은 유대인들이 자신들에 대해 이야기할 때 빠지지 않는 것으로 모세와 약속의 땅, 바빌론 포로 생활과 잃어버린 지파까지 거슬러 올라간다. 그러나 서기 70년에 예루살렘이 망하며 많은 유대인들이 로마제국에 의해 추방되고 노예가 된 이후 거의 2천 년 동안 귀향은 이루어지지 않았다. 그리고 팔레스타인은 그후 수세기 동안 다른 두 종교의 성지이자 전쟁터로 변모했다. 작은 유대인 공동체들이 계속 팔레스타인에 살고 있었지만 16세기 이후 오스만 제국이 통치해온 땅에서 그들은 극소수에 불과했다.

해외에 있는 유대인들은 자주 약속의 땅인 팔레스타인으로의 귀환에 대해 이야기했지만 실제로 행동을 취한 이들은 거의 없었다. 각기 도시와 그 도시 안에 있는 언덕의 이름을 뜻했던 예루살렘과 시온이라는 두 단어는 시간이 흐름에 따라 여러 의미를 얻게 되었고 서로 대체어로 사용할 수 있을 정도로 동일시되었다. 그 두 단어는 유대인과 기독교인 그리고 최근에는 라스타파리안Rastafarian(아프리카인들이 고대 히브리 민족의 후손이라고 믿는 종교)들에게 영광스러운 과거 혹은 메시아가 강림(유대인)하거나 재림(기독교인)하면 도래할 미래의 중심지가 될 천상의 유토피아를 설명하는 데 사용되었다. 예루살렘을 다른 곳에 건설하는 것에 대해서도 많은 이야기가 있었고, 심지어 윌리엄 블레이크는 '영국의 초록빛 쾌적한 땅'을 제안하기도 했다.

유럽의 유대인들은 유월절에 "내년은 예루살렘에서"라는 말을 주고받지만 이는 실제 계획이 아닌 관용적인 열망의 표현이 되어버렸다. 유대인들 사이에서 팔레스타인은 사실상 불모지나 다름없었고, 어찌되었든 지금은 다른 사람들의 소유이기 때문에 귀향이라는 개념은 마음을 위로하는 환상이며 비현실적인 희망일 뿐이었다.* 19세기 후반에 유대인들이 이주할 고국에 대해 진지하게 이야기하기 시작했을 때 팔레스타인이 최우선 순위에 오르지도 않았다. 그리고 이주를 선택하게 된 이유 또한 유대인의 역사나 유대교 전통과는 관련이 없었다.

실제로 폴리가 지토미르에서 경험한 시온주의는 유럽의 역사적 상황과 관련이 있었다. 또한 부분적으로는 동유럽의 유대인 학살과

* 더욱이 17세기부터 유대인의 팔레스타인, 특히 예루살렘으로의 이주를 지지하는 이들은 유대인이 아니라 천년왕국 기독교인들이었다. 그들은 그것이 예수 재림의 전제 조건이라고 믿었기 때문이다. 천년왕국 기독교인들은 20세기 초부터 스스로를 기독교 시온주의자라고 부르기 시작했다. 이 종파에는 마이크 펜스 전 부통령을 비롯하여 많은 미국 복음주의자들이 포함되어 있다.

유럽 다른 지역에서 유대인에 대한 지속적인 차별이 이루어지는 것에 대한 자기 보호적이고 방어적인 대응이었다. 대부분의 유럽 국가에서 유대인들이 아무리 동화하려고 노력을 한다 해도 절대로 동등한 취급을 받지 못하리라는 것을 인식한 것이다. 동시에 시온주의는 유럽 전역에서 민족주의 감정이 고조되던 시기에 유대인들도 독립의 꿈을 주장하고 나선 것이기도 했다.

유럽에서 민족주의는 같은 언어를 사용하거나 같은 종교를 믿거나 같은 전통을 공유하는 사람들의 공동체가 주권을 가진 민족국가를 결성할 권리를 주장하는 것을 의미했다. 이탈리아와 독일은 1870년대에 오늘날의 국가 형태를 정립했으며, 루마니아와 세르비아는 1878년에 오스만 제국으로부터 완전히 독립했고 불가리아는 1908년에 독립했다. 이러한 민족주의는 일반적으로 기존의 영토에 기반하고 있어, 스스로를 루마니아인, 세르비아인 또는 불가리아인이라고 부르는 사람들이 정확하지는 않더라도 설득력 있게 자신들이 다수파라고 주장할 수 있었다. 그러나 다양한 나라에 퍼져 살고 있는 유대인들은 그 어느 곳에서도 그런 주장을 할 수 없었다. 시온주의의 경우, 유대인들이 정착할 수 있는 영구적인 영토를 찾는 것이 장기적 목표이긴 했지만 그를 위해서는 이주가 전제 조건이자 결정적인 요소였다. 초기 시온주의에 대한 현대적 논의는 1882년 익명으로 출판된《자기 해방Auto-Emancipation: 한 러시아 유대인의 그의 백성들에 대한 호소》라는 제목의 소책자에서 시작할 수 있으며, 실제로 폴리가 학생 시절 시온주의에 처음 관심을 보였을 때 읽었던 것이다. 그 소책자는 제로 오데사에 사는 의사 레온 핀스커Leon Pinsker가 쓴 것으로 그는 의학적 비유를 좋아했다. 그는 러시아 남부에서 대학살이 일어난 후 책을 썼는데, 그 사건은 그로 하여금 현지인과의 동화 시도는 무의미하고, 유대인에 대한 증오 또는 그가 '유대인 혐오증'이라고 부르는 유전적 정신 이상은 2천 년 동안 전해 내려온 병으로 치료가 불가능하다고 확신하게 했다.

> 우리는 단지 우리의 지친 머리를 뉘일 작은 장소를 달라고 기도할 뿐입니다. 우리에게 독립을 주셔서, 스스로를 돌볼 수 있게 허락해주시고, 세르비아인이나 루마니아인들처럼 작은 땅 한 조각만 우리에게 주옵소서.

핀스커는 유대인 지도자들의 국제회의를 소집하여 유대인들이 세계 어느 곳에서 정착해야 할지를 결정하고, 그 다음에는 강대국들이 자신들의 계획을 지지하도록 설득하는 외교적 노력을 할 것을 촉구했다. 또 수백만 명의 유대인들이 정착하기에 충분한 토지를 구입하기 위해 충분한 자금을 조달해야 한다고 주장했다. 핀스커는 팔레스타인으로의 귀환은 선호하지 않았는데, 이유는 그곳에 정착하고자 한 그동안의 시도들이 그리 성공적이지 않았기 때문이었다. 대신 그는 북아메리카나 튀르키예의 독립 파샬리크(관할 구역)에 정착지를 세우자고 제안했다. 핀스커는 북아메리카를 가장 선호했으며 미국이 다른 이민자들로 인구 과잉이 되기 전에 토지 구입을 서둘러야 한다고 주장했다.

핀스커가 소책자를 쓰고 있을 당시 미국에는 이미 약 25만 명의 유대인이 거주하고 있었으며 이들 대부분은 19세기에 유럽에서 온 이민자들이었다. 그후 20년 동안 네 배가 증가했다. 비록 실패하기는 했지만 시온주의 이전에도 별도의 유대인 영토를 개척하려는 시도가 있었다. 1820년대에 모르데카이 노아Mordecai Noah라는 유대계 미국인이 캐나다 국경 나이아가라 강 부근에 있는 큰 섬에 땅을 사서 유대인들을 위한 피난처로 만들려고 했던 것이다. 그는 새로운 이주민 집단 거주지를 아라랏Ararat이라고 불렀는데, 노아의 방주가 상륙한 산 이름에서 따온 것이다. 그러나 유럽의 최고 랍비들은 성서에 '북미의 습지'가 흩어져 있는 이스라엘 잔류민들의 집이 될 것이라는 예언은 없었다며, 단 한 명의 유대인(심지어 노아조차 아라랏에 거주하지는 않았다)도 이주하지 않을 것이라고 지적했다.

팔레스타인이 아닌 곳에 조국을 건설하고자 한 시도는 그 외에도 많이 있었다. 그중 가장 유명했던 계획은 1903년 영국이 지원한 우간다 계획으로 현재의 이스라엘보다 약간 작은 면적의 동아프리카 지역을 유대인 자치 정착지로 만들려고 했다. 영국인들은 그 땅이(사실은 우간다가 아니라 케냐였다) 비어 있다고 했는데, 실제로는 거주자 대부분이 유목민이었을 뿐이었다. 우간다 계획은 시온주의 운동을 분열시켰고 일부는 앙골라, 리비아, 파라과이, 아르헨티나 등 팔레스타인을 대체할 지역을 계속 찾아나섰다. 그러나 그들은 실패했다. 그 이유 중 하나는 더 매력적이고 더 안전한 다른 대안 지역들이 있었기 때문이다. 그중에는 폴리와 자매들이 정착한 영국이 있었고 여러 남미 국가와 남아프리카, 호주 그리고 당연히 미국도 포함되어 있었다. 그리고 제1차 세계대전이 발발하기 전 팔레스타인으로의 이주가 급

증할 때에도 미국은 유럽을 떠나는 유대인들에게 가장 인기 있는 목적지였다.

제1차 세계대전이 끝날 무렵, 세계 정세는 팔레스타인이 유대인의 고향이 되거나, 심지어 유대인 독립 국가가 가능할지도 모른다는 기대를 하게 만들었다. 오스만 제국은 무너졌고 팔레스타인은 영국의 통치를 받게 되었기 때문이다. 영국 관리들은 밸푸어 선언Balfour Declaration으로 팔레스타인에 '유대 민족을 위한 거주지' 설립을 촉진하겠다고 약속했다. 시온주의자들에게 이것은 대규모의 유대인 이주를 의미했는데, 당시 팔레스타인의 유대인 인구는 전체 인구의 12퍼센트 정도였다. 영국과 시온주의자들은 이주를 신중하게 진행하기 위해 통제했고, 처음에는 유대인 이주가 대규모로 이루어지지 않았다. 따라서 전쟁 직후 몇 년 동안 유대인들은 팔레스타인에 가기 위해 거짓말을 해야 했는데, 자신들이 예전에 팔레스타인에 살았다고 말한 것이다.

폴리가 1919년에 팔레스타인에 타고 온 배는 'SS 루슬란'으로 이스라엘 건국 신화에서 '시온주의 메이플라워' 같은 중요한 역할을 했고, 예루살렘 이스라엘 박물관 100주년 기념 전시회의 주제가 되었다. 루슬란의 유대인 승객 644명은 영국이 유대인 국가에 대한 지지를 발표한 후 팔레스타인에 입국한 최초의 대규모 이주민 집단이었다. 루슬란의 도착은 이스라엘의 역사에서 핵심적인 순간이었다고 할 수 있다. 팔레스타인으로의 새로운 유대인 이주 물결의 시작이었기 때문이다. 이는 나중에 '3차 알리야'로 알려지게 되는데, 알리야Aliyah라는 용어는 순서를 나타내는 앞의 숫자와 함께 현대 이스라엘

수백 명의 유대인을 태우고 팔레스타인에 도착한 선박. 이스라엘 건국을 둘러싼 이야기에서 가장 중심을 이루는 것은 '알리야'라고 하는 유대인들의 대규모 집단 이주였다.

의 이주 역사를 이해하는 데 중요한 요소다. 그것은 한 이주 공동체가 언어를 통해 자신들을 다른 이주민 공동체와 구분하는 독특한 정체성을 만들어낸 좋은 예를 보여주기 때문이다.

알리야는 히브리어로 원래는 언덕을 올라간다는 의미에서 '올라가다' 또는 '오르다'를 의미했다. 또한 종교 의식을 묘사하는 데도 사용되었는데, 유대교 회당에서 어떤 사람이 토라가 보관되어 있는 곳으로 '올라간다'는 뜻이었다. 그리고 19세기가 되어 알리야는 유대인의 팔레스타인 이주도 의미하게 되었다. 1920년대에 이 단어는 좀 더 구체적으로 이념적 함축성을 갖게 되어 팔레스타인으로 이주하는 유대인은 이주를 통해 애국 행위를 하거나 신성한 의무를 수행하는 것처럼 느끼게 되었다. 알리야는 과거에 이주를 의미하는 히브리어였던 하기라hagira와는 다른 의미로 사용되었고, 하기라는 그후에 유대인이 이기적인 이유로 이주한다는 의미를 갖거나 아니면 유대인이 아닌 이주민들의 이주를 표현할 때 사용되었다. 알리야는 생활 방식의 선택이 아닌 도덕적 의무로 변모했고 이는 단순한 이주 행위가 아니라 귀환 행위가 되었다.

알리야라는 단어는 또한 이스라엘 역사가들에 의해 개인적인 이동보다는 이주 물결을 의미하게 되었다. 예를 들어, 이스라엘 역사가들은 1948년 이스라엘의 건국 이전 70여 년을 5개의 기간으로 세분하였다. 1차 알리야는 1881년부터 1903년까지, 2차 알리야는 1904년부터 1914년까지 등이었다. 그렇게 함으로써 그들은 이주가 이스라엘의 건국 이전 역사에서 중심적 역할을 했음을 내세웠으나, 이 방식은 다른 이야기들은 무시했고 또 어떤 알리야가 제일 중요한지를 둘러싸고 논쟁이 일어나기까지 했다.

예를 들어, 이스라엘에서 종교적 성향을 지닌 시온주의자들은 고대 바빌론 귀환 이주와의 연속성을 강조할 가능성이 더 높다. 반면에 좌파 시온주의자들은 2차 알리야(러시아 제국에서 팔레스타인으로 온 이주민들로 이들 중에서 초대에서 3대까지 이스라엘 총리가 나왔다)를 강조하며 사회주의자들과 노동조합원들이 수행한 국가 건설 역할을 강조할 것이다.* 또 어떤 이들은 특정 이주민 집단의 출신 국가를 강조한다.

* 이스라엘의 4대 총리인 골다 마이어 역시 러시아 제국 출신이었지만 미국을 거쳐 3차 알리야의 일원으로 팔레스타인에 왔다.

1924년부터 시작된 4차 알리야는 폴란드 알리야로도 알려져 있고, 1933년에 시작된 5차 알리야는 독일 알리야라고 불리기도 한다.

각 알리야를 기간별로 구분해 설명하면 역사를 지나치게 단순화하는 오류를 범하게 된다. 그런데 단순화된 역사에서 제외된 대상이 무엇인지 그리고 누구인지를 주목해보면 흥미로운 사실이 드러난다. 알리야 이야기에서는 다른 유대인 이주민들, 특히 유럽에서 팔레스타인으로 오지 않은 사람들의 이야기는 무시되며, 이미 팔레스타인에 살고 있었고 새로 들어온 이주민들에 의해 쫓겨나간 아랍인들 역시 마찬가지였다. 예를 들어 1차와 2차 알리야 이야기에서 팔레스타인으로 이주했던 유대인 중 대다수는 그곳에 정착하지 않기로 결정하고 다른 나라나 예전에 살던 곳으로 돌아갔다는 사실도 대개 언급되지 않는다.

알리야 이야기는 또한 각각의 이주민 공동체가 각각의 특징을 갖고 있음에도 불구하고 모호한 공통 목적을 부여하려고 시도하기도 한다. 예를 들어, 3차 알리야는 루슬란 호와 그 뒤를 이어 배를 타고 이주해온 사람들은 모두 젊으며 새로운 국가를 건설하려는 열망에 차 있는 것처럼 묘사되어 '개척자 알리야'라고 부르기도 한다. 물론 사실은 그렇지 않았다. 루슬란을 타고 온 승객 중 한 명으로 나중에 키부츠를 만든 예후다 레비토프Yehuda Levitov는 같이 배를 타고 온 이들의 나이에 실망했으며, 각양각색의 사람들 중 많은 이들이 '투기꾼'으로 소수만이 팔레스타인 유대인 공동체에 긍정적인 부류였다고 언급했다. 실제로 루슬란의 승객들은 배경이나 나이, 목적 등이 다양했으며, 시온주의에 대한 헌신으로 결속된 것이 아니라 단순히 대학살과 내전을 피해 도망치고 있는 경우가 많았다.

그러나 루슬란를 타고 팔레스타인으로 온 사람들의 개인적 동기는 대부분 역사 속으로 사라졌다. 개인들의 이주 행위가 대개 그렇듯이, 자서전을 남긴 나의 숙모할머니 폴리만 해도 복잡하게 얽힌 이유들로 이주를 선택했다. 물론 그녀 역시 부분적으로는 유대인 동포들과 같은 시온주의를 꿈꾸었기에 팔레스타인에 가는 선택을 했지만, 마치 모험을 하는 것처럼 느껴졌기 때문이기도 했다. 또한 서유럽이나 미국이 아닌 팔레스타인을 목적지로 결정한 데는 남부 러시아와 팔레스타인이 거리적으로 가깝다는 점이 결정적인 이유였을 것으로 추정된다. 러시아에서 팔레스타인은 기차와 배를 타면 갈 수 있고 가장 가깝고 안전한 곳이었다. 그러나 폴리를 포함한 이주민들은 팔레스타인에 도착해 어떤 일이 일어날지 예상하지 못했다.

팔레스타인의 아랍인들 또한 초기 시온주의 역사에서 거의 언급되지 않는다는 점에도 주목해야 한다. 게다가 이미 팔레스타인에 살고 있거나 여행을 해본 사람들은 사실이 아님을 알고 있었음에도 시온주의자들 사이에서는 팔레스타인이 완전히 불모지에 사람이 없는 '땅 없는 민족을 위한 민족 없는 땅'이라는 신화가 만연해 있었다. 그래서 폴리는 1919년 12월 자파 항구에 도착해서 유대인이 아닌 사람들을 보고 매우 놀랐다고 한다.

> 그곳에는 아랍인들이 돌아다니고 있었다. 그들의 옷은 이상했고 큰 목소리는 조금 무서웠다. 그래서 "저 사람들은 왜 저렇게 화가 나 있지?"라고 묻자 누군가가 "저 사람들은 화난 게 아니야. 너한테 오렌지를 팔

고 싶어 하는 거야"라고 대답했다.

자신의 기대와 뭔가 어긋난 듯한 그때의 기억은 10대인 폴리에게 매우 인상 깊게 남아 있어 반세기가 지난 후에도 기억하고 있었다. 그녀는 역경을 무릅쓰고 팔레스타인에 도착했지만 목적 의식과 방향 감각을 잃었다. 마치 이동하고 탈출하는 것 자체가 목적지보다 더 중요해진 듯했는데 이는 많은 이민자들이 공감하는 것이다. 폴리는 새로운 삶에 대한 뚜렷한 계획이 없었고 새로운 곳에서 밭을 좀 일구게 되지 않을까 하는 막연한 생각뿐이었다.

그녀가 팔레스타인에 도착한 후 몇 달 동안 많은 일들이 있었다. 처음에는 북부에서 아랍인들과 싸우고 있는 시온주의 단체에 합류하는 것을 고려했지만 친구들의 만류로 실행에 옮기지 않았다. 그리고는 아랍인과 유대인 사이의 갈등으로 폭동이 일어났을 때 예루살렘에 있는 친구를 방문하게 되어 총을 배에 묶고 영국 검문소를 통과하는 경험도 했다. 그후 급진적인 시온주의 정치인에게 아랍 민병대의 두목을 꼬여내(이른바 미인계) 그를 살해할 수 있게 도와달라는 요청을 받았으나 거절했다. 그녀는 농장에서 말라리아 늪 지대의 물을 빼기 위해 나무를 심다가 말라리아에 걸렸다. 한 번은 이동하지 않으려고 버티는 당나귀와 씨름하는 와중에 심한 말라리아 발작이 일어났다. 지나가던 현지 아랍인이 그녀를 불쌍히 여기고 당나귀를 움직이게 하는 방법을 알려준 다음 집까지 함께 가주었고 의사를 데려왔다. 그녀는 그때의 경험을 통해 (정확하게 그렇게 말한 것은 아니지만) 자신이 시골 생활에 익숙하지 않고, 아랍인들은 적이 아니며, 유대인이 정말

'개척자'가 아니라는 진실을 그제서야 뼈저리게 깨닫게 되었다. 팔레스타인은 그녀를 위한 곳이 아니었던 것이다.

'예리다yerida'는 폴리처럼 결국 팔레스타인을 떠나게 되는 유대인의 행동을 표현하는 히브리어 단어다. 예리다는 '내려가다'라는 뜻으로 알리야의 정반대의 의미이며, 약속의 땅에서 이주해나간다는 뜻이다. 이스라엘에서 이 단어는 배교와 반역이 기저에 깔려 있는 실망감을 내포하는 아주 부정적 의미가 되었다. 1974년에 팔레스타인 태생으로는 처음으로 이스라엘 총리가 된 이츠하크 라빈Yitzhak Rabin (그의 어머니는 폴리와 함께 루슬란 호를 타고 왔다)은 약속의 땅에서 떠나가는 이주민들을 '의지 박약 낙오자'라고 불렀다. 그러나 예리다는 21세기에도 계속되고 있으며, 그 비율은 알리야보다 낮지만 그래도 일부 시온주의자들에게는 충분히 당혹스러운 문제였다. 하지만 한편에서는 이를 이스라엘 국민들과 그들의 기술이 수출될 만큼 세계화에 걸맞게 성장했다는 반가운 신호라고 보는 사람들도 있다.

이제 유대인 공동체와는 여러 면에서 비교되는 이스라엘 공동체가 로스엔젤레스와 뉴욕, 런던 그리고 (일부 이스라엘인들은 경악하겠지만) 베를린에도 상당한 집단을 이루고 있다. 이스라엘 록 그룹 쉬메멜Shmemel의 히브리어 노래 '베를린'은 예리다를 찬양한다. 또한 이전 세대의 유대인들이 왜 약속의 땅으로 이주했는지에 대한 전면적인 반성을 이야기하여 비난을 받기도 했다.

우리 솔직해집시다.

할머니, 할아버지는 시온주의를 위해 이곳에 온 것이 아닙니다.

그들은 죽고 싶지 않아서 도망쳤습니다.

이 노래는 예리다가 오랜 전통을 가지고 있으며, 아주 오래 전에 야곱과 그의 가족이 경제적인 이유로 약속의 땅을 떠난 바 있다는 점을 날카롭게 상기시킨다.

심지어 우리의 야곱도 이집트로 '내려갔습니다.'
그곳의 집세는 3분의 1이고 월급은 두 배였습니다.

젊은 이스라엘인들이 이주하는 이유 중에 저임금과 주택 부족이 있는 것은 확실하다. 그러나 실상은 언제나 더 복합적이다. 이스라엘인들도 전 세계의 다른 사람들과 마찬가지로 사랑이나 일, 정치, 모험을 포함하여 복잡하게 얽힌 다양한 이유로, 또는 단순히 떠날 수 있기 때문에 떠난 것이다.

• — •

폴리와 루슬란 호의 동승객들은 난민이었다. 오데사 주재 영국 총영사가 쓴 편지에는 그녀가 '유대인 난민'으로 팔레스타인에 있는 자신의 고향으로 돌아갈 권리가 있음을 증명해주는 내용이 적혀 있었다. 당시에는 '난민'이라는 용어가 아직 현대의 법적 의미처럼 확립되지는 않았지만 흔히 사용되었다. 그 단어에는 피난처나 안전한 곳을 찾는다는 일반적인 의미가 포함되어 있으며, 동시에 특정 민족국가에 소속되지 못해 비정상이 된 사람들을 지칭하는 의미도 갖게 되었다.

1920년대에는 이동과 이민을 통제하기 위한 새로운 인프라가 등장했다. 지금은 널리 통용되고 있는 것들로 명확하게 정해진 국경, 여권, 이민 할당량, 비자 및 취업 허가 등이다. 20세기에 '난민'이라는 단어의 의미가 변화한 원인을 알기 위해서는 이러한 맥락에서 살펴보아야 한다. 정주주의가 주류가 된 세상에서는 이동하는 사람들을 법과 언어로 나누고 분류해야 할 필요가 있었던 것이다.

'난민refugee'이라는 단어가 영어에서 처음 사용된 것은 17세기 말로, 영국 또는 다른 지역으로 도피한 박해받는 프랑스 신교도를 의미하는 프랑스어 '레피제refugié'에서 차용되었다. 이 단어는 점차 프랑스인뿐만 아니라 박해 때문에 고국을 떠나 피난처를 찾는 다른 집단들에도 적용되었다. 난민이라는 단어는 강한 동정심을 연상시켰는데, 특히 제1차 세계대전 때 난민의 발생 요인으로 전쟁이 강조되면서 더욱 그랬다. 예를 들어, 전쟁 중이었던 영국에서는 독일의 잔학행위의 희생자로, 살기 위해 도피할 수밖에 없었던 무고한 민간인 같은 이들을 난민이라고 규정했다.

당시 대표적인 난민이라 할 수 있는 이들은 영국 전역의 수용소와 가정집 등에 대피하게 된 25만 명의 벨기에인들이었다. 지역 사회와 소규모 자선 단체들이 그들을 돌보았으며 전쟁 난민 위원회라는 조직이 생겨 모든 것을 감독했다. 이는 영국으로 유입된 난민 중 최대 규모였다. '불쌍한 소국 벨기에', '용감한 소국 벨기에'라는 선전 문구와 함께 독일의 손아귀에 놓인 그들의 운명에 대한 이야기는 영국 선전문의 중심이 되었고 정부는 난민에 대한 부정적인 언론 보도를 억제했다. 이 같은 분위기 속에서 영국인들은 벨기에인들의 생명을 구해준 영웅이고 난민들은 절박하고 수동적이며 무력하고 외부의 도움에 고마워하는 불쌍한 이들이 되었다. 그러나 이 이야기는 독일 점령 기간 동안 벨기에에 남아 있기로 선택한 사람들을 무시하고 벨기에인들이 영국보다 프랑스와 네덜란드에 더 많이 피난했다는 사실을 경시한 것이다. 그리고 전쟁 기간 벨기에 사람들의 이주가 많은 이들에게 엄청난 충격을 준 것은 사실이지만 동유럽과 발칸 반도 사람들의 이동에 비하면 미미한 수치였다. 그들의 이동은 대서양을 넘어 미국에까지 영향을 미치는 훨씬 더 중요하고 장기적인 결과를 초래했다.

제1차 세계대전 끝난 후 유럽에는 여러 신생국이 생겼고 수천 킬로미터의 새로운 국경선이 그어졌다. 또한 수백만 명의 비자발적 이주민들이 유럽 대륙을 누비게 되었으며, 그들 중 일부만 공식적인 난민으로 인정을 받을 수 있었다. 이 모든 이주의 직접적 원인은 러시아, 오스만, 오스트리아-헝가리 제국이 전쟁에 패배해 결국 붕괴되고 여타의 민족국가들로 대체되었기 때문이었다. 이 민족국가들은 (이론적으로는) 공통 언어를 사용하는 단일 공동체가 지배하게 되었다.*

이 모든 변화는 혼란스러운 결과를 가져왔다. 민족주의 정치인들은 유럽을 민족 단위로 분리하기 시작했다. 마치 과거의 유럽이 각

* 오스만 제국과 오스트리아-헝가리 제국의 붕괴로 탄생한 두 신생국 유고슬라비아와 체코슬로바키아는 다민족 제국과 신생 민족국가 사이의 '중간 국가'로 구축되었다. 두 나라의 이름(유고슬라비아는 1929년까지 세르비아, 크로아티아, 슬로베니아 왕국이었다)은 그들의 다민족적 특성을 반영하고 있었으며, 양국 모두 1990년대에 더 작은 민족국가로 분열되었다.

종 재료들을 섞어놓은 샐러드였다면 이제 그 재료들을 다시 쉽게 분리할 수 있다는 식이었다. 이들은 '민족'에 맞게 국경을 조정하거나 국경에 맞게 민족을 조정하거나, 아니면 가장 일반적으로 두 가지를 모두 수행하고자 했다. 곧 대다수의 유럽인들은 자신들의 언어와 공동체가 지배적 위치를 갖는 국가에서 살기를 기대하거나 희망하게 되었다.

제1차 세계대전 이후 수 년간은 수백만 명의 개인과 가족에게 참혹하고 위태롭지만 중대한 시기였으며, 새로 그어진 국경에서 '다른' 쪽에 속하게 된 이들에게는 특히 더 어려운 시기였다. 1920년대 초에 루마니아에 살았던 헝가리어 사용자들을 살펴보자. 그들은 새로운 민족주의의 이분법에 따른 선택지가 주어졌다. 그들은 고향 땅에 남아 새롭게 생성된 민족국가에서 소수 집단의 일원이 되거나, 아니면 빈손으로 고향을 떠나 새로운 민족국가의 다수 집단 일원이 되거나 선택을 해야 했다. 루마니아에 살던 10만 명 이상의 헝가리어 사용자들은 새로운 국경을 넘어 이주하는 선택을 했는데, 헝가리가 더 이상 이주민을 받아들일 수 없다며 국경을 폐쇄하기 전까지 이주는 이어졌다. 그러나 그보다 더 많은 이들이 고향에 그대로 머물렀고 그들의 후손 대부분은 여전히 루마니아에 살고 있다. 이것은 당시 유럽 전역에서 일어난 일이었다.

선택의 여지가 없는 사람들도 있었다. 1923년, 참혹한 전쟁의 여파로 그리스와 튀르키예는 국제 연맹이 감독하는 '인구 교환'에 동의했다. 100만 명이 넘는 그리스인들이 강제로 튀르키예를 떠나야 했는데 그들 중 일부는 3천 년 이상 그리스어를 썼던 지역에 정착해

난민의 역사는 오래 되었지만, 오늘날 우리가 '난민'이라고 부르는 사람들은 제1차 세계대전 이후 생겨났다. 하지만 난민에 대한 정의는 여전히 혼란스러우며 난민의 지위를 얻는 것도 매우 어렵다.

살던 이들이었다. 이른바 유대인보다도 더 오래 고국을 떠나 살며 그곳에 깊이 뿌리내리고 있던 사람들의 공동체였다. 그러나 양국 정부와 국제연맹은 그들이 떠나는 것을 당연하게 여겼고 이 이주는 일종의 귀향으로 간주되었으며 이주민들이 본국으로 송환되었다고 볼 수 있는 결정이었다.*

동부 지중해 지역에서의 '민족 분리'는 잔인하고 가혹했으며 이주민들의 의견은 묵살되었다. 누가 튀르키예인이고 누가 그리스인인지를 가리는 이분법적 언어 기준에 잘 들어맞지 않는 사람들에게는 특히 더 그랬다. 예를 들어, 그리스 혈통에 튀르키예어를 사용하는 기독교인들은 자신들이 살던 튀르키예 중부의 카파도키아를 강제로 떠나야 했다. 크레타 섬의 그리스어를 사용하는 무슬림들 역시 마찬

* 콘스탄티노플(현 이스탄불)과 인근 두 섬에 살았던 그리스인들만 잔류가 허용되었다. 약 30만 명의 튀르키예인들도 강제로 그리스를 떠나야 했고, 튀르키예 국경과 가까운 서부 트라키아에 살던 튀르키예인들만 남아 있을 수 있었다.

가지였는데, 그들 중 다수는 최근에 이슬람으로 개종한 사람들의 후손이었다. 당시 열네 살이었던 크레타의 소설가 판델리스 프레벨라키스Pandelis Prevelakis는 인구 교환 소식이 섬 공동체에 '끔찍한 충격'이었다고 말했다. 약 1천 명의 크레타 무슬림들이 기독교로 다시 개종하여 섬에 남고자 했지만 그리스 정교회가 이를 허락하지 않았고 그들은 강제로 떠나야 했다.

비공식적으로는 관련 정부에서조차 그들을 난민이라고 불렀음에도 불구하고 헝가리와 그리스, 튀르키예의 이주민들은 국제연맹에 의해 공식적으로 난민으로 인정받지 못했다. 1921년에 국제연맹이 노르웨이 탐험가 프리트조프 난센Fridtjof Nansen을 최초의 난민고등판무관으로 임명했을 때 그에게는 아주 구체적이고 제한된 책임이 주어졌다. 오로지 전쟁과 기근 때문에 조국에서 도망친 수백만 명의 러시아 난민만 도우라는 것이었다. 국제연맹이 인정한 러시아 난민의 대부분은 다시는 돌아가지 못할 고향에서 멀리 떨어진 곳의 길가, 기차역 또는 캠프촌에서 노숙자처럼 살고 있었다.*

예를 들어 폴란드에는 100만 명 이상의 러시아 난민이 있었고, 한동안 폴리의 가족도 그에 포함되어 있었다. 또 콘스탄티노플과 그 주변에 10만 명, 극동 러시아를 거쳐 중국 하얼빈으로 피신한 사람들

* 사람이 아닌 국경이 이동할 때는 이주민이 아닌 난민이 발생하게 된다. 미국의 작가 대니얼 멘델슨은 '오스트리아에서 태어나 폴란드에서 학교를 다니고 독일에서 결혼하고 소련에서 자녀를 낳고 우크라이나에서 죽는 남자'에 대한 이야기를 했다. "그 모든 과정에서 그는 한 번도 자기 마을을 떠난 적이 없었다." 이는 1918년 이전에 현재 우크라이나의 리비우나 그 근처에서 태어나 1990년대까지 살았고 고향을 떠난 적이 없는 사람들의 이야기다.

도 20만 명 정도였다. 그중 일부는 결국 소비에트 연방으로 (자발적으로) 송환되었지만 나머지 대부분은 난센Nansen 여권으로 알려진 국제연맹이 발행한 임시 신분 증명서의 도움을 받아 새로운 고향을 찾아갔다. 가장 인기 있는 목적지는 미국이었지만 1924년부터 이주민 입국을 제한하자 프랑스와 독일이 난민들의 주요 목적지가 되었다. 그런데 이는 장기적으로(제2차 세계대전) 그곳으로 이주한 다수의 러시아 출신 유대인에게 치명적인 결과를 가져왔다.

국제연맹은 난민 대상자를 확대하여 튀르키예에서 피신한 아르메니아와 아시리아인들도 지원했지만 1930년대와 1940년대에 발생한 대규모 난민 사태에서는 중요한 역할을 할 수 없었다.** 1950년에 유엔에 의해 난민고등판무관의 역할이 승격되었지만 이들의 업무 역시 유럽으로만 한정되어 있었으며 난민으로 보호받을 자격에 대해서도 제한된 규정에 묶여 있었다. 오늘날에도 난민의 정의는 여전히 '박해를 받을 수 있다고 인정할 만한 충분한 근거가 있는 두려움'에 근거한다. 이 정의에 따르면 가난, 기아, 기후 변화 또는 자연재해 때문에 고국을 떠나는 이주민은 난민으로 간주되지 않으므로 보호를 받기 힘들다.

• — •

** 여기에는 나치 독일과 직간접적으로 관련된 유럽의 위기로 인한 이주민뿐만 아니라 인도, 파키스탄, 이스라엘과 같은 여러 신생 민족국가들의 탄생으로 발생한 이주민들도 포함된다.

난민과 다른 종류의 이주민을 명확히 구분하는 것은 쉬운 일이 아니다. 난민을 규정하는 좁은 법적 정의, 특히 '박해를 받을 수 있다고 인정할 만한 충분한 근거가 있는 두려움'이라는 개념은 저마다 다르게 해석될 수 있다. 선진국들은 피난민들이 처음 도착한 국가에서 난민 인정을 받아야 한다고 주장하며, 많은 국가에서 (증명하기 힘든) 실제적 혹은 잠재적 박해의 증거를 요구한다. 어떤 국가는 고의적으로 난민들을 환영하지 않는 환경을 조성하기도 한다. 이는 UN과 NGO에 의해 짜맞춰진 시스템으로 난민 인정 문제는 각국 정부와 이주민들 사이의 냉소적인 대립으로 전개되며 때로는 치명적인 갈등을 초래한다. 또한 최악의 경우에는 극단적 위험을 감수해서라도 난민으로 인정받고자 하는 설득력 있는 거짓말쟁이들에게 유리한 시스템이기도 하다.

많은 위험을 감수했지만 설득력이 충분치 못했던 MG의 이야기를 살펴보자. 내 오랜 친구는 2012년 셰필드의 난민 인권센터에서 자원봉사를 하다가 그를 알게 되었다. MG는 10대였을 때 북아프리카의 에리트레아에서 박해를 피해 도망친 21세의 노숙자였고, 부모님은 돌아가셨다고 했다. 내 친구는 그에게 연민을 느꼈고, 그래서 남는 방을 그에게 빌려주었다. 그후 이민 재판소에서 난민으로 인정받기 위해 노력하고 실패하는 몇 년이라는 시간 동안 그는 가끔씩 그녀와 함께 지냈다. 나는 영국에 돌아갔다가 MG를 소개받았고, 그는 외향적이고 의지가 굳은 청년처럼 보였다. 그는 리비아 수용소 시절, 시칠리아에서 칼레까지 가는 기차에 무임승차했던 경험, 몰래 트럭을 타고 영국으로 온 것 등에 대해 실감나게 이야기해주었다. 하지만 내가 그의 고향인 에리트레아에 대해 물으면 입을 다물었다. 내 친구는 그에게 고향 이야기는 고통스러운 기억이기 때문에 입밖으로 꺼내기 힘든 것이라고 설명했다.

그러나 몇 년 후 MG는 내 친구와 다른 모든 사람들에게 자신이 거짓말을 했다고 고백했다. 그는 자신이 주장한 것보다 나이가 많았고 부모님은 살아 있었고 에리트레아인이 아니라 에티오피아인이었다. 그는 자신이 영국에 도착했을 때 알게 된 사람이 에티오피아인은 영국에서 망명을 허가받을 가능성이 전혀 없으니 거짓말을 하라고 했다고 해명하며 사과했다. 에리트레아인이 그나마 가능성이 있었기에, MG는 하룻밤 사이에 에리트레아인이 되었다. 어린 시절 에리트레아에서 잠시 살았고 그 나라의 주요 언어인 티그리냐어를 할 수 있었기 때문에 불가능한 일은 아니라고 생각했던 것이다. 그러나 영국 이민 당국의 심사를 받았을 때 에리트레아의 지리에 대해 제대로 설명할 수 없었고 에리트레아 차량 번호판의 색상을 말하지 못했다.

자신이 거짓말을 했음을 인정한 후 MG는 정치 활동으로 박해를 받은 에티오피아인으로서 새로운 망명 신청서를 제출했다. 이번에는 더 많은 증거를 제시할 수 있었다. 그러나 이민 법정을 설득하지는 못했다. MG는 10년 동안 영국에 있었지만 노동 허가를 받지 못했고, 노숙자를 위한 호스텔에 머물고 있었다. 망명 절차의 비효율성과는 별개로 MG의 이야기에서 몇 가지 교훈을 얻을 수 있다. 그중 하나는 이주에 대한 우리의 견해를 형성하는 데 있어 연민과 감정의 역할이다. MG의 이야기를 들은 사람들 중 일부는 그에게 동정심을 느끼지 않는다고 말했다. 그들은 그가 에티오피아를 떠난 결정이 현명하지 못했고, 고국에서 그렇게 멀리 떨어진 곳에서 망명을 주장한 것도 잘못되었고, 거짓말을 한 것이 특히 문제라며, 에티오피아에서의 박해 이야기도 거짓말일지도 모른다고 의심했다. 물론 그들의 주장이 맞을 수도 있다. 하지만 그들은 MG를 만난 적이 없고 나는 그를 만났다. 그리고 나는 그가 도망쳐나온 에티오피아에서 '국외 거주자expat'로 몇 달 동안 살았기 때문에 그에게 일종의 친밀감을 느끼게 되었고, 그가 자신이 원하는 곳 어디에서든 좀 더 쉽게 살 수 있었으면 하고 바라게 되었다. 그리고 트로이의 아이네이아스에서 폴리 숙모할머니에 이르기까지 역사적으로 수많은 이주민들이 거짓말을 하고 다른 지역으로 이동하기 위해 엄청난 위험을 감수했다는 사실을 상기하게 되었다. 말하자면 그것은 불가피한 운명인 것이다.

그리고 역사적 맥락에서 우리 대부분이 아프리카에서 온 이주민의 후손이라는 점을 잊어서는 안 될 것이다. 또한 그보다 가까운 수세기 전에 일어난 노예무역과 식민주의를 떠올려보자. 유럽인들은 수백만 명의 아프리카인들을 강제로 납치하여 노예로 만들었고, 아프리카 대륙을 자기들 마음대로 나눠 가진 과거를 가지고 있다. 이러한 역사적 경험들이 유럽인들을 조금이라도 겸손하게 할 수는 없는 걸까? 그들이 아프리카 이주민의 눈을 들여다보면서 합리적인 척하며 "당신은 유럽에 올 수 없습니다"라고 말할 때 약간의 가책이라도 느낄 수 있도록 말이다.

저자 노트, 아홉 번째

주의 깊은 독자들은 내가 이 장의 끝 부분에서 '국외 거주자expat'라는 단어를 사용했음을 알아차렸을 것이다. 사실 이것은 나에게 거북한 단어다. 나는 델리에서 10년 넘게 살고 나서야 그 명칭을 떨쳐버릴 수 있었다. 인도인과 결혼하여 더 이상 국외 거주자가 아니게 되었기 때문이었다. 우리 부부는 대부분의 시간을 자기들끼리 보내고, 인도어를 전혀 할 줄 모르고, 고용주들이 제공하는 막대한 돈으로 생활방식을 유지하는 '국외 거주자 무리'에 대한 이야기를 나누곤 했다. 우리 부부에게 '국외 거주자'는 가난한 나라에 사는 부유하고 거만한 서양인을 의미했다.

그런데 내가 그 국외 거주자가 되었다. 나는 이전에 특별한 유대관계가 없었던 아프리카와 아시아 국가에서 혼자 몇 달 정도 머물면서 일을 하게 되었다. 나는 새로운 언어를 배우려고 노력했으나 실패했다. 주로 만나는 친구들은 같은 외국인들이었다. 내 고용주는 국외 거주자를 위한 건강보험과 국외 거주자 전문 세무 서비스를 제공해주었다. 2013년에 탄자니아에 갔을 때는 국외 거주자를 위한 조언으로 가득 찬 56쪽짜리 문서를 받기도 했다. 그 문서에는 가정부와 정원사를 고용하는 법이 설명되어 있었고, '철도 서비스가 열악해 국외 거주자 사용은 권장되지 않음', '오윌리 아이리시 주점은 외국인 커뮤니티에서 아주 인기가 있음' 같은 정보들이 담겨 있었다. 무료 주택, 항공편, 아이폰, 노트북 및 기타 여러 잡다한 혜택들이 주어진 특권에 찬 삶이었다. 내가 국외 거주자라는 사실을 도저히 부인할 수가 없었다.

나와는 달리 그 단어를 자랑스럽게 뽐내며 사용하는 이들도 있다. 마치 고급 클럽에 출입할 수 있는 자격을 얻는 것처럼 자신들이 다른 이들보다 낫다고 여기는 것이다. 나는 2018년 아디스아바바에서 국외 거주자들을 위한 국제 협회인 인터네이션스InterNations에 잠시 가입한 적이 있었는데, 그 이후 세계 어디를 가든 그 단체에서 발송하는 이메일이 계속 나를 따라다니고 있다. 인터네이션스는 '국외 거주자들에게는 미지의 세계로 나아가 그것을 포용하도록 이끄는 힘과 정신이 있다'라고 선언하고는 그들을 개척자이자 탐험가라고 불렀다. 마치 그들이 세계적으로 유명하고 큰 도시들이 아니라 사람이 살지 않는 불모지로 이주라도 하는 것처럼 말이다. 나에게는 그 모든 것이 식민주의를 떠올리게 했다. 그들은 국외 거주자들이 좀 더 평범한 종류의 이주민이나 이주 노동자로 오인될까 봐 겁난 것처럼 필사적으로 강변한다.

국외 거주자의 허세를 지우고 싶다면 "국외 거주자와 이주 노동자의 차이점은 무엇인가요?"라고 물어보라. 대부분의 경우 아주 흥미로운 대답을 듣게 될 것이다. 응답자는 국외 거주자는 부유하고 백인인 경우가 많다는 대답을 하면서도 비난을 피하기 위해 일련의 언어 곡예를 펼치며 설명을 늘어놓을 것이다. 물론 주어진 업무의 성격과 기간, 고용주의 국적이나 위치, 전문 기술 등의 차이를 강조하는 보다 상세하고 기술적인 답변을 할 수도 있다. 국외 거주자를 설명하는 그 모든 대답이 분명 타당할 테지만 그중 어느 것도 그들을 이주 노동자보다 더 낫다고 주장하는 증거가 되지는 못한다.

이주민을 서술하기 위해 사용되는 많은 단어들과 마찬가지로 국외 거주자도 뒤틀리고 굴곡진 과거를 가지고 있고, 그 과거가 현대의 모호함을 설명하는 데 도움이 된다. 국외 거주자라는 단어가 영어에 처음 등장한 것은 18세기로 처음에는 '고국을 떠나다expatriate'라는 동사의 형태였다. 이는 프랑스어에서 차용된 것으로 누군가를 유배시키거나 추방한다는 의미였지만, 고국을 떠나는 결정에 대한 자유선택을 강조함으로써 현대적 의미에 더 가까워졌다. 이후 19세기 말에 특히 프랑스로 이주하여 퇴폐적인 생활 방식으로 유명해진 부유한 백인 미국인 집단을 설명하는 단어로 명사화되었다. 그들 중 다수는 소설가와 시인들이었고, 따라서 그들의 세계는 서정적인 묘사를 통해 불멸의 명성을 얻게 되었다. 특히 어니스트 헤밍웨이의 국외 거주자들에 대한 소설 《해는 또다시 떠오른다》가 인상적이다. 헤밍웨이와 닮은 주인공 제이크 반즈는 파리 주재 미국인 기자로 새로 도착한 미국인 동료에게서 비난을 받는데, 주된 내용은 국외 거주자들의 수많은 악습에 대한 것들이었다.

> 너는 땅과의 접촉을 잃어버렸어. 귀하신 몸이 된 거지. 가짜 유럽의 기준이 널 망쳐버렸어. 죽도록 술이나 퍼마시고, 섹스에 빠져 있고, 모든 시간을 지껄이는 데 쓰고 있어. 넌 국외 거주자야, 알아? 카페나 전전하며 지내고 있잖아.

헤밍웨이의 자조적인 장광설은 1920년대 독자들에게 해외에 사는 부유한 미국인들에 대한 새로운 이미지를 제공했는데 이는 오늘날에도 적용된다. 이는 이주 노동자들이 항상 유용한 일을 하는 것은 아니라는 점에서 국외 거주자라는 단어에 부차적인 의미를 부여한다. 특히 영국 타블로이드 신문에서는 은퇴하거나 법망을 피하기 위해 코스타델솔(스페인의 관광지)로 이주한 영국인을 서술할 때 국외 거주자라는 단어를 사용한다. 그리고 외국인 주재원에게 현지인 직원보다 훨씬 더 많은 임금을 지급하는 것을 정당화하려 한 영국 공무원들도 그 단어를 사용했다. 그중 한 사람은 1940년대 나이지리아에 파견한 관리에 대해 이렇게 말했다.

> 얼핏 보면 본국 파견 관리들이 비슷한 임무를 수행하는 것처럼 보이는 식민지 출신 직원보다 급여를 더 많이 받는 것이 부당해 보일 수도 있습니다. 하지만 더 면밀히 상황을 들여다보면 국외 거주자들의 형편이 그다지 좋지 않다는 것을 알 수 있습니다. 국외 거주자들은 집을 하나 더 유지해야 하고 식민지 밖에서 자녀들을 교육시켜야 하기 때문입니다.

가난한 나라에 거주하는 외국인 주재원들에게 지급되는 엄청난 임금을 정당화하기 위해 만들어낸 논리는 여전히 변함없이 적용되고 있다. 그러나 높은 임금에 대한 정당화는 별도의 계급을 만들어내고, 해외 주재원들은 너무 특별하고 다르기 때문에 그들을 이주 노동자라고 불러서는 안 된다는 거짓된 관념을 유지시키는 역할을 할 뿐이다. 이는 그들 사이의 공통점을 축소시켜 이주민이라고 부를 수 있는 사람들의 수와 유형을 감소시키게 된다. 이주민들은 이제 정주주의 세계에서는 아무도 원치 않거나 들어갈 자격이 없거나 그 두 가지 다인 사람들이 된다. 그리고 그들은 거의 모든 일에 대해 쉽게 비난받을 수 있어, 적 아니면 희생양이 된다.

이는 우리와 같지 않은 사람들의 삶을 헤아리지 못하는 공감 능력의 부족이라고 할 수 있다. 이러한 공감 능력의 부족은 때때로 배를 타고 망명하다 죽은 아이가 해변에서 발견되거나 아니면 냉동 트럭에서 서로 얽힌 채 얼어 죽은 난민 집단이 발견되거나 하면 그때서야 조금 채워진다. 그 짧은 순간에는 온 세계가 그들에게 관심을 갖는 것 같지만, 그때뿐이다. 이주민들은 우리와 같은 사람들이 아니기 때문이다.

이것은 극단적으로 말하자면 정주주의의 압제라고 할 수 있다. 현재 있는 곳에 계속해서 머무르는 것이 정상인 세상에서 이동은 일탈이다. 이러한 세상에서는 생명이 위험에 처하거나 자신이 보유한 기술이 지구의 다른 지역에서 필요해지는 것처럼 특별한 상황에서만 이주가 허락된다. 그런 특별한 경우가 아니라면 집에 머물러 있거나 적어도 태어난 국가에서 계속 살아야 하며, 이주 충동이나 다른 곳에 대한 갈망은 해외 휴가와 순례처럼 무해한 행위로 대체하면 된다. 이주가 비정상적이고 인류 역사에서 이주의 역할을 잊도록 권장하는 세상이 된 것 같다. 고향은 신성시되고 낭만화되는 반면 낯선 것은 두려움의 대상이다. 마치 고대 아테네 사람들처럼 우리가 지금 살고 있는 땅의 흙에서 태어났다고 믿기라도 하듯 이주의 역사를 부정하고 있는 것이다.

10장

자유, 할렘, 무지개 부족

MIGRANTS
The Story of Us All

초록색 눈, 우뚝 솟은 큰 키, 완벽한 자세, 건장한 체격의 그녀는 미국에서 가장 유명한 이민자로 실루엣만 봐도 금방 알아볼 수 있다. 그녀는 찰리 채플린의 〈이민자〉를 비롯해, 〈혹성 탈출〉, 〈대부〉, 〈슈퍼맨〉 등 수십 편의 영화에 카메오로 출연하면서 유명해졌다. 더 중요한 것은 그녀가 새로운 모국인 미국의 상징이 되었다는 것이다. 그래서 미국인들은 그녀가 프랑스에서 태어났고 로마 여신에서 영감을 받았다는 사실을 종종 잊고 그녀를 늘 자기들 것이었던 것처럼 여기게 되었다. 그러나 사실 그녀는 1885년에 프랑스 북부 도시인 루앙에서 배를 타고 대서양을 건너왔으며 많은 이민자들과 마찬가지로 뉴욕 항구에 상륙했다. 그곳에 도착한 후 그녀는 받침대 위에 놓였고 그 이후로는 움직인 적이 없다. 요즘 그녀는 세월의 흐름 때문에 좀 낡았고, 또 (그녀가 통제할 수 없는 이유들로) 더 이상 이민자들의 길을 밝혀주는 횃불 역할을 하지 못하고 있다. 이제 이민자들은 더 이상 배를 타고 엘리스 섬으로 오지 않을뿐더러 예전처럼 환영받지 못하기 때문이다. 다들 짐작하겠지만 그녀는 '자유의 여신상'이다.

옛날에 미국으로 오는 유럽 이민자들은 자유의 여신상을 바라보며 목적지가 머지 않았다는 것을 알았다. 많은 사람들이 자유의 여신상은 이민자들을 환영하기 위해 그곳에 있는 것이라고 알고 있다. 여신상 받침대 동판에 새겨져 있는 엠마 라자루스Emma Lazarus의 시

'새로운 거상The New Colossus'은 누구든 아메리칸 드림에 참여할 수 있으며, 미국은 언제나 그들을 환영한다고 약속하는 듯한 내용을 담고 있다.

고단하고 가난한 자들이여,
자유로이 숨쉬고자 하는 군중이여,
당신의 풍성한 해안가의 가련한 사람들을 나에게 보내다오.

하지만 막상 엘리스 섬에 도착한 이주민들에게 닥친 현실은 전혀 그렇지가 않았다. 1920년대 초반에 미국은 대부분의 이민자들을 반기지 않았기 때문이다. 미국의 국경 제한 조치는 미국의 정체성과 세계가 미국을 인식하는 방식에 근본적인 변화를 가져왔으며, 일반적으로는 이민 관련 제도를 재정립하는 데 중심적인 역할을 했다. 즉, 이민 관료제도의 고안과 확장에 직접적으로 영향을 미쳤으며, 쿼터와 비자, 영사, 인터뷰, 후원 편지, 건강 증명서 및 은행 잔고증명서 등이 이민을 결정하는 세상이 되었다는 이야기다.

국경을 제한하겠다는 미국의 결정은 이주 희망자의 수가 엄청나기 때문이기도했지만, 동시에 일부 미국인들이 어떤 종류의 이민자들을 받아들일 것인지에 대해 고민하게 되었기 때문이기도 했다. 미국인들은 라자루스의 시에 나오는 '고단하고 가난한 자들'을 좋아하지 않았고, 그들이 남부와 동부 유럽 출신이거나 유대인인 경우 특히 그랬다. 중국인들은 아마 더 싫어했던 것 같다. 중국인들은 1882년 이후 이민에서 배제되었고 그외 다른 아시아 이민자들도 마친가지였다. 또 1891년 이민법 개정 이후로는 온갖 종류의 '바람직하지 않은 인물' 명단에 들어 있는 이들 역시 배제되었다.

> 바보, 정신병자, 극빈자 또는 생활 보호 대상자가 될 가능성이 있는 자, 혐오스럽거나 위험한 질병을 앓고 있는 자, 중범죄나 기타 악명 높은 범죄 혹은 부도덕한 행위로 인해 경범죄 판결을 받은 자, 일부다처주의자.

이 명단은 1903년에 더 확대되어 간질 환자, 거지, 무정부주의자와 매춘부까지 포함하게 되었다. 4년 후인 1907년에는 저능아, 정신박약자, 보호자가 없는 아동, 배삯을 본인이 지불하지 않은 사람들이 추가되었으며 알코올 중독자와 문맹자는 1917년부터 금지되었다. 이렇게 이민이 금지된 집단을 색출하여 그들을 싣고 온 증기선 회사의 비용으로 그들을 되돌려 보내는 것이 미국 항구와 국경에 있는 연방정부 관리들의 일이었다. 이민국 관리들은 엘리스 섬에서 새로 도착한 사람들이 서 있는 줄 사이를 왔다갔다 하며 등에 기호로 그들의 특징을 표시했다. 문자 'L'은 절름발이lameness, 'E'는 시력 문제eye problems를 의미했다.* 'X'는 정신박약자일 가능성이 보이는 사

* 1905년에 엘리스 섬에 도착하는 모든 이민자들은 의사에게 트라코마(눈의 전염질환) 검사를 받았다. 의사는 갈고리를 사용해 눈꺼풀을 뒤로 젖히고 증세가 있는지를 살폈고, 증세가 있는 경우 추방되었다. 1904년에서 1914년 사이에 거의 2만 5천 명에 달하는 이민 예정자들이 트라코마 의심 증세로 추방되었으며 '혐오스러운' 또는 전염성 질병과 관련된 추방 건수의 3분의 2 정도를 차지했다.

람들에 사용되었다. 검사관들은 '짧은 이마'나 지나치게 움푹 들어간 눈, 두개골 모양을 통해 '바보'와 '저능아'를 구별하는 법을 교육받았다. 이러한 분류법에 따라 매년 엘리스 섬에 도착하는 이민자의 1~2퍼센트가 추방되었다. 그러나 그것으로 충분하지 않았던 미국의 저명인사들은 이민에 대해 훨씬 더 엄격한 제한을 요구했다.

이민 반대 로비는 특히 영국계 미국인들 사이에서 한동안 강하게 일어났다. 라자루스가 가난한 이민자를 위한 찬가를 바친 지 10년이 지난 후, 토머스 베일리 올드리치Thomas Bailey Aldrich는 '무방비 대문Unguarded Gates'이라는 시를 썼다. 자유의 여신상을 지각 있는 존재로 그린 점은 라자루스의 시와 비슷했지만 담고 있는 메시지는 전혀 달랐다. 그는 미국을 '마법의 나라'라고 표현하면서 '밀려드는 고트족과 반달족이 로마를 짓밟은' 것과 같이 미국의 생존이 이민자들에 의해 위협받고 있다고 했다. '백색 여신'인 자유의 여신이 '이상한 말'을 쓰는 현대판 야만인들의 위협을 받고 있다는 것이었다.

> 우리의 대문은 활짝 열린 채로 무방비 상태로 있고
> 그 문을 통해 거칠고 잡다한 무리가 밀려들어오고 있네.
> 볼가와 타르타르 대초원에서 온 남자들
> 밋밋하게 생긴 황하인들
> 말레이인, 스키타이인, 튜턴인, 켈트인, 슬라브인들이
> 구대륙의 빈곤과 멸시를 피해 도망쳐오네.

이 같은 인종차별적인 세계관은 미국 독립 이전에 아메리카 대

륙에 온 북유럽 출신의 '구 가문' 미국인들 사이에서 흔히 볼 수 있는 현상이었다. 뉴욕의 매디슨 그랜트라는 사람도 마찬가지였는데, 그는 브롱크스 동물원을 설립한 자연주의자로 후에 과학적 인종주의자로 변모했다. 그의 1916년 저서 《위대한 인종의 소멸The Passing of the Great Race》은 인종차별주의자들에게 막대한 영향력을 미쳤으며(히틀러는 이 책을 '나의 성경'이라고 했다), 그랜트는 외국 이민자들의 미국 입국을 막기 위해 벌인 미국 국경 폐쇄 캠페인에서 중요한 역할을 했다.

그는 제1차 세계대전이 일어나기 전 대규모 이민이 빈번히 이루어지던 시절에 유행했던, 미국이 다양한 민족이 모인 '용광로melting pot'라는 개념을 특히나 혐오했다.* 그랜트는 린네와 베르니에의 피부색에 기반한 오래된 인종 분류를 사용했다. 그러나 그는 유럽인을 세분화해 세 가지 추가 아종 또는 하위 인종으로 나눔으로써 기존 분류법을 혁신했다. 느리고 예술적인 지중해 인종, 순종적이고 조용한 알프스 인종, 남자답고 (순수 혈통이면) 고귀하며 경탄할 만한 (그랜트 자신이 속한) 북유럽인 등이 그것이었다.

그랜트가 속한 인종은 특히 키가 크고 금발이며 푸른 눈을 가진 북유럽인이었으며, 그는 초기 북아메리카 식민지화 역사에서 그들이 매우 큰 비중을 차지한다고 주장했다. 그는 심지어 나중에 이민해온

* '용광로'라는 표현은 런던 출신의 유대인 이스라엘 장윌Israel Zangwill이 쓴 뉴욕을 배경으로 한 동명의 연극이 1908년 워싱턴에서 초연되면서 유행했다. 연극의 주인공은 1903년 키시네프 대학살에서 도망쳐 나온 데이비드 퀴사노라는 유대인 이민자였다. 그는 "미국은 신의 도가니, 유럽의 모든 인종이 녹아 재형성되는 거대한 용광로다"라고 선언한다. 그리고 그는 같은 유럽 이민자인 러시아 기독교도 베라에게 반하게 되는데 나중에 그녀의 아버지가 대학살의 주도자로 밝혀진다. 그러나 결국은 진정한 사랑이 이기게 된다.

이민자들과 비교해 자신과 북유럽 이민자들의 후손들을 아메리카 원주민이라고 부르기까지 했다. 그리고 그의 책 제목에 나오는 '위대한 인종'도 당연히 북유럽인들이며, 이들이 다른 유럽 아종들이나 아니면 혼혈생식에 의해 탄생한 '잡종 인종'의 위협을 받고 있다고 주장했다.

> 위험은 외부가 아니라 내부에 있습니다. 흑인, 갈색인, 황색인, 적색인 그 누구도 백인을 이기지는 못할 것입니다. 그러나 북유럽 인종의 귀중한 구성원들이 열등한 종족과 섞이거나 인종 자살로 소멸된다면 문명의 요새는 방어할 사람이 부족해져서 무너질 것입니다.

이와 같은 맥락에서 그랜트는 지중해와 알프스 아종들의 미국 이민을 막아야 한다고 주장했다. 그랜트의 책은 처음에는 거의 주목을 받지 못했다. 그러나 제1차 세계대전의 여파로 유럽이 혼란스러워지고 미국이 점점 더 고립주의를 표방함에 따라 이민 반대 주장들이 힘을 얻게 되었고 그랜트의 책이 주목을 받게 되었다. 그랜트는 매우 뛰어난 로비스트였으며 그의 주요 정치적 협력자는 전직 언론인으로 이민 및 귀화 위원회 의장을 지낸 하원의원 앨버트 존슨Albert Johnson이었다. 그랜트에게서 자극을 받은 존슨은 1920년 많은 동료 정치인들에게 충격을 주었던 의회 보고서를 작성했다. 이 보고서는 엘리스 섬의 '신규 이민자 사태', '유럽의 불안정한 정세로 인한 이민의 홍수' 같은 자극적인 표현을 사용하여 이민에 대한 경고를 담고 있었다. 그는 최대 800만 명에 달하는 이민자들이 미국에 올 준비를 하고 있을 수도 있다며, 당장 이민을 중단시켜야 한다고 주장했다.

존슨 보고서에는 최근 유럽을 방문한 미국 정부 관리들의 의견이 부록으로 포함되어 있는데 읽으면 심기가 불편한 내용들이다. 네덜란드에 있던 관리가 보낸 보고서는 대서양을 건너기 위해 로테르담에 모인 동유럽 유대인들을 언급하며 "그들은 일반적인 게토 부류로 더럽고, 미국에 어울리지 않으며 위험한 습성을 갖고 있다"라고 설명했다. 폴란드를 방문한 관리는 "이민 예정자의 90퍼센트 이상이 유대인이고, 그들은 대개 러시아에서 온 난민으로 최하층 출신들이며 바람직하지 않은 '정신박약자'들 같습니다"라는 견해를 보내왔다. 이탈리아의 이주 예정자들은 대부분 농민들로 미국에 동화가 불가능하고 지능 수준이 낮으며, 이탈리아는 전반적으로 '사회주의 사상과 활동이 너무 득실거려서' 이탈리아인들의 미국 이민은 모두 거부하는 것이 좋겠다는 의견 또한 첨부되었다. 스위스와 독일인들은 별다른 문제 없이 넘어갔고 영국과 스칸디나비아인은 언급되지도 않았다. 이 보고서의 전반적인 메시지는 분명했다. 미국 이민을 원하는 사람들을 무슨 수를 써서라도 막아야 한다는 것이었다.

결국 1921년 그랜트가 고안하고 존슨 하원의원이 도입한 비상쿼터법에 따라 미국 정부는 처음으로 매년 입국할 수 있는 이민자의 수에 상한선을 두었다. 그것은 인구조사를 기초로 한 복잡한 공식에 의한 것이었는데 법안에 특정 국가를 지칭함으로써 야기될 수 있는 외교적 대가를 피하기 위해 고안되었다. 이는 사실상 대부분의 국적에 대해 월별 쿼터가 주어졌음을 의미했다. 정해진 쿼터가 찬 이후에 미국에 도착하는 이민자는 누구든지 자동으로 추방되었다. 사제, 무용수, 간호사, 하인 등을 포함한 약간의 예외 리스트가 있을 뿐이었다. 새로운 시스템은 의도적으로 남유럽과 동유럽인들에게 불리하게 되어 있었고, 이는 이탈리아와 그리스 출신 이민자 수가 즉시 80퍼센트 감소하고 동유럽인 이민자 수도 비슷하게 감소하는 결과로 이어졌다. 폴리 숙모할머니와 그녀의 가족이 당시에 팔레스타인이 아닌 미국으로의 이주를 선택했다면 쫓겨났을 것이 거의 확실하다.

새로운 법의 제정으로 이민자들이 엘리스 섬에 도착하는 과정은 한편의 희극처럼 변해버렸다. 이는 '자정의 레이스'라고도 불리는데, 새로운 달이 시작되기 전날 자정 직전이 되면 이민자들을 태운 증기선들이 로어 뉴욕 만에 모여들었다. 그런 다음 각 증기선은 브루클린과 스태튼 아일랜드 사이에 그려진 가상의 선을 건너기 위한 경주에 나서게 되었다. 그리고 자정 직후에 그 선을 첫 번째로 건너면 그 배에 탄 승객들은 새로운 달의 이민 쿼터에 포함될 수 있었다.

그런데 1923년 8월 30일 밤, 배 한 척이 5분 일찍 이 선을 넘었고 그 배를 따라 다른 배 세 척 역시 자정 이전에 선을 넘은 것으로 판정되며 모든 것이 엉망이 되어 버렸다. 1,896명의 승객은 새로운 달의 이민 쿼터에서 제외되었고, 승객들을 태우고 온 증기선도 승객당 200달러의 벌금을 부과받았다. 배에 타고 온 사람들이 추방됨은 물론이었다. 이 당혹스러운 사건은 미국 언론의 1면에 실렸다. 증기선은 벌금을 지불했으나 정부는 결국 승객을 새로운 달 이민 쿼터에 포함시키기로 결정해 대규모 추방이 일어나지는 않았다.

1924년에 역시 매디슨 그랜트가 제안한 더 엄격하고 새로운 규정이 도입되었다. 연간 쿼터는 50퍼센트나 감소해 더욱 줄어들었고,

북유럽인들에게 유리하게 개정되어 더 편파적인 법이 되었다. 그랜트는 새로운 법안이 놀라운 승리라며 "우리는 북유럽 인종이 열등한 인종들에게 압도당하는 것을 막기 위해 적시에 문을 닫았다"라고 언급했다. 또한 새롭게 개정된 법은 미국 이민 과정을 전체적으로 바꿔놓았다. 우선 해외에 있는 미국 영사의 권한을 영구적으로 확대함에 따라 엘리스 섬이 담당했던 역할은 자정 레이스의 난장판과 함께 막을 내리게 되었다.

법 개정으로 이민자의 미국 정착 허가 여부의 결정은 엘리스 섬이나 다른 입국 지점이 아닌 미국 대사관에서 이루어지게 되었다. 그곳은 정부의 편파적인 조치를 탐색하는 뉴욕 언론의 시선이나 추방될 신세에 처한 이민자들을 도와주던 구호 단체들의 간섭에서 멀리 떨어져 있었다. 이민 희망자들은 이제 본국에서 이민 비자를 발급받아야 했다. 그들은 사진, 출생 증명서의 인증 사본, 미국에 있는 친척이나 친지의 이름을 제출해야 했다. 또한 감옥이나 빈민 구호소에 간 적이 있는지, 부모 중 한 쪽이라도 정신병자 시설에서 치료를 받은 적이 있는지를 밝혀야 했다. 그리고 엘리스 섬에서 이민자들을 실격시키는 데 사용되었던 정신 및 신체 건강 상태에 대한 긴 목록은 그들이 미국으로 건너오기도 전에 본국에서 이민 비자를 거부하는 데 사용되었다. 미국 이민은 힘들어졌고, 아메리칸 드림은 끝났다. 1914년에는 이민자 수가 120만 명 이상이었지만, 20년 후 그 수치는 3만 명 정도로 떨어졌다.

이민 업무를 처리하기 위해 새로 시작된 국외 관료제도의 성장은 곧 (주로 부유한) 다른 국가들에서도 일반화되었으며, 이는 미국이 대부분의 신규 이민자들에게 국경을 제한하기로 한 이후 연쇄적으로 내린 여러 조치들 중 첫 번째에 불과했다. 두 번째 결과는 수많은 남부 및 동부 유럽인들의 입국을 차단시킴으로써 북유럽 혈통의 사람들이 미국에서 지속적으로 정치적·경제적 지배를 확보하는 데 도움이 되었다. 이러한 입국 제한 조치는 또한 박해받는 집단이나 난민들이 이주를 통해 탈출하는 것을 더 어렵게 만들었다. 이렇게 이민을 거부당한 이민 희망자들 중에는 수많은 유럽 유대인들이 포함되어 있었고 그들은 나중에 나치의 손에 죽게 된다.*

새로운 조처로 인해 국적과 민족 배경에 따라 심하게 경쟁적이고 인종화된 서열이 생겨남으로써 배제된 사람들 사이의 결속마저 약해지고 말았다. 바가트 싱 틴드라는 인도 이민자의 경우를 살펴보자. 그는 자신이 상류층 카스트 출신이고 따라서 법적으로 백인이기 때문에 아리안족의 일원이라고 주장했다(미국 대법원은 이에 동의하지 않았다). 뉴욕에서 발행된 이디시어 신문 편집자 윌리엄 에들린은 "유대인들은 문명이라고 부를 만한 것을 가지고 있지 않은 중국인, 힌두교인과 기타 인종들과는 대조적으로 백인이다"라고 주장했다. 한편 이탈리아인들 중 소수의 북부인들은 자기들이 남부 이탈리아인들보다 더 백인이고 유식하고 개화되었으므로 미국에 들어오기에 더 적합하다고 주장하며 동포들끼리 다투었다.** 그러나 제1차 세계대전이 끝난 후 미국에는 이탈리아인이 완전히 백인이 아니라는 관념이

* 1939년 5월에 900명 이상의 유대인 난민을 태우고 독일을 떠난 세인트루이스 호는 착륙 허가를 받지 못해 유럽으로 돌아갔고 이후 254명의 난민이 수용소에서 사망한 것으로 알려져 있다.

까다로운 미국 이민법에 따라 다수의 일반 유대인들은 입국 허가를 받지 못한 채, 다시 유럽으로 되돌아가야 했다. 1939년 입국 허가를 받지 못한 세인트루이스 호에는 900명 이상의 유대인 난민이 타고 있었다.

널리 퍼져 있었다. 1930년대 캘리포니아 공장에 대한 정부 보고서에는 "백인 여성들은 멕시코와 이탈리아 여성들과 함께 일했지만 흑인과는 일하기를 거부했다"라고 언급되어 있었다. 이탈리아인과 다른 남부 유럽인들은 역사가 존 하이엄의 주장에 따르면 완전히 백인도 아니고 완전히 유색인종도 아닌 '어중간한' 사람들이 되었다.

정부가 이민에 제한을 가함에 따라 다른 유형의 이주 또한 급격히 증가했다. 예를 들어, 충분히 의지가 있고 불법도 불사하는 이들이라면 캐나다나 멕시코를 통해 미국으로 들어오는 다른 방법들을 찾을 수 있다는 의미다. 총 길이가 1만 킬로미터가 넘는 미국의 북부와 남부 국경을 모두 지킨다는 것은 거의 불가능한 일이다. 1920년대에 미국 국경 순찰대 대원의 수는 약 750명으로 빠르게 발전하는

** 그랜트와 협력자들은 콜럼버스, 레오나르도 다빈치, 단테 등 자신들이 존경하는 (이미 옛날에 사망한) 북부 이탈리아인들에 대해 그들은 (알렉산더 대왕과 예수 그리스도와 함께) '북유럽 특성'을 가지고 있다고 선언하고는 특별 허가까지 내주었다.

밀입국 조직을 따라가기에는 턱없이 부족했다. 1927년 '외국인 무단 침입자들이 여전히 국경을 넘어 쏟아져 들어오고 있다'라는 제목의 《뉴욕 타임즈》 기사는 매년 10만 명 이상의 이민자들이 불법으로 미국에 넘어오고 있다고 주장했다. 기사는 폴란드인, 러시아인 및 기타 북부 인종들은 캐나다 경로를 택해 오대호 근처에서 넘어오며 일부 이민자들은 디트로이트 강을 건너는 통근용 페리로 밀입국한다고 설명했다. 밀입국자들은 작은 배를 타고 건너오면 미국인들 사이에 섞여 들어갈 수 있도록 미국식 복장으로 갈아입고 머리 모양도 그에 어울리게 다듬었다. 국경을 통과하는 밀입국 비용은 인당 100달러 정도였지만 짧은 여행 동안 협박을 받아 훨씬 더 큰 비용을 지불하곤 했다.

그 당시에도 오늘날처럼 남쪽 경로가 더 인기가 있었고 이민 희망자들은 멕시코나 카리브 해 섬을 통한 밀입국을 시도했다. 《뉴욕 타임즈》에 따르면 다수의 유럽인들, 특히 그리스인과 이탈리아인, 일부 시리아인들이 이 경로를 선택했고, 쿠바에서 플로리다까지 배를 타고 오거나 아니면 멕시코를 통해 육로로 왔다. 바다로 오는 이민자들은 때로 밀입국업자들이 작은 섬에 그들을 버리는 바람에 어부들이 본토로 데려오기도 한다고 기사는 전했다. 육로를 이용하는 이민자들은 '위스키, 마약 또는 외국인'들을 말에 싣고 리오 그란데 강의 외지고 수심이 낮은 곳을 건넌 다음 텍사스로 잠입시키는 밀입국업자들의 도움을 받아 미국-멕시코 국경을 넘었다. 그 과정에서 국경 순찰대에 발각되는 일은 매우 드물었다.

허가를 받거나 받지 않거나 유럽인들의 이주가 계속되기는 했지만 북아메리카 내부의 인구 이동에 비하면 매우 미미한 수준이었다. 이 대규모 이주는 새로운 이민 제한 조처로 인한 노동력 부족에 따른 연쇄 반응이었다. 매디슨 그랜트와 앨버트 존슨 같은 백인 (그리고 북유럽인) 우월주의자들이 고안한 반이민법은 뜻하지 않게 새로운 비유럽인의 이주 물결을 불러일으켰다. 1920년대에 약 45만 명의 멕시코인들이 노동 시장의 요구에 따라 국경을 넘었고 주로 텍사스, 뉴멕시코, 캘리포니아의 과일 농장과 통조림 공장에서 일했다. 그러나 가장 중요한 이주는 수백만 명의 미국 흑인들이 과거에 노예제도가 있었던 남부 지역을 벗어나 북부의 대도시로 이주하고 그중 소수는 더 멀리까지 여행하게 된 것으로, 이는 흑인 대이동으로 알려지게 되었다.*

흑인 대이동이 미국을 재편하는 데 미친 영향의 규모와 그 중요성은 아무리 강조해도 지나치지 않는다. 그에 대해 유명한 역사가인 이사벨 윌커슨Isabel Wilkerson의 말을 빌자면 '그것이 닿은 모든 도시의 사회적·정치적 질서를 개조한 거대하고 주도자 없는 운동'이었다. 흑인 대이동이 한창이던 1925년 미국 흑인 철학자 알랭 로크Alain Locke는 흑인 대이동이 '시골에서 도시로 그리고 중세 미국에서 현대 미국으로의 계획적 도피'라고 했다. 또한 그것은 차별과 린치, 빈곤, 아직 해결되지 않은 노예제도와 남북전쟁의 유산으로부터의 도피였다.

* 이 기간 동안 수치 면에서 북부로 이주한 백인이 훨씬 더 많다는 사실이 간과되곤 한다. 백인 이주는 눈에 잘 띄지는 않았지만 그래도 북부 주요 도시에 남부 백인들이 정착한 지역들이 있기는 했다. 예를 들어, 시카고의 업타운은 남부 출신 백인 인구가 많았고 그래서 '촌놈' 게토라는 별칭을 얻게 되었다.

흑인들의 도피는 1916년 세계대전으로 유럽인들의 미국 이민이 잠시 주춤한 것에 힘입어 본격적으로 시작되었다. 노동자가 필요했던 북부 공장주들은 보험 판매원이나 세일즈맨으로 위장한 모집원들을 남부로 보냈다. 이들은 흑인들이 모여 있는 곳에 다가가 "시카고에 가고 싶은 사람은 누구든지 나에게 말하면 된다"라고 속삭였다고 한다. 남부의 인종차별주의자들은 흑인들이 떠나는 것을 보고 기뻐했지만 일부 백인들은 값싼 노동력을 잃는 것을 막기 위해 여러 조치를 취했다. 채용 알선업체들은 막대한 면허세를 부과받았고 이주 예정자들은 협박을 당하기도 하고 기차표를 빼앗기기도 했다. 그러나 너무 늦은 조치였다. 이미 흑인들 사이에 입소문이 퍼져 직원 모집책도 더 이상 필요 없게 될 정도로 떠나고 싶어 하는 흑인들이 많았던 것이다. 유럽인 이민이 제한됨에 따라 젊은 흑인들이 대도시에서 자리 잡을 기회가 확대되었고, 이들의 북쪽을 향한 이주는 막을 길이 없어졌다.

1930년에 시카고의 흑인 인구는 약 23만 명으로 그중 70퍼센트 이상이 남부에서 온 이주민들이었다. 그들 중 다수는 미국에서 가장 인기 있는 흑인 주간신문인《시카고 디펜더》를 보고 시카고에 왔다. 신규 이주민들이 도시에 자리 잡는 일은 쉽지 않았고, 도시 남쪽 지역에 정착했지만 인종 폭동, 차별, 슬럼화로 위기를 겪었다. 그러나 그들이 떠나온 곳보다는 훨씬 나은 환경이었다. 1920년대 정부 후원 설문 조사를 살펴보면 초기 흑인 이주민 표본 집단의 상황을 짐작해볼 수 있다. 어떤 이들은 새로운 도시의 소음과 외로움을 설명했고 또 어떤 이들은 시카고에서 돈을 얼마나 더 벌 수 있는지에 대해 이야기했으며, 그들 중 다수가 예상치 못한 자유를 느꼈다고 대답했다.

> 이곳에 와서 전차를 타고 백인들 옆에 유색인종이 앉아 있는 것을 봤을 때, 나는 백인들이 곧 어떻게 할 것이라고 생각했기 때문에 숨을 죽이고 있었습니다. 그러나 그 누구도 신경 쓰지 않는 것을 보았고, 이곳은 유색인종을 위한 장소라고 생각했습니다.

오래된 작은 흑인 공동체의 사람들 중 일부는 새로 도시에 이주해온 흑인들을 마치 다른 세상에서 온 것처럼 대했는데 어떤 면에서는 다른 세상에서 온 것이 맞을 수도 있었다. 《시카고 디펜더》에는 새로운 이주민들에게 '적응'하는 방법에 대해 조언하고 '할 것'과 '하지 말 것'(주로 하지 말 것이 많았다)을 정리한 내용이 실리기도 했다.

> 마당과 현관에서 맨발에 단정치 못한 모습으로 앉아 있지 말 것
> 머리에 손수건을 쓰지 말 것
> 공공장소에서 상스러운 말을 하지 말 것
> 낡은 머리망, 더러운 앞치마, 헤진 옷을 입고 외출하지 말 것

기존의 흑인 공동체들이 이주민들에게 우월감을 드러내는 상황이 일어나기도 했지만, 문화 르네상스에서 주도적인 역할을 한 것은 새로 이주한 사람들이었다. 재즈 뮤지션 루이 암스트롱과 킹 올리버 그리고 작가 리처드 라이트와 시인 그웬돌린 브룩스 등이 시카고의 새로운 스타였다. 뉴욕의 흑인 문화 르네상스는 할렘을 중심으로 발

달했다. 할렘은 유럽 이민자들의 근거지였지만 그들은 점차 더 시내 쪽으로 아니면 아예 뉴욕 시 밖으로 이동했고, 1920년대 즈음 할렘의 중심부에는 흑인들이 살게 되었으며, 흑인 문화를 대표하는 장소로 국제적인 명성을 얻었다. 바하마 혈통으로 플로리다에서 이주한 역사가 제임스 웰던 존슨James Weldon Johnson은 할렘에 대해 다음과 같이 언급했다.

> 니그로 관광객, 행락객, 호기심 많은 사람, 모험가, 야망가, 재능 있는 사람을 위한 위대한 메카다. 그 매력은 카리브 해의 섬부터 아프리카까지 뚫고 들어갔다.

할렘 르네상스의 주요 인물들은 대부분 남부에서 이주해온 이들이었다. 그러나 존슨이 할렘 문화에 대해 국제적 성격을 띠고 있다고 한 말도 옳았다. 시인 랭스턴 휴즈Langston Hughes와 소설가 넬라 라슨Nella Larsen은 미 중서부 출신이었고, 흑인 민족주의자 마커스 가비Marcus Garvey와 작가 클로드 멕케이Claude McKay는 자메이카 출신이었다. 그리고 할렘 르네상스의 부산물 중 하나는 더 먼 과거, 즉 오래된 고향과 과거의 이주에 대한 관심이 커진 것이었다.

카운티 컬린Countee Cullen은 시 '유산Heritage'(1922)에서 "내게 아프리카는 무엇인가?"라는 질문을 계속 던진다. 그러나 "그의 아버지가 사랑했던 것들에서 3세기나 떨어져 있는" 사람으로서는 정글, 뱀, 이교도 신 등과 같은 부분적 답변밖에 줄 수 없다. 랭스턴 휴즈의 시에서는 '불멸의 흑인 남자'가 콩고, 나일, 미시시피를 포함한 고대 강들에 대해 "인간의 핏줄 속의 흐르는 피처럼 오래되었다"라고 이야기한다.

마커스 가비는 아프리카로의 귀환에 대해 설교했고 노예의 후손들을 '고향'으로 데려가는 사업을 목적으로 선박회사 블랙 스타 라인Black Star Line을 설립하였다. 그 선박회사의 첫 목적지는 19세기 초 미국 흑인 노예의 후손들이 건국한 서아프리카의 라이베리아였다. 하지만 선박회사는 곧 망했고 가비는 감옥에 갔으며 라이베리아는 가비 추종자들의 입국을 거부해 역 이주는 이루어지지 않았다. 미국의 흑인들에게 아프리카는 잃어버린 에덴동산 같은 존재였으나 그곳에 대한 집착과는 별개로 실제로 그곳에 가는 것은 꺼리는 경향이 뚜렷하게 나타났다. 가비를 포함한 대부분의 할렘 르네상스 참가자들에게 아프리카는 상상의 장소일 뿐이었다.

랭스턴 휴즈도 두 차례의 세계대전 사이에 여객선을 타고 서아프리카를 여행하고 낮에는 항구들을 방문했는데, 실제로 아프리카 땅에서는 단 하룻밤도 보내지 않았다. 그는 자서전에서 처음으로 조상의 땅을 보고 느꼈던 흥분을 회상했다. "나의 아프리카, 니그로들의 조국! 그리고 나는 니그로! 아프리카!" 그러나 그는 곧 실망하게 되었다. 아프리카에서는 그가 아무리 "나도 니그로입니다!"라고 외쳐도 그곳 사람들은 난호하게 "당신은 백인입니다!"라고 했기 때문이다. 미국에서는 늘 흑인이었지만 휴즈는 사실 아프리카인, 유대인, 프랑스인, 스코틀랜드인, 아메리카 원주민의 혼혈이었으므로 아프리카에서 아프리카인으로 불리기에는 피부색이 너무 옅었다.

대서양을 건너 이주한 미국 흑인들도 많이 있었는데 그들은 대부분 유럽으로 향했다. 가장 인기 있는 목적지는 프랑스였다. 약 20만 명의 미국 흑인들이 제1차 세계대전 기간 동안 그곳에서 군인으로 복무했으며 프랑스가 미국보다 편견이 덜하다고 느낀 소수의 군인들은 그곳에 남았다. 1922년에 앨버트 커티스라는 전직 군인은 《시카고 디펜더》에 편지를 보내 "이곳에는 피부색에 대한 편견이 없기 때문에 저는 프랑스에 정착하기로 했습니다"라고 설명했다. 사실 프랑스에 피부색에 대한 편견이 전혀 없었던 것은 아니지만 많은 미국 흑인들이 프랑스에서 해방감을 느낀 것만은 부인할 수 없다. 1920년대 중반 즈음 파리에는 수천 명의 미국 흑인들이 살게 되었고, 그중 일부는 곧 다른 곳으로 떠났다.

파리는 망명자에게 관대하며 또 성적으로나 문화적으로 자유로운 도시이자, 모험을 할 수 있는 장소로 명성을 얻어 고향을 잃은 작가나 화가, 공연가 같은 문화 예술인들의 새로운 고향이 되었다. 조이스, 피카소, 스트라빈스키, 헤밍웨이 등이 당시 파리에 살았다. 프랑스인이든 외국인이든 파리의 백인 엘리트들은 교만했고, 이주민들을 진심으로 받아들이지는 않았지만 아프리카 혈통의 사람들에게는 기본적으로 따뜻한 관심을 가지고 있었다.

이때는 흑인 문화를 애호하는 '네그로필리아negrophilia'의 시대였다. 네그로필리아는 처음에는 '원시적인' 아프리카 예술과 문화를 예찬하는 의미로 사용되었지만 곧 전체 흑인 문화(니그로들까지)로 확대되었다. 1920년대 파리에 도착한 미국 흑인들은 아프리카 정글에서 갓 나온 사람들 취급을 받기도 했다. 1925년에 뉴욕 할렘에서 파리로 이주한 조세핀 베이커는 가슴을 드러낸 채 분홍색 플라밍고 깃털 몇 개만 걸치고 무대에서 '야만인 댄스'를 공연했고 나중에는 이를 고무 바나나 송이로 교체했다. 무용 평론가 앙드레 레빈슨은 "베이커는 고대 동물의 화려한 광채와 자비로운 식인종의 미소를 지녔다"라고 표현했다.

베이커와 흑인 가수 크라우더는 당대의 섹스 심벌이자 가장 유명한 혼혈 커플로 기억되고 있다. 그들은 프랑스로 이주한 다른 미국 흑인들과 마찬가지로 백인들을 위한 이국적이고 에로틱한 환상으로 존재했다. 군중 앞에 서거나 공연하는 것을 좋아한 사람들에게는 고향의 삶보다는 훨씬 더 나은 삶이었다. 조세핀 베이커가 어렸을 때 이스트 세인트루이스에서 인종 폭동이 일어났고, 그녀는 폭동을 피해 미주리 강을 건너 도망쳤다.

미국을 떠난 그녀는 파리에서 해방감을 느꼈고, 프랑스인보다 더 프랑스인처럼 느꼈다고 말했다. 그녀는 자신이 택한 제2의 조국에서 슈퍼스타가 되었고 프랑스인들은 조세핀 베이커처럼 피부를 검게 하기 위해 모두 해변으로 갔다. 크라우더도 그녀와 같은 경험을 했다. 그도 역시 애틀랜타와 워싱턴 DC에서 인종 폭동을 목격했고, 영국에서는 인종차별을 당했다. 그는 "프랑스에서는 유색인종이라는 것이 열등하다는 표시가 아니다"라고 말했다.

미국의 인종적 편견에서 벗어나는 것만이 프랑스 이민의 유일한 이점은 아니었다. 미국에서는 술도 불법이던 시절이었지만 프랑스에서는 공사를 막론하고 어디서 어떻게 행동해야 한다는 압력이 거의 없었다. 에이다 스미스는 베이커의 친구로 웨스트 버지니아에서 태어났고 빨간 머리 때문에 브릭탑(빨간 벽돌색 머리)으로 알려졌는데, 나이트클럽으로 많은 돈을 벌었다. 그녀는 후에 파리에서 살았기에 가능했던 성적 자유를 만족스럽게 추억했다. "나에겐 남자들이 많았어요. 정말 많았지요. 골목, 택시 안, 침대 안, 침대 밖, 침대 주위를 다 돌며 그 짓을 했어요. 백인 남자들하고도 자고 흑인 남자들하고도 잤습니다." 그녀 역시 파리에서 인종차별을 거의 느끼지 못했지만 제2차 세계대전 후 프랑스를 방문했을 때는 달라진 분위기를 느꼈다고 말했다. "파리 사람들이 흑인에 대해 마치 미국인 같은 태도를 취하기 시작했어요."

나치의 파리 점령으로 이미 위축되고 있던 아프리카 흑인 이주민 공동체는 흩어지게 되었다. 그들의 피부색은 너무 눈에 띄어 그곳에 남아 있을 수가 없었던 것이다. 미국 흑인으로 파리에 계속 남아 있었던 이는 프랑스 여성과 결혼한 70대의 번역가뿐이었다. 브릭탑은 전쟁이 시작되자 미국으로 떠났고 이후 멕시코 시티와 로마로 거처를 옮겼다. 헨리 크라우더는 벨기에와 독일에 있는 나치 포로 수용소에서 2년을 보낸 후에 미국으로 갔다. 한편 조세핀 베이커는 도르도뉴에 있는 성으로 갔고, 자신의 유명세를 이용해 박해를 피해가며 은밀히 프랑스 레지스탕스를 위해 일했다.

그러나 결국은 그녀도 원숭이 세 마리, 쥐 두 마리, 햄스터 한 마리, 본조라는 이름의 개와 함께 프랑스를 떠나 마라케시로 갔다. 그리고 1942년 그녀가 36세로 모로코의 한 병원에서 사망했다는 소식이 전 세계에 전해졌다. 랭스턴 휴즈는 《시카고 디펜더》에 실린 그녀의 사망 기사에서 다음과 같이 말했다. "그녀는 히틀러의 군대와 싸우다 아프리카에서 쓰러진 병사들처럼 히틀러의 희생자였다. 아리안족들이 조세핀을 그녀가 사랑하는 파리에서 몰아냈다."

• — •

사실 조세핀 베이커는 멀쩡히 살아 있었다. 그녀가 마라케시에서 아팠던 것은 사실이었다. 그러나 나중에 미국 기자와의 인터뷰에서 "죽기에는 너무 바빴다"라고 말했다. 그녀는 곧 자신을 재창조하기 시작했다. 더 이상 바나나 송이를 입고 공연하는 일은 없게 되었다. 그녀는 적십자를 위해 일하고 레지스탕스를 위한 모금 활동을 했으며 군인들에게 프랑스 국가를 불러줬고 전쟁이 끝나갈 무렵 그녀가 임대했던 도르도뉴의 성을 사들여 제2의 모국으로 돌아갔다. 프랑스 시민이었던 그녀는 프랑스 공군 대위가 되었고 사람들 앞에서 자랑스럽게 군복을 입고 다녔다. 1950년대에는 미국의 인권 문제에 대해 목소리를 내기 시작했으며 자신이 태어난 나라를 여행할 때면 의도적으로 인종차별 규정들에 저항했다.

한편 조세핀 베이커는 새로운 프로젝트를 계획하고 있었다. 베이커는 자신의 네 번째 남편인 프랑스 뮤지션 조 부용Jo Bouillon과 그녀가 '무지개 부족Rainbow Tribe'이라고 이름 붙인 다인종 가족을 결성하기로 결정했다. 오늘날 팝가수 마돈나와 여배우 안젤리나 졸리, 미아 패로우 등, 유명 연예인들이 입양을 통해 이런 다인종 가족 만들기를 시도하긴 하지만, 당시로서는 최초이자 획기적인 발상이었다. 조세핀은 자신의 아이디어에 대한 첫 번째 발표에서 무지개 부족 계획에 대해 다음과 같이 설명했다.

조와 나는 적색, 황색, 백색, 흑색 피부를 가진 네 명의 어린 아이들을 입양할 계획입니다. 네 명의 어린 아이들은 시골에 있는 나의 아름다운 도르도뉴에서 양육될 것입니다. 그들은 진정한 민주주의의 모범이 될 것이며 사람들을 평화롭게 놔두면 나머지는 자연이 돌본다는 것에 대한 산 증거가 될 것입니다.

그러나 그녀는 곧 린네식 피부색에 따른 계획을 버리고 입양 희망 리스트를 특정 국가로 전환해 일본에서 한 명, 이스라엘에서 한 명, 남아프리카의 흑인 한 명, 북유럽 출신 한 명 그리고 페루 출신 '인디언' 한 명 등 다섯 명의 두 살짜리 고아 소년들을 입양하기로 했다. 그녀는 후에 자신의 목표는 '모든 사람이 평등하다는 것을 증명하는 것'이었다고 설명했다.

베이커는 1954년에 계획을 실행에 옮기기 시작했다. 그녀는 도쿄의 한 고아원을 방문하여 한국계 소년을 입양했는데, '진지한 눈망울을 가진' 또 다른 소년을 발견하고는 두 명을 모두 프랑스로 데려갔다. 베이커가 입양한 열두 명의 아이들 중 첫 아이들이었다. 그녀의 아이들은 대부분 남자 아이들이었고 알제리, 모로코, 코트디부아르, 베네수엘라, 콜롬비아, 핀란드, 프랑스 출신이었다. 그녀는 유대인 남자 아이도 입양하고 싶었지만 쉽지 않았다. 1954년 겨울 텔아비브에서 공연을 하고 난 후 그곳에서 유대인 고아를 입양하려 했지만 실패했다. 이스라엘 정부는 보도자료를 통해 "미스 베이커의 인도주의적 열정은 높이 평가하지만 유대인 어린이들을 이스라엘로 데려오기 위해 모든 노력을 기울이고 있는 상황에서 유대인 어린이를 이스라엘에서 내보내는 일을 허용할 수는 없다"라고 선언했다. 그러나 그녀는 포기하지 않았다. 조세핀 베이커는 프랑스 고아원에서 유대인으로 추정되는 '거무스름한 피부에 턱이 고집스럽게 생긴' 아기를 찾았고 그 아이에게 모이즈라는 이름을 붙여주었다.* 그녀가 데려온 열두 명의 아이들은 도르도뉴의 거대한 성에서 자랐고 이들의 양육을 위해 베이커는 자신의 어머니와 형제 자매를 세인트루이스에서 데려왔다.

베이커는 입양된 아이들을 일반인들에게 보여주고 싶었다. 그래서 도르도뉴의 성, 샤토 밀란드는 일종의 테마파크로 바뀌었다. J자형 수영장과 조세핀 베이커의 삶을 기리는 밀랍인형 박물관은 방문객들에게 유료로 개방되었고, 그들은 무지개 부족의 모습을 볼 수 있었다.

1960년대에 들어서면서 문제가 생기기 시작했다. 조 부용은 아르헨티나에서 살고 싶다고 도르도뉴를 떠났고, 10대가 된 아이들은 말을 잘 듣지 않았다. 돈까지 바닥나자 조세핀 베이커는 성을 팔 수밖에 없었다. 아이들 중 일부는 기숙 학교로 가거나 친구와 아니면 조 부용과 함께 살기 위해 떠났다. 미국에서 온 또 다른 이민자였던 모나코의 왕비 그레이스 켈리는 조세핀과 그녀의 '무지개 부족' 아이들을 위해 지중해가 내려다보이는 큰 집을 제공했다. 조세핀 베이커는 빚을 갚기 위해 무대로 돌아와 공연을 해야 했고, 1975년에 사랑

* 그녀의 계획은 입양에서 끝나지 않았다. 입양된 아이들은 10대가 된 후 자신들이 대표해야 할 문화에 대해 배우기 위해서 얼마 동안 그들이 태어난 나라로 보내졌다. 프랑스에서 태어난 모이즈도 이스라엘 키부츠로 보내졌다.

하는 파리에서 세상을 떠났다.

샤토 밀란드는 미 중서부 출신의 '평범한 게토 소녀'가 흑인 대이동 중에 뉴욕으로 이주해 할렘 르네상스의 전성기를 누리다가 대서양을 횡단해 유럽으로 가 모든 난관을 극복하고 당대 최고의 국제적 유명인사가 된 이야기를 기념하는 박물관이 되었다. 전후 시대에 그녀의 발자취를 따른 미국 흑인으로는 작가 제임스 볼드윈과 리처드 라이트, 가수 멤피스 슬림과 니나 시몬 등이 있다. 그들은 모두 자신들이 태어나고 조상들이 노예가 되었던 땅을 떠나 프랑스로 가서 살다 죽었다.

돌이켜 보면 그녀의 계획은 실패했다. 다인종 유토피아를 창조하겠다는 의도는 좋았지만 한 마디로 너무 순진했다. 전 세계에서 어린 아이들의 뿌리를 뽑아 일종의 강제 이주를 시키고 그들을 양육하는 과정을 마치 공연의 일부인 것처럼 만드는 것으로는 유토피아를 만들 수 없었다. 그러나 그것은 인종과 국적에 대한 편견, 또 각자의 소속감에 대한 매우 시각적이고 감동적인 도전이라는 의미를 가진다.

저자 노트, 마지막

이 세상에 얼마나 많은 유목민nomad이 남아 있는지 정확히 확인할 수 있을까? 우리가 농업을 통해 정착 생활에 길들여지고, 특정 땅에 묶이기 전까지는 모두가 한때는 유목민이었다. 따라서 전 세계에서 유목민의 비율은 지난 1만 2천 년 동안 100퍼센트에서 1퍼센트 미만으로 크게 감소했다고 말할 수 있다. 유목민들은 대개 정부가 보낸 인구통계 조사원의 질문에 답하는 데 관심이 없기 때문에 그들의 수를 정확히 파악하기는 어렵다. 게다가 유목민을 정의하는 것 역시 쉽지 않다.

대부분의 사람들에게 유목민에 대해 물어보면 영구적 주거지가 없는 사람이라는 부정적인 정의를 제시한다. 그들은 사실 전체 인류에서 집이라고 부르는 고정된 장소를 가진 대다수의 '정상적인 사람들'을 빼고 난 후에 남는 사람들을 말하는 것이다. 그 남은 이들 중에는 수렵채집인, 목축민, 방랑 공동체 구성원 등이 포함되고 그들 중 다수는 계절에 따라 이동하며 정주생활을 하는 세상에서 연민과 무시와 불신이 뒤섞인 대접을 받는다. 그러나 '유목민'이라는 단어가 나처럼 인생의 대부분을 이동하면서 사는 것을 선택하거나 아니면 그렇게 하고 싶어 하는 많은 사람들이 낭만화한 포괄적 용어가 되면서 새 생명을 얻었다.

이 새로운 유목민들은 대부분 부유한 나라 출신의 백인들로 이루어져 있기는 하지만 그래도 매우 다양한 형태를 지니고 있다. 예를 들어 인터넷 덕분에 원하는 곳 어디에서나 일할 수 있는 '디지털 유목민'이 있다. 그리고 2021년 오스카상을 수상한 영화 〈노매드랜드Nomadland〉의 주인공처럼 캠퍼밴을 집 삼아 떠돌며 사는 미국의 계절 노동자들도 있다. 호주인들은 태양을 따라 더 따뜻한 기후를 찾아 이동하는 노인들을 '회색 유목민'이라고 부르며 미국에서는 '피한객snowbird'이라고 부른다. 그리고 제외하고 싶어도 그럴 수 없는 사람들이 있는데 라이프스타일 잡지에서나 존재하는 것 같은 화려한 방랑객들이 있다. 잡지에서는 그들에게 '글로마드glomads'라는 딱지를 붙였는데 글로벌이나 글래머에 유목민nomad을 합성한 듯한 단어다. 그리고 궁전을 오가며 사는 왕족들이 있는데, 그들은 오랫동안 가장 웅장한 유형의 유목 생활을 누려왔으며 오늘날에는 억만장자들이 그들을 따라하고 있다. 유목민이라는 단어는 이제 집이 없어 떠도는 세계에서 가장 가난한 사람들과 개인 제트기를 타고 화려한 저택 사이를 오가는 부자들을 다 포함하는 것으로 의미가 확장되었다.

새로운 현대 유목민들은 재산이 있는 반면, 구식 유목민들은 거의 아무것도 소유하지 않았다. 선사 시대의 인류 또한 재산을 갖고 있지 않았다(적어도 오늘날의 의미로는 없었다). 물론 살기 위해 필요한 몇 가지 소지품들은 가지고 있었을 것이다. 그러나 재산이 우리의 삶과 정체성의 중심이 된 것은 농업의 도래와 함께 정주생활을 하게 된 이후부터였다. 장 자크 루소가 인류 공동의 역사적 전환점이라며 다소 과장되게 한탄한 순간이었다.

땅에 울타리를 치고 나서 그 땅의 소유권을 주장하면 사람들이 그것을 믿을 만큼 단순하다는 것을 알게 된 최초의 사람이 시민 사회의 진정한 창시자일 것이다. 누군가가 말뚝들을 뽑아 버리거나 경계를 표시하기 위해 판 도랑을 메우고 "이 사기꾼의 말을 듣지 마세요. 땅에서 나오는 열매는 모든 사람의 것이고 땅은 그 누구의 것도 아니라는 것을 잊으면 안 됩니다"라고 외쳤다면 인류가 온갖 범죄와 전쟁, 살인 같은 불행과 참상을 겪지 않았을지도 모르겠다.

우리는 지구가 어떻게 재산으로 분할되기 시작했는지 정확히 알지 못하며 앞으로도 알 수 없을 것이다. 루소의 말은 매우 타당해 보이지만, 그에 대한 현대적인 논의는 거의 이루어지고 있지 않으며, 우리는 세계가 재산으로 분할된 방식에 대한 정당성을 찾으려는 노력도 하지 않는다. 그렇다면 유목민들이 한때 사냥과 채집, 또 식량을 찾고 가축들이 풀을 뜯게 하기 위해 사용했던 땅을 이제 더 이상 사용할 수 없는 이유를 그들에게 어떻게 설명할 것인가? 정착한 사람들이 땅 한가운데에 경계선을 그었다고 해서 유목민들이 갑자기 더 이상 자유롭게 이동할 수 없도록 만드는 것이 정당한 일인가?

그리고 왜 어떤 사람들은 자신이 원하는 곳에서 살 수 없고, 누군가는 세계 어디든 자유롭게 이동할 수 있는 것일까? 어떤 이들은 그냥 무시해버릴 수 있는 질문이지만 이는 정주주의자들이 당연시하는 것에 의문을 제시하는 것으로 어떤 이들을 매우 불편하게 하거나 방어적으로 만들기도 한다. 한 친구는 내게 "그런 생각은 혼란을 초래하는 법이야"라고 말했다. 이 질문은 모든 이의 자유 이주를 주장할 뿐만 아니라 영토에 대한 국가의 주권에 도전하는 것이기 때문이다. 오늘날 국가나 기업, 가족이나 개인의 소유가 아닌 땅은 거의 없다. 따라서 누구든지 있고 싶은 곳에 있을 권리가 있다는 주장은 토지 소유권의 개념에 의문을 제기한다. 완전히 낯선 사람이 남의 골프장이나 동네 녹지에서 야영하거나 남의 땅 혹은 집으로 들어가는 것을 정당화할 수도 있는 주장인 것이다.

어떤 사람들에게 이것은 비현실적인 질문처럼 느껴질 수 있다. 토지 경계와 재산권을 확립한 법과 전통 체계는 수 세대에 걸쳐 발전해왔고, 그런 제도를 폐지하는 것이 현실적으로 가능하다고 생각하는 사람은 거의 없을 것이기 때문이다. 과거 아테네인들은 자기들이 항상 아테네에 있었다고 주장했다. 또 자기들은 아테네의 흙에서 태어났으니 그 땅은 분명 처음부터 자기들 것이라고 생각했다. 많은 군주들은 특정 영토에 대해 신이 부여한 소유권을 주장했다. 지상에서 하나님을 대표하는 가톨릭 교황들은 알렉산데르 6세가 1493년에 '새로 발견된' 아메리카 대륙을 스페인과 포르투갈 사이에 나눠줬던 것처럼 대륙을 통째로 특정 왕들에게 할당할 수 있다고 생각했다.

토지 소유권의 기원을 찾다보면 특정 토지를 처음 개간한 사람이 그 토지를 소유하며, 따라서 그 토지를 누구든지 자기가 원하는 사람에게 팔거나 주거나 물려줄 권리가 있다는 개념을 발견하게 된다. 이 이론에 따르면 모든 소유권은 그런 식으로 발생하므로 원칙적으로는 전 세계 모든 곳의 소유권은 그 시작으로 거슬러 올라가 주인을 찾을 수 있어야 한다. 그러나 그러한 소유권의 사슬은 대부분 중간에 끊겨 있다. 전쟁 같은 일종의 권력 투쟁의 결과로, 또는 단순한 토지 수탈로 빼앗고 빼앗기기도 한 탓이다. 어떤 경우에는 새로운 정착민들이 멋대로 법을 만들어낸 후 원주민이나 토착민을 쫓아내기도 한다.

하지만 이 새로운 땅 주인들이 탐욕만으로 토지를 빼앗고 소유한 것은 아니었다. 대부분의 정주주의자들은 자신들의 삶의 방식이 유목민보다 우월하다고 절대적으로 확신했고 지금도 그렇게 믿고 있다. 그들은 유목민이 악마나 빈곤, 아니면 두 가지 다로부터 구원받아야 할 야만인이라고 생각했다. 따라서 그들은 유목민들을 잡아들이고 고용하는 것이 그들에게 호의를 베푸는 것이라고 믿었다. 유목민들이 새로운 집의 임대료도 내고 음식도 살 수 있도록 돈을 벌게 해주는 문명의 혜택에 대해 감사할 것이라고 기대하면서 말이다. 그러한 혜택에 관심을 보이지 않는 유목민들은 구제 불능이라고 여기고 대신 그들의 자녀들을 데려가 '정상적으로' 사는 법을 가르치는 학교에 집어넣었다. 많은 수의 유목민들이 정주주의자들에 의해 '문명화'되는 과정에서 그들의 땅을 잃게 된 것이다.

정주생활을 하는 이들은 유목민의 삶을 상상할 수 없을 것이다. 캐나다 인류학자 리차드 리Richard Lee가 1960년대에 쓴 책에 나오는 짧은 문장은 내가 이 작업을 시작하는 데 큰 영향을 미쳤다. 리는 왜 농부가 되지 않았느냐는 질문을 받은 남부 아프리카 출신의 이름 없는 쿵족 유목민의 대답을 인용했다. "세상에 몽곤고 열매가 이렇게 많은데 왜 굳이 심어야 하나요?" 쿵족에게 몽곤고 열매는 영양가 있고 지천에 널려 있는 식품 공급원이었다. 그들은 백 가지가 넘는 다른 식용 식물과 가끔씩 사냥한 동물로 영양분을 보충했다. 성인 각자가 필요한 식량을 구하는 데 일주일에 20시간 정도가 필요하므로 대부분의 정주생활을 하는 사람들보다 자유 시간이 훨씬 더 많았다. 쿵족은 부를 축적하거나 집을 짓는 데는 그다지 관심이 없었고 즐거운 시간을 보내고 이야기하는 것을 더 좋아했다. 리가 인용한 쿵족의 대답은 단순한 사실이기도 하지만 보다 복잡한 삶의 철학을 담고 있는 대답이기도 하다. '몽곤고 열매'는 스트레스가 덜하고 덜 물질주의적인 삶을 의미한다고 볼 수도 있는 것이다.*

물론 대부분의 이주민들은 유목민이 아니다. 그러나 고대든 현대든, 전통적이든 디지털이든, 유목민들의 경험은 이동 및 이주와 관련된 광범위한 문제를 다룰 때 중요한 단서가 될 수 있다. 또한 정착해 살고 있던 이들도 이동 중인 사람들, 출입국 제한이 많은 여권과 텅 빈 은행 계좌를 가진 이주민들을 더 잘 이해하게 될 수도 있다. 심지어 국경과 땅, 우리가 원하는 곳에서 살 권리와 같은 질문에 대한 답을 다시 생각해볼 수도 있다. 그것은 적어도 원칙적으로는 누구든 어디에서나 살 수 있고 출생 국가에 의해 제약받지 않아야 한다는 주장이 이상하다고는 여기지 않을 것이다. 그렇게 되면 우리는 사람들이 왜 이동하는지를 묻는 대신에 왜 가만히 머물러 있는지를 묻게 되지 않을까?

* 쿵족은 부시맨Bushmen 또는 산족으로 알려진 남부 아프리카의 수렵 채집인 집단에 속하며 전통적으로 현재 나미비아와 보츠와나의 국경 근처 지역에 살았다. 리차드 리의 연구 이후 쿵족의 삶은 변했다. 그들은 마을과 학교, 서양식 옷, 기독교, 휴대폰, 임질, 술, 에이즈를 갖게 되었다. 더 이상 유목민이 아니며, 많은 이들은 평생 가난하게 살게 되었다. 그들은 조상의 땅에 대한 관리권을 포함하여 이전의 생활 방식을 유지하기 위해 투쟁 중이다.

11장

이주 노동자, 미국, 멕시코

MIGRANTS

The Story of Us All

1964년 9월, 포르투갈 출신의 목수 아르만도 로드리게스 데 사Armando Rodrigues de Sá는 리스본에서 쾰른으로 가는 특별 열차에 올랐다. 당시 38세였던 그는 매우 긴장했고 마을과 가족을 두고 떠나는 것에 대한 회의감에 시달렸으며 두통이 계속되었다는 것 외에는 이 이틀간의 독일행 여행에서 별로 기억하는 것이 없다고 떠올렸다. 쾰른의 도이츠 역에 도착했을 때 그는 스피커에서 정확하게 자기 이름을 부르는 것을 듣고 놀랐다. 로드리게스 데 사는 그 이유를 도저히 알 수 없었다. 당황한 그는 잘못한 것도 없는데 포르투갈 비밀 경찰이 자신을 쫓고 있을지도 모른다는 망상에 사로잡혀 겁에 질렸다.

몇 분 후 그는 기차역 앞마당에서 핸들 바에 카네이션 꽃다발이 놓여 있는 새 오토바이에 올라탄 채 있었다. 수십 명의 기자들과 포르투갈 대사를 포함해 천 명이 넘는 사람들이 그를 지켜보고 있었다. 양복에 넥타이 차림의 한 남자가 독일어로 연설을 하고는 그에게 정식으로 오토바이와 꽃, 명예 증서를 수여했다. 밴드가 서독과 포르투갈 국가를 연주했다. 사진 기자들이 서로 밀치며 몰려들었고 다음 날 신문에는 밀랍 인형처럼 경직되고 중절모를 쓴 채 겁에 질려 억지로 미소를 지어보려 하는 로드리게스 데 사의 모습이 실렸다. 그는 서독에 백만 번째로 도착한 이주 노동자로 뽑혀 성대한 환영인사를 받게 된 것이었다. 그와 함께 도착한 외국인 노동자들도 독일의 경제 '기적'에 있어 큰 역할을 담당해준 것에 대한 감사 인사를 받았다.

백만 번째 이주 노동자를 환영하는 이 행사와 비슷한 일들이 1960년대 말에 종종 언론에 실리곤 했는데, 이는 전쟁이 끝난 지 20년도 채 안 된 시점에 독일의 자신감을 광고하는 데 큰 도움이 되었다. 그리고 '이주 노동자' 모델을 고안해 인력의 국제적 이동을 가능하게 한 것은 서독을 국제 협력의 낙원으로 만들어주었다. 당시 시민권 운동이 한창이던 미국과 영국, 프랑스의 정계가 인종과 제국, 이민과 탈식민화에 대한 격렬한 정치적 논쟁에 빠져 있던 것과는 대조적이다.

물론 진실은 더 복합적이다. 우선 이주 노동자를 의미하는 독일어 가스트아르바이터Gastarbeiter는 의미 그대로 표현하면 손님 노동자라는 뜻이다. 이는 모순어법의 좋은 예로 손님에게 일을 시키는 것이 정상이라 할 수는 없다. 이 단어는 세심하게 만들어낸 용어로 문자 그대로 '외국인 노동자'를 의미하는 독일어 프렘트아르바이터Fremdarbeiter가 나치와의 연관성 때문에 사용하기 곤란해지자 대체하기 위해 만들어진 것이었다. 그리고 '손님'이라는 단어 사용은 노동자들이 과거보다 더 친절한 대우를 받게 될 것이라는 약속으로 볼 수도 있다. 그러나 이 말은 또한 이주가 일시적인 성격이라는 것을 의미하기도 했다. 이주 노동자들은 손님이므로 집으로 돌아가도록 예정되어 있었다. 그들은 특정한 경제적 기능을 수행하기 위한 근로자로 잠시 머물 뿐이었다.

또한 제2차 세계대전이 남긴 혼란이 아직 남아 있었다. 제2차 세계대전 당시 독일의 경제는 이주 노동자들에게 의존했으며 그들 대부분은 극도의 압박 상태에서 독일로 끌려왔다. 그들 중에는 특별열차로 이송된 유대인과 로마족도 있었는데, 건강한 이들은 노동 현장에 투입되었다가 나중에 강제 수용소로 끌려가 살해되었다. 그리고 다른 나라에서 선발된 외국인 노동자들도 있었다. 대부분 폴란드인들로 그들을 대상으로 한 말살 정책은 없었지만 그들은 강제로 끌려와 노예처럼 일을 해야 했다. 폴란드에서 잡혀 독일로 이송된 폴란드인들은 막사에서 살아야 했고, 독일 교회의 예배에 참석할 수 없었으며, 낮은 임금을 받았고, 급행열차나 수영장 같은 시설들은 이용할 수 없었다. 그들은 옷에 P자를 달고 다녀야 했으며 폴란드 남자가 독일 여자와 성관계를 가지면 공개처형을 당할 수도 있었다. 외국인들 사이에는 국적별로 분명한 서열이 있었고 폴란드인들은 프랑스, 이탈리아 또는 스칸디나비아에서 온 이주 노동자들보다 낮은 계급이었다.

전쟁이 끝난 후 유럽 동부와 중부 지역에서 엄청난 수의 이주민이 발생하면서 혼란이 야기되었다. 그들 중에는 집으로 돌아가려는 강제 수용소 생존자, 전쟁 포로 그리고 수백만 명의 이주 노동자들이 있었다. 또 독일 군인들도 이동했는데, 전쟁 당시 진군했던 반대 방향으로 퇴군을 해야 했으며 이들은 가는 곳마다 멸시를 당했다. 집을 잃은 이들은 폭격당한 기차역과 폐허가 된 건물 등에서 머물렀다. 독일 언론인 우르술라 폰 카르도르프는 전쟁이 끝난 지 4개월 후 할레 기차역의 참상을 이렇게 그렸다.

끔찍했다. 폐허 더미 사이로 더 이상 이 세상 사람이 아닌 것처럼 보이는 인간들이 방황하고 있다. 종기로 뒤덮인 채 누더기 뭉치를 입은 귀향자들이 임시로 만든 목발을 짚고 기어간다. 그야말로 살아 있는 시체들이다.

동유럽 출신의 독일 혈통 사람들도 서쪽으로 향했는데 그 수가 무려 1,200만 명에 달했으며, 이는 유럽에서 일어난 이주 중에서 사상 최대 규모였을 것이다. 독일의 패배로 그들은 폴란드, 소련, 헝가리, 체코슬로바키아, 루마니아, 유고슬라비아에서 쫓겨났다. 그들은 대개 걸어서 나무 손수레를 끌고 밀면서 이제 분할되고 축소된 조국으로 이주하는 수밖에 다른 선택의 여지가 없었다. 그들 중 많은 이들이 한번도 가 본 적이 없는 조국이었다. 그러나 그들은 조국에서도 환영받지 못했다. 그들은 집시나 폴란드인, 잡종 취급을 받았고 마늘과 파프리카를 좋아한다는 이유로 비웃음을 사기도 했다. 독일의 북부 도시 브레멘에서는 "우리는 더 이상 사람을 받아들일 수 없다! 이민을 멈추라!"고 악을 쓰는 듯한 포스터가 그들을 맞이했다. 그들은 독일의 짐이자 굴욕의 상징이었다. 시간이 흘러 오늘날의 역사가들은 그들의 이주가 서독 경제에 유익했다고 주장한다. 유연하고 야심차고 근면한 노동력이 새로운 산업혁명 추진에 도움을 주어 1950년대 중반 즈음에는 더 많은 이주 노동자들이 필요해졌다는 것이다.

이러한 이주 트라우마를 감안하면 독일이 정부 주도의 하향식 접근 방식을 취한 것은 그리 놀라운 일이 아니다. 프랑스와 영국이 노동력을 식민지에서 오는 이주민들에 의존하던 것과 대조적으로 독일은 다른 국가들과 정식 인력 채용 계약을 맺어 통제되고 합법적인 방식으로 노동자를 '수입'하는 방식을 택했다. 1955년에 이탈리아와의 첫 번째 계약이 체결되었다. 노동 조합에서 약간의 반대가 있었지만 이탈리아 사람들이 독일에서 일하는 것은 별 논란거리가 되지 않았다. 중세와 로마 시대에 독일인들이 남쪽으로 이주했던 것처럼 이탈리아인들도 중세 이후부터 독일로 이주해왔던 역사가 있었기 때문이다. 게다가 이탈리아인들은 폴란드인들처럼 이름을 독일화할 필요도 없었다. 1955년 계약 당시 서독 외무장관은 그의 조상들이 수 세기 전에 이탈리아에서 온 이주민들이어서 하인리히 폰 브렌타노라는 이탈리아어와 독일어가 멋지게 혼합된 이름을 갖고 있었다.

계약을 이행하기 위해 서독은 베로나와 나폴리에 채용 사무소를 설립했고 최대 10만 명의 이탈리아인을 독일의 건설 현장, 공장 및 농장으로 데려와 최대 1년 단위로 일하게 했다. 초기에 채용된 사람들은 거의 다 남자들이었는데 이들이 가족을 데려오는 것은 허용되지 않았다. 이 모델이 성공하여 1960년대 초에 경제가 호황을 누리게 되자 독일은 스페인, 그리스, 튀르키예, 포르투갈, 유고슬라비아 등과도 비슷한 채용 계약을 맺었다.

백만 번째 이주 노동자였던 아르만도 로드리게스 데 사가 채용된 과정은 아주 전형적이었다. 그는 리스본에 있는 독일 인력 모집 사무소에 등록을 한 후 상세한 고용 기록을 제출하고 혈액 및 소변 검사와 흉부 엑스레이 검사를 했다. 그의 기록이 독일로 보내졌고, 마침내 그는 독일 남부의 작은 마을에 있는 시멘트 공장에 채용되었다. 고용주는 노동자의 여행 경비를 지불하고 숙소를 마련해줬다. 그는 대부분의 이주 노동자들과 마찬가지로 공장 근처의 큰 호스텔에 머무르게 되었다. 숙소에는 화장실 하나와 부엌 두 개가 있었고 그는 일곱 명의 다른 남자들과 방을 같이 썼다. 일요일이면 로드리게스 데 사는 카페에서 다른 포르투갈 사람들을 만났다. 그의 아내에 따르면 그는 독일에서 일하면서 검소하게 살았고 영화관에도 가지 않았으며 오토바이와 함께 수입의 대부분을 집으로 보냈다. 그는 늘 고향을 그리워했고, 돈을 벌기 위해 독일에 있었기 때문에 그곳 생활에 적응하지 못했다.*

로드리게스 데 사와는 달리 다른 이주 노동자들은 독일에서 잘 적응하여 오랜 기간 머물렀고 일부는 독일에 정착하기도 했다. 근로자를 1년 단위로 계속 회전시킨다는 원래의 아이디어는 현실성이 없었다. 고용주는 독일어도 어느 정도 배우고 경험이 있는 익숙한 근로자를 원했다. 그리고 근로자들은 독일에서 일하면서 받는 높은 임금뿐 아니라 안정성과 지속성도 원했다. 경제가 발전하고 더 많은 노동자가 필요한 동안에는 그들이 돌아가지 않고 남아 있는 것에 대한 반대가 거의 없었다. 게다가 유럽 국가에서 온 이주 노동자들은 자국 경제가 성장함에 따라 독일에 오는 수가 줄어들기 시작했고 이탈리아인들은 유럽 연합 규정에 따라 곧 자유롭게 이동할 수 있게 되었다. 그러나 튀르키예인들은 어느 경우에도 해당하지 않았다. 오래지 않아 튀르키예는 서독에서 가장 큰 단일 외국인 노동력 공급원이 되

* 아르만도 로드리게스 데 사는 산업재해로 서독에서 가장 유명한 이주 노동자로서의 역할을 조기에 끝내고 가족이 살고 있는 포르투갈로 돌아갔다. 그리고는 불과 53세의 나이에 위암으로 사망했다. 그가 독일에 도착했을 때 받은 오토바이는 그의 아내로부터 다시 사들여 현재 본에 있는 역사 박물관에 전시되어 있다.

었고 나중에는 아예 이주 노동자 프로그램이 튀르키예 이민자들을 연상시킬 정도가 되었다.

다른 이주 노동자들과 마찬가지로 튀르키예인들도 기차를 타고 독일로 왔는데 이스탄불에서 발칸 반도를 거쳐 뮌헨에 도착하는 3일간의 여정이었고, 아나톨리아에서 오는 사람들은 더 오래 여행을 해야 했다. 근로자들은 각자 치즈와 올리브 각각 1킬로그램과 담배 열 보루를 가져올 수 있었다. 나머지 음식은 독일 알선업체에서 제공했는데 돼지고기는 들어 있지 않았지만 항상 이슬람식 할랄은 아니었다. 승객들은 '헬로 무스타파'라는 튀르키예어로 된 팜플렛을 받았는데 각기 스피로스, 마리오, 호세를 맞이하는 그리스어, 이탈리아어, 스페인어로 된 유사한 간행물도 있었다. 유익한 만화가 들어 있는 팜플렛에는 독일 직장에서는 시간을 잘 지키는 것이 중요하다는 조언이 담겨 있었다. 또한 튀르키예인들이 다혈질이라며 가상의 이주 노동자 무스타파에게 "내일이 되면 암탉을 통째로 얻을 수 있는데 당장 달걀 하나를 요구하는 것은 현명하지 못한 것이다. 자신의 성질과 감정을 다스리는 것이 최선이다"라고 조언해준다. 최초의 튀르키예 노동자들에 대한 고정관념에 이슬람 혐오증은 없었지만 독일인들이 튀르키예인들에 대해 아는 것이 거의 없다는 것은 분명해 보였다. 다른 이주민들도 거의 다를 것이 없었다.

서독의 이주 노동자 제도는 1973년 세계 경제 침체와 석유파동이 닥치자 마치 수도꼭지를 잠그듯이 그대로 끝나버렸다. 그리고 그즈음에는 아무도 '손님 노동자'를 그냥 손님이나 노동자로만 생각하지 않았다. 이주민들을 오직 그들이 사회에 갖는 단기적인 경제적 가치를 통해서만 정의내릴 수 없게 된 것이다. 스위스 극작가 막스 프리쉬Max Frisch는 이주 프로그램의 도덕적 공백을 이렇게 요약했다. "우리는 일손을 요구했는데 대신 인간들이 왔다." 그저 일꾼이 아니라 수백만 명의 사람들이 온 것이었다. 최초의 튀르키예 이주 노동자가 독일에 나타난 지 60년 이상이 흘렀고 오늘날은 튀르키예 혈통을 가진 독일인이 최소 700만 명 정도인 것으로 추산되고 있다.

1970년대와 1980년대에 일부 이주민을 설득하거나 아니면 강제로라도 떠나게 하려는 시도가 있었지만 효과는 없었다. 그 즈음에는 많은 이주 노동자들이(특히 튀르키예 출신) 독일에 영구적으로 머물 수 있는 권리와 가족을 데려올 권리를 확보한 상태였다. 대개 그렇듯이 이민을 제한하려는 시도는 이민자들의 태도에 영향을 미침으로써 역효과를 낳았다. 1970년대에 이민이 어려워지자 일시적이기는 했지만 고국에 돌아가려는 이민자들이 더 줄어들었다. 또한 그들은 마음을 못 정하고 있던 가족들에게 서둘러 독일로 오라고 설득했다. 고향에 돌아가고 싶은 유혹이 있더라도 이민자들에게 독일에 남아 있을 수 있는 권리는 실질적이고 경제적인 가치가 있는 자산처럼 느껴졌기에 쉽게 포기할 수 없었던 것이다. 그리고 이민자들은 더 이상 공장에만 의존하지 않았고 많은 이들이 기숙사를 떠났다. 어떤 사람들은 레스토랑 같은 자기 사업을 차려 다른 이민자들의 고용주가 되었고, 그들의 삶은 이제 독일에 있었다.

이주 노동자에 대한 편견은 경기 침체에 따라 점차 증가했고, 이는 오스트리아, 스위스 등 이주 노동자 모델을 채택한 다른 국가에서도 마찬가지였다. 이는 이주민 공동체가 보다 효과적으로 조직화하고 노동 조합 또는 사회적·문화적 협회의 형태로 지원 네트워크를 개발하도록 장려하는 효과를 가져왔다. 또한 특정 국가에서 온 이민자들이 서로 가까이 살고 싶어 하게 만들었다. 1980년대가 되면서 독일에서는 전반적인 반反이민 감정과 함께 튀르키예 또는 이슬람에 대한 적개심이 생겨났고 베트남이나 에티오피아에서 온 이민자들에 대한 폭력까지 발생했다. 하지만 그럼에도 1950년대 이후 프랑스나 영국(또는 미국) 등 다른 곳에서 볼 수 있는 이민자들에 대한 편견이나 폭력보다는 대체로 양호한 편이었다.

프랑스와 영국에서는 전후 이주가 피비린내나는 제국의 붕괴와 얽히면서 더 큰 문제가 되었다. 대부분의 이주민들은 식민지에서 합법적으로 프랑스와 영국에서 살기 위해 왔으며 영국의 경우에는 주로 서인도 제도와 남아시아에서, 또 프랑스의 경우에는 북아프리카에서 왔다. 독일은 제국이 없었으므로 '가스트아르바이터' 같은 약간의 완곡어법 그리고 경제 호황의 도움으로 1950년대와 1960년대를 인종폭동이나 이민자가 수도의 거리에서 살해되는 일 없이 그럭저럭 헤쳐나갈 수 있었다. 그러나 전후 프랑스와 영국에서는 주로 정주하는 백인들에 의해 이주에 대한 새로운 신화들이 설득력 있게 재창조되었으며, 이는 막대한 영향력을 발휘하여 이주에 대한 관점을 완전히 변화시키게 된다. 정주주의를 정상적이라고 받아들이는 다양한 형태의 신화들이 강한 전염성을 가지고 서구 전역에 퍼졌으며, 사람들은 마치 '이주 기억상실증'이라도 걸린 것처럼 새로운 신화를 받아들였다. 이주 기억상실증은 인류의 이주민으로서의 공통된 역사가 왜 그렇게 무시되었는지, 이 책이 왜 쓰여져야 했는지에 대한 답이 될 수 있다. 제2차 세계대전은 이주 기억상실증이 시작되는 일종의 분수령이 되었다. 이는 전쟁 전과 후의 이주가 완전히 다르게 받아들여졌으며, 전쟁 전과 전쟁 후라는 양 시대 사이의 이주 관련 연속성들이 무시되거나 부인된다는 점에서 더욱 그렇다.

간단한 실험을 통해 이를 확인할 수 있다. 이주민을 상상해보자. 마음속에 떠오르는 모습은 어떤 모습인가? 그들은 백인인가? 그들은 유럽인인가? 아마 아닐 것이다. 현대의 이주민은 보통 개발도상국에서 일을 찾거나 신변의 안전을 도모하기 위해 온 가난하고 피부색이 짙은 사람들로 연상되는 경향이 생겼다. 두 차례의 세계대전 사이 비슷한 실험을 했더라면 그렇지 않았을 것이다. 많은 사람들, 특히 서구인들은 미국 또는 오스트랄라시아로 이주해간 백인 유럽인들을 떠올렸을 가능성이 높다. 중요한 점은 대체로 백인들이 전쟁 이후에는 더 이상 자신들을 이주민이라고 생각하거나 그럴 가능성이 있다고 생각하지 않는다는 것이다. 대신 그들은 이민 나가는 사람emigrant 또는 국외 거주자라는 단어를 사용한다. 또한 영어에서 이민 들어오는 사람immigrant이라는 단어는 유색인종 이주민들을 분류하는 용어로 사용하는 경향이 생겼다.

이것은 현대의 이주 논쟁이 얼마나 인종차별적이며 역사를 왜곡하고 있는지를 깨우쳐준다. 분명한 증거가 있음에도 불구하고 영국과 프랑스가 1950년대 이전에는 백인 일색이었고 단일 문화였다는 주장을 아무렇지도 않게 펼치는 것이다. 프랑스와 영국의 백인 조상이 (고대 아테네인들이 주장했던 것처럼) 역사가 시작될 때부터 그곳에서 살았다고 주장함으로써 정착주의와 인종적 순수성, 민족국가라는

1950년대 영국에서는 호주와 뉴질랜드 이민 열풍이 불었다. 10파운드를 내고 이민을 떠난 영국인은 무려 25만 명에 달했다.

세 가지를 동시에 미화시키는 것이다. 좀 더 세부적으로는 두 차례의 세계대전 동안 아시아, 아프리카, 카리브 해 사람들이 전장에서 혹은 후방에서 전쟁을 치뤄냈던 역사 또한 생략해버린 이야기라 할 수 있다. 1950년대 이전의 유럽 역사가 개작되면서 유색인종을 위한 역사는 거의 없어졌다고 봐도 무방하다. 그들은 그냥 삭제되었고 수십 년이 지난 이제서야 점차 복원되고 있다.

전쟁 후 이주에 대한 이야기에서 기억상실증은 유색인종의 이주를 부각시킨 것과는 완전히 반대의 효과를 발휘하기도 한다. 들어오는 것이든 나가는 것이든 백인들의 이동은 대체로 무시되거나 아니면 독자적인 범주가 필요한 것처럼 특별하게 다른 현상 취급을 받았다. 사실 1950년대 영국에서는 입국하는 사람보다 출국하는 이들이 더 많았다. 그리고 영국을 떠난 사람들 중에는 이른바 '텐 파운드

폼Ten Pound Poms'이 포함되어 있었는데, 이는 오스트레일리아와 뉴질랜드로부터 여비 지원을 받아 이주한 25만 명이 넘는 가난한 영국 백인들을 말한다.* 그 기간 동안 영국으로 이주해 들어온 신규 이민자 중 가장 많은 비율을 차지한 지역은 카리브 해나 남아시아가 아니라 아일랜드 공화국이었다. 한편 전후 프랑스의 가장 중요한 대규모 이주는 1960년대에 100만 명이 넘는 알제리의 백인 정착민 및 그 후손들인 피에 누아르pieds noirs(프랑스 식민지 군인들이 신던 검은 장화에서 유래했으며 아프리카의 프랑스 식민지에서 태어난 프랑스인을 의미한다. -역자 주)들이 프랑스 본토로 이동한 일일 것이다. 그리고 1950년대와 1960년대에는 이탈리아, 스페인, 포르투갈에서 프랑스로 온 이민자들의 인구 수가 무슬림 북아프리카인들보다 더 많았다.

우리는 정주주의를 추구함으로써 과거와의 연속성, 이주의 정상성과 상호 연결성에 대한 인식을 잃어버리게 되었다. 이 잃어버린 이야기들을 찾아보는 것은 이주의 역사에서 매우 중요한 역할을 할 것이다. 예를 들어, 윈드러시Windrush 호의 이야기를 해보자. 윈드러시 호는 유명한 영국 선박으로 1948년에 400명 이상의 자메이카 흑인들을 영국으로 데려왔다.** 이에 따라 서인도 제도에서 온 초기 이주민들을 윈드러시 세대라고 부르게 되었다. 이들 초기 이민자 중 일부

* 폼Pom의 어원에 대해서는 논란이 있으며, 일반적으로 오스트레일리아에서는 영국 출신 사람들을 이렇게 불렀다. 공식적으로 여비 보조 이주계획Assisted Passage Migration Scheme으로 알려진 이 제도에 따르면 오스트레일리아(또는 뉴질랜드)에 가려면 성인은 10파운드를 내면 되고, 어린이는 무료였다. 나중에 오스트레일리아의 총리가 된 토니 애벗과 줄리아 길러드 그리고 유명한 팝 그룹 비지스의 세 멤버들도 모두 이 제도의 수혜자들이었다.

를 추방하려는 시도에서 발단이 된 2018년의 윈드러시 스캔들은 고위 정부 장관이 사임까지 요구받게 만들었다. 그러나 윈드러시의 명성과 이 배가 다문화적인 영국을 창조하는 데 있어 기여한 상징적 역할에도 불구하고 이주와 관련된 배경 이야기는 대개 잊혀졌다.

윈드러시 호는 한때 다른 이름을 갖고 있었다. 함부르크에서 건조되어 독일 원양 정기선으로 출범할 당시의 이름은 몬테로사Monte Rosa였다. 이 배는 1930년대에 여름에는 유럽에서 유람선으로 사용되었고, 겨울에는 남아메리카에서 새로운 삶을 찾아 떠나는 수만 명의 독일인들을 싣고 대서양을 건너는 이주민 수송에 사용되었다. 1920년대 중반 미국이 독일인들의 입국을 제한한 후에는 브라질이나 아르헨티나, 우루과이 등이 인기 있는 목적지가 되었다. 나치의 박해에서 도망치고 있었던 다른 이주민들과는 달리 독일인들은 오래 전부터 인류가 그랬던 것처럼 새로운 삶을 살기 위해 떠났다. 몬테로사 호는 전쟁 중에는 노르웨이의 유대인들을 함부르크로 수송하는 데 사용되었고, 함부르크에 도착한 이들은 기차에 실려 아우슈비츠 수용소에 끌려가 살해되었다. 전쟁이 끝날 무렵, 몬테로사 호는 영국군이 압류했고 배 이름은 템즈 강의 작은 지류에서 따와 엠파이어 윈드러시로 변경되었다. 이후 대륙간 병력 수송선으로 사용되었다가 인도 독립 후에는 그곳의 영국인 가족들을 데려오기 위해 사용

** 사실 윈드러시 호는 전쟁 후 서인도 제도 이민자들을 태우고 영국으로 온 첫 번째 배는 아니었다. 또한 서인도인들의 이주 물결의 시작을 의미하지도 않았다. 그것은 1950년대 중반이 되어서야 일어났다. 그리고 윈드러시 호를 타고 온 자메이카인들 중 3분의 2 정도는 이미 전에 영국에 와본 적이 있는 전직 군인들이었다.

되었다. 그 영국인들 중에는 수 세대 동안 인도에서 살아온 사람들도 있었다.

1948년 여름, 윈드러시는 카리브 해로 떠났고 그 여행으로 유명해졌다. 그런데 윈드러시 이야기에는 또 다른 이주 이야기가 숨겨져 있다. 윈드러쉬 호는 자메이카뿐만 아니라 멕시코에도 갔는데 여기저기 떠돌아다닌 폴란드 난민 66명을 데려오기 위해서였다. 그들은 무려 8년 동안 이동 중이었는데 소련군에 의해 폴란드에서 동쪽으로 강제 이주되어 시베리아 노동 수용소로 끌려가고, 그 다음에는 인도로 이송되었다가 지구를 반 바퀴 돌아 캘리포니아에 있던 수용소로 이송되었다. 그런 다음 그들은 국경을 넘어 멕시코에서 임시 망명처를 얻었다. 전쟁이 끝난 후 그들 대부분은 이제 공산주의 통치하에 있는 폴란드로 돌아가고 싶어 하지 않았고 미국으로 가거나 멕시코에 머물렀지만 66명은 영국 정착을 신청했다. 그래서 윈드러시 호가 그들을 데리러 갔고 비용은 영국 정부가 지불했다.

배는 자메이카에서 영국 군인들도 태워오라는 지시를 받았고, 이것이 윈드러시 호가 유명해진 이야기의 시작이었다. 선주는 자메이카에서 배를 채울 승객이 충분치 않자 자메이카 신문《데일리 그린너Daily Gleaner》에 영국행 할인 티켓을 광고하기로 결정했다. 그 광고를 보고 수백 명의 자메이카인들이 영국행 티켓을 샀고, 런던 외곽에 있는 틸버리 독스로 가는 윈드러시 호를 탈 수 있었다. 틸버리 독스에서는 파테 영화사의 촬영팀이 이들을 맞았는데 촬영팀은 일자리를 찾아 영국에 온 자메이카인들을 인터뷰했고, 그들은 2분짜리 뉴스 기사로 유명해졌다. 승객 중 로드 키치너라는 칼립소 연주자는 '런던은 나를 위한 곳이에요London is the Place for Me'라는 노래를 부르며 배에서 내려왔고, 영국을 '모국mother country'이라고 부르는 장면이 촬영되기도 했다.

그 '모국'이라는 단어는 자메이카 사람들의 영국 이주 경험을 이해하는 데 매우 핵심적인 단어다. 전후에 자메이카와 카리브 해 지역에서 온 이주민과의 인터뷰에서 그 단어는 반복해서 사용된다. 이민자들은 생소한 곳이 아닌 그들이 잘 안다고 생각한 나라에 오고 있었다. 그들은 영어를 사용했고, 영국 동요를 부르며 자랐다. 그들은 자메이카에서 식민 교육 제도를 통해 영국의 역사와 지리, 문학에 대해 배웠고 노예제도나 아프리카, 자메이카, 또 물론 타이노족 같은 그 섬에 살던 원주민들에 대해서는 아무것도 배우지 않았다. 그들은 영국 영웅의 이름에서 따온 윈스턴, 넬슨, 글래드스톤 같은 기독교식 이름을 갖고 있었다. 그리고 그들은 법적으로 영국에서 살고 일할 권리가 있었다. 그들은 자신들을 영국인으로 여겼고 실제로 대영제국의 법에 따라 영국인이었다.

그러나 그들이 도착 후 느낀 것은 놀라움과 실망감이었다. 영국은 그들이 예상했던 것보다 더 어둡고 춥고 초라했다. 사방에 폭격을 맞은 흔적들이 있었고, 배급제가 시행되고 있었다. 그중에서도 최악은 그들이 매일 맞닥뜨리게 되는 인종차별이었다. 고용주들은 그들의 교육 수준과 경험을 인정하지 않았고, 아예 유색인종을 채용하지 않는 곳도 있었다. 물론 전후 영국에서는 노동력이 부족했으므로 다른 일자리를 찾기가 어렵지는 않았다.

가장 큰 문제는 주택이었다. 영국 집주인들은 흑인에게 방을 임대하려 하지 않았다. 그들은 방 임대 광고에 '유색인종 사절'이라고 적어넣으며 공공연히 그들을 배제했다. 그래서 자메이카에서 온 새로운 이민자들은 빈민가에 자리잡을 수밖에 없었다. 이민자들은 수십 년 후 인종차별을 당해 거리에서 조롱과 침 뱉기, 때로는 신체적 폭력까지 겪었던 일을 회고했다.

이민자들의 수가 비교적 적었음에도 불구하고 격렬한 거부 반응이 나온 것을 고려하면 영국 정치가들이 유색인종 국가에서 오는 이주를 제한하는 데 그토록 오랜 시간이 걸린 것이 놀라울 지경이다. 많은 정치가들이 카리브 해 출신 이민자들이 영국으로 오는 것을 원하지 않는다는 점을 분명히 했음에도 불구하고 이민에 대한 실질적인 제한은 거의 없었다. 여기에는 두 가지 중요한 이유가 있다.

첫 번째 이유는 실질적인 것으로 당시 행정부의 내부 문서를 보면 알 수 있다. 당시 행정부는 제국과 영연방 전역에 있던 수백만 명에 이르는 영국 혈통의 백인들이 영국으로 오는 것을 복잡하게 만들고 싶지 않았기 때문에 전면적인 이민 제한을 도입하지 않았다. 또 그들은 백인 이민자와 유색인종 이민자를 법적으로 차별할 경우 비백인 식민지의 반발을 사게 될 것을 두려워했다. 그래서 실제로 1962년에 이주 제한이 마침내 도입되었을 때도 피부색에 대한 언급은 없었다. 그러나 피부색을 상관하지 않는 것처럼 보이지만 실제로는 백인이 아닌 이민자를 차별하는 복잡한 법적 공식과 제도들이 만들어졌다.

두 번째 이유는 거창했다. 그것은 과거의 영광을 기억하고, 특히 고전 교육을 받은 사람들 사이에서 인기가 있었던 제국이라는 개념과 제국 내에서의 자유로운 이동을 추구하는 이념에 근거한 것이었다. 1954년 자메이카인 이주에 관한 의회 토론에서 헨리 홉킨슨이라는 정부 장관은 다음과 같이 발언했다.

> 현재 법에 따라 모든 식민지 출신의 영국 국민은 영국 국민 지위에 대해 충분한 증거를 제시할 수 있는 한 언제든지 이 나라에 자유롭게 입국할 수 있습니다. 우리는 자신의 피부색이 어떻든 "나는 영국 국민입니다civis Britannicus sum"라고 말할 수 있다는 사실에 자부심을 갖고 있으며, 그들이 조국에 오기를 원하고 또 그럴 수 있다는 사실에 자부심을 느낍니다.

'나는 영국 국민입니다'를 의미하는 라틴어 'civis Britannicus sum'은 로마제국을 연상시키기 위해 만들어진 것으로, 홉킨슨은 로마의 가장 위대한 연설가인 키케로가 로마제국이 제국 내 어느 지역에 있든 로마 시민의 권리를 보장한다는 것을 나타내기 위해 썼던 'civis Romanus sum'이라는 라틴어를 새롭게 바꿔 사용했다. 이 문장은 제국의 수도에서 공정한 재판을 받기 위해 로마 근처에도 가본 적이 없는 사도 바울이 예루살렘에서 한 말이기도 했다.

그러나 이들이 느끼는 자부심과는 별개로 대영제국의 해는 저물어가고 있었다. 인도와 팔레스타인에서의 퇴각은 이주와 관련해 위기를 야기시켰다. 1954년 홉킨슨이 연설할 당시에 영국은 케냐와 말라야에서 잔혹한 전쟁을 벌이고 있었고, 제국의 군대는 홉킨슨의 정의와 제국법에 따라 영국 국민인 사람들을 진압하기 위해 즉결 처형과 고문을 자행하고 있었다. 2년 후, 영국(그리고 프랑스)은 수에즈 위기에서 이집트에 패해 굴욕적인 퇴각을 하게 된다.

대영제국의 쇠퇴는 동시에 특권적인 이주의 쇠퇴를 의미했다. 또한 제국을 운영하는 데 필요한 영국인(대부분 남성이었다)의 수요도 감소했다. 즉, 모험심 강하고 자신감 넘치는 영국 청년들은 고향에서 수천 마일 떨어진 식민지로 이동하면 경력의 시작 단계부터 막강한 권력을 휘두를 수 있었는데, 그 선택권이 급격히 줄어들게 된 것이었다. 그리고 대신 모험심 있고 자신감 넘치는 다른 청년 집단이 반대 방향으로 이동하기 시작했다. 자메이카 시인 루이스 베넷Louise Bennett이 '역 식민화'라고 표현한 움직임이었다. 이에 대해 스리랑카의 정치 이론가 A. 시바난단Sivanandan은 다음과 같이 말했다. "당신들이 거기(스리랑카)에 있었기 때문에 우리가 여기(영국)에 있는 것이다." 시차를 둔 이러한 인구 흐름은 대칭으로 일어났고, 영국은 한때 대영제국이었던 지역의 이민자를 배제하는 것을 정당화하기가 훨씬 더 어려워졌다.

프랑스의 경우, 전후 시대 그리고 제국의 종말과 연결된 인구 흐름은 훨씬 더 복잡했으며 영국과 마찬가지로 현대적 정체성에 대한 격렬한 논쟁과 분쟁에서 중추적인 역할을 했다. 이탈리아, 스페인, 포르투갈에서 프랑스로 노동력 이주가 많이 이루어졌지만 지금은 거의 기억하는 이가 없고, 상대적으로 논란의 여지가 적은 것으로 판명되었으며 훗날 유럽연합의 후원 하에 자유 이동이 가능해지자 더욱 줄어들었다. 그러나 북아프리카, 특히 수백만 명의 이민자들이 피비린내 나는 독립 전쟁에 휘말린 알제리에서는 그 반대였다.

알제리의 근대 역사와 법적 지위는 프랑스의 다른 주요 식민지, 심지어 이웃인 튀니지와 모로코와도 상당히 달랐기 때문에 그곳의 탈식민화 역시 다른 곳들과 달랐다. 튀니지와 모로코는 둘 다 공식적으로 현지인 통치자들이 있는 보호국이었다. 그러나 알제리는 프랑스에 완전히 합병되었고 1830년대 이후로 백인 식민주의자들이 다수 정착했으며 프랑스의 일부로 여겨졌다.* 1962년 독립을 하기 전까지만 해도 알제리와 프랑스 사이에서 이주한 사람들은 법적으로 같은 나라의 다른 지역 사이를 이동하는 국내 이주민이었다.

따라서 알제리의 독립은 사실상 프랑스가 분할된 것이나 마찬가지였다. 알제리의 독립은 1960년대 초에 지중해를 건너 아직 프랑스였던 곳으로 짧은 여행을 했던 대규모 이민자 집단들(또 여러 소규모 집단들)에게 엄청난 영향을 미쳤다. 첫 번째 집단은 피에 느와르pieds noirs로 알려진 유럽 출신 백인 알제리 정착민들이었고, 두 번째는 알제리의 대규모 유대인 공동체 구성원들, 세 번째는 하키스harkis로 알려진 프랑스에 협력했던 알제리 무슬림들, 마지막은 일자리와 다른 기회를 찾아 이주하는 알제리 무슬림들이었다.

일자리와 기회를 찾아 온 마지막 집단은 점진적으로 이주했고, 따라서 극적인 사건이나 뉴스 보도는 별로 없었다. 또한 그들의 이야기는 보다 큰 이슈인 독립 전쟁에 의해 가려져 잘 언급되지 않았다.** 그들은 일반적으로 노동 이주민으로 분류되며 젊은 남자들이 압도적

* 알제리는 1860년에야 프랑스의 일부가 된 니스보다 더 오래 프랑스에 점령되어 있었다. 알제리는 또한 1962년까지 프랑스 전체 영토의 약 80퍼센트를 차지했는데 주로 남부 사하라 사막의 비어 있는 영토 때문이었다.

으로 많았다. 그들은 많은 면에서 독일의 튀르키예인이나 영국의 서인도인과 비슷한 부류였으나 더 길고 깊은 정착 역사를 가지고 있었다. 예를 들어, 1930년대 말까지 프랑스 본토에 머물렀던 경험이 있는 알제리인은 50만 명이 넘었다. 그들은 알제리에서 받는 것보다 훨씬 높은 임금을 받으며 1~2년 동안 일한 후 집으로 돌아갔다. 그리고 제2차 세계대전이 끝날 무렵에는 무너진 경제를 재건하기 위해 더 많은 노동자가 필요해졌고, 이주민의 수가 다시 증가했다.

제2차 세계대전 직후 알제리 무슬림의 이주를 반대하는 세력이 있었는데, 프랑스 본토의 백인들이 아니라 바로 피에 느와르들이었다. 그들은 알제리 무슬림들이 프랑스로 이주함에 따라 알제리 노동시장에 지장을 줘 임금을 상승시켰으며 알제리로 돌아온 이주민들이 정치적·사회적 권리를 당당히 주장하게 되었다며 불평했다. 1950년대 중반에 알제리에서 이주가 다시 한 번 급속히 증가했는데, 아이러니하게도 그 이유는 알제리의 독립을 저지하기 위해 징집된 다수의 프랑스 백인 군인들을 대체할 노동자가 필요해서였다. 또한 전쟁에 휘말리고 싶지 않았던 젊은 알제리 남성들이 도피의 목적으로 이주

•• 처음 세 집단은 대부분 떠나는 것 외에는 선택의 여지가 없었던 이민자들로 이루어져 있었다. 일부 피에 느와르들은 1세기 이상 알제리에 거주했던 이들이었지만, 1960년대에 대부분 떠나거나 한번도 살아본 적 없는 프랑스로 송환되었다. 약 14만 명에 달하는 알제리의 유대인 공동체 중 일부는 15세기에 스페인에서 추방된 유대인의 후손으로 자신들의 과거를 기억하고 있기는 했지만 유럽과의 연결 고리가 미약했다. 그들 역시 대부분 프랑스로 송환되었다. 1962년에는 약 6만 명의 하키스가 프랑스 협력자로 살해당했고 약 8만 5천 명은 프랑스로 갔는데, 그곳에서 그들은 시민이 아니라 반갑지 않은 난민 취급을 받았다. 그들은 프랑스의 굴욕을 상기시키는 대상일 뿐 일반 국민으로 받아들여지지 않았고, 수용소에 격리되기도 했다. 그들은 빈민가에 살았으며 다른 북아프리카 출신 이민자들에게는 하키스임을 숨겼다고 한다.

했기 때문이기도 했다.

알제리의 상황이 악화되면서 분쟁은 프랑스 본토로 확산되어 결국 제4공화국이 붕괴되었다. 또한 인종차별이 심해지고 새로운 이민자들이 사는 프랑스 도시 교외 지역들이 게토화되었는데, 이는 알제리 민족주의 단체들이 지지자를 쉽게 모집할 수 있는 장소가 되었다. 프랑스 경찰에 대한 공격이 일어나자 알제리 이민자들이 집단으로 구금되는 일도 있었다. 1961년 10월, 파리 경찰은 시위대 중 일부를 센 강에 던져버려 익사시키는 등 상당히 잔혹하게 독립 지지 집회를 해산시켰다. 최소 40명에서 최고 300명까지 살해된 것으로 추정되는데 경찰이 사건을 너무나 효과적으로 은폐함으로써 훗날 파리 대학살로 알려지게 된 이 사건에 대한 상세한 이야기는 30년이 지난 후에야 밝혀지기 시작했다.

그로부터 채 6개월도 지나지 않아 1962년에 알제리는 새로운 민족국가가 되었다. 독립 이후 모두가 프랑스에 있는 많은 알제리 출신 이민자들이 고국으로 돌아갈 것이라고 기대했지만, 그들은 돌아가지 않았다. 실제로 더 많은 수가 프랑스로 이주해왔다고 한다. 알제리는 이들이 프랑스에서 벌어들이는 외화가 필요했고, 모험심 넘치는 알제리의 젊은이들에게는 일종의 사회적 안전 밸브가 필요했기 때문이다. 게다가 프랑스 역시 노동자가 필요했고 매우 실질적이고 정치적인 이유로 알제리와 좋은 관계를 유지하기를 원했다. 그들은 석유 산업을 통제하고 알제리와 소련의 관계를 견제해야 했기 때문이다. 이렇듯 여러 이유로 양국 사이의 이민이 필요했기 때문에 알제리 정부는 프랑스와 연간 이민 쿼터를 협상했다.

그러나 긴 독립전쟁의 상처는 쉽게 사라지지 않았고 알제리 이민자들에 대한 불신도 여전했다. 이는 특히 피에 누아르와 알제리 전쟁 동안 군인으로 복무했던 200만 명의 백인 프랑스인들 사이에서 뚜렷하게 나타났다. 알제리 무슬림 이주민들 또한 '동화 불가능'한 존재로 평가되었다. 1970년대와 1980년대에 실시된 여론 조사에서 알제리인에 대한 부정적인 평가는 다른 이민자 그룹보다 훨씬 높았다. 한편 많은 여성 이민자들이 도착하면서 여성의 복장 문제라는 새로운 논쟁거리가 생겨났다. 알제리 여성들이 착용하는 히잡을 없애려는 프랑스 식민 시대의 집착이 그대로 이어져 다른 유럽 국가들과 달리 히잡(그리고 부르키니)이 21세기 초 이민자 문화 전쟁의 쟁점이 되었다.

유럽의 다른 곳과 마찬가지로 프랑스로의 노동력 이주도 1970년대에 극적으로 둔화되었는데 부분적으로는 석유 위기로 인한 경기 침체 때문이었다. 그러나 합법적인 노동력 이주를 70년 만에 공식적으로 종식시킨 것은 1973년 프랑스 인종차별주의자들이 알제리 이주민들을 살해한 사건이었다. 알제리 정부는 사건 이후 일방적으로 이민 협약을 깨뜨렸다. 알제리 정부는 당시 석유 산업을 장악하고 있어 경제적으로 훨씬 더 자신감을 갖게 되었던 시기였다. 합법적 이민이 제한된 후에도 알제리에서 일부 이주민들이 계속 유입되기는 했지만 대개 불법으로 입국하거나 가족을 통해 들어온 사람들이었다. 이미 프랑스에 살고 있던 75만 명이 넘는 알제리인들이 자신의 아내와 자녀들을 프랑스로 이주시킨 것이다.

제국주의 붕괴와 이주의 역사는 오늘날까지 (영국과 마찬가지로)

프랑스 정치에서 중요한 역할을 하고 있다. 그러나 그 복잡하게 얽힌 관계들은 쉽게 인정되지 않고 있으며, 이전 식민지였던 곳으로부터의 이주는 식민주의와 무관한 것으로 취급되곤 한다. 최근의 일이 아닌 것에 대해서는 얼마든지 간단히 선을 그을 수 있다고 여기는 사람들이 아직 많은 탓이다.

제국의 상실이라는 '국가적 상처'와 프랑스와 영국 양국에서 잔존한 제국주의 사고방식은 이민자들에 대한 반역사적인 태도가 형성되는 데 일조했다. 양국의 백인 이주 역사는 대개 잊혀졌다. 그리고 입맛에 따라 그 역사가 기억될 때는 아주 특별한 경우로 기억되었다. 자신들의 이주는 야만인들에게 문명을 전달하려는 시도였으며, 프랑스와 영국이 자국 내 이민자들에게서 배울 것이 많다는 주장은 심한 반발을 샀다. 그리고 이민자들은 보통 무슨 일을 하기도 전에 비난을 받았다. 심지어 이민자들을 환영하는 것처럼 보이는 이들 또한 교만하여 마치 이민자들은 정주주의 세계에서 집을 찾고 있는 불쌍한 존재들이라는 듯이 대했다.

• — •

전후 미국 내 경제적 역할 면에서 유럽의 이주 노동자에 가장 가까운 사람들은 멕시코인들로 이들은 대개 허가 없이 수십만 명이 북쪽으로 이주했다. 그러나 이들의 이주 이야기는 근본적으로 다른데 19세기에 대륙을 가로질러 그어진 3천 킬로미터 길이의 미국-멕시코 국경의 역할 때문이다(사막을 가로지르는 국경 서쪽은 들쭉날쭉하고 리오그란데 강을 따라 있는 국경 동쪽은 구불구불하다). 또한 미국-멕시코 국경은 그 지리와 역사 때문에 오늘날까지 분규와 논쟁이 끊이지 않고 있다.

오늘날의 미국-멕시코 국경을 사람들이 최초로 넘은 것은 1만 년 전의 일이었다. 그들은 현대의 이주민들과는 달리 북쪽에서 남쪽으로 이동했다. 야간, 타이노, 마야, 잉카를 포함하여 모든 초기 중남미 정착민들의 조상들은 같은 여정을 밟았다. 전 세계의 다른 민족들처럼 이주를 건국 신화의 중심으로 삼았던 아즈텍족의 조상들도 마찬가지였다. 그들은 북쪽에 있는 옛 고향인 아즈틀란Aztlan에서 나중에 멕시코시티가 될 곳으로 여행하라는 신의 명령을 받았다. 아즈틀란은 오늘날 미국의 남서부 지역으로 텍사스에서 캘리포니아까지 그리고 카리브 해에서 태평양까지 뻗어 있던 것으로 추정되고 있다.

멕시코인들의 이주에 대한 논쟁에는 19세기 중반까지만 해도 멕시코가 텍사스와 캘리포니아를 포함하여 지금의 미국 깊숙이까지 뻗어 있었다는 사실이 간과되곤 한다. 사실 미국에서 멕시코계 인구가 처음으로 크게 증가한 것은 이주 때문이 아니라 정복 때문이었다. 1848년 참혹한 전쟁이 끝난 후 멕시코는 영토의 절반을 미국에 넘겨야 했다. 그때, 10만 명 이상의 멕시코인들이 새로운 국가의 주민으로 편입되었던 것이다.

이 새로운 미국인들 중 다수는 원주민 공동체의 구성원들이었으며, 특히 유목민인 아파치족에게 이 새로운 국경은 재앙이 되었다. 미국과 멕시코 정부는 아파치족을 '야만인' 인디언으로 지정하는 조약에 서명하고 양국 모두 국경을 넘어 그들을 추격할 수 있는 권리를 인정했다. 1886년 아파치족의 마지막 지도자인 제로니모는 멕시코에서 미국 군인들에게 체포되어 미국으로 끌려갔다. 그는 여생을 죄수로 보냈으며 때로 서부극 순회공연 쇼에서 구경거리가 되기도 했다. 미국의 관점에서 보면 국경 지역은 완전히 정복된 상태였지만 실질적으로는 장벽은커녕 울타리조차 없었다. 국경은 허점투성이로 대부분 표시도 없었고 경비도 없었다. 따라서 멕시코인들은 아주 자유롭게 북쪽이든 남쪽이든 이동할 수 있었다.

1920년대에 일부 검문소가 있기는 했다. 특히 멕시코 쪽에 신도시가 생겨난 곳들이었는데 미국에 금주령이 내려졌던 시절에 술과 매춘업소를 찾아 남쪽으로 향하는 미국인들을 검문하기 위한 것이었다. 그리고 기동성이 뛰어난 소수의 국경 순찰대원도 있었는데 이들은 입국 검사가 복잡하고 어려운 미국 항구들을 피해 멕시코 국경으로 밀입국하려는 유럽과 아시아 이민자들을 적발하는 일을 했다. 그러나 멕시코인들의 입국은 대부분 허용되었는데, 지금도 그렇지만 그들은 필요할 때는 쓰고 아니면 집으로 돌려보내면 되는, 저렴하고 언제든 쓸 수 있는 예비 노동력으로 취급되었기 때문이었다.

멕시코인들은 인종에 대한 편견 때문에 인구통계학적 위협으로 여겨지지 않았던 것 같다. 역사가 레이철 세인트 존Rachel St John은 당시 미국 고용주와 정치인들이 다음과 같이 생각했다고 주장했다.

> 멕시코인들의 타고난 복종심, 저임금에도 기꺼이 일하려는 마음, 배타적 집단의식은 그들을 자기들끼리만 관계를 맺고 일이 끝나면 멕시코로 돌아가는 이상적인 노동자로 만들었다. 국경이 가깝고 멕시코인들이 쉽게 멕시코로 돌아갈 수 있다는 점은 그들을 위협이 되지 않는 '철

새'로 규정하는 데 기여했다.

고용주들은 또 멕시코인들이 구부리거나 웅크린 자세로 일을 해야 하는 작업에 대해 천부적인 적성을 가지고 있다고 판단했다. 한 농장 고용주는 멕시코인들이 "한 번에 몇 시간 동안 몸을 펴는 법 없이 구부리고 일하는 것을 보았다. 앵글로족은 그렇게 하지 못한다. 멕시코인들은 일반적으로 앵글로족보다 키가 작아 땅에 더 가깝게 태어난 것 같다"라고 설명했다. 멕시코 이주민을 반대하는 주요 이유는 그들이 질병을 옮길지도 모른다는 점이었다. 그래서 국경을 넘는 멕시코인들은 벌거벗은 채 특별 수감소에서 집단 소독을 당하고, 여러 가지 건강검진을 받아야 했다.

그러나 1930년대 대공황으로 멕시코 노동력이 더 이상 필요하지 않게 되자, 미국에 살고 있던 수십만 명의 멕시코인들이 추방당했다. 예를 들어 로스엔젤레스에서는 멕시코인과 멕시코계 미국인이 모이는 공원을 급습하여 미국 시민임을 증명할 수 없는 사람들을 골라내고 곧바로 국경으로 보냈다. 자발적으로 떠나려고 하지 않는 사람들은 자발적으로 떠나야만 다시 입국 허가를 받을 수 있다고 설득했다. '서러움의 캐러밴'이라고 불리는 이주민 호송대가 남쪽으로 향했고, 추방자들은 특별 열차나 버스로 실려가 멕시코에 그냥 버려졌다.

그리고 1940년대에 모든 것이 다시 바뀌었다. 미국이 제2차 세계대전에 참전하게 되면서 급속도로 성장하는 전시 경제를 가속화할 노동력이 절실히 필요해진 것이다. 전쟁터로 싸우러 나간 사람들, 공장에서 일하기 위해 농장을 떠난 사람들, 일본계라는 이유로 수용소에 갇힌 사람들을 대신할 노동자들이 필요했다. 멕시코인들은 브라세로braceros(팔로 일하는 사람, 일용 노동자를 의미하는 스페인어)라는 대규모 노동자 집단의 도착을 환영하는 공공 행사와 함께 넘치는 환대를 받았다. 멕시코와 미국 정부 사이에는 많은 면에서 독일의 전후 초청 노동자 프로그램을 떠올리게 하는 이주 노동 협정이 맺어졌고, 이 협정은 미국으로 유입되는 노동자의 흐름을 관리하는 것을 목표로 했다. 브라세로 프로그램은 주로 농장이나 철도에서 일하는 단기 계약으로 멕시코 당국이 선발한 젊은 남성 노동자들을 데려왔다. 1942년 3천 명의 멕시코인들이 캘리포니아 사탕무를 수확하기 위해 미국으로 들어왔고, 《뉴욕 타임즈》는 '멕시코인들이 사탕무 작물을 구했다'고 선언하며 감사를 표했다.

그후 20년 동안 450만 건 이상의 근로 계약이 체결되었고 공식적인 발표에 따르면 브라세로 프로그램은 대성공이었다. 이 프로그램은 양 정부에 철저한 이주 관리뿐만 아니라 이웃 국가 간의 성공적인 협력 사례를 제공했다. 브라세로 프로그램의 계약 기간은 짧았고, 여성과 어린이 이주에 대한 조항이 없어 모든 종류의 이주에 반대하는 미국인들을 달래는 데 도움이 되었다. 또한 프로그램의 제한된 성격으로 멕시코 이주 노동자의 존재가 자기들의 임금을 낮추는 데 이용되지 않을 것이라고 노조를 안심시켰고, 대규모 고용주들에게는 계약 조건에 따라 파업이 금지된 근로자들을 고정적으로 공급해주었다. 그리고 원칙적으로는 브라세로들에게도 상당한 이익을 가져다주었다. 그들은 합법적으로 미국에 입국할 수 있었고, 양국 정부의 보호를 받았으며, 급여 수준이 보장되었고 교통과 주거 및 식사가 해결되었다. 그래서 매년 브라세로 계약을 통해 미국에 돌아오는 이들도 있었다.

그들은 대개 마을이나 유흥업소나 여자들을 만날 수 있는 시내에서 멀리 떨어진 기숙사에 묵었다. 어떤 브라세로들은 계약서에 정해진 금액을 받지 못하거나 고용주한테 폭행을 당하거나 밥을 제대로 먹지 못하는 등 부당한 대우를 받았고, 어떤 지역에서는 10퍼센트의 브라세로들이 직장을 이탈해 도망가버리기도 했다.

사실 브라세로 프로그램은 실패한 정책이라고 말할 수 있다. 멕시코의 노동력을 감당하기에는 미국 고용주들의 규모나 유연성이 충분치 못했고, 북으로 이주하려는 수많은 멕시코 청년들의 욕구를 채우기에도 역부족이었다. 그래서 브라세로 프로그램이 운영된 22년 동안 수백만 명이 무단으로 국경을 넘어 오히려 불법 이주가 급증했고, 이 시기를 '웻백wetback'의 시대라고 부르기도 한다. 웻백은 리오그란데 강을 헤엄쳐 건너서 미국으로 온 '불법' 이민자들을 부르는 별칭이었다. 불법 이민자들에 대한 1954년 미국 정부 보고서는 대량 이주를 자연재해에 빗대어 설명했다.

> 멕시코에서 유입되는 불법 입국자들은 마치 밀물 같다. 산더미 같은 인파가 미국에 들어왔다가 돌려 보내지면 더 큰 파도가 되어 돌아오고, 파도가 밀물이 되어 들어올 때마다 내륙 더 멀리까지 도달한다.

미국에 밀물처럼 밀려들어온 멕시코인들은 정기적으로 국경을 통해 강제 추방되었다. 1954년 웻백 작전Operation Wetback에 따라 100만 명의 멕시코인과 멕시코계 미국인들이 추방되었는데, 불법 이민자 추방 관련해서는 미국 역사상 최대의 작전이었다. 많은 수의 이민자들이 멕시코 국경 쪽으로 추방되었는데, 그들 중 대다수가 그곳에서 다시 미국으로 돌아갔다. 따라서 멕시코 내륙 깊숙한 곳으로 추방된 이들도 있었다. 수만 명의 불법 이민자들은 텍사스에서 멕시코 항구까지 배로 이송되어 추방되었다. 그러나 그 어떤 추방 작전도 이주민들의 흐름을 막지는 못했다.

오늘날에 와서는 브라세로 프로그램이 사실은 무단 이주를 감소시키기보다는 오히려 증가시키는 역효과를 가져왔다는 것이 중론이다. 그 이유로 브라세로 프로그램이 성공으로 이어진다는 공식적인 홍보 문구가 수백만 명의 멕시코 젊은이들에게 미국으로의 이주가 정상적이고 바람직하며 현실성 있는 삶의 선택처럼 느끼게 만들었기 때문이라는 의견도 있었다.

브라세로 프로그램이 실패한 또 다른 이유는 부실한 관리 감독이었다. 카를로스 모랄레스라는 한 이민자는 브라세로로 일했지만 임금을 제대로 받지 못하자 웻백이 되는 것이 차라리 더 낫다고 말했다.

> 웻백으로 안전하게 국경을 넘으면 일꾼이 필요한 농부를 찾을 수 있을 거야. 내 생각에 그는 임금을 정직하게 지불할 거야. 하지만 브라세로가 되면 나는 인간이 아니라 급여 수표에 나오는 숫자처럼 취급되지.

이민자들은 공식 프로그램의 관료주의를 좋아하지 않았고 때로는 허가 없이 국경을 넘은 노동자를 찾기 위해 농장을 급습하는 순찰관들을 위협하기까지 했다. 게다가 브라세로 프로그램은 부모와 자녀를 포함하는 모든 종류의 가족 결합과 여성을 완전히 배제했기 때문에 많은 이들이 불법적이고 위험하기까지 한 수단을 사용하여 국경을 넘어야 했다. 1930년대부터 일부 국경을 따라 일종의 울타리가 생겼지만 주로 가축의 이탈을 막거나 밀거래를 제한하기 위한 것이었다. 국경 순찰대도 있었지만, 그들은 발자국을 뒤쫓는 구식 추적 방식을 사용했다.

포로 수용소에서 해체한 철조망을 재활용한 울타리가 1945년 캘리포니아 국경을 따라 6마일 길이로 설치되었다. 그러나 이민자들은 곧 이 울타리에 구멍을 뚫거나 그 아래에 구멍을 파는 것이 어렵지 않다는 것을 알게 되었다. 또 가시 철조망은 그냥 매트리스나 낡은 외투를 위로 던져 올려놓으면 되었다. 이 울타리들이 더 높고 길어지고 강화되자 이민자들은 넘기 쉬운 곳을 찾아 국경을 따라 더 멀리 이동하게 되었는데 이로 인해 국경 통과가 위험한 일이 되었다. 예를 들어, 1952년 캘리포니아 사막에서는 신원이 확인되지 않은 멕시코 남자 다섯 명의 바싹 마른 시체가 발견되었는데, 그들 곁에는 '물주머니, 정어리 통조림, 빵 두 덩어리'가 놓여 있었다.

1950년대가 되자 새로운 방식이 등장했다. 이민자들은 밀입국업자들이 제공한 정교한 위조 문서를 사용하기 시작했다. 밀입국업자들은 때로 불법 이민자들을 이용해 미국으로 마약을 운반했다. 추방하면 곧바로 돌아오는 이민자들에 지친 미국 국경 순찰대는 불법 이민자들을 불편하게 할 목적으로 조악한 대응책들을 내놓기 시작했다. 순찰대는 알몸 수색을 시작했고 이주민들을 가까운 국경 너머로 추방하는 대신 수용소에 구금했다. 또 그들이 현지 네트워크를 이용해 다시 되돌아오는 것을 막기 위해 검거된 곳과 멀리 떨어진 국경 지역으로 보내기도 했다. 텍사스에서는 국경 순찰대가 재범자들의 머리를 밀어버렸고 어떤 이들에게는 아파치 머리를 해놓기도 했다. 국경 순찰대의 대응책은 불법 이민자들이 되돌아올 경우 쉽게 알아보기 위해서라기보다는 이주민들에게 창피를 주고 무력화하기 위한 목적이 커보였다.

국경 순찰대는 또한 미국인들의 이주를 바라보는 태도를 바꾸려고 시도하기도 했다. 그들은 불법 이민자들을 범죄자로 묘사하기 시작했고 웻백이라는 말을 사용하지 못하게 했다. 한 순찰대 고위 관리의 주장에 따르면 웻백이라는 말은 '고국의 굶주리는 가족을 먹여 살리기 위해 미국에 불법으로 입국하는 불쌍하고 쇠약한 멕시코 노동자의 모습'을 떠올리게 하기 때문이었다. 그는 '불법 이주민들은 사실 주로 범죄자로 구성되어 있으며 뻔뻔하고 반항적인 악랄한 전과자들'이라고 주장했다. 그는 '웻백'을 '추방 대상 외국인' 또는 '외국인 범죄자'라는 말로 교체할 것을 요구했다. 반세기 후, 대선 후보 도널드 트럼프가 그와 비슷한 발언을 했다. 트럼프는 멕시코 국경을 넘는 이민자들을 '마약을 가져오고 범죄를 일으키는 강간범들'이라고 말했다.

브라세로 프로그램은 1960년대에 종료되었으며 멕시코 이민에 대한 연간 상한선으로 대체되었다. 그러나 다수의 멕시코인들은 계속해서 무단으로 국경을 넘었고 아메리카 대륙의 다른 지역의 사람들도 마찬가지였다. 멕시코 국경을 넘어오는 이주민에 대한 미국의 태도는 그후 수십 년 동안 미국 경제 상황에 따라 크게 출렁거렸다. 예를 들어, 1980년대에 레이건 대통령은 4년 이상 미국에 거주한 무비자 이민자들을 대부분 사면해줬는데, 약 250만 명의 불법 이민자들이 혜택을 받았으며 그중 다수가 멕시코인들이었다. 보다 최근에는 미국 정부에서 좀 더 강경한 입장을 취했지만 (생명과 자유에 대한 위협이 증가함에도 불구하고) 국경을 넘는 사람들의 흐름에는 영향이 거의 없었다.

역대 행정부들은 단속 관리를 강화하고 드론이나 원격 센서, '스마트 벽', 안면 인식 소프트웨어 등을 포함한 현대 기술을 동원하여 불법 이민을 막을 수 있을 것이라고 생각했지만 이 또한 성공하지 못했다. 예를 들어, 2021년에 수천 명의 아이티인은 리오그란데 강을 가로질러 설치된 밧줄을 잡고 강을 건넜고, 또 다른 이주민들은 바다로 헤엄쳐 나가 샌디에이고와 티후아나 해변과 태평양으로 뻗어 있는 울타리를 돌아 국경을 넘었다. 다른 국경 지역에서는 엘리베이터와 환기 장치까지 완비된 정교한 터널이 발견되었으며, 어떤 곳에서는 이주민들이 휴대용 강풍 낙엽청소기를 사용해 모래 위에 난 발자국을 덮기도 했다. 애리조나의 한 주지사가 말했듯이 "50피트짜리 벽을 보여줘 봐, 그럼 나는 51피트 사다리를 보여주겠어"라는 식이었다. 기술의 발전과 법의 전력 질주에 대응하는 이주민들의 창의력과 결의는 놀라웠고 이는 비단 미국에서만 일어난 일은 아니었다.

• — •

오늘날 국경을 넘는 움직임을 통제하지 못하는 문제는 이주 역사의 맥락에서 숙고해볼 가치가 있다. 이주민들의 이주 의지는 너무 결연하고 어쩌면 무모해 보이기까지 해 충격적이다. 그들은 자살 행위로 보이는 행동까지 불사하며, 그들을 저지하기 위한 어떤 조치도 효과가 없어 보인다. 정주주의 세계는 구금과 죽음에 대한 두려움이 이주 희망자들을 저지할 수 있을 것이라고 기대하고 관련된 조치를 취한다. 물론 일부는 그렇겠지만 많은 이들에게는 그다지 효과가 없다.

사실 상당수의 이주민들은 현대인들이 가늠조차 할 수 없을 정도로 위험해 보이는 일을 감수해왔다. 고대 이주민들은 육지를 찾을 수 있을지 없을지도 모르는 채 카누를 저어 깊은 대양으로 나갔다. 아니면 먼 곳에 무엇이 있는지 보기 위해 육식동물들이 돌아다니는 전인미답의 광야를 건넜다. 기꺼이 위험을 무릅쓰고 미지의 세계를 탐험하려는 의지는 인류 역사의 큰 부분을 차지한다. 오늘날에는 나무 판자를 타고 영국 해협을 건너거나 비행기의 랜딩 기어에 숨어 들어가거나 통풍도 되지 않는 냉장 컨테이너에 숨어 들어가는 이들이 있다. 우리는 이런 행동을 안전과 새로운 집에 대한 절박함으로 설명하곤 했다. 물론 빈곤, 기아, 자연재해, 박해에서 벗어나 안전한 집을 찾아야 하는 절박함이 주된 동기가 되기도 하지만 그것들은 충분한 설명이 되지 못한다.

예를 들어, 웻백과 브라세로 출신의 이민자들의 인터뷰를 살펴보면 얼마나 많은 이들이 국경을 넘고 싶어 한 이유를 설명하기 위해

‘모험’이라는 단어를 사용하는지 볼 수 있다. 그들은 자신들이 이주하게 된 것이 오직 절박함 때문이라고 말하지 않는다. 그들 중 많은 사람들에게는 그 일이 위험했기 때문에 이주가 매우 흥분되는 일이었던 것이다. 국경 순찰대들을 따돌리고, 제한된 자원을 동원해 국경을 넘고, 자신의 신분을 숨기는 것을 게임처럼 즐겼고, 아직 어린 나이에 부모와 형제자매를 부양하기 위한 돈을 벌 수 있으니 또래 친구들에게도 깊은 인상을 남길 수 있었다. 그리고 어쩌면 언젠가는 멋진 옷을 입고 모두에게 나눠줄 선물로 가득 찬 새 차를 몰고 고향으로 돌아갈 수도 있다. 이는 많은 이민자들의 꿈이고 일부는 실현하기도 했다.

멕시코 젊은이들을 포함한 전 세계 수많은 이주민들에게 이주라는 개념은 또한 독립을 의미했다. 이주를 통해 보수적인 문화와 가족의 통제를 벗어나고, 부모처럼 되지 않고, 새로운 사람들을 만날 수 있는 것이다. 그중 어느 하나라도 이루기 위해서는 위험을 감수해야 했다. 그리고 우리가 젊은이들에게 기대하는 엄청나게 위험한 행동, 예를 들어 조국을 위해 싸운다든지 하는 것을 기억해보라. 그들이 국가의 이익 대신 자신의 이익을 위해 위험을 감수하지 않을 이유가 무엇인가?

위험을 통해 그들이 누릴 수 있는 혜택 중 일부는 실용적인 것들로 좋은 직업, 더 나은 의료 서비스, 자기만의 방, 자녀를 위한 좋은 교육 그리고 물론 박해로부터의 자유 등이다. 그러나 고대부터 인간이 이주하는 이유 중에는 실용적이지 않는 것들과 실용적인 것들이 복잡하게 뒤얽혀 있으며 항상 그래왔다. 국경과 민족국가가 있는 오늘날의 정주주의 세계에 살고 있는 우리는 그 역사를 너무나 자주 잊고 있다. 우리는 인간이 지루하거나 호기심 혹은 모험심 때문에, 아니면 도전을 즐기거나 꿈을 이루고 싶어서 이주하기도 한다는 사실을 잊었다. 수천 년 동안 인류는 지구의 거의 모든 곳으로 이주했고, 그것을 막으려는 온갖 시도에도 불구하고 여전히 그렇게 하고 있다. 이주의 역사야말로 우리의 가장 가까운 사촌인 유인원과 인류를 분명히 구분할 수 있게 하는 것 중 하나다. 우리는 그것을 잊지 말아야 할 것이다. 그리고 이주민과 이주민 후손으로서 우리의 역사가 모두의 공통점이라는 사실을 인정해야 한다.

에필로그

이 책은 긴 여정을 통과하면서 그 형태가 계속 바뀌며 완성되었다. 인도에 있는 방글라데시 이주민들의 이야기가 담긴 글들은 새천년 초기에 델리에서 썼다. 그리고 수십 개의 단락과 대략적 개요를 담은 노트북은 나를 따라 전 세계를 돌아다녔다. 비감한 첫 번째 장은 다르에스 살람에서 썼는데, 이는 아부자에서 분노에 찬 격렬한 내용으로 새롭게 바뀌었다. 그러다가 카불에서는 이민을 원하지만 합법적으로 그렇게 할 수 없는 사람들을 만나 집필을 중단하기도 했다.

그때 집필을 포기한 이유는 두 가지였다. 첫째, 특히 이주민에 대한 서구의 입장이 너무 불쾌할 정도로 독설적인데다가 당파적이고 충격적일 정도로 국수주의적이어서 그 누구도 내 말에 귀를 기울이지 않을 것 같았기 때문이다. 둘째, 나는 독서를 하면서 이주학으로 알려진 학문 영역에 깊숙이 뛰어들었는데, 이주학에서는 현대적 현상으로서의 이주에 몰두하고 (물론 선의에서 그렇게 했겠지만) 이주민을 현대 세계에서는 비정상인 '특별한 경우'로 정형화시키고 있었다. 그리고 이는 나로 하여금 혼자이고 외로운 열외자라고 느끼게 만들었다. 나는 현재와 또 과거에 이주가 인류 역사의 중심이라고 주장한 사람들이 있는지 찾아봤지만 찾을 수 없었다. 그래서 나는 '아마도 내가 틀렸나보다'라고 생각하게 되었다.

그러나 2018년에 이 책을 다시 써야겠다고 마음먹게 된 계기가 있었는데, 런던 술집에서 한 친구와 나눈 대화 덕분이었다. 그 친구는 야심찬 주제의 소설을 쓰려고 하던 참이었고, 그 이야기가 나의 집필 욕구를 자극했다. 그리고는 그리스 마트라키 섬의 한 호텔 바에서 모서리가 접히고 얼룩이 있는《아이네이아스》를 읽게 되면서 모든 시대의 이주 이야기를 담아야겠다고 생각하게 되었다. 이후 뒤셀도르프 외곽에 있는 네안데르탈 박물관을 방문했고 이 책을 쓰는 데 있어 중요한 접근 방식을 발견하게 되었다. 덜 공격적이고 더 신중하며 깊은 역사를 활용해 정주주의가 아니라 이주가 불변의 현실이라는 점을 재확립하는 것이었다.

그러면서 나는 나뿐만 아니라 정주주의라는 근거 없는 믿음에 불만을 가진 사람들이 많이 있다는 사실을 깨닫기 시작했다. 비록 세부적 접근방식은 매우 달랐지만 광범위한 분야에서 점점 더 많은 사람들이 비슷한 문제에 대해 나와 같은 심정으로 접근하고 있는 것 같다.

나는 이 책에서 다른 것을 기대하고 계셨던 분들께 쬷게나마 사과와 해명을 드리고 싶다. 이 책은 포괄적인 이주의 역사를 담는 것을 목표로 한 것이 아니기 때문에 그냥 지나가버린 중요한 이주 이야기들도 많이 있을 것이다. 대신 최대한 욕심을 부려 이주민에 대한 지배적인 역사적 인식을 신중히 재설정하고 그렇게 할 수 있는 방법을 제안하려고 시도했다. 또한 이 책은 오늘날의 이주 문제를 직접적으로 다루지도 않는다. 실제로 이 책의 내용은 1970년대에 멈추는데, 이는 의도적인 것으로 우리가 이주민으로서 우리의 깊은 역사를 보다 잘 들여다보도록 권장하기 위한 방법이었다. 그리고 나는 이 책을 통해 이민의 경제적 장점과 단점을 측정하고자 꾀하지도 않았으며, 인류가 어떻게 정주주의를 지향하게 되었는지, 혹은 '집'이라는 개념이 어떻게 그렇게 중요해졌는지에 대해서는 지엽적 고찰 이상을 제공하고자 하지 않았다. 아마도 그 이야기는 또 다른 책에서 이야기하게 될 가능성이 높다.

마지막으로 이 책을 마무리할 수 있도록 많은 도움을 주신 분들께 깊은 감사의 말씀을 드린다.

샘 밀러

같이 읽으면 좋은 책

클라우스 도즈 지음 | 함규진 옮김 | 신국판 | 376쪽 | 19,000원

세계적인 지정학 전문가가 말하는 국경의 미래

- DMZ는 국경인가?
- 히말라야에 국경선을 그을 수 있는가?
- 기후난민은 어디로 가야 하는가?
- 남극은 누구의 땅인가?
- 심해저와 공해에 국경을 그을 수 있는가?
- 최후의 국경전쟁은 달에서?

국경은 나와 우리를 나누는 선이며, 누군가를 보호하고, 누군가를 배척하며, 열리기도 하고 닫히기도 한다. 이것을 결정하는 것은 누구이며, 그 결정의 배경은 무엇인가?
국경 없는 세상은 단지 존 레논의 노래에 나오는 공상일 뿐일까? 정치적인 문제에 골똘해 있는 동안 기후 위기와 극단적인 환경 변화는 우리에게 길게 생각할 시간을 주지 않는다. 이미 환경주의자들이 50년 전에 경고했듯이, 우리는 오직 하나뿐인 지구를 갖고 있다. 그리고 전체 생태계와 우리의 집난석 관계에 내해 엄혹한 선택이 지금 우리 앞에 놓여 있다.

같이 읽으면 좋은 책

폴 몰랜드 지음 | 서정아 옮김 | 신국판 | 432쪽 | 18,000원

인구는 그 무엇보다 중요하고 언제나 그래왔다.

“국왕의 위대함은 백성의 숫자로 증명된다.” - 보방 (루이 14세의 군사공학자)

“백성의 숫자가 국부를 만들어낸다.” - 프리드리히 대제

“승리의 가장 일반적인 원칙은 숫자의 우위에 있다.” - 클라우제비츠

“세상의 만물 중에서 사람이 가장 고귀하다.” - 마오쩌둥

인구의 변화를 면밀히 살피다 보면 세계사의 변곡점마다 인구가 결정적인 요소로 작용했다는 점을 알 수 있다. 본서는 지난 200년 동안의 세계사적 큰 변화에 주요한 역할을 했음에도 불구하고 그간 저평가되어 왔던 ‘인구’ 문제를 다룬 최초의 대중서로서, 보이지 않는 상호 촉매제의 역할을 하는 인구의 힘을 역사적 사실과 수많은 통계자료에 기반해 설명한다.

인구를 매개로 한 역사의 전개를 분명하게 그리고 있으며
인구의 미래 트렌드까지 알 수 있는 책이다.
- 스타드 리뷰, 북리스